가려 뽑은 古典과 名句

이동춘 엮음

뒤에 오는 이들이 두렵다

지구에 연약한 존재로 태어나 고락(苦樂)속에 이해(利害)와 시비(是非)로 갈등하며 할 일을 다 하면 자연으로 돌아가는 것, 그것이 곧 인생의 축도(縮圖)입니다.

우리는 개인의 생애는 짧고 경험은 제한되어 있는 숙명 앞에 '어떻게 살 것인가' 라는 인생의 선용(善用)을 고뇌하기 마련입니다. 우주는 지식의 솥 속에서 부글부글 끓고 있고 기술은 나날이 인간을 초월하고 있지만 우리의 동시대인들은 공자나 소크라테스가 파악했던 인간에 비해 월등한 존재가 아닌 사실에서 성철(聖哲) 현인(賢人)들의 예지(叡智)에 탐닉(耽溺)하게 되는 것입니다.

이 고전·명구 선집은 철학서적, 문학작품, 종교경전, 역사서 등 동서고금의 걸작(傑作)을 망라하여 정곡(正鵠)을 간추리고 삼언, 격언 등을 가려 뽑아 철리(哲理)와 영감(靈感)의 세계로 안내하고 수양과 처세에 교훈되는 읽을거리를 제공함에 출간의 뜻을 두었습니다. 편자 나름의 주제별로 내용을 배열하고 出典을 밝히었으나 방대(尨大)한 양(量)을 축약(縮約)하면서 간결(簡潔)과 함축(含蓄) 사이에서 苦心도 하였습니다.

멀리서 와서 또 멀리 가야하는 인생의 길목에서 사리(事理) 분별하는 방법을 터득(攄得)하고 사람보는 안목을 키우며 道닦고 德쌓아 실천하는 삶의 기술을 더하는 지름길이 되기를 바랍니다.

얼음은 물에서 나왔지만 물보다 차답니다.

2019. 2.

溫竹 李東春

목 차

□ 人生의 축도(縮圖)

눈부신 빛무리(暈輪) • 7

여성에 관하여 • 32

청춘에 관하여 • 45

노년에 관하여 • 52

□ 世上을 보는 지혜

삶이 그대를 속이더라도 • 61

행복에 관하여 • 81

자연의 의미에 관하여 • 91

죽음에 관하여 • 99

□ 인간의 本性

五性과 七情에 관하여 • 109

사랑에 관하여 • 130

우정에 관하여 • 156

□ 도와 덕

자기가 원하지 않는 것을 남에게 하지 마라(己所不欲 勿施於人) • 165

도(道)·사(事)·의(義)·정(情)의 이치 • 185

□ 인간을 보는 눈

동물인가 천사인가 • 193

君子와 小人에 관하여 • 220

聖人, 英雄, 天才에 관하여 • 238

□ 생각하는 방법 - 교학(敎學)

교육에 관하여 • 253

독서에 관하여 • 271

□ 창조하는 삶의 차안(此岸)

인생은 짧고 예술은 길다 - 탐미(耽美) • 283

도덕적 인간과 비도덕적 사회 - 성숙(成熟) • 327

사회주의는 자유를, 자본주의는 평등을 증가시킨다 - 가치(價値) • 338

물은 배를 띄울 수도 엎을 수도 있다 - 이국(理國) • 349

□ 성찰하는 삶의 피안(彼岸)

미네르바의 부엉이는 저녁의 어두움과 함께 날기 시작한다 - 사유(思惟) • 379

신은 초인종을 누르지 않고 온다 - 영감(靈感) • 406

현재와 과거의 끊임없는 대화를 - 감계(鑑戒) • 423

□ 人生의 축도(縮圖)

자연은 인류를 苦와 快라는 두 군주의 통치 밑에 두었다. 우리가 무엇을 하지 않으면 안 되는가를 지적하는 것도, 무엇을 하는가를 결정짓는 것도, 모두 그들만을 위한 것이다. 한 편으로 옳고 그른 표준, 다른 편으로 원인과 결과와의 사슬은 그들의 용상(龍床)에 매어 있다. 그들은 우리의 온갖 행위, 온갖 말(言語), 모든 생각을 지배하며, 우리가 그 예속(隷屬)을 끊으려는 모든 노력도 다만 이 예속을 證示하고 확인하기에 이바지할 뿐이다. 사람은 말로는 그들의 왕국을 부인하는 체할는지 모르지만, 실상은 여전히 그 臣下대로 있으려 한다. 功利의 原理는 이 예속을 시인하고 이것을 그 체계의 기초로 삼고 있는데, 이 체계의 목적은 이성과 법률과의 손을 가지고 행복의 殿堂을 세우는 데 있다. 이 체계를 논란하고자 하는 모든 체계는, 의미보다 소리를, 이성보다 변덕을, 빛보다 어둠을 다루고 있는 것이다.

제러미 벤담(Jeremy Bentham, 1748-1832)
/도덕과 입법의 원리입문(An Introduction to the Principles of Morals and Legislation)

눈부신 빛무리(暈輪)

발모오르(Balmore)부인이 한 말이 있다. 『인생은 바느질을 하는 것처럼 살아가야 합니다. 한 바늘, 한 바늘』.
사람은 누구나 젊은 시절에는, 무한히 커다란 공간을 독차지한 것처럼 생각을 한다. 청춘시대가 지나고 다소간 경험을 얻은 나이가 되면, 그 공간 속에, 자기가 생각했던 것보다 훨씬 더 가까운 곳에 다른 사람들도 여럿이 있었다는 것을 알게 되고, 그다지 큰 차이가 인정되지 않을 만큼 서로 비슷한 상태에 다다르고 마는 것이다.
인생이란, 처음 출발할 때에는 하나의 커다란 수풀, 하나의 미궁(迷宮), 이리저리 길이 엇갈린 미로(迷路)와 같다. 무수한 길과 길은 서로 옆으로 스쳐 지나가고 있다. 온갖 착오(錯誤)를 거의 다 경험하고 나서 미로도 그 종점이 가까워지고 보면, 모두가 다 거기에서 만나기로 약속이나 했던 것처럼 하나의 공지(空地)로 모여든다.

인생은 누구나 다 성숙(成熟)을 문제 삼아야 할 때가 온다. 그런데 사람들은, 어떤 부분은 경화(硬化)를 일으키고, 어떤 부분은 부패해간다. 참으로 원만하게 성숙해 가는 부분은 많지 않다. 인생의 후반기로 접어들어서 갑자기 모습을 드러내는 결점이 있다. 하지만, 그것은 눈에 띄기 훨씬 그 전부터 우리 내부에 형성되고 있었던 것이다. 다만 그 동안에는, 청춘시대의 자존심과 예절에 의해서 가려져 있었는데, 예절이 없어지자 별안간 그게 드러나기 시작한 것이다.

라 로쉬푸꼬(François de La Rochefoucauld, 1613-1680)의 잠언(箴言)은 대개 그것을 거꾸로 세워 봐도 역시 날카로운 의미가 성립된다. 그가 '우리는 어디까지나 우리 이성을 따라가기 위해서 넉넉한 힘을 갖지 못했다'고 한 말을, 그리냥(Grignan, 1646-1705)부인[세비녜 부인(Madame de Sevigné, 1626-1696)의 딸]은 홀딱 뒤집어서 이렇게 말했다. '우리는 우리 힘을 모조리 다 사용할 만큼 넉넉한 이성을 갖지 못했다.'

잠언이라는 것은 흔히 이와 같은 잠재적 모순을 품고 있으며, 이 모순은 그대로 인간의 당착성(撞着性)을 반영하는 것이다.

생뜨 뵈브(Charles Augustin Sainte-Beuve, 1804-1869)

內面과 外面

외교관들이 좋아하는 격언에, '시간을 연장시킬 수가 있다면, 그것만도 우선 성공이다'라는 말이 있는데, 사람의 마음도 그와 마찬가지이다.

운명은 두 가지 형식으로 우리를 파괴시킨다. 즉 원하는 것을 거부함으로써 파멸시킬 때가 있는가 하면, 또 원하는 것을 들어줌으로써 파멸시킬 때가 있다. 그러므로 사람이 파멸을 모면하는 방법은 하나밖에 없다. 섭리(攝理)를 따라서 자기 소망을 조절하는 일이다. 섭리에 순종을 하면, 그 두 가지 파멸에서 동시에 구제되어, 모든 게 그 사람의 행복이 된다.

자기 내면을 너무 오랫동안 들여다보고 있다는 것은, 자기를 하나의 점(點), 하나의 허무(虛無)로 이끌어 가는 불건강한 상태이다.

그와 반대로, 자기를 외부로 향해서 방사(放射)시키면 거기에서 건강이 생긴다. 냉각(冷却)이 커다란 지구(地球)를 한 개의 '아톰'만큼 축소시키는 경향이 있다면, 열(熱)은 하나의 점을 지구만큼 크게 확대시키는 경향이 있다. 그러므로 우리는, 자기 생활을 고독하게 수축(收縮)시키는 대신에, 바깥으로 향해서 점점 더 확대시키는 게 옳다. 자기의 독자적인 모습-개성(個性)이라는 것도 거기에서 얻어진다.

정원을 전 세계로 확대하는 일, 한 권의 기도서(祈禱書)를 박물학(博物學) 전체로 확대하는 일, 두세 명의 이웃 사람에서 국민 전체로 확대하는 일이 필요하다. 우리는 보다 더 많은 공기(空氣),시야(視野), 구체적인 무수한 사물이 필요하다. 「우제니」가 들어있는 세계는, 하나의 조롱(鳥籠)과 같으며,

거기에도 하늘의 바람이 불어오고, 별빛이 와서 닿기는 하지만, 나중에는 숨이 막혀버린다.

자연(自然)은 왜 사람을 만들어 낸다는 숭고한 일과, 남녀 간 사랑의 뚜렷한 증명(證明)을, 육체의 기능에다 결부시킨 것일까.
열등(劣等)한 인간의 기능(機能)에다 다소나마 품위를 주기 위해서 그렇게 한 것일까. 인간의 정신이 오만해지는 것을 억제하기 위해 그렇게 한 것일까. 인류라는 공동체(共同體)를 연민(憐憫)과 겸손(謙遜)이라는 기초 위에 세우기 위해 그렇게 한 것일까.
그 이유는 자연에 대한 신뢰(信賴), 자연과 인간은 부모와 자식처럼 화해(和解)해야 한다는 것, 자연의 목적과 예지(叡智)에 대한 경건한 복종, 자연에 대한 감사(感謝)에 있다. 다시 말하면, 남자와 여자가 같이 인생을 살아가기 위해서 필요한 모든 선(善)과 위로와 기쁨을, 남자를 위해서는 여자 속에, 여자를 위해서는 남자 속에다 넣어 두고 있다는 확신이다. 여러 가지 비밀과 대조(對照), 인간이 이해하고 다다를 수 있는 우주의 모든 진리가, 한 남자와 한 여자 속에, 그 두 사람 관계 속에 들어 있다는 신념이나. 따라서 배우(配偶)가 된 한 쌍의 남녀는 전 세계의 축도(縮圖)임에 틀림이 없다.

아미엘(Henri Frédéric Amiel, 1821-1881)

인생은 의무이며 사명이며 근로이다. 결코 개인이나 사회에 대한 실리주의적 이론을 가르치지 말라. 개인의 행복을 믿는 것과 사회의 실리를 알게 하는 것은 아이들을 공리주의자로 만들어 버린다.
인생의 의무는 근로하는데 의의가 있음을 가르쳐라. 행복의 태양은 길을 걷는 자에게 비치는 것이다. 신에게서 즐거움과 은총을 받고 있을 때 행복은 그에게 미소 짓는 것이다. 그러나 행복을 찾아다니는 것은 사람을 파멸로 이끌어 갈 따름이다. 즉 자기의 모든 형제의 완성을 위하여 자기의 덕성과 지성을 완성시킴이 참된 의무라는 것을 가르쳐라. 첫째, 인생의 의의를 알아야 할 것, 둘째, 말과 행위로서 그 의의를 섬기고 두려움과 증오함이 없이 현실의 생활에서 그것을 체험하여야 함을 가르쳐라. 또 인생의 진리를 한정함에는 두 가지 규범, 즉 자기 자신의 인식- 자신에 대한 양심이 그 하나이고, 전통- 즉 모든 사람에 대한 인식이 그 둘째임을 가르쳐라

마치니(Giuseppe Mazzini, 1805-1872)

우리는 변화무쌍한 바람의 질서를 문자화할 수 없다. 변덕스러운 기분과 감수성의 원리를 어떻게 이해할 수 있단 말인가 그러나 이들은 전부와 전무의 차이만큼 다르다. 우리 눈이 보려고 했던 어제의 천계 대신 오늘은 우리를 가두는 달걀껍질이 있기 때문에 운명의 별이 무엇인지, 또 어디에 있는지 알 수 없다. 느닷없이 안개가 걷혀서 그 본질을 드러내면 우리는 그토록 행복했던 시간이 언제 가버렸는지 아쉬워한다. 이렇게 되리란 어떤 암시라도 받았다면 그 시간을 아껴두었을지도 모르는데. 갑작스럽게 길에 나타난 언덕은 사시사철 우리 곁에 존재해 왔지만 완전히 잊고 있었던 산과 모든 산봉우리의 세계를 보여준다. 그러나 이런 순화에도 질서가 있으니, 우리는 다양한 운명의 주인공들이다. 삶이 일련의 꿈같다고 해도 그 꿈속에서도 시적 정의는 이행된다. 선한 사람들이 지닌 비전은 선하다. 그 비전은 나쁜 생각과 불운에 의해 매질을 당하는, 통제되지 않은 의지다. 원칙을 어기면 중심적 실체에 대한 지배력을 잃게 된다. 그 비전은 침대에서 침대로 바뀌며, 살아서 아무 것도 아닌 것에서 죽어서 아무 것도 아닌 것으로 바뀌며, 혼수상태에서 울부짖는 어리석은 피조물 같은 표류자들이 어떻게 될지는 아무도 말할 수 없다.

에머슨(Ralph Waldo Emerson 1803-1882)
/삶의 수행(The Conduct of Life 1860)

세 가지 삶의 형태

첫째는 향락적 삶이다. 많은 사람들이 선이나 행복을 쾌락과 동일시하는 것 같다. 이는 동물적인 삶이다.

둘째는 정치적 삶이다. 교양이 있고 활동적인 사람들이 추구하는 삶으로 명예를 선이요, 행복이라고 생각한다. 그러나 명예는 그것을 누리는 사람 자신이 아닌 그 사람을 추천하는(명예를 인정하는) 사람들에게 의존하는 것이기 때문에 우리가 추구하기에는 너무 피상적인 것 같다.
셋째는 관조적 삶이다. 이성적으로 사유하는 삶인데 자족적이며 참된 행복에 이르게 하는 '최상의 좋은 것'이라고 할 수 있다

아리스토텔레스(Aristoteles, BC 384-BC 322)/니코마코스 윤리학

생각하는 갈대

사람은 자기 자신을 알지 않으면 안 된다. 그것은 진리를 발견하는 데는 그다지 소용이 없을지 모르나, 자기생활의 질서를 잡는 데는 소용이 있다.
감정에 의해서 판단하는 일에 길든 사람은 추리적인 일에 대해서는 거의 아무것도 이해하지 않는다. 원리에 의해서 추리하는 일에 길든 사람들은 감정적인 일에 대해서는 조금도 이해하지 않는다. 그들은 거기에서도 원리를 구하며, 한 눈으로 보지를 못하기 때문이다.
사람은 모든 방면에서 고루 보지 못한 것을 그다지 유감스럽게 생각하지는 않으나, 착오를 범했다는 말은 듣고 싶지 않다. 그 이유는, 원래 사람은 모든 것을 다 보지는 못하는 게 사실이며, 우리 감각이 언제나 정당한 것처럼, 자기가 보고 있는 방면에서는 착오를 범하지 않는다는 사실에 있는 것이다.
사람은 자연 속에서도 가장 허약한 한 줄기 갈대에 지나지 않는다. 하지만 그것은 '생각하는 갈대'이다. 바람이 한번 불거나, 물 한 방울로도, 이를 넉넉히 죽일 수 있다. 그러나 우주가 사람을 쓰러뜨릴 때에도, 사람은 자기를 죽이는 자보다도 한층 고귀할 것이다. 왜냐하면, 사람은 자기가 죽는다는 것을 알고 있으며, 또한 우주가 인간에 대해서 우월하다는 것을 알고 있기 때문이다. 그런데 우주는 그것에 대해서 아무것도 모른다.
그러므로 우리 인간의 존엄은 '생각을 한다'는 사실에 있다. 우리는 생각을 잘 하도록 노력하자. 거기에 도덕의 근원이 있다.

생각하는 갈대- 나는 나의 존엄성을, 공간으로 확대시키는 데에 구하지 않고, 생각을 한다는 데에 구한다. 내가 아무리 많은 땅을 소유한다 해도, 그것으로 내 존재가 더 커지지 못할 것이다. 우주는 공간에 의해서 나를 포섭하고, 하나의 점으로서 나를 삼킨다. 그것에 대하여 나는 생각으로써 우주를 포섭한다.

파스칼(Blaise Pascal, 1623-1662)/팡세

나는 위대한 전체의 하찮은 부분이다.
똑같이 엄격한 법칙에 의해 태어난 상황의 사물은 모두
나와 똑같이 괴로워하고 죽어간다.
사나운 매는 겁에 질린 먹이를 덮치고
피에 굶주린 입부리로 떠는 사지(四肢)를 쫀다.
그런데 곧 독수리가 나타나 매를 찢는다.
그 독수리 또한 사람이 쏜 화살에 찔린다.
먼지투성이 싸움터에 엎드려 넘어진 사람은
그 피를 죽어가는 전우들의 피와 섞으며
또다시 굶주린 새들의 먹이가 된다.
이 무서운 혼란을 보고 그대들은 말한다.
각자의 불행은 전체의 선(善)을 위한 것이라고.
이것이 무슨 신의 은총인가! 그러나 떨리는 소리로 죽기로 된 가련한 인간이, 모든 것은 좋다고 외치고 있을 때
벌써 우주는 그것을 배반하고,
그대들의 가슴은 모든 이성의 거만함을 힐책(詰責)한다.
신께선 어떻게 생각하느냐고 물어도 말이 없고
운명의 책은 우리에게 닫혀 있다.
인간은 그것을 탐구할 수 없고,

어디서 와서 어디로 가는지도 모른다.
우리는 진흙 속에서 괴로워 몸부림치고,
죽음에게 먹혀 죽는 원자(原子)이다. 운명의 웃음거리이다.
그러나 그것은 생각하는 원자다. 멀리까지 미치는 그 시력(視力)은
사고에 이끌려 극히 먼 별의 궤도를 쟀다.
이리하여 우리의 존재는 무한자(無限者)와 융합한다.
더욱이 우리는 자기 자신을 볼 수 없고 자기를 알지 못한다.
자부심과 사악(邪惡)의 무대인 이 세상에는,
행복을 말하는 창백한 어리석은 자들이 가득 차 있다.
언젠가는 노래했다. 좀 더 쾌활하게
세상의 일반적인 쾌락의 언제나 밝은 습관을.
세월은 바뀌고, 늙어서 경험을 쌓아,
나 역시 덧없는 인간이나.
짙어가는 어둠 속에서 빛을 찾으며,
괴로움을 받지만 불평하지 않으리.

볼테르(Voltaire, 1694-1778)

삶이란 내적 관계에 대한 부단한 적응이다. 삶의 완전성은 이 적응의 완전성 여하에 달린 것이며, 삶은 이 적응이 완전할 때에 완전해지는 것이다. 생명의 특색은 외적 관계의 변화를 예상하여 내적 관계를 거기에 적응시키는 점에 있다.

스펜서(Herbert Spencer, 1820-1903)/Principles of Biology

사회적 유기체도 성장한다는 것, 성장하는 동안 점점 복잡해진다는 것, 복잡성이 더해지면 모든 부분의 상호의존도가 높아진다는 것, 그 생명은 그 구성부분의 생명에 비하여 대단히 길다는 것, 어느 경우에나 통합이 진행되면 될수록 이질성이 증대한다는 것 등의 점에서 개체적 유기체와 비슷하다.

사회의 진화는, 생존경쟁의 불안정에 의하여 일어나며, 적자생존(適者生存)을 유도한다.

스펜서/自敍傳

군사형과 산업형의 차이는 개인은 국가의 이익을 위하여 존재한다는 신앙이, 국가는 개인의 이익을 위하여 존재한다는 신앙으로 역전된다는 것에서 드러난다. 산업형과, 아무래도 산업형에서 진화해 온다고 생각되는 형과의 차이는, 생활은 노동을 위해서 있다는 신앙이, 노동은 생활을 위해서 이루어진다는 신앙으로 역전되는 것에 의해 드러나게 된다.

스펜서/Principles of sociology

향락은 욕망을 달래는 도구

청년기를 인생에서 가장 행복한 시기로 여기고 노년기는 비애의 시기로 보는 경향이 많다. 인생에서 행복을 격동과 감동으로만 본다면 그 말이 맞을지도 모른다. 하지만 청년기에는 그 격동과 감동에 의해 기쁨보다는 고통에 더 많이 시달린다.

노년기에는 격렬한 감동은 가라앉아 있고, 청년기에 그토록 감격적인 일들도 명상적인 색채를 띠며 다가온다. 노년기에는 인식이 자유롭기 때문이다. 노년기가 되어 향락을 누릴 수 있는 기회가 적거나 없다고 해서 슬퍼할 필요는 없다. 향락이나 고통은 같은 성질의 형태인데 향락은 소극적이고 고통은 적극적이라는 차이밖에 없다. 향락은 욕망을 달래는 데 불과한 것이어서 욕망의 소멸과 함께 향락도 사라진다.

청년기에는 폭풍 같은 긴장의 시간들이며 우울함이나 비애가 깃들어 있어야 하고 노년기에는 평온하고 쾌활한 기분이 있어야 한다.

청년기에는 악마의 지배 밑에서 강제노동을 감수해야 하므로 자유로운 시간이 쉽게 허락되지 않지만, 성욕이 소멸된 후에는 생명의 핵이 소진되고 인간은 껍질만 남은 인형처럼 되어 있기 때문인지도 모른다.

쇼펜하우어(Arthur Schopenhauer, 1788-1860)

인생은 네 단계로 나누어진다. 태어나서 성인이 될 때까지의 제1연령기, 직업을 갖고 가정을 이루는 제2연령기, 자기실현을 추구하는 가운데 노화가 시작되는 제3연령기, 서서히 죽음을 받아들이는 제4연령기가 그것이다. 이 가운데 현대 의학의 발전에 따라 크게 연장된 것이 제3연령기로 40대 이후의 삶에 6가지 원칙(The Third Age; 6 Principles of Growth & Renewal after Forty)이 있다. 즉 중년의 정체성을 세우고, 자신을 배려하는 삶을 살며, 일과 여가를 조화시키고 현실과 낙관주의, 성찰과 실행, 개인의 자유와 타인과의 관계를 조화시키는 것이다.

레빈슨(Daniel J. Levinson, 1920-1994)

고대 인도인들은 인생을 4단계로 생각하였다.
첫째 학습기(學習期)이다. 스승으로부터 삶의 경험과 지혜를 전수받는 기간이다.
둘째 가주기(家住期)이다. 결혼을 해서 가정을 꾸리고 사회적인 의무를 다하는 기간이다. 생명을 준 신들에 제사를 지내고, 부모와 조상에 대한 빚을 갚기 위해 자식을 낳아 기르고 스승과 성자들 은혜에 보답하기 위하여 경전 공부를 열심히 한다.
셋째 임서기(林棲期)이다. 가정과 사회로부터 벗어나 숲 속으로 들어가 구원을 위하여 시간을 투자하는 단계이다.
넷째 유랑기(流浪期)이다. 삶의 마지막 단계로 세속적 집착을 버리고 떠돌아다니는 시기이다.

인생의 계절

원기 왕성한 사람의 봄은 그의 마음이
모든 것을 아름답게 받아들이는 때이며

그의 여름엔 화사하며
봄의 달콤하고 발랄한 생각을 사랑하여

되새김질하는 때이니 그의 꿈이 하늘까지
높이 날아오르는 부푼 꿈을 꾸고

그의 영혼에 가을 오나니
꿈의 날개를 접고
올바른 것들을 놓친 잘못과 태만을
울타리 밖 실개천을 무심히 쳐다보듯
방관하여 체념하는 때로다.

그에게 겨울 또한 오리니
창백하게 일그러진 모습으로,
그렇지 않으면 죽음의 길을 먼저 가 있을 것이니

키츠(John Keats, 1795-1821)

인생을 성찰하는 세 가지 질문

· 좋은 생각을 묵묵히 가슴속에 간직하며 나의 길을 가고 있는가 - 묵이지지(默而識之)

· 배움에 싫증내지 않으며 배움이 충만한 삶을 살고 있는가 - 학이불염(學而不厭)

· 남을 가르침에 있어서 게으르지 않은 삶을 살고 있는가 - 회인불권(誨人不倦)

孔子(BC 551-BC 479)/論語

남자의 생애 7단계

· 한 살은 임금님: 모두가 모여서 왕을 모시듯이 달래거나 어르거나 비위를 맞춘다.

· 두 살은 돼지: 흙탕 속을 뛰어 다닌다.

· 열 살은 양: 웃고 떠들고 뛰어 다닌다.

· 열여덟 살은 말: 크게 자라서 자기의 힘을 남에게 과시해 보려 한다.
· 결혼하면 당나귀: 가정이라는 무거운 짐을 지고, 터벅터벅 걸어가지 않으면 안 된다.
· 중년은 개: 가족을 살리기 위해 사람들의 호의를 구걸하지 않으면 안 된다.
· 노년은 원숭이: 어린이로 되돌아가지만 아무도 관심을 기울여주지 않는다.

탈무드

문제는 이것이냐 저것이냐, 즉 감성적 인생관이냐 윤리적 인생관이냐에 있다. 감성적 인생관이란 공허한 것이고, 윤리적 인생관을 선택하지 않으면 자기가 파멸할 수밖에 없다. 따라서 감성적 인생관이 절망이라는 것을 자각한 자는 일대 결의를 해서 윤리적 인생관을 선택할 것이며- 이것이냐 저것이냐는 본래 감성과 윤리의 어느 인생관을 선택하느냐가 아니고 윤리적 인생관을 선택하느냐 아니냐 하는 것이다. 윤리적 인생관을 선택하지 않으면 그는 감성적 인생관에 머물러 있다- 이렇게 해서 비로소 참다운 자기를 실현할 수 있는 것이다.

쇠얀 키에르케고르(Søren Aabye Kierkegaard, 1813-1855)
/이것이냐 저것이냐(Enten-Eller, 1843)

그리스의 삶의 질

· 하고 싶은 수준보다 조금 못다 쓰고 입으며 사는 정도의 재산
· 사람들이 칭찬하기에는 약간 모자라는 품성과 용모의 아내
· 자만하고 있는 것의 절반밖에 알아주지 않는 명예
· 두 사람한테 이기고 한 사람한테 지는 정도의 체력
· 청중의 반수만이 손뼉을 치는 웅변실력

플라톤(Platon, BC 428?-BC 347?)

인생 6연(六然)

· 자신에 초연하여 속세의 일에 구애받지 않을 것 - 자처초연(自處超然)

· 남과 사귐에 있어서 따뜻하고 편안하게 할 것 - 처인애연(處人靄然)
· 무슨 일이 있을 때는 깔끔하고 단호하게 처리할 것 - 유사참연(有事斬然)
· 아무 일이 없을 때는 물처럼 맑은 마음을 가질 것 - 무사징연(無事澄然)
· 일이 잘 되는 때일수록 조용하고 담백한 마음을 가질 것 - 득의담연(得意擔然)
· 실의에 빠졌을 때에도 태연자약할 수 있을 것 - 실의태연(失意泰然)

崔銑(1478-1541)

인생은 한낱 헛된 꿈이라고
내게 슬픈 노랠랑 부르지 마라!
잠든 영혼은 죽은 영혼
사물은 보기와는 다른 것.

인생은 참된 것, 진지한 것!
무덤이 그 목표는 아니어라
그대 흙으로 돌아가리라는 것은
우리 영혼을 두고 한 말은 아니리

우리가 가야할 길 그 끝닿는 곳은
즐거움도 슬픔도 아닌
내일의 하루하루가
오늘보다 더 멀어지게 하는 것일 뿐.

예술은 길고 세월은 덧없어라
우리의 가슴은 담대하고 용감하지만
여전히 둔탁한 북소리처럼 장송곡을 울리며
무덤으로 나아간다.

드넓은 세상의 전쟁터에서

인생의 야영지에서
묵묵히 몰려가는 소 떼가 되지 말고
투쟁의 주인공이 되어라!

일어나 행동하자
어떤 운명에도 맞설 가슴을 안고
계속 성취하고 추구하며
노력한 뒤 기다리는 법을 배우자.

롱펠로(Henry Wadsworth Longfellow, 1807-1882)/인생찬가

거짓말하는 동물은 인간밖에 없다

모든 생물들의 본질은 살려고 하는 의지에 있다. 살려는 의지는 지혜를 가진 짐승일수록 더 강하게 드러나고 하등동물일수록 약하게 나타난다.
인류의 경우에는 살려는 의지가 최고의 절정에 이른다. 이성과 감정을 통해서 살려는 강한 의지를 표출하는 것이다. 특히 사람은 거짓말까지 한다. 이 거짓말도 살려는 의지의 베일을 쓰고 있다. 살려는 의지가 가장 잘 감추어져 있는 경우는 격정이나 끓어오르는 감동을 느낄 때이다.
살려는 의지는 온갖 수단과 방법을 동원하기 때문에 추하게 보이지만 열정은 그 높이가 최고조에 오르면 죽음도 두려워하지 않기 때문에 어떤 면에서는 살려는 의지마저 꺾을 수 있다. 그 때문에 사람들은 뜨거운 열정을 신뢰하고 그런 열정을 가진 사람에게 박수를 보내는 것이다. 사람들이 거짓말을 하는 사람을 싫어하는 이유는 그 거짓말 속에 살려는 의지가 교묘하게 감추어져 있기 때문이다.
짐승들은 대체로 진실하고 정직하다. 그들은 있는 그대로의 자신을 드러내고 느끼는 대로 감정을 나타낸다. 인간이 동물을 보고 기뻐하는 것은 우리들 자신의 본질도 그처럼 거짓 없는 단순함을 좋아하도록 태어났기 때문이다. 그런데 인간은 옷으로 몸을 감추면서 자연적인 본래의 모습을 위장한

것이다. 육식, 음주, 끽연, 방탕 등으로 인간은 자연 속에서의 삶을 문명으로 오염시켜 왔다.

쇼펜하우어

육회불추(六悔不追)

관직에 있을 때 나쁜 짓 하면 실세해서 후회하고, 부자가 검소하지 않으면 가난해진 뒤 후회한다. 젊어 부지런히 안 배우면 때 넘겨서 후회하고, 일을 보고 안 배우면 필요할 때 후회한다. 취한 뒤의 미친 말은 술 깬 뒤에 후회하고, 편안할 때 안 쉬다가 병든 뒤에 후회한다.

寇準(961-1023)/육회명(六悔銘)

"행동이 때에 못 미치면 지난 뒤에 후회하고, 이익 앞에서 의를 잊으면 깨달은 뒤 후회한다. 등 뒤에서 남의 단점 말하면 마주해서 후회하고, 애초에 일을 안 살피면 실패한 후 후회한다. 분을 못 참아 몸을 잊으면 어려울 때 후회하고, 농사에 부지런히 힘쓰지 않으면 추수할 때 후회한다.

이익(李瀷, 1681-1764)

작은 허물은 고치고 나서 잊어버려도 괜찮다. 큰 허물은 고친 뒤에 하루도 뉘우침을 잊어서는 안 된다. 뉘우침이 마음을 길러주는 것은 똥이 싹을 북돋우는 것과 같다. 뉘우침은 허물에서 나왔지만 이를 길러 덕성으로 삼는다.

정약용(丁若鏞, 1762-1836)/매심재기(每心齋記)

인간은 신학(神學), 형이상학(形而上學), 과학(科學)의 3단계를 거쳐 발전하는 것으로서 제1은 미신(迷信)의 시대, 제2는 추상(抽象)의 시대, 제3은 실증(實證)의 시대이다.

콩트(Auguste François Xavier Comte, 1798-1857)

나는
열다섯에 배움에 뜻을 두었고(志于學)
삼십에 자립을 하고(立)
사십에 어떤 유혹에도 넘어가지 않게 되었고(不惑)
오십에 내 명을 알게 되었고(知天命)
육십이 되니 무슨 말을 들어도 귀에 거슬리지 않았고(耳順)
칠십에는 마음 가는 대로 해도 법도를 벗어나지 않았다(從心所欲不踰矩).

孔子/논어

인간은 요행을 바라고 찾는다. 그러나 요행이란 개인적 욕망의 충족은 아니다. 그것은 타인과의 투쟁의 원인이 되고, 참된 인생은 공간과 시간을 초월하는데, 이는 타인의 생활과의 융합, 즉 사랑으로 실현된다. 사랑이란 특정한 것에 대한 편애가 아니고, 보편적인 것이 아니면 안 된다. 이런 법칙에 따라서 살면 죽음도 고통도 없다.

초원에서 맹수의 습격을 받은 길손은 오래된 마른 우물 속에 뛰어들었다. 그러나 그는 우물 바닥에서 그를 한입에 삼키려고 커다랗게 입을 벌리고 있는 한 마리의 용을 보았다. 이 불행한 길손은 중간 틈바귀에 나 있는 야생관목 줄기에 매달려 힘겹게 몸을 지탱하고 있었다. 그 때, 검고 흰 두 마리의 쥐가 기어오더니, 그가 매달려 있는 관목 줄기를 갉아먹기 시작했다. 그는 그 짧은 순간에도 관목 잎사귀에 꿀이 묻어있는 것을 발견하고는 혓바닥을 갖다 대어 핥아먹기 시작했다.
나도 이 길손처럼 그를 삼키려고 입을 벌리고 있는 죽음이라는 용을 피할 수 없다는 것을 알면서도, 삶의 가느다란 나뭇가지에 매달려 있는 것이다. 죽음의 용과 생명의 밧줄인 관목 줄기를 갉아먹는 쥐를 보는 순간, 그 어떤 꿀의 달콤함도 이제 그에게는 감미로울 수 없게 된 것이다.
그는 숲속에서 길을 잃고 심한 공포에 사로잡힌 채, 길을 찾고 싶다는 염원 때문에 내딛는 한 발자국 한 발자국이 더욱더 그를 깊숙이 미로 속으로 빠져들게 할 뿐이라는 것을 알면서도 마구 돌아다니는, 아니 돌아다니지 않을 수 없는 그러한 인간과 같았다.

인류는 정신적 근원을 기초로, 즉 자기를 이끄는 이상을 토대로 그 위에서 발전하며 살아가고 있다. 그 이상은 종교, 과학, 예술 내지는 정치적 형식 속에 나타난다. 그리고 그 이상은 서서히 높아져 가며, 인간은 가장 높은 선(善)을 향해 나아가는 것이다.

소크라테스는 말했다. "육체의 생은 악이고 허위이다. 그런 육체의 생을 절멸시키는 것은 선이다. 그러므로 우리는 그 절멸을 희망해야 한다."

쇼펜하우어는 말했다. "인생이란 존재해서는 안 되는 것이다. 그것은 악이다. 따라서 생에서 무로의 전환은 인생의 유일한 선이다."

솔로몬은 말했다. "이 세상의 모든 것-우둔함도, 슬기로움도, 부도, 가난도, 기쁨도, 슬픔도-이 헛되고 헛되어 가치가 없느니라. 사람은 죽고, 뒤에 아무것도 남기지 않으니, 이 또한 어리석은 일이니라."

부처는 말했다. "고뇌와 노쇠와 죽음을 피치 못함을 의심하면서 살아갈 수는 없다. 우리는 이 몸을 생으로부터, 생의 모든 가능성으로부터 해탈시키지 않으면 안 된다."

톨스토이(Lev Nikolayevich Tolstoy, 1828-1910)/人生論(1887)

인생은 좌우 양쪽에 질서정연하게 늘어선 마차램프의 연속 같은 것이 아니다. 인생은 눈부신 빛무리(暈輪)이다.

의식의 처음서부터 끝까지 우리를 휘덮고 있는 반투명의 덮개이다.

변화무쌍하고 광대무변(廣大無邊)의 이 未知의 정령(精靈)을, 그것이 정상을 벗어나고 복잡 미묘하다손 치더라도, 될수록 이질적인 것과 외면적인 것의 混入을 피해서 전달하는 일이 소설가의 임무가 아니겠는가….

버지니아 울프(Virginia Woolf, 1882-1941)/新心理主義 宣言

나는 배웠다
다른 사람이 나를 사랑하게 만들 수는 없다는 것을
내가 할 수 있는 일은 사랑받을 만한 사람이 되는 것뿐임을
사랑을 받는 일은 그 사람의 선택에 달렸으므로.

아무리 마음깊이 배려해도
어떤 사람은 꿈쩍도 하지 않는다는 것을
신뢰를 쌓는 데는 여러 해가 걸려도
무너지는 것은 한순간이라는 것을

인생에선 무엇을 손에 쥐고 있는가보다
누구와 함께 있느냐가 더 중요하다는 것을
우리의 매력은 15분을 넘지 못하고
그 다음은 서로 배워가는 것이 더 중요하다는 것을

다른 사람의 최대치에 나를 비교하기보다
내 자신의 최대치에 나를 비교해야 한다는 것을
또 무슨 일이 일어나는가보다
그 일에 어떻게 대처하는가가 중요하다는 것을

무엇을 아무리 얇게 베어내도 거기엔 늘 양면이 있다는 것을
어느 순간이 우리의 마지막이 될지 모르기 때문에
사랑하는 사람에겐 언제나 사랑의 말을 남겨놓고 떠나야 함을
더 못 가겠다고 포기한 뒤에도 훨씬 멀리 갈 수 있다는 것을

결과에 연연하지 않고 마땅히 해야 할 일을 하는 사람이
진정한 영웅이라는 것을
깊이 사랑하면서도 그것을 드러낼 줄 모르는 이가 있다는 것을
내게도 분노할 권리는 있으나 남을 잔인하게 대할 권리는 없다는 것을

멀리 떨어져 있어도 우정이 계속되듯 사랑 또한 그렇다는 것을

가끔은 절친한 친구도 나를 아프게 한다는 것을
그래도 그들을 용서해야 한다는 것을
남에게 용서를 받는 것만으로는 충분치 않고
자신을 용서하는 법을 배워야 한다는 것을

아무리 내 마음이 아프다 해도 이 세상은
내 슬픔 때문에 운행을 중단하지 않는다는 것을
두 사람이 다툰다고 서로 사랑하지 않는 게 아니며
다투지 않는다고 해서 사랑하는 게 아니라는 것도

때론 남보다 내가 먼저 움직여야 한다는 것을
두 사람이 한 사물을 보더라도 관점은 다르다는 것을
결과에 상관없이 자신에게 정직한 사람이 결국 앞선다는 것을
친구가 도와달라고 소리칠 때 없던 힘이 솟는 것처럼
자신의 삶이 순식간에 바뀔 수도 있다는 것을

글 쓰는 일이 대화하는 것처럼 아픔을 덜어준다는 것을
가장 아끼는 사람이 너무 빨리 떠나버릴 수도 있다는 것을
남의 마음을 아프게 하지 않는 것과
내 주장을 분명히 하는 것을 구분하기가 얼마나 어려운가를

그리고 나는 배웠다
사랑하는 것과 사랑받는 것의 진정한 의미를

오마르 워싱턴(Omer Washington, 1921-1978)/나는 배웠다(I've Learned)

초원의 빛(Splendour in the Grass)

한때 그처럼 찬란했던 광채가
이제 눈앞에서 영원히 사라졌다 한들 어떠랴

초원의 빛, 꽃의 영광, 그 시간들을
다시 불러올 수 없다 한들 어떠랴
우리는 슬퍼하지 않으리
오히려 뒤에 남은 것에서 힘을 찾으리라
지금까지 있었고, 앞으로도 영원히 있을
본원적인 공감에서
인간의 고통으로부터 솟아나
마음을 달래주는 생각에서
죽음 너머를 보는 신앙심에서
그리고 지혜로운 정신을 가져다주는 세월에서

워즈워스(William Wordsworth, 1770-1850)

나는 믿는다. 인간의 완전한 가치와 삶과 자유, 그리고 행복을 추구하는 인간의 권리를. 모든 권리는 책임을, 모든 기회는 구속을, 모든 소유는 의무를 뜻함을. 인간이 법을 만든 것이지 법이 인간을 만드는 것이 아님을. 정부는 국민의 종이지 그들의 주인이 아니다. 머리를 쓰는 노동이건 손을 쓰는 노동이건 노동의 존엄성이 있음을. 이 세상은 인간의 생활을 책임질 의무는 없지만, 모든 인간에게 생활의 기회를 주어야 한다. 절약은 질서 잡힌 생활에 꼭 필요한 것임을. 진실과 정의는 사회질서의 영속을 위한 기본임을. 약속의 신성함을. 인간의 언약은 어김이 없어야 하며, 이러한 성품은 재산이나 권력, 지위보다 높은 가치를 지닌다. 유익한 서비스의 제공은 인류의 공통된 의무임을. 희생이라는 불에서만 이기심이라는 불순물을 정화할 수 있으며, 영혼의 위대함이 자유를 얻게 된다. 신의 지혜와 사랑을. 인간의 가장 높은 성취와 가장 큰 행복, 그리고 가장 폭넓은 유용성은 신의 뜻과 일치하는 삶에서 발견되는 것이다. 사랑은 이 세상에서 가장 위대한 것임을. 사랑만이 증오를 이길 수 있고, 권력을 극복할 것이다.

록펠러 주니어(John Davison Rockefeller Jr., 1874-1960)

밤의 어둠을 순순히 받아들이지 마라

노년이여 하루가 끝나감에 대해 저항하고 소리쳐라
빛의 죽음에 대해 분노하고 분노하라

현명한 이들은 결국 어둠이 옳다는 것을 깨닫는다고 하지만
그들의 말은 어떤 빛도 얻지 못했으니
밤의 어둠을 순순히 받아들이지 마라
착한 자들은 마지막 파도 옆에서
그들의 덧없는 선행이 푸른 만에서 밝게 물결쳤노라고
빛이 죽어감에 대해 분노하고 분노하네

거친 사람들은 날아가는 태양을 붙잡고 노래했지만
너무 늦게 그 길이 슬픈 것이었음을 알게 되고
밤의 어둠 속으로 순순히 들어가지 않네
엄숙한 자들도 죽음을 앞둔 채, 꺼져 가는 시선으로
멀어버린 눈도 유성처럼 화려하고 즐거울 수 있음을 알고
꺼져가는 빛에 대해 분노하고 분노한다네

그리고 아버지, 슬프고도 높은 곳에 있는 나의 아버지.
부탁해요 당신의 격한 눈물로 나를 저주하고 축복하시길
밤의 어둠을 순순히 받아들이지 마라
빛의 죽음에 대해 분노하고 분노하라

딜런 토머스(Dylan Marlais Thomas, 1914-1953)

학생으로 계속 남아 있어라.
과거를 자랑하지 마라.
젊은 사람과 경쟁하지 마라.
부탁받지 않은 충고는 굳이 하려고 마라.

삶을 철학으로 대체하지 마라.

아름다움을 발견하고 즐겨라.

늙어가는 것을 불평하지 마라.

젊은 사람들에게 세상을 다 넘겨주지 마라.

죽음에 대해 자주 말하지 마라.

셰익스피어(William Shakespeare, 1564-1616)

새옹지마(塞翁之馬)

북방의 한 요새에 앞일을 잘 내다보는 노인이 있었다. 하루는 이 노인이 기르던 좋은 말이 국경을 넘어 오랑캐 땅으로 달아났다. 마을 사람들이 찾아와 위로의 말을 건네자, 노인은 대답했다.

「이 일이 복이 될는지 누가 알겠소!」

얼마 후 신기하게도 국경을 넘어갔던 말이 오랑캐의 준마를 데리고 요새로 돌아왔다. 마을 사람들이 축하하자, 노인은 대답했다.

「이 일이 화가 될는지 누가 알겠소!」

어느 날, 말 타기를 좋아하는 외아들이 오랑캐의 준마를 타다가 떨어지는 바람에 다리가 부러졌다. 마을 사람들이 위로하자 노인은 대꾸했다.

「이 일이 복이 될는지 누가 알겠소!」

노인의 아들이 불구가 된 지 1년쯤 되었을 때, 이웃 오랑캐가 쳐들어왔다. 마을 장정들은 모두 전쟁터에 나가 전사했지만, 노인의 아들은 징집을 면하였다.

뤼안(劉安, BC 179-BC 122)/淮南子

뜬 구름은 종일 흘러가는데

나그네인 당신은 오래도록 오지 않는다.

사흘 밤이나 계속 당신을 꿈에 보는 것은

당신의 나에 대한 깊은 애정의 표현이다

당신은 돌아온다고 항상 서성대고 있으면서
구차하게 말하기를 오기는 쉽지 않다고 한다.
강호에 풍파가 많아서
배가 뒤집힐까 두렵다고 하였다
그리고 문을 나서며 백발을 긁었는데
평생의 뜻을 이루지 못한 것 같았다
貴人들은 서울에 충만한데
당신만은 홀로 파리하다
법망(法網)이 광대하여 죄인을 모두 다스린다고 하였는가.
李白은 늙어서 아무 죄도 없는데
왜 몸에 누(累)를 당하고 있는가.
천추만세(千秋萬歲)의 명예는 쓸쓸한 死後의 일인가

두푸(杜甫, 712-770)/夢 李白

고통을 푸는 방법(譬解 八則)

추울 때에는 가난한 집의 거지 아이를,
더울 때에는 잠방이를 걸치고 일하는 머슴을,
배가 고플 때에는 구걸하는 거지를,
목이 마를 때에는 소금을 갈망하는 사람을,
수심이 찾아올 때에는 가화(家禍)를 입은 사람을,
번민이 찾아들 때에는 순장(殉葬)을 당하는 사람을,
근심스러울 때에는 임종을 앞둔 사람을,
병들어 누워 있을 때에는 죽은 옛사람을 생각해본다.

이학규(李學逵, 1770-1835)

괴로움(苦)과 괴로움의 원인(集)과 괴로움의 극복(滅)과 그 극복에 이르는 길(道)을 사성제(四聖諦)라고 한다.

괴로움이란 생(生), 노(老), 병(病), 사(死). 사랑하는 사람들과 헤어지는 괴로움(愛別離苦), 미운 사람과 만나는 괴로움(怨憎會苦), 구해도 얻지 못하는 괴로움(求不得苦), 온갖 욕망이 불타오르는 괴로움(五陰盛苦)으로 이를 팔고(八苦)라고 한다.

괴로움의 원인은 인간의 욕망과 애착에 있다는 것. 모으고 쌓은 것은 모두 괴로움인데, 괴로움의 극복이란, 괴로움의 원인이 되는 번뇌가 완전히 사라진 상태. 즉 온갖 모순과 갈등이 소멸된 열반에 있다.

괴로움의 극복에 이르는 길은, 여덟 가지 바른 길(八正道)이 있다.

· 정견(正見): 사제(四諦)의 이치를 알고 修行하는 것

· 정사(正思): 사제(四諦)의 理를 추구 고찰하여 사려(思慮) 결정하는 것

· 정어(正語): 正見, 正思에 의해 망어(妄語) 사어(邪語)를 끊고, 非理의 말을 사용하지 않는 것

· 정업(正業): 正見, 正思에 의해서 활동하는 것

· 정명(正命): 正善한 생활로 五種의 사념(邪念)을 여의는 것

· 정정진(正精進): 미발(未發)의 惡을 생기지 않게 하고, 未生의 善을 생기게 하는 것, 계(戒), 정(定), 혜(慧)의 도에 정진하는 것

· 정념(正念): 邪念을 버리고 政法을 思念해서, 수행에 정신을 집중하는 것

· 정정(正定): 적정(寂靜)해서, 난상(亂想)을 여의고 마음의 침착함을 얻는 것

고타마 싯다르타(Gautama Siddhattha, 석가모니(釋迦牟尼))

오늘을 즐겨라. 오늘이 바로 인생이기 때문이다. 이 찰나의 시간 속에 존재의 모든 실재와 진실이 자리하고 있다. 성장의 축복, 창조의 환희, 힘의 영광, 어제는 단지 꿈일 뿐이고 미래는 환상에 지나지 않는다. 그러나 오늘, 살아 있는 오늘만이 어제로부터 행복한 꿈을 만들어내고 미래로부터 희망의 비전을 만들어간다.

파라마한사 요가난다(Paramahansa Yogananda, 1893-1952)

어둠 속에서 빛을 추구하는 인간 - 플라톤
인간은 이성적 동물이다 - 아리스토텔레스
죄를 지을수록 더 많은 죄를 짓게 되는 인간 - 아퀴나스
인간은 타인의 결함을 보고 웃는 존재다 - 홉스
이성보다는 감정에 지배되는 인간 - 흄
생존경쟁 속에서 우연히 살아남은 호모 사피엔스 - 다윈
혁명을 통하여 인간은 변화한다 - 마르크스
인간은 동물과 초인 사이에 놓인 밧줄이다 - 니체
아버지를 죽이고 어머니와 결혼한 오이디푸스의 후예 - 프로이트
언어에 의해 창조되는 인간 본성 - 비트겐슈타인

로저 트리그(Roger Trigg, 1941-)
/인간본성에 대한 철학적 논쟁(Ideas of Human Nature, 1988)

눈 내린 들판을 걸어갈 때 (踏雪野中去)
발걸음을 어지러이 말 것은 (不須胡亂行)
오늘 내가 걸어간 발자국이 (今日我行跡)
뒷사람의 이정표가 될 것이기에 (遂作後人程)

이양연(李亮淵, 1771-1853)

"인생이란 인류의 행복을 위하여 하늘에서 내려진 광명의 포고이다."라고 공자(孔子)는 말했다.
"인생이란 항상 보다 큰 행복을 구하려 하는 영혼의 순례이고 완성이다."라고 바라문교도는 말했다.
"인생이란 행복한 열반에 이르기 위한 자기 부정이다."라고 석가모니는 말했다.
"인생이란 행복에 다다르기 위한 겸양과 비하의 길이다."라고 노자(老子)는 말했다.

"인생이란 인간이 신(神)의 율법을 지키면서 행복을 받을 수 있도록, 신이 인간의 콧구멍에 불어넣은 입김이다."라고 유대의 현인은 말했다.
"인생이란 타인에게 행복을 주는 이성에 대한 복종이다."라고 스토아학파의 한 철학자는 말했다.
"인생이란 인간에게 행복을 주는 하느님, 그리고 이웃에 대한 사랑이다." 예수 그리스도는 모든 선인들의 정의를 자기 자신의 정의 속에 포괄시켜 말했다.

인생은 행복을 향한 정진이고 그 정진의 대상은 반드시 그에게 부여된다. 죽음과 고통이라는 형태의 악은, 인간이 자기의 육체적, 동물적 생존의 법칙을 자기의 삶의 법칙이라고 오해할 때에만 인간의 눈에 나타난다.
또한 그때, 죽음과 고통은 유령처럼 팔방에서 그에게 소리를 지르며 달려들어, 이성의 법칙에 따르고 사랑 속에 모습을 나타내는 인간적인 삶의 유일한 길로 그를 내몬다. 죽음과 고통은 삶의 법칙에 대한 인간의 침범에 불과하다.
"수고하고 무거운 짐 진 자들아, 나 내게로 오라. 내가 너희를 쉬게 하리라. 나는 마음이 온유하고 겸손하니 나의 멍에를 메고 내게 배우라. 그러면 너희 마음이 쉼을 얻을 것이리니, 이는 내 멍에는 쉽고 내 짐은 가벼움이라." (마태복음)
인간의 삶은 행복에 대한 갈망과 정진이고, 그가 갈망하고 정진하는 대상은 그에게 부여된 것이다. 죽음으로 대신할 수 없는 삶과, 악으로 대신할 수 없는 행복이 그것이다.

톨스토이

인생은 느끼는 자에게는 비극, 생각하는 자에게는 희극이다. (Life is a tragedy for those who feel and a comedy for those who think.)

라 브뤼에르(Jean de La Bruyère, 1645-1696)

여성에 관하여

인류에 대한 봉사는 그 자체를 두 가지로 나누어 생각할 수 있다. 하나는 인류의 행복을 증대시키는 일이며 다른 하나는 인류 그 자체를 존속시키는 일이다. 첫째 조건에 남성의 주요 능력이 투입되고 있다. 두 번째 일에 여성의 주요 능력이 집중된다. 이 차이에서 남성과 여성의 의무가 생긴다. 그리고 그 의무는 자연의 이치에 의하여 생겨난 것이다. 그리고 이 차이에서부터 남성과 여성의 도덕성과 죄악에 대한 평가가 있는 것이다. 그 평가는 인류에게 이성이 존재하는 한 과거, 현재, 미래를 통하여 영원히 존재해야 할 것이다.

자기 자식에 대한 여성이 가지고 있는 사랑은 특별한 것이다. 비교할 수 없는 사랑이다.

설령 그 봉사의 형식을 달리 한다 해도 신과 인류에게 봉사한다는 사명에 있어서는 남성이나 여성은 마찬가지이다. 그리고 이 평등은 서로가 의존하고 있는 것이다.

톨스토이/人生論

누구를 레이디라 부르나

먼저 여성의 체격이 향상된 다음에는 그 마음을 향상시켜야 한다. 즉, 타고난 정의감을 확고하게 하고, 타고난 사랑의 감각을 세련하기 위해서, 거기에 도움이 되는 지식과 사상으로 마음을 단련하지 않으면 안 된다.

여성교육의 목적은 생각을 정확하게 하는 습관을 기르고, 자연법칙의 의미와 아름다움을 이해하고, 학문의 길이 멀다는 것을 짐작할 수 있는 입구까지 다다르는 게, 더욱 중요하다. 그리고 역사가가 논리로 분석하는 극적 장면을 날카로운 본능으로 이해하도록 감수성을 훈련하는 게 더욱 중요하다.

여성들은 그 칭호 뿐 아니라, 그 칭호가 의미하는 직분과 의무를 요구하는 경우에만, 레이디라는 칭호를 주장할 자격이 있다. 원래 로드란 '법을 유지하는 사람'을 가리키는 말이고, 레이디란 '빵을 주는 사람'을 가리키는 말이었다.

러스킨(John Ruskin, 1819-1900)

여성의 특성은 다음 네 가지 성향으로 나타난다.

어머니 같은 여자는 나른 어떤 일보다 가정을 꾸리고 아이를 낳아서 키우는 일에 중요성을 부여한다.

애인 같은 여자는 유혹하기를 좋아하고 위대한 연애사건을 경험하고 싶어 한다.

전사 같은 여자는 권력의 영역을 정복하고 싶어 하고 대의명분을 위한 투쟁이나 정치적 활동에 참여하고 싶어 한다.

선생님 같은 여자는 예술이나 종교, 교육, 의료 등에 많은 관심을 갖는다.

남자들에게도 농부, 유목민, 건설자, 전사 등 네 가지 성향이 있다.

남녀가 짝을 이루는 경우에, 백년해로로 이어질 가능성이 가장 높은 결합은 어머니 같은 여자와 농부 성향의 남자가 만나는 것이다. 다 안정성과 지속성을 원하기 때문이다. 그 밖의 다른 결합들은 대단히 정열적인 사랑을 이룰 수는 있으나 결국에는 갈등과 대립에 이르고 만다. 문제는 사회가 자기에게 부과한 역할에서 자기의 존재의의를 찾지 못할 때 생긴다.
완벽한 여자의 목표는 어머니이자 애인이자 전사이자 선생님이 되는 것이다. 그럴 때 공주가 여왕이 되었다고 말할 수 있다.
완벽한 남자의 목표는 농부이자 유목민이자 건설자이자 전사가 되는 것이다. 그럴 때 왕자가 왕이 되었다고 말할 수 있다.
완벽한 여왕과 완벽한 왕이 만나면 마술과도 같은 일이 벌어진다. 그 만남에는 열정도 있고 지속성도 있다. 하지만 그런 만남은 참으로 드물다.

필립 페셀(Philip Pessel)

젊은 처녀에 관하여서는, 자연은 충격효과라고 불리는 것을 노린 것이다. 자연은 처녀들의 그 남은 생애 전부와 맞바꾸기 위해 고작 이삼 년 동안 넘쳐흐르는 미와 매력 및 풍만함을 주었던 것인데, 그것은 그 이삼 년 동안 남자의 상상력을 사로잡아 남자를 열중하게 함으로써 처녀를 한평생 무슨 형태로든 어엿이 돌보아주자고 생각하게 하기 위해서였다. 따라서 자연은 이 경우 늘 상투적인 절약을 하는 것이다.

쇼펜하우어/Essay on Woman

모성의 부흥

모성이라는 것은 생명의 근원인 태양과 같은 것이고, 또 한없이 신비를 간직한 바다와 같은 것이라고 믿어졌다. 낳고, 기르고, 사랑하고, 가르친다.
그리고 자기가 낳은 어린이에 대해서 그런 따뜻한 본능을 가지고 있을 뿐 아니라, 여성으로서의 천성은, 인생의 온갖 고통과 불행과 고난에 대한 커다란 위안을 의미하는 것이었다. 주부의 마음은 곧 가정의 중심이었다.
만물 위에 열을 쏟는 게 태양의 성질이고, 끝없이 물결쳐 번지는 게 바다의 성질인 것처럼, 모성애는 고대부터 종교적 숭배의 대상이 되어 왔다.
그런데 근대의 산업혁명으로 많은 여성이 사회에 진출을 하게 되었다. 또 근대사상의 자극으로, 여성이 자아를 각성하여 가정을 나와서 직업을 갖게 되었다. 직업사회에 진출한 결과 마음의 안정을 잃어버린 여성들이 거리거리에서 눈에 띄게 되었다.

단순한 동물적 본능으로서의 모성애가 근대의 역사에서 가장 두드러진 공적의 하나라고 말할 수 있다. 포유(哺乳)라는 가장 초기의 일만 하더라도, 어머니의 정신적 교양을 나타낸다. 본능적인 자애만으로는 되지 않는다. 관찰, 판단, 자제 같은 덕성의 발달이 필요하다. 아이를 기르고 가르치는 일에 어머니 자신의 품성이 꽃이 피는 것처럼 완연하게 피어나는 것이다. 그리고 어머니의 사랑에 대응하여 어린이의 마음에 싹트는 사랑의 의식은 장차 사회생활의 기초가 된다.

근대여성의 권리를 위한 투쟁이 끝난 다음에는, 다시 새롭고 다시 충실된 모성애가 문화 활동과 사회질서를 위해서 보다 광범하게 나타날 것이다.

엘렌 케이(Ellen Kaye, 1849-1926)

근대 여성에게 주는 경고

그리스도교는 여자에 대해서 매우 부당한 대우를 해 온 것처럼 보인다. 남녀 간 사랑을 일종의 죄악으로 간주했다. 그래서 수도자가 제일 먼저 명심할 것은, 표면으로는 순해 보이지만 속은 무척 간사한 여자의 유혹을 경계하는 일이었다.

그러나 실제에 있어서는 정반대의 결과가 나타났다. 그리스도교는 여자와 연애감정을 확대함으로써 더 큰 매력을 거기에다 부여했다. 왜냐하면, 여자가 그렇게 두려운 존재라면, 그것은 여자가 큰 힘을 가지고 있는 증거가 되는 것이고, 또 순결이라는 것을 너무나 높이 숭상할 적에는 쾌락의 가치가 그만큼 증대되는 게 당연한 이치였으니까.

당신들이 큰 매력을 갖추기 위해서는 자연이 제공해 준 육체만이 아니고, 다른 두 요소가 필요했다. 첫째, 당신들의 아름다운 육체를 감싸 보다 더 아름답게 보여주는 비단이 있어야 하므로, 그 비단을 만들어내는 문명의 발달이 필요했다. 둘째, 남자들이 당신들을 쳐다볼 때마다 마음에 전율이 일어나게 하기 위해 종교의 억압이 필요했다. 말하자면, 비단과 남자들의 경계심- 이 두 가지 베일에 의해, 비로소 당신들은 완전한 여자가 될 수 있었다. 그로부터 불 보다도 강한 사랑이 이 세상에 들어오기 시작했다.

아나톨 프랑스(Anatole France, 1844-1924)

성공한 여성을 만드는 힘

· 당신 부모들의 꿈이 아닌 당신 자신의 꿈을 추구하라.

· 선택에 신중을 기하되 일단 이뤄진 선택에는 책임을 져라.

· 원하는 바가 무엇인지 정확하게 빨리 결정을 내리고, 목표와 방법을 정하라.

· 학업을 끝낼 때까지 결혼과 출산을 연기하라. 학업 중 부득이 결혼하게 된다 해도 남편의 학업을 계속시킨다는 목적으로 자신의 학업을 중단하지 마라.

· 결혼 전 상대방과 당신의 개인적, 직업적 희망이 무엇인지 충분히 토의하라.

· 남편의 일이 더 중요하다는 판단 아래 자신의 경력을 희생시키지 마라.

· 결혼상대방으로서는 당신의 직업적 포부를 지지하고, 당신의 성공으로 위협을 느끼거나 열등감을 갖지 않을 만큼 든든한 남성을 택하라.

· 가정과 직업을 양립시키기 위해 아내가 보다 많은 책임을 져야 한다는 점을 인식하라.

· 당신의 전문분야에서 동료남성보다 능력이 낫거나 같다는 사실을 입증하기 위해 남성보다 더 많이 노력하라.

· 교육은 가능한 한 많이 받아두어라.

· 맡은 분야의 일을 완전히 파악하라.

· 승진에 작용하는 사무실 정치를 현실적으로 인식하라.

Zonta International(1919)

늙은 여자와 젊은 여자에 대하여

사랑받기보다는 많이 사랑하고 또한 사랑할 때는 결코 남에게 뒤지지 않을 만큼 사랑하는 것, 이것이 그대들의 명예가 되도록 하라.

남자로 하여금 사랑에 빠진 여자를 두려워하게 하라. 여자는 사랑할 때 모든 희생을 감수하며 사랑이외의 모든 것은 아무런 가치도 없다고 생각한다.

남자로 하여금 증오심을 품은 여자를 두려워하게 하라. 남자는 영혼 밑바닥에서부터 악하지만 여자는 영혼 밑바닥에서부터 저열하기 때문이다.

쇠붙이가 자석에게 이렇게 말했다. '나는 너를 가장 증오한다. 너는 끌어당기기는 하지만 놓치지 않을 만큼 강하지는 않기 때문이다.'

남자의 행복은 '소망한다'이고 여자의 행복은 '그는 소망한다'이다.

여자의 본질은 표면이며 얕은 수면처럼 쉽게 변하기 때문이다.

여자의 본질은 깊으며 그 흐름은 지하 동굴 속처럼 몹시 요란한 소리를 낸다. 여자는 그 힘을 느끼지만 이해하지는 못 한다.

니체(Friedrich Wilhelm Nietzsche, 1844-1900)/
차라투스트라는 이렇게 말했다

여자에게는 기림 받을 네 가지 덕이 있으니, 부녀로서의 덕성(婦德), 용의(婦容), 말씨(婦言), 솜씨(婦工)다.

益智書

일상의 말과 행동

항상 공경하는 마음을 갖고, 엄숙하면서 생각하는 듯한 모습이어야 하며, 말을 단정하게 하라. 재물을 들여 구차하게 얻으려 하지 말며, 어지러운 일을 해서 구태여 모면하려 하지 말고, 다투되 꼭 이기려 하지 말며, 나누되 많이 가지려 하지 말고, 의심나는 일이 있어도 굳이 따지지 말며, 아무리 자기가 옳더라도 두말 하지 말 것이다.

소혜왕후(昭惠王后) 韓氏(1437-1504)/內訓

임부(姙婦)의 일곱 계명(胎敎七不誼)

말이 많아도 안 되고
헤프게 웃어서도 안 되며
깜짝 놀랄 일은 짐짓 피해야 한다.
또 겁을 먹어서도 안 되고
곡을 하거나 울어서도 안 되며
성을 내서도
과하게 욕심을 부려서도 안 된다.

아기 밴지 석 달이 되면 기품이 높은 주옥(珠玉), 명향(明香), 서상(犀象), 난봉(鸞鳳), 종고(鐘鼓) 등을 가까이 두거나 몸에 지니고 만지며 듣고 맡고 쬐도록 한다.
다섯 달이 되면 지(知)가 형성되므로 정돈된 방에 조용히 앉아서(居靜) 고운 말만 듣고 또 고운 말만 하며(美言) 성현들의 명구(名句)를 외고(講書) 명시를 읽거나 붓글씨를 쓰며(讀書) 속되지 않은 음악을 듣는다(禮樂).
일곱 달이 되면 태아의 정을 길러주기 위해 인근 야산의 노송(老松)을 찾아가 그 아래 정좌(靜坐)하여 솔잎 틈을 가르는 장엄한 바람소리를 들어야 한다. 밉고 고운 정이며, 시기며, 질투며, 원한이며 그 모든 앙금을 가라앉힌 다음에 일어나는 소리가 솔바람소리이며 그 솔바람소리를 태아의 때 묻지 않은 소박한 심정에 스미게 한다.

師朱堂 李氏(1739-1821)/胎敎新記

女權을 위하여

당신은 여성한테서 적어도 그 권리를 빼앗지 않겠지요. 누가 아니면 무엇이 당신에게 여성을 억누를 최고의 권력을 주었는가요. 당신의 힘. 당신의 재능… 찾아보고, 할 수 있으면 자연의 형태 속에서 그런 성의 구별을 지적해

보세요. 어디서나 당신은 양성이 하나가 되어 이 영원한 일에서 화목한 패를 지어 협력하고 있음을 볼 것이요.
계몽과 지혜의 세기에, 남성은 모든 지적 능력을 갖춘 하나의 성 위에 독재자로 지배하려 한다. 여성의 권리에 대한 무지, 무시, 또는 모욕이 공적인 악과 정부의 부패의 유일한 원인임을 생각하여 어머니들, 딸들, 누이들은 여성의 자연적이고, 양도할 수 없고, 성스런 권리의 엄숙한 선언으로 나가기로 결의하였다. 출산할 때의 용기에서처럼 아름다움에서 드러나는 여성의 성적 우월성은 지고한 존재의 현존과 보호 아래 다음과 같이 선포한다. 여성이여 깨어나라 그대의 권리를 발견하라. 남성은 자유로워지자 그 동료에게 불공평했다.

올램프 드 구즈(Olympe de Gouges, 1748-1793)

그리스 시대로부터 현대에 이르기까지, 여성에게 퍼부어진 갖가지 비난 공격에는 많은 공통점이 있다. 표면적으로는 다른 점이 있다 해도, 여성의 근본적 신분은 항상 같기 때문에 그 신분이 그대로 여자의 성격을 만들어 내고 있다. 여자는 내재(內在)속에 웅크리고 있으며, 반항심을 갖고, 조심스럽고, 인색하며, 진실이라든가 정확성에 대한 개념이 없고 도덕이 결여되어 있으며, 천한 공리욕이 있고, 거짓말쟁이고, 연극을 잘 하며, 이기적이고. 이러한 모든 비판 중에는 옳은 것도 있다. 여성이 살아있는 상황(입장)에 의해서 그러한 홈이 패어졌을 뿐이다. 남자의 세계는 여자에게는 초월적 현실, 하나의 절대인 듯이 보이는 것이다. 프레이저는 말한다. 『남자는 하느님을 만들고 여자는 그것을 숭배한다.』

여성은 여성으로 태어나는 것이 아니라, 여성이 되어가는 것이다. 여성은 자신의 성적 경험을 통해서 남성의 지배를 받는다.

남성은 여성이 무한한 가치를 갖고 있는 것으로 여성에게 가르쳐서 여성을 속였다. 사실 그녀는 남성에게 하나의 위로이고 쾌락이고 반려이며 비본질적인 재물일 뿐이다.

남성은 여성에게 그녀의 실존의 의미이며 이유이다. 그러므로 주고받는 교환은 동등한 관계에서 이루어지는 것이 아니다.

'준다'와 '받는다'는 말의 애매한 의미에 대한 막연한 논쟁이 모든 남녀관계에 언제까지나 계속되는 까닭이 여기에 있다. 여성은 모든 것을 준다고 한탄하고 남성은 여성이 모든 것을 받는다고 불평한다. 주고받는 교환은 제공되는 상품이 팔 사람이 아니라 살 사람이 갖고 있는 가치에 의해 결정된다는 것을 여성은 이해하여야 한다.

남성의 천직은 행동이다. 생산하고, 싸우고, 창조하고, 진보하고, 세계의 전체성과 미래의 무한 속에서 자기를 초월해야 한다. 그런데 전통적인 결혼 제도는 여성에게 남성과 함께 자기를 초월하게 하려고 하지 않는다. 결혼은 여성을 내재(內在)로 가둬둔다. 그러므로 여성은 안정된 생활을 하는 것만을 목적으로 삼는다. 그 안정된 생활 속에서는 현재가 과거를 연장시키면서 내일의 위협에서 벗어나게 한다. 즉, 행복을 얻게 되는 것이다. 사랑이 없어도 여성은 부부애라는 정답고 존경스러운 감정을 찾게 될 것이다. 그녀는 자기가 관리하는 가정의 네 벽 사이에 세계를 가두어 놓는다.

남녀 간의 진정한 사랑은 자유의 상호 인식을 전제로 해서 이루어져야 한다.

보부아르(Simone de Beauvoir, 1908-1986)/第 2의 性

안방 일곱 벗이 功을 다투다(閨中七友爭功論)

규중부인(閨中夫人)에게 평생의 벗 일곱이 있으니, 척부인(尺夫人:자), 세우각시(바늘), 꼭둑각시(가위), 청홍각시(靑紅閣氏:실), 감토할미(골무), 인화낭자(引火娘子: 인두), 위낭자(熨娘子: 다리미)다.

주(朱)부인이 하루는 일곱 벗과 일하다가 홀연 몸이 피곤해 졸았다. 그러자 척 부인이 하는 말이, 『내 몸은 길며 짧으며 좁으며 넓으며 이런 것을 눈치 있게 자세히 살피어서 무슨 일이나 그릇함이 없게 하니, 내 공(功)이 으뜸이 되리로다.』
꼭둑각시가 이르되, 『내 입이 한 번 가야 모양과 제도가 나 염량(炎凉)한 공(功)이 나타나니, 내 공이 으뜸되리로다.』
세우각시가 이르되, 『그대들이 아무리 염량과 모양, 제도를 한들 한 가지나 이뤄 낼쏘냐. 그런 고로 내 공이 으뜸 되리로다.』
청홍 각시가 이르되, 『구슬이 서 말이라도 꿰어야 구슬이 된다 하였으니, 내 몸이 아니고서야 한 가지나 될쏘냐. 나보다 더한 공이 어디 있으리오.』
감토할미가 가로되, 『손가락 아픈 데를 눈치 있게 가려, 무슨 일이든지 쉬 이뤄내게 하니, 내 공도 없다 못할 것이오.』
인화 낭자가 가로되 『내 발이 한번 지나매 굽은 것이 반듯하여지고, 비뚤어진 것이 바로 되어, 너의 낯나는 일은 내가 다 펴 주니, 내가 아니면 낯이 없으리로다.』
위낭자가 가로되, 『인화는 소임이 나와 한가지라. 우리 둘 곧 아니면 어찌 공을 일컬으리오.』하고. 한참 그렇게 다투는 소리에,
주 부인이 잠을 깨어 화를 내며 가로되,『나의 눈과 손이 있어야 너희 공이 되나니, 어찌 자칭 공이라고 방자히 다투는가.』하고 다시 누워 잠드니,
척부인이 가로되, 『매몰차고 쌀쌀하고 인정 없는 것이 인간이로다. 내 곧 아니면 척량(尺量), 척수(尺數)를 어찌 해 내며, 광활(廣闊) 장단(長短)을 어찌 알리오.』
꼭둑각시가 말하기를, 『두꺼운 것과 단단한 것을 함부로 썰다가도, 조금 마음에 맞지 아니하면 쓰겠느니 못 쓰겠느니 하고, 두 뺨을 쇠망치로 두드려 가면서 입술이 두꺼우니 이가 날이 없느니 하고, 연일 숫돌에 문지르며 온갖 짓을 다 하면서 어찌 저리 말하는고.』하고 눈물 지우니,
세우각시가 가로되 『두 귀에다가 굵은 실 가는 실을 꿰어 가지고, 나의 다리로 온갖 필육의 구멍을 뚫으니, 어찌 차마 견디리오.』
청홍각시가 가로되 『이불이며 의복과 잔 누비며 어린아이 채색옷에 내 몸

아니 들고야 어찌 한 솔 반 솔이나 기워 내랴마는, 온갖 짜증으로 나무라니, 이 설움을 어찌 참고 지내리오.』

인화낭자가 가로되 『주야 사철 화로에 묻어두고 부리다가, 부인들이 쓸 때면 곱지 아니하다 나무라며, 또 무거우니 가벼우니 하여, 굽도 접도 못하게 하면서, 공 없는 말만 하는도다.』

위낭자가 서러워하며 『입에다가 백탄 숯을 이글이글 피어다가 넣으니, 내 낯이 모질고 악착하기에 견디지, 차마 못 견딜러라. 게으른 부녀들이 하루에 할 일을 꾸겨 박질러 가지고 열흘씩 보름씩 끼고 있다가, 잘 펴지 않느니 어쩌니 하고 나만 나무라는 도다.』

이규보(李奎報, 1169-1241)

'등불을 든 여인'은 플로렌스 나이팅게일(Florence Nightingale, 1820-1910)의 별칭이다. 크림전쟁이 절정에 이르렀을 무렵, 25세의 나이팅게일은 전장에 달려가 램프를 들고 전선을 다니며 부상병들을 간호했다. 때로는 러시아의 부상병도 버리지 않았다.

전쟁이 끝나고 그는 양쪽으로부터 훈장을 받았다. 그 후 이탈리아의 통일전쟁(1858-1861)이 다시 유럽을 피로 물들이고 있었다. 스위스의 청년은행가 뒤낭(Jean Henri Dunant 1828-1910)은 솔페리노전투의 참상에 너무도 충격을 받았다. 그는 사재를 털어 4만여 명의 부상병들을 구호했다. <솔페리노 회상: A memory of Solferino>에서 戰傷者를 위한 자발적인 봉사단체의 조직을 제의했다. 찰스 디킨즈(Charles John Huffam Dickens, 1812-1870), 빅토르 위고(Victor-Marie Hugo, 1802-1885) 등 문화인들의 찬동을 얻어 1863년 스위스에서 5人委가 구성되어 1919년 적십자연맹으로, 1928년 국제적십자회의로 발전했다. '전쟁 중에도 사랑을!'은 적십자의 기본정신이다. 정관엔 인도, 공정, 중립, 독립, 봉사, 단일, 보편 등 7개의 원칙을 제시하고 있다.

우리는 평화를 전파시키는 즐거움, 서로 사랑하는 즐거움, 가장 가난한 사람들이 우리들의 형제자매라는 것을 일깨워주는 즐거움을 다 같이 나타낼 수 있는 이런 아름다운 기회가 주어진데 대해 신에게 감사합니다.
신성함이란 몇 사람만의 사치가 아니라, 우리 개개인 모두의 의무입니다. 우리는 서로에의 사랑을 통해 신성하게 될 수 있습니다. 나 자신 가난했었기 때문에 가난한 자를 이해할 수 있기 위해 나는 가난한 자의 빈곤을 택했을 뿐입니다.
가난한 사람들은 위대하고 매우 사랑스런 사람들입니다. 이들에게는 우리의 연민과 동정이 필요 없습니다. 이들이 필요로 하는 것은 우리들의 이해있는 사랑이며 존경입니다. 또 이들이 원하는 것은 그들을 존엄을 가지고 대해달라는 것입니다.

마더 테레사(Mother Teresa (of Calcutta):
본명 Anjezë Gonxha Bojaxhiu, 1910-1997)/노벨평화상 수상연설

여성의 통치 세계를 제외하고, 남성의 통치 세계만큼 고약한 일이 없다. 남녀의 연합이 전진하여, 문명을 힘이 아니라 기독교 정신에 입각한 문명(즉 정의와 자비를 기초로 한 문명)의 이름에 더욱 값하게 할 수 있으리라. 남성들이 우리보다 정의감이 더 강하고 여성들이 남성들보다 자비심이 더 많다. 남성들은 우리의 자비심을 빌어야 하고, 우리 또한 그들의 정의감을 활용하여야 하겠다. 우리는 '새로운 빗자루(New brooms)이다. 우리 모두 집안을 바르게 청소하도록 하자

레이디 애스터(Lady Astor, 1879-1964)/1922. 4. 9 뉴욕시 타운홀에서

모든 여자는 쓸개즙처럼 쓰디쓴 존재이다. 하지만 여자가 일생을 통해 기쁨을 느끼는 때가 두 번 있으니, 하나는 첫날밤이요 또 하나는 무덤 속에서이다.

팔라다스(Palladas)

에우리피데스(Euripides B.C. 480?-B.C. 406)보다 더 현명한 시인은 없다. 여자만큼 뻔뻔스러운 동물은 존재하지 않기 때문이다. 여자보다 더 정복하기 힘든 야생동물은 아무것도 없다. 그대도 이것을 알고 있으면 나에게 싸움을 걸라. 나를 친구로 만들 힘이 있다면 말이다. 나는 절대로 여자에 대한 증오를 포기하지 않을 것이다.

아리스토파네스(Aristophanes, BC 450?-BC 388?)

여기 한 여성이 쉬고 있네, 꾸밈없이 선하고
명료한 이성과 건전한 양식으로 축복받아
어떤 정복도 바라지 않고, 자신에 대한 극기만을 바랐던 여성이.
어떤 꾸밈도 시도하지 않아, 찬탄을 받지 않았네
열정과 교만함은 그녀 영혼에 낯설었고
덕목만이 우리 것임을 확신했네
그렇게 영향을 받지 않고, 그렇게 차분하고
그렇게 굳건하나 부드럽고, 그렇게 강하나 세련된 마음을
하늘은 가장 순수한 금처럼 고통으로 시험했고
그녀는 성자로서 이를 견뎠으나, 여성으로서는 죽었네

알렉산더 포프(Alexander Pope, 1688-1744)

청춘에 관하여

괴팍한 노인과 청춘은 같이 지낼 수 없다. 청춘은 기쁨에 가득 차 있고, 노년은 근심 걱정뿐이다. 청춘은 여름철같이 왕성하고, 노년은 겨울철같이 황량하다. 청춘에게는 심심풀이가 많고, 노년은 금방 숨이 찬다. 청춘은 날쌔고, 노년은 절름발이이다. 청춘은 혈기 왕성하고, 노년은 허약 냉정하다. 청춘은 야생적이고 노년은 무기력하다. 노년아, 나는 너를 증오한다. 청춘아 나는 너를 숭배한다.

셰익스피어/정열의 순교자

젊은이들은 판단하기보다 발명하는 데 적합하고, 상담하기보다 실행하는 데 적합하며, 기초가 잡힌 일보다 새로운 계획에 적합하다. 왜냐하면 연공(年功)이란 그 연령의 범위 내에서는 그들을 지도하지만, 새로운 일에 있어서는 그들을 배신하기 때문이다. 노련한 사람들은 여러 가지 이의(異議)를 지나치게 제기하고, 상담이 너무 길며, 모험이 너무 적고, 후회가 너무 빠른 데다 웬만해서는 일을 완전히 완결 짓지 않고 흔히 성공의 중도에서 만족해 버린다. 어떻게 해서든 양쪽을 결합하는 일이 좋을 것은 틀림없다. 양자의 장점이 서로의 결점을 상쇄할 수 있기 때문이다.

단순한 경험이 있는 그대로 받아들여질 때는 우연이라 불리고, 탐구될 때는 실험이라 불린다. 경험의 참된 방법은 먼저 초에 불을 붙이고(가설) 다음에 그 빛으로 길을 가리킨다. (실험의 준비를 정비하여 그 범위를 결정한다). 그리고 서투르지도 않으며 엉터리도 아닌, 질서 정연하고 계통이 선 경험에서 출발하여 거기서 공리(公理)를 끌어내고, 일반적으로 승인된 공리에서 다시 새로운 실험으로 나아간다.

높은 지위에 있는 사람들은 삼중(三重)의 의미로 종이다. 즉 주권자 또는 국가의 종, 명성의 종, 직무의 종이며, 신체에도 행동에도 시간에도 자유가 없다. 멈춰 서면 미끄러지기 쉽고, 후퇴는 전락(轉落)이거나 적어도 광휘(光輝)의 소멸이다.

베이컨(Francis Bacon, 1561-1626)/청년과 노년에 대하여

靑春(YOUTH)

청춘이란 인생의 어떤 한 시기가 아니라 마음가짐을 뜻하나니
그것은 장밋빛 뺨, 앵두 같은 입술, 하늘거리는 자태가 아니라
강인한 의지, 풍부한 상상력, 불타는 열정을 말함이네.
청춘이란 인생의 깊은 샘물에서 오는 신선한 정신, 유약함을 물리치는 용기,
안이를 뿌리치는 모험심, 그 탁월한 정신력을 뜻하나니
때로는 스무 살의 청년보다 예순 살의 노인이 더 청춘일 수 있네

누구나 세월만으로 늙어가지 않고 이상을 잃어버릴 때 비로소 늙어가나니
세월은 우리의 주름살을 늘게 하지만 열정을 상실할 때 영혼은 주름지고
고뇌, 공포, 실망 때문에 기력이 땅으로 들어갈 때
비로소 마음이 시들어버리는 것이라네.
그대가 젊어 있는 한 예순이건 열여섯이건
모든 인간의 가슴 속에는 경이로움에의 동경과 아이처럼 왕성한 미래에의
탐구심과 삶에서 환희를 얻고자 하는 열망이 있는 법.
그대와 나의 가슴 한가운데는 남에게 잘 보이지 않는 그 무엇이 간직되어 있어 인간과 신, 그 모든 것으로부터 오는 메시지를 받아들이네.
아름다움과 희망과 기쁨과 용기와 영원의 세계에서 오는 힘의 메시지를,
이 모든 것을 간직하고 있는 한
언제까지나 그대는 젊음을 유지할 것이네
영감이 끊어져 정신이 냉소라는 눈에 피묻히고, 비탄이란 얼음에 갇힐 때
그대는 스무 살이라도 늙은이이네
그러나 머리를 드높여 희망이란 파도를 탈 수 있는 한
그대는 여든 살로도 청춘의 이름으로 죽을 수 있네.

사무엘 울만(Samuel Ullman, 1840-1924)

청춘예찬

청춘아! 너의 두 손을 가슴에 대고 물방아 소리 같은 심장의 고동을 들어 보라. 청춘의 피는 끓는다. 끓는 피에 동하는 심장은 거선(巨船)의 기관같이 힘찍다.
이성은 투명하되 얼음과 같으며 지혜는 날카로우나 갑 속에 든 칼이다.
청춘의 끓는 피가 아니드면 얼마나 쓸쓸하였스랴 얼음에 싸인 만물은 죽음이 있을 뿐이다.
풀밭에 속잎 나고 가지에 싹이 돋고 꽃 피고 새 우는 봄날의 천지에는 얼마

나 기꺼우며 얼마나 아리따우냐. 이것을 얼음 속으로서 불러내는 것이 따스한 봄바람이다. 인생에 따스한 봄바람을 불어 보내는 것은 청춘의 끓는 피다. 청춘의 피가 뜨거운지라 인간의 동산에는 사랑의 풀이 돋고 이상의 꽃이 피고 희망의 노을이 돋고 열락(悅樂)의 새가 운다. 사랑의 풀이 없으면 인간은 사막이다.

보이는 끝까지 찾아다녀도 목숨이 있는 때까지 방황하여도 보이는 것은 덧거친 모래뿐일 것이다. 이상(理想)의 꽃이 없으면 쓸쓸한 인간에 남은 것은 영락과 부패뿐이다.

창공에 번쩍이는 뭇별과 같이, 산야에 피어나는 군영(群英)과 같이, 해빈(海濱)에 번쩍이는 모래와 같이, 진주와 같이, 보옥(寶玉)과 같이 크고 적게 빛나는 모든 이상은 실로 인간의 부패를 방지하는 소금이라 할지며 인생에 가치를 주는 원질(原質)이 되는 것이다.

이상! 빛나고 귀중한 이상 그것은 청춘이 누리는 특권이다. 그들은 순진한지라 감동하기 쉽고 점염(黜染)이 적은지라 죄악에 병들지 아니하였고 앞이 긴지라 착목(着目)하는 곳이 원대하고 피가 더운지라 실현에 대한 자신과 용기가 있다. 그러므로 그들은 이상의 보배를 능히 품으며 그들의 이상은 아리땁고 소담스러운 열매를 맺어 우리 인생을 풍부케 하는 것이다.

민태완(閔泰瑗, 1894-1934)/별건곤(別乾坤, 1929)

조선 청년은 자애(自愛)하라

현대는 조선 청년에게 행운을 주는 득의(得意)의 시대다. 조선 청년의 주위는 역경인 까닭이다. 역경을 깨치고 아름다운 낙원을 자기의 손으로 건설할 만한 기운에 제회(際會)하였다는 말이다. 만지풍설(滿地風雪), 차고 거친 뜰에서 바야흐로 맑은 향기를 토하려는 매화나무에 아름답고 새로운 생명이 가만히 움직이고 있는 것과 같은 논법이 될 것이다.

불행히 승평(昇平)한 시대에 나서 하염없이 살지 않고, 다행히 유위(有爲)

의 시대에 나서 좋은 일을 제 손으로 많이 할 수 있다는 말이다. 기마(騎馬)는 마구(馬廐)에서 늙는 것을 싫어하고, 용사는 임에서 죽는 것을 부끄러워한다. 조가비로 한강수를 마르게 할 수가 있고, 삼태기로 백두산을 옮길 수가 있느니라.

행복의 과(果)는 곤란의 인(因)에서 난다. 현재의 향복(享福)은 과거인의 피와 땀의 대가이다. 후대 아손(兒孫)에게 향복의 유산을 끼쳐 주기 위하여 피와 땀을 흘리게 되는 현대의 조선 청년은 행운아이다.

한용운(韓龍雲 1879-1944)

청년은 소득의 시절이요, 중년은 향상의 시절이며, 노년은 소비의 시절이다. 방심한 청춘에는 대개 무지한 중년 시절이 뒤따르고, 이 두 시절을 껍데기뿐인 노경이 뒤따른다.

허영심과 거짓말밖에 먹고 살 것이 없는 자는, 슬픔의 밑바닥에 누워있을 수밖에 없다.

브래드스트리트(Anne Dudley Bradstreet, 1612-1672)

20세에는 의지가, 30세에는 기지가, 40세에는 판단이 지배한다.

프랭클린(Benjamin Franklin, 1706-1790)/가난한 리처드의 달력

청년기를 열정으로, 성년기를 투쟁으로, 노년기를 명상에 잠겨 살지 않은 인생은 완전치 못하다.

블런트(Wilfrid Scawen Blunt, 1840-1922)/완전한 인생

다음의 넷은 돌아오지 않는다. 입 밖에 낸 말, 쏴버린 화살, 흘러간 세월, 간과해버린 기회.

오마르 이븐(Umar Ibn al Khattab, 581-644)/어록

어른들은 불완전하다는 것을 어린애가 이해하게 될 때쯤이면 청년이 되고, 어른들을 용서할 때쯤이면 어른이 되고, 자신을 용서할 때쯤이면 현명해진다.

앨던 놀런(Alden Nowlan, 1933-1983)/Between Tears and Laughter

투쟁에서 승리하지 못하는 젊은이는 최고의 젊음을 누리지 못하는 것이고, 산 정상에서 골짜기로 흐르는 시냇물의 비밀을 깨닫지 못하는 노인은 과거에 묶여 있는 어리석은 미라일 뿐이다. 이러한 젊은이나 노인은 자신들의 인생으로부터 비켜서서 기계처럼 지독하게 무의미한 삶을 반복하고 있는 것이다.
길은 밖에서 안으로 향한다. 우리는 노화를. 자신 안에서 새로운 세계를 발견하는 기회로 받아들여야 한다.

융(Carl Gustav Jung, 1875-1961)

가라! 네 눈짓을 따르라.
너의 젊은 날을 이용하고, 배움의 때를 놓치지 마라.
거대한 행운의 저울 위에 지침이 평형을 이루는 순간은 드물다.
너는 올라가든가 아니면 내려가야 한다.
너는 이기고 지배하든가 아니면 지고 나서 굴종해야 한다.
이겨 의기양양하든가, 쓴맛을 삼키든가, 망치가 되든가, 모루(anvil)가 돼야 한다.

괴테(Johann Wolfgang von Goethe, 1749-1832)

영원한 청춘, 물, 별, 빛

얼마나 멋지게 자연은 빛나는가!
반짝이는 태양! 웃음 가득한 들판!

가지마다 꽃들이 터져 나오고
덩굴 숲속에서 나오는 수천 가지의 목소리,

모든 이의 가슴에서 터져 나오는 즐거움과 환희.
오 이 땅이여, 오 태양이여! 오 행복이여, 오 기쁨이여!

오, 사랑이여, 저 높은 하늘 위,
아침 구름처럼 그렇듯 금빛 나게 아름답구나!

저 푸릇푸릇한 들을 그대 충심으로 축복하네,
꽃향기 속에 이 세계가 가득 있네.

오, 소녀여, 나 그대 얼마나 사랑하는지!
그대 눈동자 빛나네! 얼마나 그대 나를 사랑하는지!

노래와 하늘을 저토록 사랑하는 종달새,
아침에 피는 꽃들은 하늘의 아지랑이를 사랑하네.

따뜻한 피, 그대 내게 젊음과
즐거움과 용기를 주어 새로운 노래와

춤을 추게 한 피로서 나 그대를 얼마나 사랑하는지.
영원히 행복하기를, 그대 날 얼마나 사랑하는지!

괴테

노년에 관하여

내가 어린이들이 놀고 있는 장면을 보고
이제는 그 놀이를 이해하지 못하여
그들의 쾌활한 웃음소리가, 나에게는 아무 상관이 없는
어리석은 소리로 들리게 된다면
아아, 그것은, 나만은 끝끝내 그렇게 되지 않으리라고 스스로 믿었던,
저 사악(邪惡)한 적(敵)으로부터 오는 경고(警告)이며,
앞으로는 그 위협이 그칠 새 없으리라.

서로 사랑하는 사람들의 모습을 보면서
나 자신은 낙원(樂園)을 그리워하는 마음도 느끼지 못하고
아무렇지도 않게 그 옆으로 스쳐 지나간다면
아아, 그것은, 청춘시대에 영원을 약속했던
그 심정(心情)의 가장 뜻 깊은 시(詩)를
슬그머니 포기하는 것이다.

무슨 악의(惡意)에서 나오는 말을 들으면서
전혀 분개를 하지 않고
그런 말은 들리지도 않은 것처럼
태연자약하게 하고 있다면
아아, 그때야말로 내 마음 속에서
조용히, 그리고 고통도 없이
신성(神聖)한 빛이
경련(痙攣)을 하면서 사라져 가는 것이다.

헤르만 헤세(Hermann Hesse, 1877-1962)/조락(凋落)

아르퀴타스(Archytas, BC 428-BC 350)에 따르면, 자연이 인간에게 준 역병(疫病)가운데 쾌락보다 치명적인 것은 없다. 쾌락의 욕망이 한번 감행해 보라고 인간들을 부추기지 않는 범죄나 악행은 없다.
욕망이 지배하는 곳에서는 자제력이 설 자리가 없고, 쾌락의 영역에서는 미덕이 존립할 수 없다.
이성과 지혜로도 쾌락을 거부할 수 없는 것이라면, 해서는 안 되는 것에 욕망을 품지 않게 해주는 노년에게야말로 진심으로 감사해야 한다.
말로 자기변호를 해야 할 필요를 느끼는 노년은 불행하다.
백발이나 주름살로 갑자기 권위를 앗아 올 수 있는 것이 아니다. 권위란 명예롭게 보낸 지난 세월의 마지막 결실이기 때문이다.
얼핏 보기에 하찮고 사소해 보이는 것들이 노인에게는 명예를 의미한다. 아침 인사를 받는 것, 예방(禮訪)을 받는 것, 길을 양보 받는 것, 이쪽에서 다가가면 사람들이 일어서는 것, 광장에 오갈 때 호위를 받는 것, 조언을 부탁 받는 것 등.
노인들은 고집이 세고, 불안해하고 화를 잘 내고 괴팍스럽다고들 한다. 어떤 노인들은 인색하기까지 하다. 하지만 이것들은 성격상의 결함이지 노년의 결함이 아니다.
배우는 관객의 환심을 사기 위해 막(幕)마다 등장할 필요는 없고, 어느 막에 등장하든 거기서 박수갈채를 받으면 그것으로 충분하다. 주어진 수명이 짧다 해도 훌륭하고 명예롭게 살기에는 충분히 길기 때문이다.
그런데 노년의 결실이란, 전에 이룩한 선(善)에 대해 회상할 일이 많다는 것이다. 자연과 조화를 이루는 것은 무엇이든 선으로 간주되어야 한다. 노인들이 죽는 것보다 자연과 조화를 이루는 것이 또 어디 있겠는가? 젊은이들도 똑같은 일을 당하지만 그럴 경우에는 자연이 반항하고 저항한다. 그래서 젊은이들이 죽으면, 강한 불길이 많은 양의 물에 의해 꺼지는 것처럼 보인다. 그러나 노인들이 죽으면, 외부의 힘이 가해지지 않는 가운데 불이 다 타서 저절로 꺼지는 것처럼 보인다.

늙어서도 절제할 줄 알고 까다롭지 않고 퉁명스럽지 않은 사람은 노년을 잘 참고 견딘다. 한편 무례하고 퉁명스러운 사람에게는 나이에 관계없이 인생이 괴롭기 마련이다.

노년에 관한 최선의 무기는 학문을 닦고 미덕을 실천하는 것이다. 미덕이란 인생의 모든 시기를 통해 잘 가꾸게 되면 오랜 세월을 산 뒤에 놀라운 결실을 가져다준다.

노년이 비참해 보이는 네 가지 이유는, 노년은 활동할 수 없게 만들고, 몸을 허약하게 하며, 거의 모든 쾌락을 앗아가며, 죽음으로부터 멀리 떨어져 있지 않다는 것이다.

노년이 되어 가장 비참한 것은 다른 사람에게 자신이 성가신 존재가 될 것이라는 느낌이 든다는 것이다.

인생의 주로(走路)는 정해져 있다. 자연의 길은 하나뿐이며, 그 길은 한 번만 가게 되어 있다. 그리고 인생의 매 단계에는 고유한 특징이 있어 소년은 허약하고, 청년은 저돌적이고, 장년은 위엄이 있으며, 노년은 원숙한데, 이런 자질들은 제철이 되어야만 거두어들일 수 있는 자연의 결실과도 같은 것이다.

마치 과일이 설익었을 때에는 따기가 힘들지만 농익었을 때에는 저절로 떨어지듯이, 젊은이들에게서는 폭력이, 노인들에게서는 완숙이 목숨을 앗아간다.

정신이 온전하고 감각이 손상되지 않은 가운데 자연이 손수 뭉쳐놓은 작품을 손수 해체할 때 삶은 가장 훌륭하게 종결되는 것이다. 그래서 노인들은 짧은 여생에 너무 집착해서도 안 되지만 까닭 없이 그것을 포기해서도 안 되는 것이다.

영혼의 기민함, 과거에 대한 기억력과 미래에 대한 선견지명, 그토록 많은 예술과 지식과 발명으로 미루어, 이런 모든 것들을 포함하는 영혼의 본성은 결코 멸(滅)할 수 없다.

노년이 내게는 가벼우며, 짐이 되지 않을 뿐 아니라 즐겁기까지 한 것이다.

우리가 불멸의 존재가 되지 않을 것이라면, 사람은 역시 적절한 때에 죽는 것이 바람직하다. 그리고 노년은 인생이란 연극의 마지막 장인 만큼 거기서 기진맥진해지는 것은 피해야 한다.

체력저하는 절도 있는 생활로 늦출 수 있으며 정신활동을 늘림으로써 체력에서 잃은 것을 보상받을 수 있다.

감각적 쾌락에 대한 욕구감퇴는 노년의 가장 큰 축복이다. 노년에도 정신활동과 농사일에서 절도 있는 쾌락을 즐길 수 있다.

노인은 젊은이가 바라는 것 즉 장수를 이미 누렸다는 점에서 젊은이에 비해 행복하다. 그리고 죽음은 재앙이 아니라 자연스런 것이며, 영혼이 불멸한다면 오히려 바람직한 것이다.

키케로(Marcus Tullius Cicero, BC 106-BC 43)/노년에 관하여

그대 늙었을 때

그대 늙어 백발이 되고 졸음이 많아져
벽난로 가에서 고개를 끄덕끄덕할 때, 이 책을 꺼내어
천천히 읽으며 한때 그대 눈이 지녔던
부드러운 모습과 그 깊은 그림자를 생각해 보시오.

그리고 얼마나 많은 사람이 그대의 즐거운 기품을 사랑했고
또 그대의 미를 거짓 사랑 혹은 참사랑으로 사랑했던가를

그러나 다만 한 사람만이 그대의 순례의 영혼을 사랑했고
그대의 변해가는 얼굴의 슬픔을 사랑했음을
그리고 달아오르는 쇠살대 곁에 몸을 구부리고서
좀 슬픈 듯이 중얼거리시오, 어떻게 사랑이
머리 위에 솟은 산 위로 도망치듯 달아나

무수한 별들 사이에 그의 얼굴을 감추었는가를

예이츠(William Butler Yeats 1865-1939)

늙은이의 슬픔

낙양(洛陽)에 복숭아 오얏꽃 하롱하롱 지는 봄날
고운 제 얼굴이 스스로도 아까운지
낙화를 바라보면서 한숨짓는 처녀여

올해에 꽃이 지면 얼굴 더욱 늙으리라
내년에 피는 꽃은 그 누구가 보려는가
상전(桑田)도 벽해(碧海)된다는 그것 정녕 옳은 말

옛사람 그 누구가 오늘에 살아 있나
이젯사람들만 낙화(落花)를 아끼나니
해마다 꽃은 같아도 절로 다른 사람들

어여쁜 젊은이들 젊음을 자랑마라
황혼이 들어선 흰머리 늙은이들
응당 가엾게 여기시게

劉廷芝(651-680?)

낙엽

시몬, 나뭇잎 져 버린 숲으로 가자
낙엽은 이끼와 돌과 오솔길을 덮고 있다

낙엽 빛깔은 정답고 모양은 쓸쓸하다
낙엽은 버림받고 땅 위에 흩어져 있다

해질 무렵 낙엽 모양은 쓸쓸하다
바람에 흩어지며 낙엽은 나지막이 외친다

발로 밟으면 낙엽은 영혼처럼 운다.
낙엽은 날개 소리와 여자의 옷자락 소리를 낸다

가까이 오라, 우리도 언젠가는 낙엽이니
가까이 오라, 밤이 오고 바람이 분다

시몬, 너는 좋으냐? 낙엽 밟는 소리가

구르몽(Rémy de Gourmont, 1858-1915)

우리 둘이 헤어질 때

우리 둘이 헤어질 때 눈물은 말없이 흐르고
오랫동안의 이별이기에 가슴은 찢어질 듯하였다
그대 뺨 파랗게 질렸고 입술은 그때 그 시각에
지금의 슬픔을 예고하였다

아침 이슬은 싸늘하게 내 이마에 흘러내렸고
지금 느끼는 나의 감정을 깨우쳐 주기라도 했었던가.
그대의 맹세는 모두 부서지고 그대의 명성도 사라졌으니
사람들이 그대 이름을 말하면 나는 부끄러움을 감추지 못한다.

내 앞에서 부르는 그대 이름은 내 귀에 죽음의 종처럼 들리고
온몸을 몸서리쳐지게 하는데 왜 그렇게 나는 너를 좋아하였나.
우리 서로 알았음을 사람들은 모르지만 나는 그대를 너무나 잘 알았었지
길이길이 나는 너를 슬퍼하리라 말하기엔 너무나도 깊은 슬픔을.
남몰래 만난 우리이기에 말 못하고 나는 슬퍼한다.

바이런(George Gordon Byron, 1788-1824)

곤충조차도 느끼고 괴로워하는 능력은 제한되어 있다. 척추동물의 완전한 신경계통과 함께 비로소 고통은 고도(高度)로 나타나 그 고도가 높아질수

록 지력(知力)이 발달된다. 지식이 판명되고 의식이 높아지는데 비례하여 고뇌 또한 증대해 인간에 있어선 최고도에 달한다. 인간이 분명히 인식함에 의해서 지적(知的)으로 될수록 고뇌는 증대한다. 천부의 소질을 타고난 자는 가장 많이 고뇌한다.

청년이 쾌활하고 발랄한 것은 인생의 산을 오르는 도중이기 때문에 산 저쪽 기슭에 누워 있는 죽음이 보이지 않기 때문이다. 노년이 되면, 하루하루가 교수대로 끌려가는 사형수가 한 발짝 걸을 때마다 갖는 느낌과 비슷한 느낌을 불러일으킨다. 생명력에 관하여서는 36세까지는 이자(利子)로 살아가는 사람들과 비교할 수 있다. 오늘 소비되는 것은 내일 다시 되돌아온다. 36세 이후에는 자기자본에 손을 대는 자본가와 비슷한 것이다. 그렇기 때문에 나이를 먹어감에 따라 소유에 대한 애착이 증대하는 것이다. 청년 시절은 인생의 가장 행복한 시기이기는커녕 늙음은 이제까지 끊임없이 불안하게 만들던 성욕에서 마침내 벗어났다는 의미에서 행복하다. 한편 성욕이 사라져 버리면 생명의 참된 핵심은 소모돼 버리고 빈 껍질만을 남기는 것이라고도 할 수 있다. 처음에는 인간이 출연하고 나중에는 인간의 의상을 입은 자동인형이 끝날 때까지 연기하는 희극과도 같은 것이다.

고삐나 재갈과 사나운 말과의 관계는 인간에 있어서 의지와 지성과의 관계이다.

쇼펜하우어/Counsels and Maxims

과거의 슬픔은 '인간의 삶'의 위대한 비밀에 의해 조금씩 고요하고 감동적인 기쁨으로 변하게 된다. 피 끓는 젊음 대신에 온화하고 찬란한 노년이 열리기 때문이다. 이제는 일몰을, 비스듬히 내리쬐는 햇살을, 그 햇살과 더불어 고요하고 온화하며 감동적인 추억을, 축복받은 긴 인생 속에서 떠오르는 보고픈 사람들의 모습을 더욱 사랑하게 되었다. 남아있는 나날 동안 나는 매일 지상에서의 나의 삶이 영원하며 말로 이루 다 표현할 수 없는 가까운 미래의 새로운 삶과 이미 연결되어 있는 것 같은 느낌이 든다. 새로운 삶에 대한 예감으로 나의 영혼은 환희에 떨며, 지성은 빛을 발하고, 가슴은 기쁨의 눈물을 흘리는 것이다.

도스토옙스키(Fyodor Mikhailovich Dostoyevski, 1821-1881)
/카라마조프가의 형제들-조시마 장로(Elder Zosima)

불여묵전사(不如默田社) 노인의 16가지 경계

· 행언희학(行言戱謔) : 실없이 시시덕거리는 우스갯말
· 성색(聲色) : 입만 열면 가무, 여색을 말한다.
· 화리(貨利) : 재물의 이익에 관한 얘기다
· 분체(忿懥) : 걸핏하면 버럭 화를 내는 언사다
· 교격(撟激) : 남의 말은 안 듣고 과격한 말을 쏟아낸다
· 첨녕(諂佞) : 체모 없이 아첨하는 말이다.
· 구사(苟私) : 사사로운 속셈을 두어 구차스레 군다.
· 긍벌(矜伐) : 왕년에 운운하며 남을 꺾으려 드는 태도다.
· 기극(忌克) : 자기보다 나은 이를 꺼리는 마음이다
· 치과(恥過) : 내 잘못을 지적하는 것을 수치로 알아듣고 못 견딘다.
· 택비(澤非) : 잘못을 인정치 않고 아닌 척 꾸민다.
· 논인자후(論人訾詬) : 남을 이러쿵저러쿵 비방하며 헐뜯는 일이다.
· 행직경우(倖直傾訏) : 자기 혼자 곧은 체하며 남의 허물을 들춘다.
· 멸인지선(蔑人之善) : 남의 좋은 점을 칭찬하지 않고 애써 탈 잡는다.
· 양인지건(揚人之愆) : 남의 사소한 잘못도 꼭 드러내 떠벌린다.
· 시휘세변(時諱世變) : 당시에 말하기 꺼리는 일이나 세상의 변고에 관한 말이다.

□ 世上을 보는 지혜

무릇 사람은 반드시 제 스스로 모욕 받을 짓을 한 뒤에 남이 자기를 모욕하고(人必自侮然後人侮之), 집은 반드시 제 스스로 해 될 짓을 한 뒤에 남이 해치며(家必自毁而後人毁之), 나라는 반드시 제 스스로 정벌당할 짓을 한 뒤에 남이 정벌하는 법이다(國必自伐而後人伐之).

孟子(BC 372?-BC 289?)

삶이 그대를 속이더라도

삶이 그대를 속이더라도
슬퍼하거나 화내지 마라
울적한 날들을 참고 견디라
즐거운 날 반드시 오리라
마음은 언제나 미래에 사는 것
지금은 한없이 우울해도
모든 것 덧없이 지나가고
사라진 것들 소중한 날 오리라

알렉산드르 푸슈킨(Alexander Sergeyevich Pushkin, 1799-1837)

우상(偶像)을 만들어내는 자는 도금장이가 아니라 숭배자들이다. 현명한 자는 사람들이 고마워하기보다는 필요로 하기를 더 바란다. 다른 사람들을 희망(希望)이 밧줄에 묶을 수 있는 것은 노련한 궁신(宮臣)의 기술이며, 사람들의 칭찬에 만족하는 것은 치졸한 농부의 기법이다. 후자는 잊히기 쉬우나 전자는 기억에 남는다. 사람들은 감사할 때보다 의존할 때 더 많은 것을 갈구한다. 그러나 목의 갈증이 식으면 곧 그 샘에서 등을 돌린다.

행복과 명성. 전자는 일시적이지만 후자는 지속적이다. 전자는 현세를 위한 것이고, 후자는 후세를 위한 것이다. 행복은 갈망하는 것이나 명성은 획득하는 것이다. 명성에 대한 소망은 그 가치에서 우러나온다. 명성의 여신은 거인들의 자매였고 지금도 그렇다. 이 여신은 언제나 특출하고 기괴한 것, 이상하거나 혐오스러운 것, 또는 갈채의 대상이 되는 것의 뒤를 따른다.

통찰력과 정직한 의도. 이 두 가지만 겸비되면 매사가 잘 될 수 있다. 분별력이 좋아도 나쁜 의지와 결합되면 그 결과는 언제나 실패이다. 사악한 의도는 완전성을 해치는 독소다. 그것이 지식과 결부되면 교묘하게 파멸로 이끌 수 있다. 분별이 없는 지식은 그 배로 어리석다.

곧은 자는 항상 옳은 자들 편에 선다. 일반 대중의 열정도 전제군주의 무력도 그로 하여금 결코 정의의 경계를 넘어서도록 하지 못한다. 정의는 우정이든 권력이든 자신의 이익이든 고려하지 않기 때문이다. 바로 여기서 정의는 거부당하는 위험에 처한다. 교활한 사람들은 더 높은 지위에 있는 자들이나 국시(國是)에 어긋나지 않는 그럴듯한 형이상학으로 정의를 추상화시킨다. 그러나 자신에 대한 정직을 고집하는 사람은 어떤 속임수도 일종의 배신으로 간주한다. 그는 자신의 지혜보다는 굴하지 않는 자신의 견고한 정신에 더 가치를 둔다.

고귀한 심성, 관대한 정신, 폭넓은 아량을 가진 사람이 있다. 이것이 아름답게 표현되면 성품은 찬란히 빛난다. 그는 적을 좋게 말하고 그에게 더 나은 행동을 보인다. 또 적에게 복수할 기회가 주어질 때조차 그는 자신의 위용을 보인다. 그러한 뛰어난 수완은 외교의 꽃이다. 그는 결코 오만하지 않고 승리를 뽐내지도 않는다. 승리의 공을 얻어도 고귀한 심성은 이를 감춘다.

편향적인 사람이 되지 마라. 자신의 태도에서 모순을 드러내지 마라. 성품에서도 외양에서도 분별 있는 자는 항상 그대로이며 늘 자신의 완벽함 속에 자리하고 있다.

숭고한 야망은 영웅에게 필요한 첫째 조건이다. 야망은 위대한 일을 위해 박차를 가하기 때문이다. 야망은 어느 누구의 심중에 있더라도 고개를 쳐들고 분투한다. 야망에 어떤 무거운 짐이 지워져도 그것은 빛나며, 쓰라린 운명이 야망의 노력을 헛되게 하더라도 그것은 더 굳건한 의지로 되돌아온다. 야망 속에서는 대범함, 고귀함, 모든 영웅적 성품이 드러난다.

침묵은 유능한 두뇌의 봉인(封印)이다. 비밀이 없는 가슴은 공개된 편지와 같다. 근원이 깊은 곳에는 비밀도 깊이 숨겨져 있다. 침묵은 훌륭한 자제(自制)에서 나온다. 사람은 자기가 할 일을 말할 필요가 없고, 이미 말한 것은 할 필요가 없다.

인생의 첫 여로는 죽은 자들과의 여흥으로 보내라. 우리는 인식하고 자신을 깨닫기 위해 산다. 두 번째 여로는 산 자들과 보내면서 세상의 좋은 것을 보고 느껴라. 세 번째 여로는 자기 자신 속에서 보내라. 이 마지막 행복은 철학을 하며 사는 것이다.

늘 순진하지만 말고, 뱀 같은 교활함과 비둘기 같은 순진함을 골고루 구비하라. 정직한 사람처럼 속이기 쉬운 사람은 없다. 거짓말 안하는 사람은 쉽게 믿고, 속이지 않는 사람은 쉽게 남을 신뢰한다. 속임수를 피하는 데 능숙한 두 종류의 사람이 있다. 경험 있는 사람과 교활한 사람이다. 경험 있는 자는 속임수에서 빠져나오려 하고 교활한 자는 일부러 그 속임수로 빠져 들어가 준다.

남의 존경과 사랑을 공유하기는 어렵다. 존경을 받기 위해서는 사랑을 받으면 안 된다. 호감과 존경은 서로 결합되기 힘들다. 사랑을 하면 신뢰하게 되고, 한 걸음 더 신뢰할 때마다 존경심은 한 걸음 더 후퇴한다. 차라리 사람들에게서 존경을 받는 것이 헌신적인 사랑을 받는 것보다 낫다.

성품은 직위보다 우월해야 한다. 아무리 직위가 높더라도 사람은 자신을 늘 그보다 더 높이 보이게 해야 한다. 아우구스트는 명예는 군주로서보다 인간으로서 더 훌륭한 데 있다고 보았다.

뛰어난 사람을 만드는 세 가지 요소. 풍부한 재능, 깊은 성찰, 고상하고 쾌적한 취향. 이는 신이 준 최고의 선물이다. 옳게 파악하는 것은 중요하다. 그러나 옳게 생각하고 좋은 것을 통찰할 수 있는 것이 더 중요하다.

미덕은 완벽함을 서로 묶어 주는 끈이고 행복의 중심점이다. 이는 사람에게 이성, 사려, 현명함, 판단력, 지혜, 용기, 성찰, 정직, 행복, 호의, 진실을 부여한다. 성스러움, 건강, 지혜, 이 세 가지가 행복하게 만든다. 미덕처럼 값진 것이 없고, 악습처럼 혐오스런 것이 없다. 이는 인간을 살아 있는 동안은 사랑할 가치가 있게, 죽은 후에는 기억할 가치가 있게 만든다.

그라시안(Baltasar Gracian, 1601-1658)著, 쇼펜하우어編
/세상을 보는 지혜

당신이 세상에 나타났을 때, 당신은 울고 주위의 모든 사람들은 모두 기뻐했다. 이 세상을 떠날 때는 당신은 기뻐하고 주위의 모든 사람들은 울도록 삶을 살아야 한다.

과거는 존재하지 않는다. 미래는 아직 오지 않았다. 현재는 존재하지 않는 과거와 다가올 미래가 만나는 시간 속의 무한한 작은 점이다. 시간이 없는 이 점에서 인간의 진정한 삶이 존재한다.

사람은 세 종류가 있다. 어떤 것도 믿지 않는 사람, 어렸을 때부터 믿어야 한다고 배운 것만 믿는 사람, 마음으로 이해하는 것을 믿는 사람이 있다. 이 마지막 부류의 사람이 가장 현명하고 가장 의지가 강한 사람이다.

가장 중요한 시간은 현재다. 인간이 자신을 지배할 수 있는 때는 바로 지금이기 때문이다. 가장 중요한 이는 현재 당신이 대하고 있는 사람이다. 이 세상에서 어떤 다른 사람과 상대할 수 있다는 보장이 없기 때문이다. 가장 중요한 것은 지금 그 사람을 사랑하는 것이다. 모든 사람은 오로지 다른 사람을 사랑하기 위해 이 세상에 왔기 때문이다.

톨스토이

은혜와 의리를 넓게 베풀어라. 인생이란 어느 곳에서든 서로 만나게 마련이다. 원수와 원망을 맺지 말라. 길 좁은 곳에서 만나면 피하기 어렵다.

경행록(景行錄)

창문(窓門)을 열어라

오늘의 시대에는 저속한 물질주의가 널리 퍼져서 여러 고귀한 사상을 파괴하고 말았다. 세계는 약삭빠른 이기주의 속에 질식을 당하고 있다.
인생은 장미꽃이 깔린 평탄한 길이 아니다. 그것은 타락의 유혹에 굴복하지 않는 사람들이 매일같이 계속하는 전투이다. 그 전투는 주로 적막과 침묵 속에서 진행되고 있다.

나는 지식이나 힘으로 공을 세워 자랑으로 여기는 사람들을 영웅이라고는 부르지 않는다. 그 심정(心情)에 있어 참으로 위대했던 사람만을 가리켜 영웅이라고 부른다.

가라, 그리고 죽으라. 반드시 죽을 운명을 타고 난 그대들이여!
가라, 그리고 괴로워하라. 반드시 괴로움을 겪어야 할 그대들이여!
산다는 것은 행복하기 위해서가 아니다. 나의 할 바를 다하기 위해서다. 괴로워하라, 죽으라, 그러나 그대가 마땅히 되어야 할 그런 인간이 되라. 한 사람의 인간이 되라.

로맹 롤랑(Romain Rolland, 1866-1944)

위대한 예술가도 위대한 행동가도 있을 수 없다. 거기에는 비굴한 사람들이 우러러보는 공허한 우상(偶像)이 있을 뿐이다. 내가 이야기하려고 하는 인물들은, 의례히 긴 수난(受難)을 겪었다. 비극적인 운명이, 그들의 영혼을 온갖 고통과 비참으로 단련을 했다. 몸과 마음이 찢기는 모진 시련을 그날그날의 양식 먹듯 했다. 그들의 힘이 위대했다고 하면, 그것은 동시에 불행에 의해서 위대했던 것을 의미한다.

로맹 롤랑/베토벤의 生涯 서문

사람이여, 먼저 당신이 맡고자 하는 그 일이 어떤 것인지를 살펴보라. 그런 다음에 '그 일을 해낼 수 있을지, 자신의 본성(phusis)을 검토하라. 왜냐하면 사람은 각자 본성상 서로 다른 일에 적합하도록 태어났기 때문이다. 그런 일들을 하고 있을 때 잠도 자지 않고 지내야 할 것이고, 고되게 일해야 할 것이고, 자신에게 속하는 사람들과도 떨어져 있어야 하고, 노예들에게서 멸시도 당해야 하고, 모든 사람에게서 조롱을 받아야 하고, 모든 것에서 보다 못한 것을 얻고, 명예에서, 지위에서, 법정에서, 모든 일에서 보다 못한 것을 가지기도 할 것이다.

에픽테토스(Epictetus, 5?-135?)

한 밤의 어스름은
무수한 쌍안경을 축으로 삼아 날 향하고 있습니다
나의 아버지, 할 수만 있으시다면
이 잔을 내게서 거두어 주옵소서

나는 당신의 흔들리지 않는 의지를 사랑하며
이 역을 맡는 데 동의합니다
그러나 지금은 다른 연극이 상연 중이오니
이번만은 저를 면하게 하여 주옵소서

그러나 막의 순서는 신중히 고려되어 짜여 있으니
그 길의 종말은 피할 수 없는 것
나는 늘 외롭고 모든 것은 위선에 빠져 있습니다
인생을 산다는 것은 평탄한 들판을 가로지르는 것과는 다를 것입니다

파스테르나크(Boris Leonidovich Pasternak, 1890-1960)/닥터 지바고

사람이 한 세상에 태어나서 명성과 이익에 골몰하여 고달프게 일을 하면서 늙어 죽을 때까지 그만두지 못한다면 과연 무엇을 한 것이겠는가? 벼슬아

치의 관(冠)을 벗어두고 옷에 묻은 속세의 먼지를 털며 떠나가서 산수 사이에 소요하지는 못한다 하더라도, 공무의 여가에 매번 맑은 바람 불고 밝은 달빛 비치는 가운데 연꽃의 향기가 넘쳐나고 줄과 부들의 그림자 어른거리며 작은 물고기들도 물풀 사이에 파닥거리는 즈음이 되면, 옷깃을 활짝 열고 산보를 하면서 시를 읊조리며 배회(徘徊)하노라면 몸은 명예의 굴레에 매여 있지만 정신은 물외(物外)에서 노닐고 정회(情懷)를 풀기에 충분할 것이다. 옛사람이 "조정과 시장에서 고삐를 휘두르며 바쁘게 다닌다면 답답한 마음이 생겨날 것이요, 한가하게 숲과 들판을 거닌다면 텅 빈 마음이 생겨날 것이다."라고 하였다.

강희안(姜希顔, 1417-1464)/양화소록(養花小錄)

서시

죽는 날까지 하늘을 우러러
한 점 부끄럼이 없기를
잎새에 이는 바람에도
나는 괴로워했다
별을 노래하는 마음으로
모든 죽어가는 것을 사랑해야지
그리고 나한테 주어진 길을
걸어가야겠다
오늘밤에도 별이 바람에 스치운다

윤동주(尹東柱, 1917-1945)/하늘과 바람과 별과 시

두메꽃

외딸고 높은 산골짜구니에
살고 싶어라
한송이 꽃으로 살고 싶어라

벌나비 그림자 비치지 않는
첩첩산중에
값없는 꽃으로 살고 싶어라

햇님만 내 님만 보신다면야
평생 이대로
숨어서 숨어서 피고 싶어라

최민순(崔玫順, 1912-1975)

바위

내 죽으면 한 개 바위가 되리라
아예 애련(愛憐)에 물들지 않고
희로(喜怒)에 움직이지 않고
비와 바람에 깎이는 대로
억년(億年) 비정(非情)의 함묵(緘默)에
안으로 안으로만 채찍질하여
드디어 生命도 망각(忘却)하고
흐르는 구름
머언 원뢰(遠雷)
꿈꾸어도 노래하지 않고
두 쪽으로 깨뜨려져도
소리하지 않는 바위가 되리라

류치환(柳致環, 1908-1967)

인간에게는 세 가지 유혹이 있다. 그것은 사나운 육체적 욕망, 도도한 교만, 악하고 불손한 욕심이다. 이 세 가지 유혹 때문에 모든 불행이 과거에서 미래로 또 영원히 인류의 무거운 짐이 되고 있다. 지상에서 육체적 욕망과 교만, 욕심이 없다면 완전한 질서가 지배했을 것이다.

전쟁으로 일어나는 정욕, 각 국민간의 증오, 전승(戰勝)에 대한 숭배, 승리 또는 복수에 대한 갈망은 인간의 양심을 짓밟고 고귀한 협동 본능을 저속한 맹목적 자아애(自我愛)로 바꾼다. 그것은 또 자유에 대한 사랑을 소멸시키고 남을 해치겠다는 야만적인 소원 때문에, 또는 자기를 해치지 않을까 하는 공포 때문에 전제주의자나 정권 쟁탈자에게 굴복하도록 유도한다.

헨리 죠지 (Henri George, 1839-1897)

인간에게는 여섯 개의 쓸모 있는 부분이 있다. 세 가지는 스스로는 컨트롤할 수 없는 것이고, 세 가지는 인간의 힘으로 어떻게든 되는 부분이다. 눈, 귀, 코가 전자의 것이고, 입, 손, 발이 후자의 것이다.

노화를 재촉하는 네 가지 원인은 공포, 분노, 아이들, 악처(惡妻).

사람의 마음을 안정시키는 세 가지는 명곡, 조용한 풍경, 깨끗한 향기.

사람에게 자신을 갖게 하는 세 가지는 좋은 가정, 좋은 아내, 좋은 의복

행복에서 불행으로 바뀌는 데는 한 순간으로 충분하다. 그러나 불행에서 행복으로 옮기기 위해서는 영원한 시간이 필요할 수도 있다.

인간의 가장 친한 벗은 지성이며, 최대의 적은 욕망이다.
인간은 있는 것은 소홀히 하고 없는 것은 탐낸다.

지성으로써 사랑받고자 하는 것은 사막에서 물고기를 잡으려는 것과도 같다. 학문이 높으면서 신을 사랑하는 자는 연장을 손에 든 명공(名工)과도 같다. 학문은 있으나 신의 사랑이 없는 자는 연장이 없는 공인(工人)과도 같다. 신을 사랑하고는 있지만 학문을 등한히 하는 자는 연장은 있으나 일을 모르는 공인과도 같다.

탈무드

지혜와 용기를 겸비해야 성공할 수 있다. 지혜는 용기의 기본이자 전제조건이다. 지혜롭지 않은 용기는 무모함이나 다름없다. 한편, 용기는 지혜를 표현하는 수단이다. 용기가 없으면 지혜를 밖으로 표현할 수 없으니 지혜는 결국 무용지물이 되고, 서서히 메말라버릴 것이다.

베르토 빌즈(Berthod Beals)

삶은 우리를 일하지 않고 한가하게 살게 내버려두지 않는다. 우리의 삶은 투쟁이며 여정이다. 선은 악과, 참은 거짓과, 자유는 속박과, 사랑은 증오와 각각 투쟁해야 한다. 삶은 우리의 이성과 감성 속에서 성스러운 빛으로 우리를 비추는 이념들을, 실천하는 길로 이끄는 발걸음이며 움직임이다.

마치니

철학할 시간이 아직 오지 않았다라든가, 그럴 시간이 지났다고 말하는 사람은 행복의 시간이 아직 오지 않았거나 더 이상 존재하지 않는다고 말하는 사람과 흡사하다. 늙은이는 늙어가면서 과거의 자신에 대한 감사의 마음으로 인해 더 젊어지고 젊은이는 젊으면서도 동시에 미래에 대한 두려움이 없는 노인과 같이 되도록, 철학해야 한다.

에피쿠로스(Epikouros BC 341-BC 271)
/메네세에게 보네는 편지(Lettre á Ménécée)

사람은 태어날 때는 부드러우며, 죽을 때는 딱딱하게 된다. 초목도 갓 자랄 때는 부드러우나 시들어 죽을 때는 딱딱하게 된다. 그러므로 억세고 굵은 것은 죽음의 무리요, 부드러운 것은 삶의 무리이다. 무력이 강하면 결국 이기지 못하고, 나무도 억세면 결국 잘리고 만다. 강하고 큰 것은 결국 밑에 깔리게 마련이고 유연한 것이 결국에는 위로 오르게 마련이다.

老子/道德經

인생은 한낱 걸어 다니는 그림자다. 자기의 시간을 무대 위에서 거닐고 애태우고 하다가 이윽고 잠잠해져버리는 가엾은 배우다. 그것은 백치가 늘어놓는 소리와 분노로 가득 찼지만 아무 뜻도 갖지 않은 얘기다.

셰익스피어/맥베스

우리 인간은 전선일 뿐, 전류는 하늘이다. 따라서 전선은 저 혼자 자만해선 안 된다. 매사가 하늘의 손에 있는데, 왜 세상이 마치 제 손에 있는 듯 걱정하는가. 왜 자기 것이 아닌 책임을 자기가 지겠다고 하는가. 우리는 다만 이윤을 따져선 안 될 종(Unprofitable Servants)일 뿐이다.

카를로 카레토(Carlo Caretto, 1910-1988)/사막으로부터의 편지

여성의 몸 안에서 태아가 생장하듯이 운명도 개개인의 육체, 그리고 정신, 영혼 속에서 자란다. 여성이 태아와 일체가 되어 태아를 사랑하고 이 세상에서 태아 이상으로 더 귀여운 존재를 모르는 거나 마찬가지로 그대들도 그대들의 운명을 사랑할 줄 알아야 하며 이 세상에서 그대들의 운명보다 더 나은 것은 아무것도 없다는 사실을 깨달아야 한다.

헤르만 헤세/독일 젊은이에 대한 提言

신은 사후에 육신을 영혼으로 돌려보내고, 평화 속에 있게 하든가 영원히 신고 속에 있게 하는 것이라면, 내 모양이 아무리 추할지라도 나의 육체를 세상에서와 똑같이 천국의 당신 옆에 있게 하여 주시기를 애원합니다. 그것은, 사랑하는 마음은 용모의 아름다움보다 귀한 가치를 가지고 있는 것이기에 나의 추한 모습이 당신의 아름다운 눈동자에 비치게 되면 신은 노할 것이 분명하리라.

기다리고 기다렸어도, 그다지도 늦게 온 죽음-

왜냐하면, 죽음이란 복이 없는 자에게는 게으르고 늦으니까….

미켈란젤로(Michelangelo di Lodovico Buonarroti Simoni, 1475-1564)/시집

삶의 특징은, 인간다움이 그렇고 모든 삶이 그렇듯, '애매모호함'이다. 즉 선과 악, 진실과 거짓, 창조적 힘과 파괴적 힘이 개별적으로도 사회적으로도 분리할 수 없이 혼재되어 있다.

폴 틸리히(Paul Tillich, 1886-1965)

내 속에는 두 개의 영(靈)이 살고 있는데,
영원히 그들은 서로 싸우려 한다.
하나는 애욕에 사로잡혀 악착스런 관능으로 세상을 붙잡으려 하고,
또 하나는 과감히 이 티끌 같은 세상을 떠나
위대한 선인들의 숭고한 정신세계로 오르려고 한다.

괴테/Faust

위에 있는 사람이 예(禮)를 좋아하면 백성들은 그를 존경하지 않을 수 없고
의(義)를 좋아하면 그를 복종하게 되고
신(信)을 좋아하면 참된 마음을 쓰지 않을 수 없게 된다.

진정으로 덕망이 있는 자는 자신의 입신(立身)을 위해 남을 입신시키려하고 자신의 성공을 위해서도 남의 성공을 도우려 한다. 자신의 숙원에서 남에 대한 처신의 원리를 발견한다는 것은 진정한 미덕을 갖추는 법이다.

孔子

한가한 때에 헛되이 세월을 보내지 않으면 다음날 바쁜 일에, 고요할 때에 空寂에 떨어지지 않으면 활동할 때에, 어두운 가운데 속이고 숨기는 일이 없으면 밝은 곳에, 각각 그 덕을 받아 누릴 수 있을 것이다.

어리석은 사람이라도 사람을 책하는 데는 밝다. 총명한 사람이라 해도 자기를 용서하는 데는 어둡다. 사람을 책하는 마음으로 나를 책하고 나를 용서하는 마음으로 사람을 용서하라.

성질이 조급한 사람은 타는 불과 같아서 보는 것마다 태워버리게 되고 은혜 베풀기를 즐기지 않는 이는 얼음과 같이 차서 닥치는 것마다 얼려죽이며 기질이 따분하고 고집 있는 사람은 흐르지 않는 물, 썩은 나무와 같아 생기가 없다. 이들은 모두 다 功業을 세우기 어렵고 福을 길이 누리지 못하리라.

곧은 선비는 행복을 구하는 마음이 없는지라. 하늘은 그 마음 없는 곳을 향하여 그 문을 열어주고 음흉한 사람은 재앙을 피하려고만 애쓰는지라 하늘은 애쓰는 그 마음에 재앙을 내려 그 넋을 빼앗는다. 하늘 권능의 신묘함이여. 사람의 지혜계교가 무슨 보람이 있으랴.

기상은 높고 높아야 하나 소홀해서는 안 되고 심사는 빈틈이 없어야 하며 잘게 굴어서는 안 된다. 취미는 담백한 것이 좋으나 고조(枯燥)에 치우쳐서는 안 되고 지조를 지킴에는 엄정해야 하지만 과격해서는 안 된다.

홍자성(洪自誠, 1573-1619)/채근담(菜根譚)

사람을 사랑하는 데도 친해지지 않으면 어질지 못한가 반성하고, 사람을 다스려도 다스려지지 않으면 지혜롭지 않은가 반성하며, 예루서 사람을 대하여도 응답이 없으면 공경하지 않았는가 반성한다. 실행을 하였는데도 얻는 것이 없다면 다 자기 자신에게 있는 것이 아닌가 반성한다. 자기 몸이 올바르면 천하가 다 귀의할 것이다.

孟子

천강대임(天降大任)

하늘은 큰 일을 맡기기 전에

그 사람의 마음(心)과 뜻(志)을 고통스럽게(苦)한다.

그 사람의 뼈(骨)와 근육(筋)을 수고롭게(勞) 한다.

그 사람의 몸(體)과 피부(膚)를 굶주리게(餓) 한다.

그 사람의 신세(身)를 궁핍(空乏)하게 한다.

천하에 도가 이루어지면 덕이 적은 자는 덕이 큰 자를 위해 일하고 소현(小賢)은 대현(大賢)을 위해 일한다. 천하에 도가 이루어지지 않으면 작은 자는 큰 자를 위해 일하며 약한 자는 강한 자를 위해 일한다. 이 두 가지는 하늘이다. 하늘에 순응하는 자는 존재하고 하늘을 거역하는 자는 망한다.

孟子

비관주의자는 모든 기회에서 역경을 보고,
낙관주의자는 모든 역경에서 기회를 본다.

윈스턴 처칠(Winston Leonard Churchill, 1874-1965)

내 운명에는 없었던 일들에 대한 존중을 통해
나는 나의 강점이 약점의 결과이고
나의 성공이 실패 덕분이며
나의 스타일이 내 한계와 밀접한 관계가 있다는 것을 깨달았다.

빌리 조엘(Billy Joel)

천재성을 가진 자는 경탄의 대상이 되고,
부를 가진 자는 시기의 대상이 되며
권력을 가진 자는 두려움의 대상이 되지만,
품성을 갖춘 자는 신뢰의 대상이 된다.

지그 지글러(Zig Ziglar, 1926-2012)

현명하다고 생각하는 이상으로 관심을 기울이고
안전하다고 생각하는 이상으로 위험을 무릅쓰며
실용적이라고 생각하는 이상으로 꿈을 꾸고
가능하다고 생각하는 이상으로 기대할 때
탁월함은 성취된다.

짐 장티(Jim Gentil)

종교와 법률은 항상 비판의 손에서 벗어나려고 한다. 종교는 신의 힘을 빌어서, 법률은 그 위대한 힘을 빌어서. 그러나 비판의 손에서 벗어나려고 할 때 종교도 법률도 당연히 의혹을 받는다. 왜냐하면 이성은 자유롭고 공공연한 시험에 합격할 때에만 존경을 부여하는 것이기 때문이다.

교화(教化)란 인간이 자신 속에 지니고 있는 유치함에서 탈피하는 것을 의미한다. 또 유치함이란 남의 도움 없이 자신의 이성을 이용할 수 없음을 의미한다. 그리고 그 유치함이 존재하는 것은 그의 이성의 힘이 불충분함에 있는 것이 아니라 남의 지도 없이는 자신의 이성을 살릴 수 없을 만큼 결단과 용기가 부족함에 있다.

칸트(Immanuel Kant, 1724-1804)

사람에게는 네 유형이 있다.

무식하면서 무식함을 모르는 자는 피하라.

무식하면서 무식함을 아는 자는 가르쳐라.

유식하면서 유식함을 모르는 자는 깨우라.

유식하면서 유식함을 아는 자는 따르라.

이사벨 버턴(Isabelle Burton)
/리처드 버턴 경(Sir Richard Burton 1821-1890) 전기

선한 자가 다 영리하고, 영리한 자가 다 선하다면 이 세상은 우리가 생각하는 것보다 훨씬 더 아름다울 것이다. 그러나 거의 혹은 전혀, 이 두 가지는 합쳐질 수 없다. 선한 자는 영리한 자에게 거슬리고, 영리한 자는 선한 자에게 무례하기 때문이다.

워즈워드/성(聖) 크리스토퍼와 기타 시(詩)

인간에는 두 형태가 있다. 하나는 자기가 옳으면서 죄인이라고 생각하는 사람이고 다른 하나는 자기가 죄인이면서 의로운 자라고 생각하는 사람이다.

인간에게는 세 가지 구별이 있을 뿐이다. 첫째는 신을 찾아서 섬기는 사람들이다. 그들은 슬기롭고 행복하다. 둘째는 신을 찾아낼 수 없으며 또 찾으려고도 하지 않는 사람들이다. 이런 사람들은 지혜도 없고 행복도 없다. 셋째는 신을 찾아낼 수 없어도 찾으려고 애쓰는 사람들이다. 이들은 지혜는 있어도 아직 행복하지는 못하다.

파스칼

최상은 가난을 편안하게 여기는 것이요, 그 다음은 가난을 잊는 것이다. 최하는 가난을 숨기고, 가난을 하소연하며, 가난에 짓눌리고, 가난에 부림을 당하는 것이다. 그러나 그보다도 못한 건 가난을 원수로 여기다가 가난 때문에 죽는 것이다.

이덕무(李德懋, 1741-1793)/耳目口心書

인생의 가치는 삶의 길이에 있지 않고, 그 삶을 무엇으로 채웠느냐에 있다. 하지만 아무리 오래 살아도 인생에서 그 가치를 찾지 못할 수도 있다. 우리가 인생에서 가치를 발견하느냐 못하느냐는 몇 년을 살았다는 데 있지 않고, 그것을 얻기 위해 얼마나 애썼느냐에 달려 있다.

몽테뉴(Michel Eyquem de Montaigne, 1533-1592)/수상록

인간들은 자신이 얼마나 고약하게 살고 있는 지에는 관심을 두지 않으면서, 얼마나 오래 살 것인가만을 염려한다.

고결하게 사는 것은 모든 사람들의 능력 안에 있지만, 오래 사는 것은 사람의 능력 안에 있지 않은데도 말이다.

세네카(Lucius Annaeus Seneca, BC 4-65)/서간집

20세에는 의지가, 30세에는 기지가, 40세에는 판단이 각각 지배한다.

프랭클린/가난한 리처드

돈을 잃은 사람은 많은 것을 잃은 사람, 친구를 잃은 사람은 더 많은 것을 잃은 사람, 용기를 잃은 사람은 모든 것을 잃은 사람이다.

인간은 자기가 그렇게 되고 싶은 존재가 되는 것이 아니고 그렇게 되지 않으면 안 될 존재가 되는 것이다.

서머싯 몸(William Somerset Maugham, 1874-1965)

인간은 그 존재양식에서가 아니라 그 행동양식에서 동물과 근본적으로 다르다. 인간적인 특성을 가진 어떤 원칙에 따라 살아가는 한에서만 인간인 것이다.

인간은 그들의 삶을 이끌어나갈 經路를 선택하는데 있어서 재량의 폭을 가지며 따라서 그 이후 그들의 발전에 영향을 미칠 상황을 선택하는데 있어서 재량의 폭을 가지듯이 그들의 심리적 특성의 수다(數多)하고 때로는 모순적인 측면들 가운데에서 몇 가지를 선택해 이를 키울 수 있는 자유도 가진다.

인간은 보다 낮은 생명의 형태 즉 야수(野獸)로 전락할 수 있는 힘을 가지고 있으며 영혼의 판단에 의해 보다 높은 형태, 즉 신적인 형태로 다시 태어날 수 있는 힘을 가지고 있다.

르네 듀보(René Dubos, 1901-1982)/동물인가 천사인가(Beast or Angel)

이성의 명령에 따라 자기를 律하는 사람은 自由스런 사람이다. 욕망과 감각의 충동을 따르는 사람은 부자유하다.

존 듀이(John Dewey, 1859-1952)/Freedom and Culture

인간은 다시 유년기로 되돌아갈 수는 없어도 국가는 다시 유년기, 소년기, 청년기로 되돌아 갈 수 있다.

토마스 제퍼슨(Thomas Jefferson, 1743-1826)

복록(福祿)이 있다고 다 누리지 마라, 복록이 다하면 몸이 빈궁해지리라. 세력을 지녔다고 마구 부리지 마라, 세력이 다하면 억원(抑寃)에 찬 사람과 만난다. 복록이 있거든 항상 스스로 절제하고 세력을 지녔거든 항상 스스로 공손하라. 인생에서 교만과 사치가 처음은 있으나 흔히 나중은 없는 것이다.

사람을 이롭게 하는 말은 솜같이 따뜻하고, 사람을 상하게 하는 말은 가시 같아서, 한 마디의 말이 무겁기가 천금과 같고, 한 마디의 말이 사람을 중상함은 아프기가 칼로 베는 것과 같다.

明心寶鑑

사랑받듯이 사랑하라. 받듯이 주라. 그대는 반드시 죽어야 할 존재다. 그러므로 그대 자신의 일을 완수해야 한다. 악을 선으로 정복하라. 세속적 성공은 그대의 의무라고 생각지 마라. 당해야 할 일은 당하라. 그대를 위한 증인은 그대 자신의 양심이다. 그대의 양심은 그대 자신만의 이야기를 하는 신이다.

아미엘

행동할 때는 질풍(疾風)과 같고, 조용히 있을 때는 밀림(密林)과 같고, 쳐들어갈 때는 광야를 태우는 불길과 같고, 버티고 지킬 때는 泰山과 같고, 저편이 들여다보지 못하게 할 때는 운무(雲霧)속과 같고 한 번 움직이면 벽력(霹靂)과 같이하라.

孫子(孫武, BC 545?-BC 470?)

명성을 좋아하는 자는 남의 활동을,
쾌락을 좋아하는 자는 자신의 감각을,
이성을 가진 자는 자신의 행동을 각각 자신의 선이라고 생각한다.

마르쿠스 아우렐리우스(Marcus Aurelius, 121-180)/명상록(Ta eis heauton)

오음(五音)을 듣지 못하는 사람은 귀머거리다. 오색(五色)을 구분하지 못하는 사람은 장님이다. 덕과 정의의 원칙을 따르지 못하는 사람은 사악하다. 충(忠)과 신(信)을 말하지 못하는 사람은 어리석은 사람이다. 이 네 가지 악을 행하는 자들이 적(狄)이다.

양보쥔(楊伯峻, 1909-1992)/춘추좌전주(春秋左傳注)

인간의 지식은 그 입장과 위치에서만 합당하고
그의 시간은 하나의 찰나이며, 그의 공간은 하나의 점.
어떤 차원에서든 온전하게 되기 위해서라면
이른들 늦은들, 이곳인들 저곳인들 어떠리.
오늘 복 받은 자 온전히 복 받고 있느니라.
천 년 전부터 복 받은 자와 다름없이.

알렉산더 포프(Alexander Pope, 1688-1744)/인간론(Essay on Man, 1734)

새는 알에서 나오려고 투쟁한다.
알은 새의 세계다.
태어나려고 하는 자는 하나의 세계를 깨뜨려야 한다.

헤르만 헤세/데미안(Demian, 1919)

인간이 호랑이를 죽일 때는 스포츠라고 한다. 호랑이가 인간을 죽일 때는 재난이라고 한다. 범죄와 정의와의 차이도 이와 비슷한 것이다.
인간이라는 것은 이기적인 용무에는 철두철미하게 비겁한 주제이지만 사상을 위해서는 영웅처럼 싸운다.

버나드 쇼(George Bernard Shaw, 1856-1950)/인간과 초인

부와 명예와 쾌락은 인간의 정신을 질식시키거나 교란시키거나 우둔케 하거나 적지 않은 후회를 남긴다. 쾌락의 추구에는 회오(悔悟)가 따른다. 인

간에게 최고의 생활인 그것은 진리를 사랑하고 진리를 추구하는 생활이다.

스피노자/지성개조론

사람들은 모두 받아주거나 완전히 망가뜨려야 한다. 기분만 상하게 하면 그들이 복수를 할 테지만 큰 부상을 입히면 보복할 수 없기 때문이다. 사람에게 부상을 입힐 때는 복수가 두렵지 않을 만큼 심하게 입혀야 한다.

지능에는 세 종류가 있다.
첫째는 혼자 힘으로 상황을 이해하는 지능이고,
둘째는 다른 사람들이 무엇을 이해할 수 있는지 알아채는 지능이며,
셋째는 혼자 힘으로나 다른 사람들을 통해서나 이해하지 못하는 지능이다.
첫째는 우수하고, 둘째는 괜찮으며, 셋째는 쓸모없다.

마키아벨리(Niccolò Machiavelli, 1469-1527)

형제는 수족(手足)과 같고 부부는 의복과 같다. 의복이 떨어졌을 때는 다시 새 것을 얻을 수 있으나 수족이 끊어진 곳에는 잇기가 어렵다.

莊子

행복에 관하여

인간의 행동이란 세 가지 중요한 원천, 즉 욕망, 감정 및 지식에서 흘러나온다. 욕망, 욕구, 충동, 본능 따위가 그 하나이고, 정서, 활기, 야심, 용기 등이 그 하나이며, 지식, 상상, 지력(知力), 이성(理性) 따위들이 또 하나이다. 욕망은 허리에 그 자리를 잡고 있다. 그것은 에네르기의, 주로 성적 에네르기의 터질 듯한 저장 장소이다. 감정은 가슴에, 즉 혈액의 흐름과 힘에 자리를 가지고 있다. 그것은 경험과 욕망의 유기적 공명이다. 지식은 머리에 그 자리를 잡고 있다. 그것은 욕망의 눈으로서 영혼의 안내자가 될 수도 있다.

플라톤

행복의 주요 조건은 어떤 종류의 신체적 선행조건을 제외하고 인간 특유의 자랑이며 힘인 이성의 생활이다. 덕 혹은 탁월(卓越)은 명석한 판단, 자제(自制), 욕망의 균제, 수단의 교묘한 처리에 입각하고 있다. 그것은 성실한 사람의 점유물도 아니며, 결백한 의지의 증여물도 아니고, 충분히 발달한 인간의 경험 성과이다. 그러나 거기에 도달하는 길, 탁월에의 인도(引導)는 존재하는 것으로, 그에 의해 우리는 돌아가거나 망설이거나 하지 않아도 될 것이다. 즉 중도(中道) 또는 중용(中庸)이 그것이다. 성격의 여러 성질은 셋을 한 조로 짤 수 있어, 각기의 경우 최초의 성질과 최후의 성질은 극단과 악덕, 중간의 성질은 덕 또는 탁월이다. 겁과 경솔 사이에 용기가 있고 인색과 낭비 사이에 관대(寬大)가, 게으름과 탐욕 사이에 명예심이, 비하와 거만 사이에 겸손이, 묵비(默秘)와 요설(饒舌) 사이에 정직이, 무뚝뚝함과 익살 사이에 좋은 기분이, 호전성(好戰性)과 아첨 사이에 우의(友誼)가 있는 것이다. 그래서 윤리학 또는 행위에 있어서의 <올바름>은 수학이나 기술에 있어서의 <올바름>과 같다. 그것은 최선의 결과를 위해 최선의 작용을 하는 정확 적절이라는 것을 의미한다.

아리스토텔레스

언제나 새로운 소망을 가슴 속에 품고 바로 충족시키는 것, 그것이야말로 행복의 절정이다. 행복을 느끼기 위해서는 영혼이 오랫동안 우수에 젖어서도 안 되고, 지겨워질 정도로 오랫동안 깊은 만족감에 빠져서도 안 된다. 영혼의 움직임은 고요하다. 영혼의 휴식이 생동감 넘치는 것처럼 말이다. 그러나 영혼은 이런 사실에 아랑곳하지 않고 우리의 기를 꺾어버리고 우리 존재의 해체를 천명하는 것만 같은 저 깊은 권태감 속으로 빠져든다.

행복의 본질은 인생에서 마주치는 다수의 특정한 행복한 순간에 있다기보다는 보편적인 정신 기질과 행복을 향해 열린 마음속에 있다. 행복의 본질은 이런 행복한 순간을 받아들일 수 있는 능력 속에 있다. 행복은 즐거움 그 자체에 있는 것이 아니라, 유희하듯 가볍게 즐거움을 받아들일 줄 아는 능력과 하려고만 하면 언제나 그런 즐거움을 발견할 수 있을 것이라는 근거 있는 희망, 사람들을 행복하게 만드는 일을 할 때에는 상투적인 권태감이 느껴지지 않는다는 경험 속에 놓여있다.

몽테스키외(Charles Louis de Secondat Montesquieu, 1689-1755)
/행복에 대하여

연인이나 친구나 부모 형제라도 자기 자신과 마음의 일치를 이룰 수는 없다. 이웃과는 개성과 기질이 달라서 완전한 일치는 더욱 불가능하다. 세상에서 가장 소중한 것은 건강이다.

다음으로 중요한 것은 마음의 평화와 정신의 안정이다. 그런 중요한 것을 다른 사람과의 일치를 통해서 얻기는 어렵다. 그것은 고독을 통해서만 얻을 수 있는 보물이다. 고독해지려면 혼자 있는 시간이 아주 많아야 하고 자신과의 만남과 대화를 즐겨야 한다.

그러기 위해서는 젊은 시절부터 고독을 사랑하고 감당해낼 수 있는 방법을 단련하지 않으면 안 된다. 고독에 단련된 사람만이 행복을 누릴 수 있는 권리를 갖게 된다.

키케로는 '자신 속에 모든 것을 간직할 수 있는 사람만이 행복을 누릴 수 있다'고 말했다. 자신 속에 많은 것을 가진 사람은 남에게 기대지 않는다. 자신 속에 가진 것이 없는 사람이 남의 것에 기웃거리고 기대는 것이다.

내면적 자아가 공허한 사람일수록 외부에서 끝없는 자극을 구한다. 그는 외부에서 만족을 얻지 못하면 스스로 파멸한다.

다른 목적이 없는 한 사교가 뛰어난 인물은 지능적으로 열등한 사람으로 평가해도 된다. 비사교적인 사람들, 특히 남들과 잘 어울리지 못하는 외로운 사람들은 어떤 면에서 뛰어난 능력을 가진 인물로 봐도 좋을 것이다. 상피엘(Bernardin de Saint Pierre, 1737-1814)은 '음식을 적게 먹으면 건강에 좋고, 사람을 적게 만나면 마음의 평화를 누릴 수 있다'는 말을 남겼다. 따라서 혼자 있는 시간이 편하고 즐겁다면 당신은 정신의 노다지를 캔 셈이다.

그러나 사람들과 만나기를 피하고 고독을 즐긴다는 것은 쉬운 일이 아니다. 고독은 뛰어난 인물들에게 찾아오는 운명이다.

괴테는 '자기가 가진 것보다 더 좋은 것을 원하는 사람은 눈 뜬 장님과 같다'고 말했다. 프랑스의 속담 중에는 '더 좋은 것은 좋은 것의 적이다'라는 말이 있다.

삶에서 행복과 쾌락에 대한 기대와 희망이라는 미끼에 걸려 하루하루를 살아가지만 행복이나 만족이나 쾌락의 추구를 단념해야 한다. 큰 불행을 피하는 확실한 방법은 행복을 추구하지 않는 것이기 때문이다.

괴테는 젊었을 때 친구 멜크로부터 '삶을 더럽히고 좀먹는 것은 행복을 원하는 천한 욕심 탓이다. 이 욕심을 끊고 탐내지 않는 사람만이 삶을 극복하는 참된 승리자가 될 수 있다.'라는 말을 들었다.

따라서 가장 현명한 방법은 쾌락과 부귀영화와 명예나 권력과 출세 등에 대한 욕구를 버리는 길밖에 없다. 무슨 일이나 과욕은 곧 독이다. 이것은 호라티우스(Quintus Horatius Flaccus BC 65-BC 8)의 시를 읽어도 알 수 있다.

내 철학을 잘 이해하면 살아 있는 것보다는 살아 있지 않는 것이 좋다는 것을 깨달을 것이다. 플라톤도 '우리들의 삶에서 열광할 만한 것은 없다'고 말했지만, 안바리 조헤리(Anvari Johari, 1126-1189)의 시는 이 점을 더욱 잘 표현하고 있다.

세상을 잃는다 해도 한탄하지 마라
세상을 손아귀에 넣어도 기뻐하지 말지어다.
이 세상은 허무의 허무이므로.
괴로움도 기쁨도 한낱 이슬처럼 잠시뿐이니
이 세상에서 얻음과 잃음과 선악도 허무의 허무요
없음의 없음이거니.

처세에 관해서 가장 큰 가르침으로 여기는 것은 니코마코스 윤리학에 나오는 다음 구절이다.

"현명한 사람이 원하는 것은 쾌락이 아니라 고통이 없는 상태이다. 현명한 사람은 고통이 없기를 바랄 뿐이지 쾌락을 원하지 않는다."

피해의식을 느끼고 괴로운 것은 이러한 마음의 작용, 즉 의지에 달려 있다. 아리스토텔레스의 가르침은 바로 그 점에 착안한 것으로 보인다. 쾌락과 안일을 목적으로 삼아서는 안 되며 고통이 없는 평온함을 추구해야 한다. 이런 처세 방법이 잘못이라면 볼테르의 명언 '행복은 한 조각의 꿈이며, 고통만이 실재이다'라는 말도 거짓이 되고 만다.

'행복하게 산다'는 것은 '가능한 한 괴롭지 않게, 간신히 견디면서 산다'는 뜻이다. 인생은 쾌락을 누리기 위해서 사는 것이 아니라 괴로움을 어떻게 잘 견디는가를 수련하기 위해서 산다고 볼 수 있다.

행복도 마땅히 큰 기쁨과 쾌락을 누린 사람의 몫이 아니라 괴로움을 잘 견뎌낸 사람의 몫이 될 수밖에 없다. 기쁨과 쾌락을 행복의 목표로 삼는다면 늘 자신에 대한 불만과 이웃에 대한 시기와 질투로 더 큰 고통에 사로잡힐 것이다. 현재 고통도 없고, 권태도 없는 상태라면 당신은 행복한 상태에 있다고 말할 수 있다.

결국 살아가면서 쾌락과 기쁨을 얻으려고 노력하지 말고 될 수 있는 한 괴로움만 없도록 노력해야 한다.

과거는 안타깝지만 망각의 손에 맡기고
회한과 괴로움은 곧바로 없애라.
그리고 미래는 신의 손에 맡겨라.

'하루는 생애의 한 토막이고, 그 한 토막이 곧 우리들의 생애이다'라는 세네카의 말을 새겨들어야 한다.

쇼펜하우어/인생론

행복에 이르는 수단

행복을 추구함에 있어, 그것을 직접목적으로 하기 보다는 그 너머에 있는 것, 더 멀리 있는 것으로 보는 게 옳다.
자기 자신의 행복 이외에. 이를테면 자기가 존중하는 어떤 사람의 행복을 돕는다든가, 인류의 진보를 위해서 노력한다든가, 무슨 기술이나 연구나 직업 같은, 그 자체가 구체적 내용을 가진 것을 추구하는 게 옳다. 그런 객관적 목적에 마음을 기울이는 사람, 그것도 단순히 수단으로서가 아니라, 그 자체를 하나의 이상으로 바라다보면서 노력하는 사람만이 행복을 얻게 된다. 그러니까 어떤 목표를 향해서 꾸준히 나아가면, 행복은 그 도중에 절로 뒤따라온다. 향락이 표면상 화려하면 화려할수록 그 옆에는 공허의 절벽이 있다. 참으로 행복에 다다르기 위한 오직 하나의 길은, 자기 한 몸의 행복을 넘어서 보다 객관적인 인생의 목적을 설정하여 거기에다 일상생활을 결부시키는 데에 있다.

존 스튜어트 밀(John Stuart Mill, 1806-1873)/自敍傳

행복한 생활이란 그 본성에 적합한 생활로서 이에 달하려면 먼저 정신이 항상 건전함을 保持하고, 둘째로 정신이 强固 치열(熾烈)해서, 고결(高潔)로 인내력이 강하고, 임기응변적이고, 신체에 관해서도 세심해야 한다. 셋째로 생활상 그 밖의 일에도 주의 깊고, 어떤 일에도 놀라지 않으며 운명이 주는 은혜의 노예(奴隷)가 되지 않고, 이것을 활용한다. 행복한 사람이란 정당한 판단을 내리는 사람이다. 어떤 상태이든 현재 상태에 만족하고 있는 사람, 자기 경우의 벗이 된 사람은 행복하다. 자기 경우의 모든 상태를 이성이 개선하여 나가는 사람이야말로 행복한 것이다. 그러나 이성에 대해서는 감각에서 자극(刺戟)을 받아 이를 지식의 출발점으로 하지만, 이성 그 자체로 되돌아온다. 즉 萬有를 包括하는 세계, 우주의 지배자인 신도 외계로 퍼지는 것이지만, 그러나 그 자신에게로 돌아온다.

세네카/행복한 생활에 대하여

행복한 삶

아주 작은 행복이라고 할지라도, 그것이 끊임없이 지속되고 행복감을 준다면, 비교해 볼 것도 없이 그것은 순수한 불쾌감과 욕망, 결핍 사이에서 그저 하나의 에피소드로서, 흡사 변덕스러운 기분이나 근사한 착상 같은 것으로서 나타나는 엄청나게 큰 행복보다 더 큰 행복일 것이다. 망각 능력 혹은 행복이 지속되는 동안 비역사적으로 감각할 줄 아는 능력이 바로 그것이다. 모든 과거사를 망각한 채로 순간의 문턱에 정착할 수 없는 사람, 하나의 점 위에 승리의 여신처럼 어지러움도 두려움도 느끼지 않고 서 있을 수 없는 사람은 행복이 무엇인지 알지 못할 것이다. 더 심각한 것은, 그런 사람은 다른 사람을 행복하게 만들어주는 일을 절대 하지 못할 것이라는 사실이다. 극단적인 예로서, 망각 능력이 전혀 없는 사람, 어디를 가든 생성의 과정을 보도록 운명이 지어진 사람은 그 자신의 고유한 존재도 믿지 않거니와 더 이상 자기 자신도 믿지 않는다. 그는 모든 것이 뿔뿔이 흩어져 움직이는 점들 속으로 흘러들어 가는 것을 지켜보면서 이 생성의 흐름 속에서 자기 자신을 상실해 버린다. 모든 행동에는 망각이 필요하다. 모든 유기체의 생명에 빛뿐 아니라 어둠도 필요한 것처럼 말이다. 그러므로 기억이 거의 없이 사는 것, 그것도 행복하게 사는 것이 충분히 가능한 일이다.

니체

오! 테베 시민이여 보라. 이분이 오이디푸스다. 저 유명한 수수께끼를 풀고 권세 당당했던 이를! 선망의 눈으로 그를 보지 않았던 자 과연 누구였던가! 보라! 이런 그가 얼마나 무서운 고뇌의 풍파에 휩쓸렸는지를! 우리의 눈이 그 마지막 날을 보기까지는 그 어느 누구도 행복하다고 하지 마라. 삶의 종말을 지나 고통에서 해방될 때까지는.

소포클레스/오이디푸스 왕

그것은 그러리라, 그러하리라. 그러나 나의 길은 그와 다른 길.
이 세상의 행복은 하나가 되어 주라이카에만 있음을 본다.
그대가 아낌없이 나에게 줄 때 나는 거룩한 자아(自我)가 되고,
그대가 얼굴을 돌릴 때는 금방 자아를 잃어버린다.
그리고 하아템은 몸을 망친다. 그러나 내 마음 정해졌으니
나는 재빨리 모습 바꾸어, 그대의 사랑하는 연인 되련다

괴테/서동시집(西東詩集, Westöstlicher Divan)

만족스러운 인생을 위한 9가지 조건

즐겁게 일할 수 있는 건강한 몸, 욕구를 충족시킬 수 있을 만큼의 부, 난관을 극복할 수 있는 힘, 죄를 고백하고 용서를 구할 수 있는 인격, 선을 달성할 때까지 노고를 견디는 인내, 다른 사람의 장점을 수용하는 관대함, 세상에 쓸모 있는 사람이 되고자 하는 박애정신, 신에 대한 진실한 신앙, 다가올 미래의 근심을 물리칠 수 있는 긍정적인 마음가짐.

괴테

정말 값진 것, 그 가치를 내게 나누어줄 수 있는 것, 그것만이 내 마음을 움직일 수 있는 그런 것. 그것을 발견하고 획득함으로써 계속적이고 완전한 행복을 영원히 누리게 될 그런 무엇.

스피노자/에티카(Ethica)

행복의 가장 원초적인 형태는 세계와 조화된 관계 속에서 온몸에 약동하는 삶을 느끼는 것- 단순하고 생물학적인 기쁨-이다.

르네 듀보

“행복의 비결은 필요한 것을 얼마나 갖고 있느냐가 아니라, 불필요한 것에서 얼마나 자유로워져 있는가에 있다. 걱정해야 할 것은 늙음이 아니라 녹스는 삶이다. 살 때는 삶에 철저해 그 전부를 살아야 하고, 죽을 때는 죽음에

철저해 그 전부가 죽어야 한다!"

法頂(속명 朴在喆, 1932-2010)

최대 다수의 최대 행복이 도덕과 입법의 기초다

제러미 벤담(Jeremy Bentham, 1748-1832)
/The Commonplace Book

행복은 무엇인가를 이루었을 때 얻게 된다. 무엇인가를 성취하기 위해서는 자유의지에 의한 선택과 태도, 책임의 수용과 수행, 그리고 항상 시도하려는 강고 불굴의 정신이 필요하다.

킹스 레이워드(Kings Rayward)/아들에게 주는 비즈니스맨의 편지

행복이란 다른 사람들을 행복하게 해 주기 위해 노력하다 보면 생기는 부산물이다.

파머

영예는 인간이 자기 한 사람을 위하여 바라는 상태이고 행복은 자기와 더불어 모든 사람들을 위하여 소망하는 상태이다. 영예에는 투쟁에 의하여 도달된다. 그러나 행복에는 친화(親和)에 의하여서만이 도달된다.

과녁을 맞히려면 과녁보다는 더 먼 곳을 겨냥해야 하는 것처럼 참된 정의를 얻고자할 때에는 자기 부정, 즉, 자기 자신에 대해서는 정당하지 않음이 필요하다. 그러므로 자기만이 바른 자가 되고자 원한다면 자신에게는 공평치 못하게 되고 남에게는 정의롭지 못하게 될 것이다.

스스로를 풍자할 줄 아는 이는 행복하다. 이는 끝없는 즐거움이기 때문이다. 돌맹이와 산을 구별해낼 수 있는 자는 행복하다. 많은 불편한 일들을 피할 수 있다.

핑계를 대지 않고 휴식과 수면을 취할 줄 아는 이는 행복하다. 현자가 될 것이다.

들을 줄 알고 침묵할 줄 아는 이는 행복하다. 매일 새로운 것을 배울 것이다.

심각해보이지 않을 줄 아는 자는 행복하다. 그 이웃이 인정할 것이다.

위중에 상관없이 타인의 긴급한 일에 달려가는 자는 행복하다. 그는 언제나 기쁨의 영원한 샘이다.

타인의 행동을 너그럽게 수용하는 이는 행복하다. 순수하다는 주위의 인정은 자비로움에 대한 충분한 대가이다.

사소한 것을 신중히 바라볼 줄 알고 중요한 일은 차분히 생각할 줄 아는 이는 행복하다. 삶에서 커다란 성취를 이룰 것이다.

미소의 가치를 아는 이, 푸대접을 잊어버릴 줄 아는 이는 행복하다. 그의 길 위에 태양이 가득할 것이다.

토머스 모어(Thomas More, 1478-1535)

행복은 나비와 같아라. 잡으려고 하면 항상 저 멀리 달아나지만 가만히 앉아 있으면 스스로 그대의 어깨에 내려앉으니.

호손(Nathaniel Hawthorne, 1804-1864)

자연의 의미에 관하여

자연은 병든 사람에게 약을 건네준다. 그렇게 약을 주기 위해서는 병자를 잘 알고 있어야 한다. 깨달음은 의사에게 있는 것이 아니라 자연 속에 있다. 자연은 스스로를 잘 알고 있지만, 의사는 그렇지 못하다. 자연만이 그것을 알고 있기에 처방전을 작성하는 것도 자연이어야 한다. 질병이 의사가 아닌 자연에서 비롯되고 약도 의사가 아닌 자연에서 비롯되기 때문에, 의사는 이 두 가지를 통해 배움을 얻어야 하며, 그것들이 그에게 가르쳐준 것을 따라야 한다.

자연은 비술을 놀라울 정도로 멋들어지게 사용하고, 한데 속해 있는 것들을 한 곳에 모을 줄 안다. 자연을 이해하고 알아가는 방법을 배우도록 하라.

파라셀수스(Philippus Aureolus Paracelsus,
본명: Theophrastus Bombastus von Hohenheim, 1493-1541)

모든 생물은 첫째 처음 생겨났을 때부터 진화과정을 통하여 '완전'한 생물체로 진화된다. 둘째 주어진 환경에 적응할 수 있는 능력이 있다. 셋째 단일 기원이 아니고 항상 자연발생적으로 수시로 생겨나며, 따라서 동일조상들이 아니고 진화의 과정은 점진적으로 진행되어 완전한 형태의 생물로 진화한다. 끝으로 생활과정에서 얻어진 획득형질이 다음 대에 유전되고 이러한 획득형질의 축적이 대를 거듭함에 따라 종이 변한다.

라마르크(Jean Baptiste Lamarck, 1744-1829)

생명은 어느 날 갑자기 창조되지 않았다.

살아남은 종은 가장 강한 종도, 가장 지능이 높은 종도 아니다. 변화에 가장 빠르게 적응한 종일 뿐이다.

수없이 다양한 식물과 덤불 속에서 노래하는 새들, 주위를 날아다니는 온갖 곤충들, 흙 속을 기어 다니는 벌레들로 뒤덮인 둑을 바라보는 것, 그리고 그토록 서로 다르고 복잡한 방식으로 서로 의존하고 있는, 이 정교하게 구축된 모든 생명체들이 우리 주변에 작용하는 법칙에 의해 만들어져 왔다. 생명과 그것의 몇 가지 능력이 원래 몇몇 또는 한 가지 형태 속에 불어넣어졌다는 견해에는 숭고함마저 든다. 그리고 이 행성이 정해진 중력 법칙에 따라 계속 회전하는 동안, 그렇게 단순했던 시작이 이렇게 가장 아름답고 경이로운 무수한 형태의 생명으로 진화했고 진화하고 있다는 사실은 또 얼마나 장엄한가.

번식을 동반한 성장, 유전, 생활 여건이 미치는 영향 및 사용이나 비사용의 결과로 초래된 변화, 지나치게 급속한 증식은 생존을 둘러싼 싸움(Struggle for existence)과 자연선택(Natural Selection)으로 귀결된다. 자연선택은 다시금 종의 분화와 열등한 형태의 사멸을 유발한다. 자연적인 투쟁, 굶주림, 죽음을 통해 상상할 수 있는 최고의 존재가 탄생한다.

자연도태는 유리한 변이를 조금씩 쌓아나가는 데서 이루어지기 때문에 큰 변화나 돌연한 변화를 일으킬 수 없다. 자연은 비약하지 않는다.

미래에 우리의 고급한 충동과 저급한 충동간의 갈등은 덜 격렬해질 것이며, 마침내 덕이 승리할 것이다.

다윈(Charles Darwin, 1809-1882)
/자연선택에 의한 종의 기원에 관하여(On the Origin of Species by Means of Natural Selection, 1859)

프톨레마이오스(Claudios Ptolemaios, 83?-168?)는 <알마게스트>(Almagest)에서 “지구는 전혀 운동을 하지 않는다.”고 주장했다. 하지만 코페르니쿠스(Nicolaus Copernicus, 1473-1543)는 <천체의 회전에 관하여>에서 자신의 체계에서 행성들의 배열순서가 어떻게 되는지를 설명했다.
‘이 모든 것들의 한가운데 태양이 앉아 있다. 태양을 가리켜 우주를 밝히는 횃불이라 하고, 우주의 심장이라 부르기도 한다. 태양은 마치 왕좌에 앉아 있는 것처럼, 자신의 둘레를 돌고 있는 모든 별들을 다스린다. 그렇다고 지구를 향한 달의 경배가 없어지는 것은 아니다. 오히려 아리스토텔레스가 <동물지>(Historia of Animalium)에서 말했듯이, 달은 지구의 가장 가까운 친척이다. 또 지구는 태양의 비옥한 축복을 받으면서, 봄마다 초목을 풍성하게 자라게 한다.’

갈릴레오(Galileo Galilei, 1564-1642)는 <별들의 소식>(Sidereus Nuncius, 1610)에서 거듭 주장했다.
‘코페르니쿠스 체계를 논할 때 행성들이 태양 주변을 회전한다는 사실은 별 어려움 없이 받아들이면서도 달이 지구를 회전하고 지구가 달과 함께 태양을 연중 회전한다는 사실은 혼란스럽게 생각해 그런 우주 구조 전체를 불가능하다고 기각하는 사람들이 있다. 이제 그들의 의구심을 잠재울 만한 강력하고 우아한 논증을 갖게 되었다. 비단 한 행성이 다른 생성을 회전할 뿐만 아니라, 달이 지구를 맴돌듯이 네 개의 별(위성)들이 목성을 맴도는 것을 보았다. 전체가 12년마다 한번 태양을 커다랗게 회전한다.'

갈릴레오는 두 우주체계에 대한 <대화>의 서문에서 "신학자들이여, 해는 움직이지 않으며, 지구가 돈다는 사실이 증명될 날이 언젠가는 올 것이다. 그 날이 오면 당신네들은 지구가 가만히 있고 해가 돈다고 주장하는 사람들을 이단자라고 몰아세워야 할 것이다."라고 썼다.

1633년 6월 22일 로마 도미니크 교단의 산타마리아 소프라 미네르바 교회에서 흰옷 차림의 참회자 갈릴레오가 일곱 명의 재판관들 앞에서 참회 성사를 읽었다.

"Eppur si muove (그럼에도 불구하고 그것은 움직인다)"

이 말은 사람들 사이에서 비밀리에 전해 내려오다가 1757년 주세페 바레티(Giuseppe Varetti, 1719-1789)에 의해 처음으로 활자화되었다.

2000년 교황 요한 바오로 2세는 갈릴레이가 당한 부당한 처사에 대해 가톨릭교회의 이름으로 그에게 용서를 구했다.

과학의 연구영역에는 세 종류의 중요한 과정이 있으니 반복(反復), 대립(對立), 적응(適應)이다. 반복은 보다 기초적인 우주법칙으로 그 형태는 다양하나 이 법칙이 순환 중에 우주, 사회법칙이 이루어진다. 물리학에서는 파상형태로, 생물학에서는 유전으로, 정신적 사회적 차원에서는 모방으로 나타난다. 모방은 철학 상으로는 반복의 보편적 유형으로, 신학상으로는 기억의 기능으로, 심리학상으로는 암시에로 각각 환원될 수 있으며 사회학상으로는 많은 발명 중에서 겨우 몇 개 밖에 채택되지 않는 이유를 설명해주는 법칙이 된다.

따르드(Gabriel Tarde, 1843-1904)
/모방의 법칙(Les lois de l'mitation, 1890)

과학은 자연의 모델이라기보다는 자연을 기술하기 위한 산 언어이다. 과학은 언어의 구조 즉, 어휘와 규칙적인 문법과 번역을 위한 사전을 구비하고 있다. 과학의 어휘는 만유인력이나 중성자로부터 신경세포나 무의식에 이르기까지 모든 과학적 개념으로 성립되어 있다. 따라서 과학은 세계의 움직임을 모방하는 구조를 가진 하나의 언어이다.

제이콥 브로노프스키(Jacob Bronowski,1908-1974)/나는 누구인가(1965)

과학에의 길

- 지혜는 경험의 딸이다.

경험은, 자연의 모든 움직임은 필연성에 따르고 있다는 사실, 그 이법(理法)의 명령이 아니고서는 움직이지 않는다는 사실을 가르쳐 준다.

필연성은 자연의 교사이고 안내자이며 자연의 핵심인 동시에 그 작가이고, 조종자(操縱者)인 동시에 그 영원한 법칙이다.

그 이론이 경험에 의해서 확증(確證)되지 않은 사색가들의 교훈을 피하라. 자연은 이론으로 시작해서 경험에 끝나는데, 그 과정을 거꾸로 추구하는 게 필요하다. 즉 실험으로 시작하여 이론을 검증하는 일이.

과학을 모르고서 실천에 뛰어드는 사람은, 키도 없고 나침반도 없이 배를 몰고 가는 것과 마찬가지로, 어디로 갈지 도무지 확실하지 않다. 언제나 실천은 바른 이론 위에 구축되지 않으면 안 된다.

운동은 모든 생명의 근원이다. 운동은 무한히 느릴 수도 있고, 빠를 수도 있다. 모든 인상(印象)은 영구히 계속되기를 바란다. 또는 영구성을 바란다.

대지는 생물체와 마찬가지로 성장하려는 정신을 지니고 있다. 토양은 살이며, 산맥을 형성하는 바위 층은 뼈이며, 분출하는 물은 피다. 그리고 맥박에서 볼 수 있는 피의 증감에 해당하는 것은, 대지의 경우 바닷물의 간만에서 볼 수 있다……"

레오나르도 다빈치(Leonardo da Vinci, 1452-1519)

돌의 물음에 답하다(答石問)

커다란 돌 하나가 나에게 물었다. "나는 하늘이 낳은 것으로서 엎어놓은 동이와 같이 안전하고 깊이 뿌리를 박고 있는 것처럼 요지부동이다. 어떤 물건이 나를 움직이려 해도 쉽게 움직일 수가 없고 나를 다른 데로 옮기려 해도 쉽게 옮길 수 없다. 그래서 타고난 본성을 온전히 보전하여 언제나 즐겁다. 그런데 인간인 그대도 역시 하늘의 명을 받아 태어났고 만물의 영장이라 자랑하면서도 어찌 그 몸과 마음을 자유자재하지 못하고 타고난 성품에 맞게 처신하지 못하는가. 항상 물건에 얽매여 부림을 받고 이사람 저사람에게 끌려 다니고 물건이 유혹하면 거기에서 빠져나오지 못하는가. 자기 마음대로 되지 않으면 금세 우울해지고 다른 사람이 좋아하면 기를 펴고 배척하면 기가 꺾이니 본래의 참된 모습을 잃고 지조가 없기로는 인간 그대뿐이다."

나는 이렇게 대답했다. "너 같은 물건은 어떻게 하여 이루어졌는지 아는가. 불경에 '우둔하고 어리석고 고집 센 것들의 정수가 변화하여 木石이 되었다'하였다. 그러니 너는 이미 신령스러운 정기와 청정한 광명을 잃고 우둔하고 딱딱한 돌덩이로 타락한 것이다. 내가 용을 타고 하늘에 오를 때에는 너는 나의 디딤돌이 되어 내 발에 밟힐 것이고 내가 죽어서 땅에 묻힐 때에는 비석이 되어 깎이고 상한 상태가 될 것이다. 그러니 어찌 다른 물건이 움직일 수 없다고 말하겠는가. 나는 안으로는 아무 흔적도 남기지 않는 거울같이 본래의 참된 모습을 온전하게 간직하고 밖으로는 무심한 거울같이 연경(緣境)에 얽매이지 않기 때문에 사물이 가면 가는대로 오면 오는 대로 마음을 쓰지 않는다. 사람에게 밀침을 받더라도 불안을 갖지 않고 움직이지 않을 수 없으면 움직이고 부르면 가고 행할 만하면 행하고 그칠 만하면 그친다. 나는 빈 배와 같다. 네가 이런 나를 어찌 책망할 수 있는가."

돌은 부끄러워 더는 말이 없었다.

李奎報

겨울과 봄

어느 날 겨울이 봄을 비난하며 말했다.

"당신은, 사람들을 가만 놔두지 못해 안달이야. 당신만 만나면 사람들은 죄다 흥분하고 만단 말야. 풀밭으로 뛰쳐나가기도 하고, 꽃들을 죄다 꺾잖아! 그러니 장미는 얼마나 괴롭겠어. 한마디로 당신은 사람들에게서 안정감을 뺏는 거야. 바람이 불고 비가 쏟아져 내려도 그들은 당신만 만나면 기어코 배를 타고 멀리 떠나려고 하지. 하지만 난 모든 것을 내 맘대로 주무르지. 독재자하고 닮았지. 나는 단박에 사람들을 윽박질러 그들을 하루 종일 집밖으로 못 나오게 한단 말이야."

겨울의 말을 듣고 있던 봄이 입을 열었다.

"맞아요! 그래서 사람들은 겨울이 가면 그렇게 좋아하는 것이죠. 사람들은 봄보다 더 좋은 말은 없다고 하죠!"

개미와 파리

누가 더 고귀한 삶을 영위하고 있는가를 놓고 어느 날 개미와 파리가 논쟁을 벌였다. 먼저 파리가 입을 뗐다.

"정말로 네가 내 고귀한 신분과 비교될 수 있다고 생각하니? 나는 모든 시간을 제단에서 보내는 사제와 다름없어. 제물이 올라올 때면 누구보다 먼저 음식을 맛보고, 왕의 머리꼭대기에도 올라앉을 수 있고, 결혼한 여인의 입술에 키스를 할 수도 있지. 손 하나 까닥 안 하고도 제일 좋은 전리품을 차지할 수 있는 게 나야."

개미가 대꾸했다.

"신의 식탁에 초대를 받았다면 정말 좋은 거지만, 다들 널 싫어하잖아, 제단에 자주 간다고? 하지만 가자마자 쫓겨나지, 왕과 여인들에 대해서도 부끄러운 줄 알아. 네가 다가가기만 해도 내쫓으려고 모두 팔을 휘젓잖아. 게다가 일을 안 하니 필요할 때 아무것도 가진 게 없지. 네가 벽에 붙은 오물이나 핥는 동안 나는 겨울을 위해 곡식을 비축해두거든. 넌 나중에 찬바람이 불어오면 추위에 떨다가 오그라들어 죽게 되겠지. 하지만 나는 준비가 잘된 집에서 안전하고 평화롭게 잠들 거야."

이솝 우화(Aesop's Fables)

따라서 순교자의 지조, 박애주의자의 비이기성, 애국자의 충성, 예술가의 열정, 자연의 비밀을 캐려는 과학자의 확고하고 지속적인 탐구 등은 인간만이 이해할 수 있다. 따라서 우리는 진리에 대한 사랑, 아름다움에 대한 환희, 정의를 향한 열정 그리고 용기 있는 자기희생적 행위에 대해 느끼는 환희의 전율이, 육체적 생존을 위한 투쟁의 수단에 의해서는 진화되지 않았던, 우리 내면의 어떤 고차원적 본성의 발로임을 알 수 있다.

월리스(Alfred Russel Wallace 1823-1913)

죽음에 관하여

죽음이 선이라고 희망할 수 있는 이유는 다음 두 가지 중 하나다. 곧 죽음은 무의 상태이고 극한의 무의식 상태이며 이 세상에서 저 세상으로의 영혼의 이동이다. 죽음이 무감각 상태로 어지러운 꿈조차 꾸지 않는 잠과 같은 것이라면 죽음은 뛰어난 소득일 것이다.

소크라테스(Socrates, BC 470-BC 399)

죽음이란 감각적 인상과, 충동에 의한 조종과, 마음의 방황과, 육신에 대한 봉사로부터의 휴식이다.
인생에서 아직 육신이 굴복하지 않고 있는데 영혼이 먼저 굴복한다는 것은 치욕이다.

마르쿠스 아우렐리우스/명상록

살면서 죽음을 기억하라

타오르는 촛불이 초를 녹이듯 우리 영혼의 삶은 육체를 스러지게 한다.
육체가 영혼의 불꽃에 완전히 타버리면 죽음이 찾아온다.

죽음은 우리와 세상, 우리와 시간 사이의 연결을 끊어놓는다.
죽음 앞에서 미래에 대한 질문은 아무런 의미가 없다.

올바로 살지 못하며 삶의 법을 깨뜨린 사람만이
죽음을 두려워한다.

죽음에 대해 너무 많이 생각할 필요는 없다.
살면서 죽음을 기억하면 된다.
그렇게 하면 삶은 진지하고 즐거우리라.

톨스토이

나의 유언은 간단하다 나눠 가질 것이 없기 때문이다.
동료들이여, 안타까워하고 슬퍼할 필요 없다.
"구르는 돌에는 이끼가 끼지 않는다."
내가 선택할 수 있다면 나는 한 줌의 재가 되고 싶다.
그리고 상큼한 바람이 나의 재를
어딘가 꽃이 자라는 곳으로 날려 보낼 수 있게 해 달라.
그러면 지는 꽃들도 생기를 얻어 다시 피어날 것이다.
이것이 나의 마지막 그리고 최종 유언이다.

조 힐(Joe Hill, 본명 Joel Emmanuel Hägglund, 1879-1915)

거친 풀은 끝없이 우거져 있고 백양나무 또한 쓸쓸이 서 있는데
혼은 흩어져 어디로 가버리고 마른 신체 빈나무에 부치고 있나
이해득실을 다시는 알지 못하고 시시비비인들 어찌 깨달을 수 있겠는가
천년만년 지난 후에는 그 누가 영화와 치욕을 알리
말을 하려 해도 입에 소리가 없고 보고 싶으나 눈에는 빛 또한 없구나.
무덤 한 번 닫히고 나면 영원히 아침을 다시 못 보는 것은
현인도 달인도 어찌할 수 없다네.
죽어버린 나는 어쩌지 못하고 몸을 산에 맡겨 흙으로 돌아가네.

도연명(陶淵明, 365-427)/挽歌詩

그리하여 나는 조그만 배 한 척을 얻어 친구들과 심연의 대양(大洋)을 향해 나섰소. 인간이 더 이상 넘어가서는 안 된다고 경고하는, 헤라클레스(Hercules)가 세워놓은 좁은 입구 표지에 이르러서는

나와 동료들 모두 이미 늙고 어느덧 때는 늦었는데, 오른쪽으로는 세비야(Sevilla)가 멀어지고 왼쪽으로는 벌써 세타가 보이지 않게 되었소.

'아, 온갖 위험을 무릅쓰고 세상의 서쪽 끝에 다다른 형제들이여! 그대들은 태양을 좇아 얼마 남지 않은 짧은 오관(五官)을 각성하며, 사람 살지 않는 세상을 탐색하려는 마음 버리지 말지어다. 그대들은 자신의 타고난 기원을 기억하라. 그대들은 짐승 같은 삶을 살기 위해서가 아니라 덕과 지식을 구하기 위하여 태어났나니.'

동료들은 나의 이 짧은 연설을 듣고 모두가 서로 분발하며 뱃길을 앞다투어 선미(船尾)를 동쪽으로 돌려 노를 날개삼아 미친 듯이 질주하여 끝없이 왼쪽으로 남하했나니,

밤이면 어느덧 남극의 별들이 보이고, 북극은 더욱 더 낮아져서 마침내 바다 위로 나타나지 않게 되었소.

험난한 바닷길 깊숙이 들어온 뒤로, 달이 다섯 번 차고 또 다섯 번 기울었을 즈음, 아득히 먼 저편에서 희미하게 검푸른 산 하나가 나타났으니, 일찍이

한 번도 본 적 없는 높은 산과 같았소. 우리는 기뻐했으나 그 기쁨은 곧 탄식으로 변했나니, 그 미지의 땅에서 한바탕 거센 회오리바람이 불어와 뱃머리를 때리자 배는 온통 물벼락을 맞으며 세 번이나 휩쓸려 나갔고, 네 번째에는 배의 고물이 쳐들리고 뱃머리부터 바다 속에 처 넣어졌으니 이에 신의 뜻을 이루려는 듯 마침내 바다는 우리 위로 덮쳤다.

단테/신곡

삶의 의미에 도달하는 데에는 세 길이 있다. 첫째는 일을 하거나 어떤 행위를 하는 것을 통해서이다. 둘째는 어떤 것을 경험하거나 어떤 사람을 만나는 것을 통해서이다. 가장 중요한 것은 삶의 의미로 들어가는 셋째 길이다. 자기 힘으로 바꿀 수 없는 운명에 처한 절망적인 상황에 놓인 무력한 희생양도 그 자신을 뛰어넘고 그 자신을 초월할 수 있다.

빅터 프랭클(Viktor Emil Frankl, 1905-1997)/죽음의 수용소에서(1946)

기억해주세요

나 죽을 때 기억해 주세요
침묵의 나라로 저 멀리 떠날 때에
당신이 이제 내 손을 잡을 수도 없고
나도 가던 길을 다시 돌아 머물 수 없을 때
나를 기억해 주세요
당신이 꿈꾸었던 우리의 미래를
날마다 내게 들려줄 수 없을 때
그저 나를 기억해주세요
당신도 알겠지요
그때 가서 생각하거나 기도하면 이미 늦음을
그러나 혹시 당신이 나를 한동안 잊었다가
훗날 기억한다 해도 슬퍼 마세요

어둠과 타락이 한때 내가 지녔던
생각의 흔적을 남긴다면
차라리 당신이 나를 잊고 웃는 것이
기억하고 슬퍼하는 것보다 나을 거예요

크리스티나 로세티(Christina Rosetti, 1830-1894)

오래고 또 오랜 옛날 바닷가 어느 왕국에
애너벨 리가 살고 있었다

나는 아이였고, 그녀도 아이였으나
우리는 날개 돋친 하늘의 천사조차도 샘낼 만큼 그렇게 사랑하였다

분명 그것으로 해서 오랜 옛날 구름으로부터 바람이 불어왔고
내 아름다운 애너벨 리를 싸늘하게 하여 그녀의 훌륭한 친척들이 몰려와
내게서 그녀를 데려가 버렸고 무덤 속에 가두고 말았다
우리의 절반도 행복을 못 가진 천사들이 하늘에서 우리를 샘낸 것이었다

하지만 우리의 사랑은 훨씬 강했다
우리보다 나이 든 사람들의 사랑보다도 우리보다 현명한 사람들의 사랑보다도
그로 해서 하늘의 천사들도 바다 밑에 웅크린 악마들도
아름다운 애너벨 리의 영혼으로부터 내 영혼을 갈라놓을 수는 없었다

그러기에 달빛이 비칠 때면 아름다운 애너벨 리의 꿈을 꾸게 되고
별빛이 떠오를 때 아름다운 애너벨 리의 눈동자를 느낀다
나는 밤새도록 내 사랑, 내 생명 내 신부 곁에 눕노니
거기 바닷가 무덤 안에 물결치는 바닷가 그녀의 무덤 곁에

애드가 앨런 포(Edgar Allan Poe, 1809-1849)/애너벨 리(Annabel Lee)

아내에게 바침

살아서는 한 집 식구로 지내다 죽어서는 한 구덩이 먼지 됩시다
남들과도 잘 지내려 서로 힘쓰거늘 하물며 나와 당신 사이랴!

사람이 나서 죽지 않는 동안엔 자기 몸 잊을 수는 없는 일이지만
몸에 꼭 필요한 옷과 음식이란 배부르고 따스하기만 하면 그뿐이니

채식이라도 주림을 채우기엔 충분한 것을 어찌 반드시 기름진 음식이나 진미여야만 할 것이며
명주솜으로도 추위를 막기엔 충분한 것을 어찌 반드시 비단에 무늬 수놓은 옷이어야만 하겠소

나 역시 곧게 애쓰는 선비라서 당신과 지금 결혼하게 된 거지요
제발 가난함과 소박함 보전하면서 함께 해로하며 즐겁게 살아갑시다

보주이(白居易, 772-846)

너의 할아버지가 사마이에게

우리는 멀리서 와서 또 멀리 가야 한단다
그러니 아가야 걱정일랑 말거라
너보다 먼저 왔던 이들이 이제 모두 너와 함께 있다
너의 아버지와 어머니보다 먼저 왔던 분들은
모두모두 멀리 돌아가셨다 그분들 모두가 너와 함께 있단다
우리는 멀리 와서 또 멀리 가야 한단다
그러니 걱정일랑 말거라
귀여운 아가야

하인리히 뵐(Heinrich Theodor Böll, 1917-1985)

임진강의 민들레

우리 님이 흙 되어 강기슭에 누웠네. 금빛 고운 그 훈장 민들레로 피었네.
젊은 님이 흙 되어 못 다한 말 피어서 우리 님의 목소리 강기슭을 달리네.
젊은 님이 몸 바쳐 진흙으로 삭아서 은빛 고운 그 영혼 여기저기 날리네.
젊은 님이 흙 되어 잃은 땅을 덮어서 양지 바른 흙향기 고향으로 삼겠네.
언젠가 우리 님을 모두 흔들어 깨워 강물 같은 가슴으로 다시 한 번 살고 지고.

아내의 무덤에서

한마디 말도 없이 떠나버린 당신 그리워
먼 길 달려 샛길로 숨차게 접어들어
백마강 기슭 언덕 위에 다다랐건만
땅속에 묻힌 당신 모습 아련할 뿐
애타게 불러 봐도 메아리조차 울리지 않네
행여 당신 넋이라도 담겨있을까
무덤 옆에 뒹구는 돌 하나 어루만져도 그저 차갑고 싸늘할 뿐
따뜻하고 훈훈한 숨결
상냥하고 다정한 미소
비단결 같이 고운 마음씨는
물처럼 흘러가 버리고 꿈속에서조차 찾아볼 길 없네
아름다운 당신은 한갓 차돌로 변해버렸나
외로운 내 마음 한 덩이 돌이 되어
쓸쓸한 날 당신 곁으로 굴러가리라

김정진(金晸鎭, 1919-2001)

그 사람을 가졌는가

만리 길 나서는 날
처자를 내 맡기며 마음 놓고 갈 만한 사람
그 사람을 그대는 가졌는가

온 세상 다 나를 버려 마음이 외로울 때에도
'저 마음이야' 하고
믿어지는 사람을 그대는 가졌는가

탔던 배 꺼지는 시간
구명대를 서로 사양하며 '너 만은 제발 살아다오' 할
그 사람을 그대는 가졌는가

불의의 사형장에서
'다 죽어도 너희 세상 빛을 위해 저 만은 살려두어라'일러 줄
그 사람을 그대는 가졌는가

잊지 못 할 이 세상을 놓고 떠나려 할 때
'너 하나 있으니' 하며 빙긋 웃고 눈을 감을 수 있는
그 사람을 그대는 가졌는가

온 세상의 찬성보다도
'아니'하고 머리 흔들 그 한 얼굴 생각에 알뜰한 유혹 물리치게 될
그 사람을 그대는 가졌는가

함석헌(咸錫憲, 1901-1989)

임종의 5단계

· 1단계 <부정(否定)과 고립(孤立)> 죽는다는 사실에 충격을 받고 어떻게든지 이를 부정하려는 단계

· 2단계 <분노(忿怒)> '왜 하필이면 내가(나만) 죽어' 분노가 폭발하는 단계
· 3단계 <타협(妥協)> 약간 평정을 찾기는 했지만 어떻게 해서든지 죽음을 연기할 수 없을까를 궁리하면서 살아온 과정에 대해 죄의식을 느끼는 단계.
· 4단계 <우울과 슬픔> 사랑하는 모든 것을 잃게 된다는 점에서 의기소침하고 극도의 상실감을 나타내는 단계
· 5단계 <순응(順應)> 죽음을 진실하게 받아들이는 단계

퀴블러 로스(Elizabeth Kübler-Ross, 1926-2004)
/On Death and Dying(1969)

그대의 가슴 속에 죽음이 들어올 수 없는 삶을 살라. 다른 사람의 종교에 대해 논쟁하지 말고, 그들의 시각을 존중하라. 그리고 그들 역시 그대의 시각을 존중하게 하라. 그대의 삶을 사랑하고 그 삶을 완전한 것으로 만들고, 그대의 삶 속에 있는 모든 것들을 아름답게 만들라. 오래 살되, 다른 이들을 위해 헌신하는 삶에 목적을 두라. 이 세상을 떠나는 위대한 이별의 순간을 위해 고귀한 죽음의 노래를 준비하라. 모든 사람을 존중하고, 누구에게도 비굴하게 굴지 마라.
자리에서 일어나면 아침 햇빛에 감사하라. 당신이 가진 생명과 힘에 대해, 당신이 먹는 음식, 삶의 즐거움들에 감사하라. 죽음이 다가왔을 때, 마음속에 죽음에 대한 두려움이 가득한 사람처럼 되지 마라. 그리고 집으로 돌아가는 인디언 전사처럼 죽음을 맞이하라.

테쿰세(Tecumseh, 1768-1813)

□ 인간의 本性

하늘이 명한 것을 본성(性)이라 하고, 본성을 따르는 것을 도리(道)라 하며, 도리를 닦는 것을 가르침(敎)이라 한다.

도리라는 것은 잠시도 떠날 수 없는 것이니, 떠날 수 있으면 도리가 아니다. 이런 까닭으로 군자는 그 보이지 않는 것에도 경계하여 삼가며, 그 듣지 못하는 것, 들리지 않는 것에도 두려워한다.

숨어 있는 것만큼 제대로 드러남이 없으며, 미미한 것만큼 제대로 나타남이 없다. 그러므로 군자는 그 홀로를 삼가는 것이다.

기뻐하고 화내고 슬퍼하고 즐거워하는 정이 아직 발하지 않은 것을 중(中)이라 이르고, 그것들이 발하여 절도(節度)에 맞는 것을 화(和)라 이르니, 적중함이란 것은 천하의 큰 뿌리요, 어울림이란 것은 천하의 달성해야 할 도리이다.

中庸

五性과 七情에 관하여

순자는 인류의 마음(心)을 분해하고, 인류의 마음속에는 성(性), 정(情), 여(慮), 위(僞) 4가지 원소가 있음을 발견하였다. 생의 자연본질이 곧 性이며, 성의 호오희노애락(好惡喜怒哀樂)이 곧 情이며, 정이 발생한 후 마음으로 선택하는 것이 곧 慮이며, 마음이 사려(思慮)를 거친 후 意志에 의하여 실천에 결부시키는 것이 곧 僞이다.

천지 사이에서 생긴 것은 이적(夷狄)·금수(禽獸)라 불려야 마땅한데, 사람만이 사람이라 일컬어지는 것은 사람의 道가 있는 까닭으로, 이 道가 흔들려서는 夷狄·禽獸의 主되는 가치가 없다.
性에 상·중·하 三品이 있는데 그 실질에 인예신의지(仁禮信義智)의 五性이 있으며, 情에도 또 三品이 있이 그 실질에 희노애구애오욕(喜怒哀懼愛惡欲)의 七情이 있다. 유가(儒家)가 말하는 仁義는 구체적인 실천덕목인데, 佛·老가 말하는 도덕은 추상적인 虛名으로 도를 문란케 하는 것이고, 「1人의 사설(私說)」에 지나지 못한다.

한위(韓愈, 768-824)/原道·原性·原人

가장 훌륭한 것은 물처럼 되는 것이다.
물은 온갖 것을 섬길 뿐, 그것들과 겨루는 일이 없고,
모두가 싫어하는 〔낮은〕곳을 향하여 흐를 뿐이다.
그러기에 물은 도에 가장 가까운 것이다.

낮은 데를 찾아가 사는 자세
심연을 닮은 마음, 사람됨을 갖춘 사귐, 믿음직한 말, 정의로운 다스림, 힘을 다한 섬김, 때를 가린 움직임.

겨루는 일이 없으니, 나무람 받을 일도 없다.

강해지려면 물처럼 되어야 한다. 장애물이 없으면 물은 흐른다. 장애물이 있으면 물은 멈춘다. 둑이 무너지면 물은 더 멀리 흘러간다. 그릇이 네모나면 물은 네모가 되고, 그릇이 둥글면 물도 둥글게 된다. 물은 아주 부드럽고 유연하기 때문에 가장 필요한 것이고 가장 강한 것이다.

이 세상에 물보다 부드럽고 유연한 것은 없다. 아무리 견고하고 단단한 것이라도 물을 이길 수 없다. 약한 것이 강한 것을 이기고, 부드러운 것이 단단한 것을 이긴다.

이 세상에서 가장 약한 것이 가장 강한 것을 이긴다. 그러므로 겸손과 침묵이 훨씬 유리하다. 아주 적은 사람만이 진정으로 겸손하다.

대지(大智)는 우둔함과 같고
대변(大辯)은 눌(訥)함과 같다.
조(躁)는 한(寒)에 이기고
정(靜)은 열(熱)에 이긴다.
청정(淸靜)은 천하의 정(正)이니라.

나중에 줄어지는 것이면 먼저 늘여놓아야 한다.
약해지는 것이면 무엇이나 먼저 튼튼하게 만들어야 한다.
무너지는 것은 먼저 세워져야 한다.
받는 자가 되려면 먼저 주는 자가 되어야 한다.
이것을 「미명(微明)」이라 부른다.
이에 부드러움은 단단함을 이기고 약한 것은 강한 것을 이긴다.

우자(愚者)에는 지혜가
느림(悠長)에는 아름다움이
우둔에는 묘리(妙理)가
낮음(下位)에는 이득이 있다.

老子

물은 진실로 동쪽과 서쪽의 구분이 없지만 위와 아래의 구분도 없겠는가? 사람의 본성이 선한 것은 물이 아래쪽으로 흐르는 것과 같다. 사람은 선하지 않음이 없고 물은 아래로 흐르지 않음이 없다. 이제 물을 쳐서 튀어 오르게 하면 이마보다 높이 넘어가게 할 수도 있고, 물을 역류시키면 산 위로도 올라가게 할 수 있지만, 이것이 어찌 물의 본성이겠는가, 사람도 선하지 않는 짓을 하게 만들 수 있는데 그 성질은 물의 경우처럼 외부의 힘에 의해 그렇게 되는 것이다.

孟子

사람의 본성은 나면서부터 이익을 좋아하기 때문에 이를 따르면 쟁탈(爭奪)이 생기고 사양(辭讓)이 없어진다.
나면서부터 질투하고 미워하기 때문에, 이를 따르면 남을 해치고 상(傷)하게 하는 일이 생기며 충성과 믿음이 없어진다.
나면서 귀와 눈의 욕망이 있어 아름다운 소리와 빛깔을 좋아하기에 이를 따르면 지나친 혼란이 생기고 예의와 조리 있는 수식이 없어진다.
그러니 사람의 본성을 따르고 감성을 좇으면 반드시 서로 쟁탈하게 되고 분수를 어기며 이치를 어지럽힌다. 이로써 본다면 사람의 본성이 악한 게 분명하다.

무릇 사람이 선하게 되고자 함은 본성이 악하기 때문이다. 엷으면 두텁기를, 추하면 아름답기를, 좁으면 넓기를, 가난하면 부유하기를, 천하면 귀하기를 바란다. 부유하면 재물을 바라지 않고, 귀하면 세력을 바라지 않는다. 옛날 성인은 사람의 본성이 악하기 때문에 치우쳐 위태롭고 바르지 못하고, 사리에 어긋나 다스려지지 않는다고 생각했다. 그래서 성인은 군주의 권위를 세워서 군림하게 했고, 예의를 밝혀서 교화시켰으며, 법도를 일으켜 다스렸고, 형벌을 엄중하게 하여 예의에 어긋나지 않도록 금지시켰으며, 모든 것이 다스려지는 길로 나아가고 선에 합치하도록 했다. 이것이 성왕의 다스림이며 예의의 교화이다.

무릇 본성이라고 하는 것은 하늘로부터 타고난 것이어서 배우거나 노력에 의해 이루어질 수 있는 것이 아니다. 예의라고 하는 것은 성인이 만들어 낸 것으로, 사람이 배우면 능해지고 노력하면 완성될 수 있는 것이다. 배우거나 노력에 의해 이루어질 수 있는 것이 아닌데도 사람에게 갖추어져 있는 것을 일러 본성이라 하고, 배우면 능해지고 노력하면 완성될 수 있는 힘을 사람이 가지고 있는 것을 일러 인위(人僞)라고 한다.

한 줌의 흙이 모여 커다란 산이 되면 풍우가 일고, 작은 물이 모여 못이 되면 용이 살 듯, 인간도 선행을 쌓고 쌓아 덕을 이루면 스스로 신명(神明)에 통하여 성인의 마음씨가 갖추어질 것이다. 깎다가 그대로 버려두면 썩은 나무라도 못 자르고, 깎고 또 깎으면 금석(金石)이라도 새길 수 있다.
지렁이는 손톱도 어금니도 없고, 단단한 근육과 뼈도 없으면서 땅 속에서 진흙을 먹고 지하의 물을 마시면서 사는 것은, 마음을 한 군데에 쏟기 때문이다. 게(蟹)는 여섯 개 다리와 두 개 집게발을 가지고 있으면서도 뱀이나 물뱀의 구멍이 아니면 몸 붙일 곳이 없음은 너무나 마음이 초조하기 때문이다. 안 보이는 어둠 속에 힘을 기울여야 명예를 얻고, 남이 모르는 가운데에 노력을 쌓아야 혁혁한 공을 이룰 수 있다. 눈은 두 가지를 동시에 보지 말아야 잘 보이고, 귀는 두 가지를 동시에 듣지 말아야 잘 들린다.

荀子(BC 298?-BC 238?)

"사람은 하늘과 땅의 적중함을 받아서 태어났기 때문에 어짊, 의로움, 예 갖춤과 앎(仁義禮智)의 네 가지 본성이 그 마음에 갖춰져 있다. 어짊은 사랑에만 초점을 맞추는 것 같지만 마음의 본체를 온전하게 해주는 다움이요, 예의는 삼감에만 초점을 맞추는 것 같지만 하늘과도 같은 이치를 조목조목 나누어 그것을 더욱 빛나게 해주려는 애씀이다.
의로움과 이치(義理)의 바름에 딱 들어맞아서 지나치거나 미치지 못함이 없는 것이 적중이고 의로움과 이치의 바름에 밝아 사사로운 욕심이 뒤섞이지 않은 것이 어짊이다. 적중하고서 어질지 못한 경우는 없고, 어질면서 적중하지 못하는 경우는 없다.

眞德秀(1178-1235)

흉한 자의 말은 간사하고 거짓스러우며 그 행동은 음특하고 위험하다. 이(利)를 좋아하여 그른 것도 옳다고 가장하며 음탕한 것을 탐하고 재화를 즐겨한다. 어질고 착한 사람을 원수처럼 미워하고 법을 범하기를 맛있는 음식 먹듯이 한다. 이런 자는 적게는 자기 몸을 망치고 생명을 끊으며, 크게는 자기 일가를 망치고 자손까지 끊어버린다. 길한 사람은 착한 일을 해도 날마다 이것을 부족하게 여기고, 흉한 사람은 착하지 않은 일을 해도 날마다 이것을 부족하게 여긴다.

샤오용(邵康節, 1011-1077)

불쌍해하는 마음은 어짊의 실마리(仁之端)요, 자신의 잘못을 부끄러워하고 남의 잘못을 미워하는 마음은 의로움의 실마리(義之端)요, 사양하고 남에게 넘겨주는 마음은 예의나 예절의 실마리(禮之端)요, 옳고 그름을 제대로 가리는 마음은 사람과 일을 아는 것의 실마리(智之端)다.

불쌍해하는 마음(惻隱之心)이 이기면 잔인하고 모진 뜻이 사라지고 자신의 잘못을 부끄러워하고 남의 잘못을 미워하는 마음(羞惡之心)이 이기면 탐하면서도 염치없는 뜻이 사라지고, 공손하고 삼가는 마음(辭讓之心)이 이기면 교만하고 게으른 뜻이 사라지고, 옳고 그름을 제대로 가리는 마음(是非之心)이 이기면 흐리멍덩하고 구차하며 완악하고 어두운 뜻이 사라진다.

孟子

'삼감으로써 안을 곧게 한다(敬以直內)'는 것은 곧 실오라기만 한 사사로운 뜻도 없어서 저 위와 아래 끝까지 다 겉과 속이 한결같다는 것이다. 또 '의로움으로써 밖을 반듯하게 한다(義以方外)'는 것은 곧 올바른 곳에서는 결단코 마음을 정하고 올바르지 않는 곳에서는 결단코 마음을 정하지 않는다는 것을 깨달아서 단호하게 해야 반듯해진다는 것이다.
좋은 쪽으로 바뀌는 것(遷善)은 바람처럼 빨리 해야 하고, 허물을 고치는 것(改過)은 우뢰처럼 맹렬하게 해야 한다.

朱子

안연(顔淵, BC 521?- BC 491?)이 극기복례의 조목을 묻자 공자는 '예가 아니면 보지도(視), 듣지도(聽), 말하지도(言) 말고, 움직여서도(動)안 된다'고 말했다. 그래서 이를 바탕으로 잠(箴- 송곳이나 바늘 같은 경계의 말)을 지어 스스로 경계하고자 한다.
먼저 시잠(視箴)이다. 눈앞에서 가리어지면 그 속마음은 (다른 데로) 옮겨가게 되니 밖에 제어를 가함으로써 그 안을 편안하게 해야 한다. 그래서 극기복례를 오래하면 열렬(誠)해지는 것이다.
둘째 청잠(聽箴)이다. 사람은 마땅히 쥐고 놓아서는 안 되는 바를 갖고 있는데 그런 마음은 원래 하늘의 본성에 뿌리를 두고 있다. 하지만 사람의 앎은 유혹에 이끌려 그 일이나 사물(物)에 동화되어 마침내 그 마음의 바름을 망치게 된다.
셋째 언잠(言箴)이다. 사람의 마음이 움직이는 것은 말로 인해 밖으로 표현되는 것이니 말을 할 때에는 조급함과 망령됨을 막아야 안이 고요하고 한결같게 된다. 하물며 말은 모든 일의 중추(樞機)여서 길흉영욕(吉凶榮辱)이 말로 인해 생겨난다.
끝으로 동잠(動箴)이다. 지혜로운 사람은 조짐을 알기에 생각을 함에 있어 열렬하고, 뜻이 있는 사람은 힘써 행하고, 그 행함에 뜻을 지켜낸다.

청이(程頤, 1033-1107)/사물잠(四勿箴: 네 가지 해서는 안 되는 것)

음악을 다 이루어 그것으로 마음을 다스리면 조화롭고 곧고 사랑하고 신실한 마음이 뭉게뭉게 생겨난다. 조화롭고 곧고 사랑하고 신실한 마음이 생겨나면 즐겁고, 즐거우면 편안하고, 편안하면 오래가고, 오래가면 그것이 하늘이고, 하늘이면 곧 신령스럽다. 예를 다 이룸으로써 몸을 다스린다면 장중하고 삼가게 되며 장중하고 삼가면 엄숙하고 위엄이 있게 된다. 그래서 마음속이 잠시라도 조화롭지 않고 즐겁지 않으면 비루(鄙陋)하여 속이려는 마음이 속으로 들어오고, 겉모습이 잠시라도 장중하지 못하고 삼가지 않는다면 대충대충 함부로 하려는 마음이 속으로 들어온다.
음악은 안에서 동하고 예는 밖에서 동한다. 음악은 어울림을 중시하고 예는 순함을 중시하니 안이 어울리고 밖이 순하면 백성들은 서로 다투지 않고, 대충대충 함부로 하려는 마음을 내지 않는다.

樂經

네 가지 삼가야 할 일(四勿箴)

보는 것은 한계 있어 빠르면 못 좇는다.
잠깐에도 기름 있어 생각을 곧게 해야 하리.

소리 듣는 감각은 형색과 다름없다.
귀로 들음 상세하니 내달림을 가리도록.

소리가 있는 말은 남이 함께 듣지만
소리가 없는 말은 어지러움 어이 싹틀까.

행동은 큰 데 있지 않으니 망령됨 없으면 고요하리.
본받을 만한 의표는 모든 이들 따른다네.

박제가(朴齊家, 1750-1805)

현자는 삶을 거부하지도 않거니와 살지 않는 것을 두려워하지도 않는다. 삶을 성가신 것으로 생각하지도 않지만, 살지 않는 것을 죄악이라고 생각하지도 않기 때문이다. 그는 삶을 살아갈 때도 가능한 한 긴 삶이 아닌, 가능한 한 쾌적한 시간을 만끽하기 위해서 노력할 것이다.
요컨대 쾌락의 부재로 고통을 받을 때면, 쾌락이 필요하다. 그러나 고통을 주는 것이 아무것도 없을 때면, 더 이상 쾌락도 필요 없게 된다.
인생의 목적이 쾌락이라고 말했을 때, 이것은 무지하거나, 우리와 의견을 같이하지 않거나, 우리의 뜻을 오해한 사람들이 생각하는 것처럼 방탕한 자들의 쾌락이나 단순한 향락을 의미하는 것이 아니다. 이 말은 육체적인 고통도, 정신적인 동요도 느끼지 않는 상태를 의미한다. 인생을 즐겁게 만들어주는 것은 모든 선택과 거부의 원인을 명확하게 규명하고, 영혼을 지독한 혼란에 빠뜨리는 공허한 생각을 몰아내는 냉철한 성찰이다.

에피쿠로스/메노이케우스에게 보내는 편지(Epistolé Pros Menoikea)

에피쿠로스는 원자론적 자연론과 이기주의적 윤리학을 창설한 학자답게 인간의 욕구를 세 가지로 나누었다. 먹고 입는 욕구는 자연적 욕구로써 이 욕구가 충족되지 않으면 인간은 가장 큰 고통을 받게 된다. 성욕은 역시 자연적인 욕구이긴 하지만 반드시 있어야 되는 것은 아니다. 부와 명예에 대한 욕구는 없어도 살 수 있지만 이 욕구는 종류가 너무 많은 데다가 이것을 충족시키기는 대단히 어렵다. 타키투스는 '어떠한 현자라도 더러운 명예욕에서 좀처럼 벗어나지 못 한다'고 했다. 사람들은 허영심의 노예에서 벗어나지 못하고 그것을 중요하게 여김으로써 얼마나 큰 불행을 겪고 있는가를 깨달아야 한다.
남의 눈을 의식하는 타인 본위의 유전적인 고질병에서 벗어날 수가 있다면 매사에 태연자약할 수가 있으며 자유롭게 살 수 있을 것이다.
육체의 생리적인 현상은 물리학적으로는 유예된 죽음이라고 말할 수 있다. 정신 활동은 밤마다 파도처럼 밀려오는 권태를 물리치는 작업에 지나지 않는다. 결국 육체나 정신이나 죽음에게 승리를 안겨줄 뿐이다. 따라서 삶은 죽음이 우리를 삼켜버리기 전에 갖고 노는 장난감에 불과한 순간이다.

우리는 늘 삶에 비상한 관심을 갖고, 의지와 욕구를 불어넣고 투지를 불태우지만 그것은 아이들이 비눗방울을 갖고 노는 것과 같다. 비눗방울이 끝내는 터질 줄 뻔히 알면서도 숨을 불어넣어 크게 만들어 오래 가도록 애쓰는 것처럼.

볼테르는 '파리가 태어난 것은 거미에게 잡혀 먹히기 위해서인 것처럼 내가 태어난 것은 고뇌의 노예가 되기 위해서였다.'라고 했다.

인간은 고통을 느끼지만, 고통이 없다는 것은 느끼지 못한다. 또 걱정은 하지만 걱정이 없다는 것은 못 느낀다. 두려움은 느끼지만 안전은 못 느끼며, 갈증이나 욕망이나 희망은 느끼지만 그것을 손에 쥐게 되면 금세 흥미를 잃는다.

인생에서 중요한 세 가지 선이라고 할 수 있는 건강과 젊음과 자유조차도 그것을 누리고 있는 동안에는 전혀 느낄 수 없다.

죽음이라는 허무가 존재하는 것은 인간이라는 그 자체가 하나의 현상이라는 뜻이다. 현상이라는 것은 참된 실재가 아니라 그림자, 혹은 환각 그 자체라는 뜻이다. 우리가 실재적 존재 그 자체라면 결코 그렇게 허무하게 소멸될 리가 없다.

내가 인간의 삶을 착각의 파편으로 계속해서 보는 이유는 모든 존재가 끝내는 파멸되기 때문이다. 그처럼 결국은 파멸의 무로 돌아가는 존재가 왜 그토록 살려는 강한 의지를 보이는 것인지 불가사의한 일이다.

바이런은 삶의 허무를 착각에 비유한 시를 썼다.

"드디어 그는 깨닫게 되리라.

비애의 노새가 손을 잡고 그를 죽음으로 인도했음을

그리고 오랜 괴로움을 겪어온 생애가

결론은 미궁에 빠져 있었음을!"

아리스토텔레스가 '행복은 자기 자신에게 만족하는 사람에게만 있다'고 말한 것은 명언이다.

이 세상에서 확신을 갖고 의지할 수 있는 것은, 자기 자신뿐이다. 다른 사람들과 접촉하면 할수록 손실과 위험과 혐오감을 감수할 각오를 더욱 단단히 해야 한다.

향락과 사치를 누리려고 하는 것은 행복을 멀리하는 길이다. 이웃과의 교제를 즐기고 향락과 쾌락을 좇는 사람들은 고통과 고뇌에 시달릴 수밖에 없다. 향락과 쾌락에는 거짓과 위선이 깃들어 있어서 상처를 받아야 하기 때문이다.

사교 집단은 타협과 양보를 강요할 뿐이다. 자기의 참모습을 찾을 수 있는 것은 고독할 때뿐이며 자유를 만끽할 수 있는 것도 혼자 있을 때뿐이다. 혼자 있을 때 마음의 그릇이 작은 사람은 자신의 무능과 무가치를 느끼지만 뛰어난 사람들은 자신의 위대성을 더 뚜렷이 느끼게 된다. 따라서 뛰어난 사람들은 고독해지거나 혼자 있을 때 참된 자기를 깨닫게 된다.

또한 정신적 고독과 육체적이 고독을 동시에 갖추었을 때 행복도 충만해진다. 정신적인 고독만 있고, 육체적인 고독이 없을 경우에는 어중이떠중이들과 만나 자유와 마음의 안정을 빼앗기고 그 대가는 전혀 얻지 못할 뿐이다.

쇼펜하우어

어느 날 목욕통에서 몸에 비누칠을 하기 위해 앉았을 때 그녀가 수건을 갖다 놓지 않았음을 알았다. '아이다! 수건 좀 갖다 주오'하고 불렀다. 그녀는 목욕실 안에 걸어 들어와서 옷걸이에 수건을 걸려고 몸을 굽혔을 때 그녀의 목욕 가운이 펄럭이며 옷자락이 열렸다. 나는 무릎을 꿇으면서 그녀의 머프(muff)에 나의 머리를 갖다 묻었다. 그녀는 거역할 수 있는 시간을 갖지 못하였고 거역하려는 체 할 수도 없었다. 순간적으로 나는 그녀를 목욕통으로 끌어넣어 손아귀에 넣었다. 나는 목욕가운을 벗겨서 그것을 목욕탕 바닥에 내던졌다. 그 모습은 음탕스레 보였으며 크라나하(Lucas Cranach, 1472-1553)의 그림에 나오는 것보다 더 하였다. 그녀는 헐떡이며 나의 몸을 끌어안고 바늘에 찔린 벌레처럼 꿈틀거리면서 나를 물어뜯기도 했다. 몸을 말리고 있을 때 그녀는 몸을 구부려서 나의 돌기부(突起部)를 살살 물기 시작했다. 그녀는 나의 다리까지 몸을 굽혀서 그것을 게걸스레 먹고 있었다. 조금 후 나는 그녀를 일으켜 세워 몸을 구부리게 하고 뒤로부터 가지게 하였다. 그녀의 것은 조그마하고 다습(多濕)하여 나에게는 장갑처럼 꼭 맞았다. 그리고 일이 다 끝났을 때 나는 희고도 아름다운 그녀의 궁둥이에 이빨 자욱을 남겼다.

헨리 밀러(Henry Valentine Miller, 1891-1980)/섹서스(Sexus, 1949)

사고는 경험을 넘어설 수가 없다. 인간의 과학이 다른 모든 과학의 유일하고 견실한 기초인 것과 같이, 과학 그 자체에 부여하는 유일한 기초는 경험과 관찰에 두지 않으면 안 된다. 우리의 사고 내용은 일체 외적, 내적 인상(印象)에서 온다. 인상이란 보거나 듣거나 느끼거나 사랑하거나 미워하거나 욕구하거나 의지(意志)하는 일체의 생생한 지각이요, 사고나 관념은 그러한 인상의 묘사로서 감각 그 밖의 인상을 생각해내거나 반성하거나 하는 일체의 의식하는 그것만큼 생생하지 못한 약한 인상이다. 외적 인상, 즉 감각은 미지의 원인에서 혼(魂) 속에 일어나지만 내적 인상은 때로 관념에 따라 일어난다. 지식은 여러 관념간의 유사, 경험에 있어서의 인상의 접근, 원인, 결과라 이름 지어진 것과의 연합으로 말미암아 일어난다. 선악(善惡)·쾌고(快苦)에서 직접적으로 일어나는 것은 직접적 감정, 그 밖의 다른 여러 성질과 결부해서 일어나는 것은 간접적 감정으로서 간접적 감정 아래 비하(卑下)·야심·허영·애증(愛憎)·악의(惡意)·관용 등이, 직접적 감정 아래 욕구·혐악·비통·희열(喜悅)·공포·절망·안심이 있다. 도덕적 정조는 도덕적 판단보다 한층 기본적이요, 의지는 이성보다도 감정으로 규정된다.

흄(David Hume, 1711-1776)/人性論(A Treatise of Human Nature, 1739-1740)

내 양친은 내 생명이 명하는 바에 의하여 행동하도록 나를 습관지어 주지 않고 내 외부에 있는 윤리적 規準에 맞추어 행동하도록 가르친 것이다-그리고 그들은 그 외부적 규율이야말로 만인에게 두루 적용될 수 있는 것이라고 믿고 있었다.

선과 미를 지향하는 인간적 노력의 총결말, 거친 우주의 諸力을 지배하여 지상에 선·미를 실현하려는 방향-이것은 프로메떼(Prométhée)의 편이며 그리스도의 편이기도 하다. 그것은 인간 속에 인간에 의하여서만 존재하며, 인간에 의하여 만들어지고, 인간을 통하여 스스로 창조되는 신이라고 해도 무방하다.

앙드레 지드(André Gide, 1869-1951)

인간의 본질은 인격성에 있다. 이성과 양심의 주체로서의 인간은 자기 이성과 양심의 명령대로 스스로 행동할 수 있으며, 자기 행동의 결과에 대해서 엄숙히 책임을 짊어질 수 있는 존재다. 우리는 인격에 대해서만 존경의 감정을 가질 수 있다.

칸트/단순한 이성의 限界內에서의 宗敎(略稱 宗敎哲學)

인격에는 독특한 세 가지 감정이 있다. 하나는 인격만이 깊은 영적 존재자이기 때문에 수치의 감정을 가질 수 있다. 둘째, 인격이기 때문에 연민의 감정을 느낄 수 있다. 셋째, 인격이 인격 이상의 존재에 대해서 느낄 수 있는 경건의 감정이다.

솔로비요프(Vladimir Sergeyevich Solovijov, 1853-1900)

인색(吝嗇)에 대하여

인색과 선망(羨望)은 가난한 나라가 걸리기 쉬운 고질 중에서도 가장 치명적인 두 개의 죄악이다. 프랑스가 '인색'을 포기할 수만 있다면 구제를 받게 될 것이다. '선망'을 극복할 수가 있다면 다시금 위대한 나라가 될 수 있을 것이다.

동물에도 구두쇠가 있다. 다람쥐가 그렇고 거의 모든 곤충이 그렇다. 하지만 그들은 본능이나 지혜에 의해서 저축을 하는 것이다. 그들의 인색은 인간의 인색과 달라서 무질서를 초래하지 않고 질서를 가져 온다. 사회적으로 보면 구두쇠만이 반사회적이다. 인색은 부의 유통을 방해하지만, 낭비는 그것을 조장한다.

폴 모랑(Paul Morand, 1888-1976)

편협(偏狹)함

편협함이란 말은 오류에 빠져 있는 사람을 증오하고 박해하는 거친 격정을 일컫는 말이다. 그러나 두 종류의 편협함, 즉 종교적인 편협함과 시민적인 편협함을 구분해야 한다.

종교적 편협함의 핵심은 자신의 종교를 제외한 다른 모든 종교를 잘못된 것으로 간주하고, 이런 사실을 그 어떤 두려움이나 인간적인 배려에도 아랑곳하지 않고, 심지어는 목숨까지 내걸고 분명하게 보여주는 데 있다.

시민적인 편협함의 핵심은 신과 예배에 대해 다른 생각을 가진 모든 사람들과의 교류를 일체 중단하고 온갖 잔인한 방법으로 그들을 박해하는 데 있다. 정신은 진리로 여겨지는 대상만을 받아들일 수 있다. 가슴은 선하게 여겨지는 대상만을 사랑으로 대할 수 있다. 폭력은 약자를 위선자로 만들고, 용감한 사람을 순교자로 만든다. 약자와 용감한 사람은 박해의 부당함을 감지하고 그것에 대해 분노하게 된다. 종교의 전파를 위한 유일하게 적법한 수단은 가르침, 설득, 기도뿐이다.

다른 모든 수단은 증오와 분노 또는 경멸만을 불러일으킬 뿐, 결코 신의 수단이 아니다. 격앙된 감정을 불러일으키고 사리사욕을 지향하는 모든 수단은 사악한 것이다. 모든 행동의 보편적 지침인 양심에 대해 법칙을 부여하려는 행위는 신성모독이다. 우리에게 필요한 것은 계몽이지 강요가 아니다. 바른 믿음을 찾지 못하고 방황하는 사람들은 동정의 대상이지, 처벌의 대상이 아니다.

드니 디드로(Denis Diderot, 1713-1784)/Encyclopédie

조금밖에 모르는 사람은 말하기를 좋아한다. 많이 아는 사람은 침묵을 지킨다. 조금밖에 모르는 사람은 자기가 아는 전부가 중요하다고 생각해서 모든 사람에게 말하고 싶어 하기 때문이다. 많이 아는 사람은 그가 모르고 있는 것이 얼마나 많은지를 알고 있다.

루소

그지없이 유쾌하게 지내면서도 몸을 망치게 되는 것은 분노 때문이요,
자상하면서도 해를 입는 것은 욕심내고 헐뜯기 때문이요,
박식하면서도 궁지에 빠져드는 것은 업신여기기 때문이요,
청렴결백하려 하면서도 탁해지는 것은 입을 조심하지 않기 때문이요,
잘 먹으면서도 야위는 것은 몹쓸 사람과의 교제 때문이요,
사리에 맞는 말만 하는데도 아무도 좋아하지 않는 것은 다투기를 좋아하기 때문이요,
초연한 채 꼿꼿하게 살아가는데도 알아주는 이가 없는 것은 이기기를 좋아하기 때문이요,
청렴하면서도 귀하게 여기는 사람이 없는 것은 해치는 성격 때문이요,
용기가 있는데도 위엄이 서지 않는 것은 욕심이 많은 탓이요,
성실한데도 존경을 받지 못하는 것은 독선적인 행위 때문이다.

욕심은 눈, 코, 입 등의 끝없는 만족을 채우기 위하여 여러 가지를 추구하게 된다. 대소, 귀천, 성패, 생사, 시비 등을 일일이 따지는 것은 우리 스스로가 취한 妄見에 불과한 것이다. 우리에게는 비교해 보는 마음이 있기에 대소의 다름이 있고, 허영심이 있기에 귀천의 차별이 있고, 득실의 마음이 있기에 성패의 느낌이 있고, 탐욕심이 있기에 생사의 번뇌가 있고, 아집의 마음이 있기에 시비의 다툼이 있는 것이다.

인간이 갖추어야 할 내면적 덕목으로서 恥心·畏心·勇心 세 가지 마음가짐이 있어야 한다. 恥心은 옳지 못한 행동을 하였을 때 부끄러워하는 마음가짐

이요, 외심은 하늘을 두려워하고 어버이를 두려워하며 친구와 아랫사람까지 두려워 할 줄 아는 마음가짐이요, 용심은 잘못된 과거를 용기 있게 잘라버릴 수 있는 결단의 마음가짐이다.

荀子

귀나 눈 같은 기관은 생각을 할 줄 모르고 외물에 가리어진다. 그래서 외물은 귀나 눈과 같은 것과 만나는 순간 그것을 끌어당겨버릴 뿐이다. 그러나 마음이라는 기관은 생각을 한다. 생각을 하면 끌어당겨지는 것이 아니라 오히려 얻는다. 반면 생각하지 않으면 얻지 못한다.

孟子

남을 죽이고 싶은 마음이 있게 되면 소리에서 그 모습을 드러내고,
고기를 구워 먹고 싶은 마음이 있게 되면 얼굴에서 그 모습을 드러내고,
두려워하는 마음이 있게 되면 눈동자가 동요하고 말이 막 나오며,
다른 마음(異心)을 품게 되면 먼 곳을 바라보고 발을 쳐들게 된다.

범준(范浚, 1102-1151)

분노와 원망, 무서움과 두려움, 좋아하고 기뻐하는 것, 근심과 걱정, 이 네 가지는 희로애락이 발한 것이기 때문에 마음의 쓰임이니 사람에게는 없을 수 없는 것이다. 화를 내야 하면 엉뚱한 사람에게로 옮기지 않아야 하고, 두려워해야 하면 벌벌 떨지 않아야 하고, 좋아할 만하면 욕심을 부리지 않아야 하고, 근심할 만하면 마음이 상하지 않아야 한다.

김이상(金履相, 1232-1303)

'몸을 닦는다는 것은 그 마음을 바로 함에 있다'고 하는 것은 분노와 원망, 두려움, 향락을 좋아함, 걱정이 있으면 바름에 이를 수 없다는 것을 뜻한다. 마음이 없으면 눈을 뜨고 있어도 보이지 않고, 귀를 열고 있어도 들려오는

것이 없으며 음식을 먹어도 그 맛을 알 수가 없다.

대학

맹자께서 '마음을 길러냄에 욕심이나 욕망을 줄이는 것보다 좋은 것은 없다.'고 하셨다. '마음을 길러낸다'는 것은 욕심이나 욕망을 줄여 조금도 없는 데에 이르는 것이다. 그래서 욕심이 없게 되면 열렬하게 서게 되고, 밝게 두루 통하게 된다. 열렬하게 서게 되는 것은 뛰어남이요, 밝게 두루 통하게 되는 것은 빼어남이다.

사람의 마음이란 형체와 기운에서 생겨나는 것이니 좋아함, 즐김, 성냄, 한스러워함이 있다. 이런 욕심이나 욕망은 쉽게 흘러 다니니 이를 위태롭다고 하는 바, 잠시라도 혹 그것을 놓아버리면 수많은 사특함이 그것을 따르게 된다.

도리의 마음이란 본성과 천명에 뿌리를 두고 있는 것이니 의로움이라 하고 어짊이라 하고 적중함이라 하고 바름이라 한다. 앎이 미치고 어짊이 지키는 것이 서로 처음과 끝이 되니 정밀하기 때문에 한결같고 한결같기 때문에 적중한다.

眞德秀·鄭敏政(1445-1499)/심경부주

필레봇스(Philebus)는 오락·여가·기쁨 그리고 그것들과 비슷한 느낌들이 모든 살아 있는 존재에게 유익하다고 주장하지만 나는 지혜·지식·기억력 그리고 그것들과 유사한 정당한 의견과 참된 이성이 그것들을 소유할 수 있는 모든 사람에게는 쾌락보다 더 낫고 바람직하며, 그것들이 모든 것들 중에서 가장 유익한 것이라고 생각한다.

소크라테스

정심(正心)

극한 분노와 원망,

극한 공포와 두려움,
극한 좋아함과 즐거움,
극한 걱정과 근심이 있으면
바름(正)을 얻지 못할 것이다.

천하의 다섯 가지 죄목이란 첫째 마음이 흉악하고 험한 것, 둘째 하는 짓이 편벽하고 고집스러운 것, 셋째 거짓말을 하고 변명을 하는 것, 넷째 되지 못한 일만 넓게 알고 기억하는 것, 다섯째 못된 일만 골라서 하며 자기 몸은 윤택한 체 하는 것.

大學

무장을 하고 다닐 때 가까운 신하에 대해서, 문을 걸어 잠그고 잘 때 자기 이웃에 대해서, 금고를 잠글 때 자기 자식들과 하인들에 대해서 각각 어떻게 생각하는 것일까?

우리는 왜 모든 자동기계(시계가 움직이는 것처럼. 스프링과 톱니바퀴에 의해서 자동적으로 움직이는 엔진)가 인공 생명을 갖고 있다고 말해서는 안 되는가 심장에 해당하는 것은 스프링이고, 신경에 해당하는 것은 철선이고, 관절에 해당하는 것은 톱니바퀴이다. 생명은 수족의 움직임에 지나지 않는다.

홉스(Thomas Hobbes 1588-1679)/리바이어던 서론

순교자의 지조, 박애주의자의 비이기성, 애국자의 충성, 예술가의 열정, 과학자의 확고하고 지속적인 자연탐구 등은 인간만이 이해할 수 있다. 따라서 진리에 대한 사랑, 아름다움에 대한 환희, 정의를 향한 열정, 용기 있는 자기희생적 행위에 대해 느끼는 환희의 전율이, 육체적 생존을 위한 투쟁의 수단에 의해서는 진화되지 않았던, 우리 내면의 고차원적 본성의 발로임을 알 수 있다.

윌리스(Alfred Russel Wallace, 1823-1913)

말을 할 때는 그 안에 가르침이 있고, 움직일 때는 법도가 있고, 낮에는 행함이 있고, 밤에는 얻음이 있고, 눈 깜박할 사이에도 길러냄이 있고, 숨을 쉴 때에도 지켜냄이 있어야 한다.

맑게 잠겨 한결같음은 기운의 근본이요, 다투어 빼앗는 것은 기운의 욕심이니 입과 배가 음식에 대한 것, 코와 입이 좋은 냄새와 맛에 대한 것은 모두 다 다투어 빼앗으려는 본성이다. 다움을 아는 자는 적절함에 닿을 뿐 쾌락과 욕심으로 마음에 누를 끼치지 않는다. 이것이 바로 작은 것으로 큰 것을 해치거나 곁가지로 뿌리를 상하게 하지 않는 것이다.

양려(梁麗)라는 메는 성(城)을 부술 수는 있으나, 쥐구멍을 막을 수는 없다. 이는 기구의 용도가 다르기 때문이다.
준마(駿馬)는 하루에 천리를 달릴 수는 있으나, 쥐를 잡는 데는 고양이나 족제비만 못하다. 이는 사물에 따라 재주가 다르기 때문이다.
올빼미는 밤이라면 벼룩을 잡고 털을 볼 수 있으나, 낮에 나오면 눈을 뜨고도 산조차 보지 못한다. 이는 사물에 따라 그 본성이 다르기 때문이다.

莊子

인격을 제대로 연마하고 있지 않는 것,
배움을 열심히 익히고 있지 않는 것,
옳은 것을 듣고 실천하지 않는 것,
좋지 못한 것을 고치고 있지 않는 것,
이것이 평생 내가 살아가면서 하는 근심이다.

孔子

현명한 자는 자기 마음의 주인이 되지만, 미련한 자는 그 노예가 될 것이다.

푸블릴리우스 시루스(Publilius Syrus, BC 85-BC 43)/잠언집

쾌락에 대항하는 것은 현자(賢者)의 역할이요, 쾌락의 노예가 되는 것은 우자(愚者)의 역할이다.

에픽테토스/단편집

경쟁자가 있다면, 그에게 우선권이 돌아가도록 노력해야 한다. 경쟁자가 없다면 경쟁자를 갖지 않도록 노력해야 한다.

라클로(Pierre Choderlos de Laclos, 1741-1803)/위험한 결합

생명은 죽음의 그림자에 불과하고, 떨어져 나간 영혼은 삶의 그림자에 불과하다. 태양은 신의 어두운 환영에 불과하고, 빛은 신의 그림자에 지나지 않는다.

브라운 경(Sir. Thomas Browne 1605-1682)/시루스의 정원

대나무의 맑은 빛을 보면 염치를 생각하게 되어 백성의 재물에 손상을 입히지 않을 것이며, 단단한 재질을 보면 절의에 힘써 지조를 바꾸지 않을 것이며, 텅 빈 속을 보면 마음이 너그럽고 커져 뭇사람을 포용해서 가혹하고 시나운 마음이 없어질 것이며, 꼿꼿한 모습을 보면 시세에 따라 아부하지 아니하여 홀로 우뚝 설 수 있으리라.

안축(安軸, 1287-1348)/謹齋集

귀한 자는 그 자체로서 귀한 것이 아니라 천한 자가 그 근본이 되어있는 것이며, 높은 사람은 그 자체로서 높은 것이 아니라 낮은 자가 그 근본이 되어 있는 것이다.

그러기에 고귀한 왕후가 스스로를 고(孤)·과(寡)·불곡(不穀)이라 부르는 것은, 자기가 천한 것으로써 근본을 삼고 있다는 증거가 아닌가.

老子

마음이 넓으면 만종(萬鐘)도 질그릇 같고 마음이 좁으면 한 오락 머리칼도 수레바퀴 같도다.

고요한 가운데 생각이 맑고 투철(透徹)하면 마음의 참 바탕을 보며 한가로운 가운데 기상(氣象)이 조용하면 마음의 참 기틀을 알며 담백한 가운데 의취(意趣)가 평온(平穩)하면 마음의 참맛을 얻으리니 마음을 觀하고 도를 증험(證驗)함에는 이 세 가지보다 더 나음이 없다. 소란한 가운데서 고요함을 지켜야만 심성의 참 경지를 얻으리라. 괴로운 곳에서 즐거운 마음을 얻어야만 심체(心體)의 참 묘용(妙用)을 보리라.

홍자성(洪自誠)/채근담(菜根譚)

편견은 내가 다른 사람을 사랑하지 못하게 하고, 오만은 다른 사람이 나를 사랑할 수 없게 만든다.

제인 오스틴(Jane Austen, 1775-1817)
/오만과 편견(Pride and Prejudice, 1796-1797)

인식 능력으로서의 감성은 두 조각, 곧 감관과 상상력을 내용으로 갖는다. 전자는 대상이 현존하는 경우의 직관 능력이고, 후자는 대상이 현존하지 않는 경우에도 직관할 수 있는 능력이다. 그리고 감관(감각 기능)은 다시금 외감과 내감으로 나뉜다.

칸트/실용적 관점에서 본 인간학

탐욕으로 욕됨을 부르는 것은 검소함으로 청렴을 지킴만 못하고, 사사로운 청(請)을 구하여 의(義)를 범하는 것은 검소함으로 절개를 온전히 함만 못하다. 남을 침범하여 빼앗아 원수를 모으는 것은 검소함으로 복을 기름만 못하고, 제멋대로 하여 욕심을 따르는 것은 검소하여 본성에 안주함만 못하다.

안정복(安鼎福, 1712-1791)/下學指南

허(虛, 마음을 비움)는 온갖 알참(實)의 창고가 되고, 정(靜, 고요함)은 온갖 조화(造化)의 기틀이 되고, 정(貞, 단단함)은 온갖 일의 줏대가 되고, 겸양은 온갖 이익의 근본이 되고, 검소함은 온갖 복의 근원이 된다.

이항노(李恒老,1792-1868)/華西集

인간은 그들의 본성을 변화시킬 수 없다. 할 수 있는 것은 상황을 변화시켜서, 정의를 따르는 사람은 직접적 이익을 얻게 하고, 정의를 어기는 사람은 이익을 얻기 어렵게 만드는 일 뿐이다.

흄(David Hume)

거짓말은 활과 같다. 양끝을 물속에 숨기려고 하면 가운데가 보인다. 가운데를 물속에 잠가 두려고 하면 양끝이 불쑥 솟아오른다.

예프투센코(Yevgeny Yevtushenko, 1933-2017)
/솔제니진 추방에 대한 공개선언

떨어지는 꽃잎을 보고는 자기의 머리카락이 희게 센 것을 슬퍼하고, 푸른 하늘을 나는 새를 바라보는 청운의 뜻을 품었던 자신의 존재를 넋없이 부러워하네.

첸센(岑參, 715-790)/두보(杜甫)에게 보낸 시

입술이 찢어지면 그 옆에 있는 이(齒)도 절로 시리어진다(脣亡齒寒).

궁지기(宮之奇)

오행에는 상극(相剋, 서로 이김)이라는 이치가 있어서 물은 불을 이기고(水剋火), 불은 쇠를 이기고(火剋金), 쇠는 나무를 이기고(金剋木), 나무는 흙을 이기고(木剋土), 흙은 물을 이긴다(土剋水).

역학(易學)

사랑에 관하여

여우가 말했다. "안녕, 여기 내 비밀이 있어. 그건 간단해. 마음으로 보면 잘 보인다는 거야. 가장 중요한 것은 눈에 보이지 않아."

생텍쥐페리/어린왕자

남성의 사랑과 여성의 사랑

남성과 여성의 사랑은 대조적인 차이가 있다. 남성에 있어서는, 사랑은 본능적으로 욕망을 앞세우는 정열적인 매력이나 매우 이기적이고 육체적인 것이 특색이다. 거기에서는 여성을 이지적으로 존중하는 요소는 극히 희박하며, 또한 내 몸을 바친다는 신념은 거의 없다. 따라서 어떤 여성이 그 이지나 도덕으로 훌륭할 적에는, 남성의 찬양을 받기는 하지만 남성의 사랑에 점화를 하지는 못한다.

남성의 사랑은 영속적이고 합리적인 관념 위에 세워져 있는 게 아니고, 본능에 이끌려서 움직이는 요소의 순간적인 흥분 위에 세워져 있기 때문에, 그것이 매우 진지하고 열렬한 경우에도 변하기가 쉽다. 누구든지 이성에 기초를 두지 않은 감정에 대해서 책임을 진다는 것은 불가능한 일이다.

반대로, 여성의 마음에 깃드는 사랑의 관념 속에는 헌신, 애타심, 존경의 요소가 보다 더 우월하다. 남성은 그 성격이 이지적임에도 불구하고, 사랑에 있어서는 애정과 이성이 분리를 일으킨다. 여성은 남성에 비해 비이지적이면서도 이성에서 분리된 사랑을 이해할 수가 없다. 이는 참으로 기묘한 교체관계(交替關係)이다.

여성은 외모가 잘 생긴 남자보다 이지적으로 존경할 만한 남성에 대해 애착을 느낀다. 여성은 단순히 이익과 권력을 위해서 남성을 소유하려는 게 아니라, 거꾸로 자기를 상대에게 바치기 위해서 끊임없이 남성의 눈을 끌려고 한다. 이와 같은 남성과 여성의 대조적인 차이는 분명한 모순이며 이 모순에서 온갖 남녀관계의 갈등이 생긴다. 그런데 우리 인생의 질서는 바로 이 비극 속에 들어 있다. 서로 반대되는 사랑이 오히려 양성을 결합시켜서 생리적으로나 사회적으로나 질서를 이루고 있는 사실을 알아야 하며, 동시에 그 모순에서 빚어지는 인생의 비극을 포옹해야 한다.

남성이 여성을, 그 도덕과 이지에 관해서 버리고 돌아보지 않는다는 것이. 여성이 불행하게 되는 첫째 원인이다.

롬브로조 부인(Lady Lombroso)

사랑의 개념에 네 단계가 있다.

첫째 단계: 나는 사랑받고 싶다.

아기에게는 뽀뽀해 주고 어루만져 주는 것이 필요하다. 처음엔 주위 사람들 모두에게, 나중에는 본받고 싶은 특별한 타인에게 사랑을 확인하려고 한다.

둘째 단계: 나는 사랑할 수 있다.

어느 순간 남을 생각하며 감동할 수 있고 자신의 감정을 외부에 투사할 수 있다는 사실을 발견한다. 자신의 애정을 특별한 존재에게 집중할 수 있다는 것도 알게 된다.

셋째 단계: 나는 나를 사랑한다.

애정을 남에게 투사하고 나면 그것을 자기 자신에게 쏟을 수 있다는 것을 깨닫게 된다. 사랑을 받기 위해서든 주기 위해서든 남에게 의존하지 않아도 되고, 사랑을 주거나 받는 존재에게 실망하거나 배신당할 염려도 없다.

넷째 단계: 보편적인 사랑.

애정을 받고 남에게 투사하고 자기 자신을 사랑하고 나면, 사랑을 사방팔방으로 전파하기도 사방팔방에서 받아들이기도 한다.

아동심리학자들

바위와의 대화

나는 바위의 문을 두드린다.
나야, 나 좀 들여보내줄래?
너의 안으로 들어가서
너의 자연도 보고
너의 숨으로 호흡하고 싶어.
바위가 말했다.
나는 굳게 닫혀있어서
나를 깨서 조각이 되더라도
나를 갈아 모래가 되더라도

나도 누굴 들어오게 할 수 없어.

나를 못 믿겠다면
나뭇잎에게 물어보렴. 나와 똑같이 대답할 테니
물방울에게 물어보렴. 나뭇잎같이 대답할 테니
마지막으로 너의 머리카락에게 물어보렴.
웃음소리가 나를 울렸다. 우렁찬 웃음소리가 웃음이 없는 웃음소리가

나는 바위의 문을 두드린다.
나야, 나 좀 들여보내줄래?
나는 문이 없어- 바위가 말했다.

비스와바 심보르스카(Wislawa Szymborska, 1923-2012)

Six Styles of Love

각 개성이 이룩하는 사랑의 강도는 여섯 층으로 대부분의 사랑에는 이들 형태 중 두 가지, 혹은 세 가지가 복합적으로 나타난다.
에로스(Eros)타입은 완전히 육체적이고 성적인 매력에 매료된 사랑관계다.
루두스(Ludus)타입은 장난스러운 우연한 사랑을 말한다.
스토르지(Storge)타입은 열정이나 탐닉은 많지 않으나 자신도 모르게 빠져드는 정이나 따스함을 느낄 때다.
마니아(Mania)상태는 격정적인 사랑을 말한다.
프라그마(Pragma)는 보다 현실적인 사랑을 의미한다.
아가페(Agape)는 지극히 기독교적인 사랑이다.

존 앨런 리(John Alan Lee, 1933-2013)/The Colors of Love (1973, 1976)

사랑에 관하여

어느 날 밤, 폭풍이 휘몰아쳐 오더니, 공원 으슥한 수풀에
우리들처럼 무슨 생각에 잠기어,

눈 가리고, 손에 황금의 활을 들고,
얼굴에 보조개 새긴, 저 큐피드 상(像)을 깨뜨리고 말았습니다.

사나운 비바람은 밤새 쉬지 않고,
아침에야 쓰러진 나무 위에 지나갔습니다.

슬프다, 참으로 슬픈 일입니다. 그 뒤에는 오직
빈 대좌만 헛되이 서 있으니,
사람 마음은 말 못할 탄식으로,
인생 앞길이 장차 어디까지 어둡고 쓸쓸할지를 모르겠습니다.

참혹하다, 사랑이여, 정녕 이 꼴이 당신 운명이었습니까.
무참한 부스러기가 눈앞에 흩트러져 있으니,
가슴 저리는 시선으로, 지금도 낙엽 위에 나비 한 마리 화려한 날개를 펼치고 춤추는 모습을 본다 해도.

베를렌(Paul-Marie Verlaine, 1844-1896)/地上의 사랑

로마시대에 왕의 딸이 왕가의 규칙을 어기고 어떤 젊은 기사와 사랑을 속삭였다. 그러다가 발각되어 기사는 형벌을 받게 되었다. 이 형벌은 투기장에서 그 기사가 두 문 중에서 하나를 여는 것이었다. 한쪽 문에서는 호랑이가 나와 기사는 호랑이에게 잡혀 먹히게 될 것이다. 또 다른 문에서는 아름다운 여자가 나와 기사는 그 여자와 결혼을 해야만 되는 것이다. 투기장에 끌려나온 그 기사는 왕의 옆에 앉아 있는 공주를 향하여 눈을 들었다. 공주는 바른쪽 손을 들었다. 기사는 전의 여인의 사랑을 믿고 거리낌 없이 오른쪽 문을 열었다. 그 문에서 뛰어나온 것은 호랑이인가 여자인가.

어느 대학 철학교수에게 예쁜 딸이 있었다. 이 교수의 수제자로 두뇌가 명석한 모범학생이 그 교수의 딸을 사랑하게 되었는데, 일방적으로 사랑이

짙어감을 느꼈다. 어떤 겨울 크리스마스도 가까워진 때, 이 학생은 며칠 후 있을 무도회에서 춤을 출 파트너가 되어 달라고 청을 했다. 그랬더니 붉은 장미꽃을 구해오면 그것을 자기가 가슴에 꽂고 춤을 추겠다는 대답을 받았다. 학생은 무도회 전날 밤 좋아하는 철학책을 읽기 시작했다. 그리고 추운 겨울에 어떻게 붉은 장미꽃을 구할 수 있을까 하고 번민하다가 잠이 들었다. 이 때 창밖 앞뜰에 꾀꼴새 한 마리가 이 학생의 고민을 동정했다. 꾀꼴새는 창문 밖 장미나무에게 가서 간청했다. 저 비통한 학생의 소원을 풀어 줄 수 있다면 보람 있는 죽음이라고 생각하여 꾀꼴새는 장미나무의 요구에 따라 장미나무의 가시침에 그 앞가슴을 눌리면서 노래를 부르기 시작했다. 바야흐로 흰 장미꽃이 한송이 피었을 때, 장미나무가 자기의 가시침이 꾀꼴새의 심장을 찔러서 그 붉은 피가 흰장미의 꽃잎을 붉게 물들여야 한다고 말했다. 꾀꼴새는 키스와 포옹의 절정을 부르짖으면서 마지막 힘을 다해 자기 가슴을 장미나무의 가시침에 깊이 찔리게 했다. 그러니 꾀꼴새의 목소리는 끊어지고 심장의 고동이 없어져 땅에 떨어져 죽었다.

이래서 붉은 장미꽃 한 송이가 피었다. 학생은 이튿날 아침 그 꽃을 갖고 기쁜 마음과 자랑스러운 마음을 이기지 못하며 무도장으로 애인을 찾아 그 붉은 장미꽃을 주면서 약속대로 해 줄 것을 청했다. 그 여인은 "흥! 공작 아드님은 금목걸이를 선물로 주었는데 이까짓 꽃 한 송이가 다 뭐에요?" 말하며 창문을 열고 그 꽃을 던져버렸다.

학생은 이같이 약속을 지키지 않고 냉대 받은 것을 슬퍼했다. 학생은 그대로 집으로 돌아왔다. 모욕을 당했다는 것보다도 새로운 진리를 발견했다. '사랑이란 어리석은 것이다!'라고 부르짖으면서 철학책을 다시 읽기 시작했다.

오스카 와일드(Oscar Fingal O'Flahertie Wills Wilde, 1854-1900)
/꾀꼴새와 장미꽃

타락을 두려워하는 종교는 가장 타락한 종교이다. 악을 받아들이지 못하는 선은 가장 내용이 빈약한 선이다. 가장 심원한 종교는 타락을 포용하는 종교이다. 가장 풍부한 선은 악을 지니고 나가는 선이다.
악은 실재체계의 모순 충돌에 의하여 일어나는 것이다.
고뇌가 없는 자는 깊은 정신적 취미를 이해할 수는 없다. 죄악, 고뇌는 인간의 정신적 향상의 요건이다. 그러므로 참다운 종교가는 이러한 것들에 있어서 신의 모순을 보지 않고 도리어 깊은 은총을 느끼는 것이다.
인간이 은둔에의 소망을 일으키기까지에는 인생행로에 사랑의 문제에 실패하지 않으면 안 된다. 그러므로 인생의 사상(事象)중에서 자기의 흥미에 맞지 않는 것을 피하고 자기에게 달가운 인간을 선택하여 쾌적한 곳에서 살고자 하는 마음은 은둔이 아니다. 은둔에의 소망은 이기주의적인 동기로부터는 생기지 않는다. 토마스 아 켐피스(Thomas á Kempis, 1380-1471)와 같은 사랑이 깊고 순결한 사람의 마음에서 생기는 것이다.
사랑에서 필연적으로 분비되는 두 가지 기능은 기도와 투쟁이다. 사랑이 단순한 사상으로서 고정됨이 없이 virtue(힘)로서 타인의 생명에 작용을 가할 때에는 이 두 가지의 작용이 되어 나타나지 않으면 아니 된다.
종교에는 두 요소가 없어서는 아니 된다. 하나는 아무리 미세한 죄라도 심판해야 한다는 것이요, 다른 하나는 아무리 극악한 죄라도 용서해 줘야 한다는 것이다. 이 모순을 하나의 사랑에 포섭한 것이 신심(信心)이다.
완전과 조화는 노년기에 인생의 갖가지의 경험을 거쳐 이것을 하나의 광경으로서 멀리 바라볼 수 있을 때에만 가능하다. 깊은 미혹(迷惑)의 방황을 거친 연후에만 멀고도 완전한 안식은 있다. 갖가지의 죄를 범한 연후에 구원과 덕이 얻어진다.

니시다 기타로(西田幾多郎, 1870-1945)/善의 硏究(1911)

남성들의 관계 내에서의 두 종류의 사랑, 즉 아름답고 정당한 사랑과 그렇지 못한 사랑 간의 구분과 비교는, 전자가 덕성, 애정, 순수함, 솔직함, 안정성을 내포하고, 후자는 무절제, 증오, 불순, 불충실을 내포한다. 전자는 그리스적이고 남성적이며, 후자는 여성화되어 있고 야만적이다.

티르의 막심(Maxime de Tyr, 125-185)/논설(Dissertations)

중년여성에 대한 연애술

노를 저어 바다에 나가듯 하라. 쟁기로서 밭을 갈 듯 하라. 야만적인 전쟁에 나간 전사처럼 행동하라. 그리고 너희가 바라는 대로 幾千의 자태(姿態)로서 비너스의 기쁨을 준다. 어떤 그림도 그 이상의 다양한 방법이 없을 정도로 느끼는 희열은 여자도 남자도 같아야 한다. 쌍방이 지치지 않는 코이투스(coitus)를 나는 싫어한다.

여자의 성적인 사랑의 눈초리를 보는 것처럼 행복한 일은 없다.

그런데 비너스의 기쁨은 서둘러서는 안 된다. 서서히 시간을 들여 상대방을 초조하게 만들어야 한다. 일광이 잔잔히 흐르는 물 위에 비지듯 여사의 눈이 빛나는 것을 볼 수 있을 것이다. 이때 이에 알맞은 달콤한 속삭임이 있어야 할 것이다. 그러나 너는 보다 큰 돛대를 달아 여자의 앞을 지르지 않도록 할 것이며, 여자로 하여금 너의 속도보다 빠르지 못하도록 마음을 써야 한다.

오비디우스(Publius Ovidius Naso, BC 43-AD 17)/性愛術(Ars Amatoria)

성욕은 가장 진실한 일도 당장 중지시킬 수 있으며, 위대한 정신도 혼란시킬 수 있고, 아주 중요한 외교나 학술 연구에 몰두해야 할 때에도 염치없이 불쑥불쑥 나타나 연인의 말 한마디에 판단을 그르치기도 한다.

위대한 정치가, 철학자, 작가 속에 사랑은 뜨거운 감정으로 끼어들어 몰염치한 사건을 일으키기도 하고, 우정을 끊어버리고, 견고한 마음의 사슬도 풀어버리며, 많은 사람들을 희생시키고 생명이나 건강, 부귀, 영화나 지위, 행복을 간단히 쓸어버리기도 한다.

또한 사랑은 정직한 사람을 철면피로 만들고, 충신을 반역자로 변질시키며 악마처럼 모든 것들을 뒤집어엎고 찢어버리고 파멸시킨다. 성욕이 부리는 행패는 이루 헤아릴 수가 없을 만큼 많다.
사랑에 목숨을 건 사람들의 위대성을 찬미하고 노래하고 기리는 이유는 그것이 절대적인 생존 의지를 배경으로 하고 있으며, 그 뒤에는 인류의 종족 유지라는, 신이 준 절대적인 사명감도 함께 들어있기 때문이다.

쇼펜하우어

그때 살아있는 햇살의 날카로운 찬란함을 견디어냈건만, 나의 두 눈이 그에게서 벗어났더라면, 나는 길을 잃고 헤맸을 것이다. 그 햇살이 나에게 더 많은 힘을 주어 나의 시선에 무한한 가치를 연결할 수 있었던 것이다. 영원한 빛을 응시하도록 허락하신 풍요의 은총이시여! 저의 눈은 그 빛 속에서 저 가능성의 끝까지 도달했습니다. 나는 그 깊숙한 곳에서 보았다. 우주의 잎들로 흩어진 모든 것이 하나의 책 속에 사랑으로 묶인 것을. 그 안에서 실체와 사건, 그리고 그들의 관계가 아우러져 있었다. 내가 지금 말하는 것은 단지 그 빛의 깜빡거림들일 뿐이다. 나는 이 매듭의 우주적 형식을 보았다. 지금 이렇게 말하는 동안 내 마음은 기쁨으로 뛰고 있음을 느끼기 때문이다.

단테/신곡

진정한 사랑, 종교의 궁극적 목표인 사랑은 결코 성이 아니다. 그것은 다만 성으로부터 나올 뿐이다. 그것은 연못 저 깊숙한 곳에 있는 진흙탕으로부터 솟아오르는 연꽃과 같다. 우리가 진흙탕을 비난할 수 없는 것은 연꽃의 뿌리가 바로 그 곳에 내려 있기 때문이다. 그것은 진흙탕의 완전하고 신비스런 변형인 것이다. 이 완벽한 변형이 일어날 때, 성은 존재와의 깊은 오르가즘이 된다. 즉 성(性)은 성(聖)으로 승화된다.
그리고 그 때, 한없는 에너지의 파도로 넘쳐흐르는 인간적인 체험은 곧 종교적 희열, 종교적 초월, 종교적 구원이 되는 것이다.

조프레이 파린더(Geoffrey Parrinder, 1910-2005)

꽃의 아름다움, 새의 노랫소리, 무지개의 색깔, 미풍의 부드러움, 파도의 웃음소리, 양의 온순함, 여우의 교활함, 구름의 고집, 소나기의 변덕.
신은 여자를 만들면서 그 몸에 이런 것을 짜 넣었다.

힌두교/창세기

남성다움을 알면서 여성다움을

남성다움을 알면서 여성다움을 유지하십시오.
세상의 협곡이 될 것입니다.
영원한 덕에서 떠나지 않고, 갓난아기의 상태로 돌아가게 될 것입니다.
흰 것을 알면서 검은 것을 유지하십시오. 세상의 본보기가 될 것입니다.
세상의 본보기가 되면,
영원한 덕에서 어긋나지 않고, 무극(無極)의 상태로 돌아가게 될 것입니다.

영광을 알면서 오욕을 유지하십시오. 세상의 골짜기가 될 것입니다.
세상의 골짜기가 되면,
영원한 덕이 풍족하게 되고, 다듬지 않은 통나무 상태로 돌아가게 될 것입니다.

다듬지 않은 통나무를 쪼개면 그릇이 됩니다.
성인은 이를 사용하여 지도자가 됩니다.
정말로 훌륭한 지도자는 자르는 일을 하지 않습니다.

老子

하늘이시여!
내 님과 서로 사랑하여 오래도록 끊임없기를.
산언덕 닳아 없어지고 강물 말라붙고,
겨울에 벼락치고 여름에 눈 내리고,
하늘과 땅이 합쳐진다 해도 어찌 감히 님과 떨어질 수 있으리요!

악부민가(樂府民歌)

질투

그는 생명을 가진 인간이지만 내게는 신과도 같은 존재
마주 앉아 달콤한 목소리에 홀리고 그의 매혹적인 웃음이 흩어질 때면
내 심장은 가슴 속에서 용기를 잃고 작아지네.
흠칫 그를 훔쳐보는 내 목소리는 힘을 잃고
혀는 굳어져 아무 말도 할 수 없네.
내 연약한 피부 아래 뜨겁게 끓어오르는 피는 귀에 들리는 듯 맥박치며 흐르네.
내 눈에는 지금 아무것도 보이지 않네.

사포(Sappho, BC 610-BC 580?)

아프로디테에게 바치는 송가

어스름 속에서 화려한 자태로 왕좌에 앉아 있는 아프로디테여.
그대, 노회한 제우스의 딸에게 청하노니
부디 두려움과 절망으로 저를 굴복시키지 마시고,
여주인이시여, 제게 용기를 주소서!

미친 듯이 뛰는 가슴으로 간절하게
원하는 것이 무엇이냐고,
"파이토가 또 누구를 네 사랑으로 이끌었느냐, 어서 말해보라, 사포, 누가 너의 마음을 상하게 하느냐?"

지금은 그녀가 달아나겠지만,
그녀도 곧 너를 뒤쫓게 되리라.
지금은 그녀가 아무런 선물도 받으려 들지 않지만,
장차 그녀가 네게 선물을 주게 되리라.
지금은 그녀가 너를 사랑하지 않지만,
머지않아 그녀도 너를 사랑하게 되리라.

지금 제게로 오소서, 근심의 고통에서.
저를 자유롭게 하소서, 제 가슴이 급박하게.
성취하려는 모든 것이 성취될 수 있도록 해주소서.
서둘러 오셔서 제게 도움을 주소서!

사포(Sappho)

비너스! 네겐 바다의 전설이 있다.
너는 사공들의 정부(情婦)
도다리처럼 다산한 여자.
네겐 갯바람의 내음이 있다.
해초의 내음이 있다.

비너스! 네겐 사랑의 신화가 있다.
너는 연인들에게 있어선 짐승이다.
암술의 화분
네겐 정사의 내음이 있다.
꿀과 눈물의 내음이 있다.

비너스! 네겐 꽃의 기적이 있다.
너는 장미의 정
도금화의 종자.
몰약의 여신
풍화의 어버이다.

비너스! 너의 육체엔 신비가 있다.
너의 유방은 미약(媚藥)
허리는 풍만한 대지
허벅다리엔 호수가 밀리고

음부엔 양치(羊齒)의 내음이 있다.

비너스! 너의 마음속에
사나이들의 환상이 산다.

아프로디테(Aphrodite)/비너스讚

무제(無題)

만나기도 어렵더니 이별 또한 어렵구나.
봄바람, 힘없이 온갖 꽃 시드네.
누에는 죽어서야 실을 다 뽑아내고 촛불은 재가 되어야 눈물이 마른다오.
새벽엔 거울보고 근심하겠지 구름 같은 머리채 변하는 것을.
밤에는 시 읊으며 응당 깨달으리라 달빛이 이리도 차가운 것을.
봉래산이 여기서 멀지 않으니 파랑새야 날 위해 가만히 찾아가보렴.

리상인(李商隱, 812?—858?)

송인(送人)

비 멎은 긴 언덕에는
풀빛이 푸른데
그대를 남포에서 보내며
슬픈 노래 부르네
대동강 물은 언제나 다할까
해마다 이별의 눈물 푸른 물결에 더하는 것을

정지상(鄭知常, ?-1135)

베아트리체와의 첫 만남

고귀한 빛깔의 옷을 차려입은 베아트리체가 내 앞에 모습을 드러냈다. 그것은 피처럼 붉은 빛깔의 옷이었다. 단언컨대 바로 이 시간부터 아모르가 나의 영혼을 지배하기 시작했다. 그러자 그는 나의 공상이 만들어낸 힘을 통해 나에게 엄청난 권력과 확고한 지배권을 행사하기 시작했고, 그 결과 나는 완벽하게 그의 뜻대로 행동하기에 이르렀다. 아모르는 나에게 그 생기발랄한 천사를 보기 위해 노력해야 한다고 수없이 명령했다.

저 매혹적인 그녀가 내 앞에 모습을 드러낸 날로부터 꼭 9년이 지났을 무렵, 그 수많은 날들의 마지막 날 나는 너무나도 멋진 모습의 그녀와 조우하게 되었다. 눈부시게 빛나는 흰색 옷을 차려입은 그녀는 두 명의 고귀한 여인들 사이에 있었다. 때마침 거리를 걸어오고 있던 그녀는 내가 소심하고 수줍은 모습으로 서 있는 곳으로 눈길을 돌렸다. 그리고 그녀는 사랑스러운 자태로 내게 고결하게 인사를 건넸다. 나는 행복의 절정에 도달한 것만 같은 기분이 들었다. 그 순간 처음으로 그녀의 말이 내 귀에 울려 퍼졌다. 나는 희열에 사로잡혀 취한 것처럼 군중 틈에서 빠져나와 내 방의 고요함 속으로 도피했다. 그리고 그곳에서 삶을 가장 살 만한 가치가 있는 것으로 만들어주는 그녀를 생각했다 .

그렇게 그녀를 생각하고 있자니 달콤한 졸음이 나를 덮쳤다. 잠 속에서 불가사의한 얼굴 하나가 내 앞에 나타났다. 나의 방 안에서 불꽃 색깔의 구름을 보는 것만 같았다. 그 구름 속에서 나는 어떤 거만한 형상 하나를 또렷하게 알아볼 수 있었다. 그자는 누가 보기에도 끔찍한 모습을 하고 있었다. 그러나 그자 자체는 기적 같은 생각이 들 정도로 큰 기쁨으로 충만해 있었다. 그는 그의 말로 갖가지 표현을 했는데, 나는 그것을 조금도 이해할 수 없었다.

단테(Durante degli Alighieri, 1265-1321)/새로운 인생(La Vita nuova)

수치스러운 낭비 속에서 정신을 소모함은 정욕을 행동으로 옮기는 일이며, 행동이 취해질 때까지 정욕은 맹세를 깨고 살인적이며, 처참하고 과오투성이며 야만적이고 극단적이며, 과격하고 신의가 없다. 만족하자마자 즉각 멸시하며 이성을 넘어 추구하건만 얻자마자 곧이어 이성을 미워한다. 마치

걸리는 자를 광란에 빠뜨리기 위해 고의로 장치해놓은 미끼를 미워하듯이 추구하다가 광란에 빠지며 손에 넣고 나서도 그러하다. 지나고 나서도, 지니고 있을 때도, 가지려고 애쓸 때도 모두 정도를 넘어선다. 입증하는 가운데 기쁨이 있지만, 입증하고 나면 심한 고통 뿐 이전에는 환희였지만, 이후에는 꿈일 뿐 이는 세상이 다 알고 있지만, 사람을 지옥으로 이끄는 천국을 피하는 법 제대로 아는 이 없어라.

셰익스피어/소네트집(Sonnets)

사랑하는 사람 가까이

희미한 햇빛 바다에서 비쳐올 때
달빛 휘영청 샘물에 번질 때
나 그대 생각하노라

저 멀리 길에서 뽀얀 먼지일 때
어두운 밤 오솔길에 나그네 몸 떨 때
나 그대 모습 보노라

물결 높아 파도소리 아득할 때
고요한 숲 속 침묵의 경계를 거닐며
나 귀를 기울이노라

나 그대 곁에 있노라, 멀리 떨어졌어도
그대 내 가까이 있으니
해 저물면 별아, 나를 위해 곧 반짝여라
오오 그대 여기 있다면

나 그대를 사랑하는 건지, 그건 몰라도
단 한 번 그대 얼굴을 보기만 해도
그대 눈을 들여다보기만 해도

내 마음 모든 고통에서 자유로워지네.
나 얼마나 좋은지는 신이 아시지!
나 그대를 사랑하는 건지, 그건 몰라도.

제젠하임의 노래

지금 천사가 느끼고 있네. 내가 느끼는 것을
나 그녀의 마음을 겨루어 얻었으니
그녀는 이제 진정 나의 것.
그대가 나에게 주었구나, 운명이여, 이 기쁨을
이제 내일도 오늘 같게만 해 다오.
그리고 가르쳐 다오, 이 기쁨에 부끄럽지 않는 법을.

들장미

한 아이가 보았네 들에 핀 장미.
그리도 싱그럽고 아름다워서
가까이 보려고 재빨리 달려가 기쁨에 취하여 바라보았네.
소년은 말했네. "너를 꺾을 테야, 들장미야!"
장미는 말했네. "너를 찌를 테야, 끝내 잊지 못하도록. 꺾이고 싶지 않단 말이야."
짓궂은 아이는 꺾고 말았네 장미는 힘을 다해 찔렀지만
비명도 장미를 돕지 못하니 장미는 그저 꺾일 수밖에.
장미, 장미, 빨간 장미 들에 핀 장미.

괴테

사랑은 탄식의 독기로 만들어진 연기
순결할 때는 연인의 눈 속에 번쩍이는 불꽃이요
괴로울 때는 애정의 눈물로 된 바다.

매우 분별 있는 광기요,
질식시키는 쓴맛이며, 생명을 지키는 감미로움이지.

셰익스피어/로미오와 줄리엣 (Romeo and Juliet)

젊은이가 자기보다 나이 많은 여자와 결혼해서 그녀를 훨씬 더 젊게 만들고 그러는 동안 자신은 그녀의 나이가 된다네. 젊은이가 결혼 당시의 여자 나이가 될 때, 여자는 결혼 당시 남자의 나이로 되돌아가지. 영리함과 우둔함도 아마 이렇게 바뀌지 않을까? 영리한 여성이 아주 우둔한 남자와 결혼해서 그녀의 기지를 점점 잃어가고, 반면 남자는 점점 더….

브룩(Slopford Brooke, 1832-1916)
/헨리 제임스의 노트(The Notebooks of Henry James)

제인 윌리엄즈에게

너무나 더럽히는 말 한마디는 저마저 더럽힐 순 차마 없어요.
너무나 괄시받는 한 감정을 님마저 괄시할 순 없지 않아요.
너무도 절망이 된 소망일진대 조심조심하다 숨죽일 수야.
님한테서 받게 되는 동정이라면 어느 뉘의 마음보다 소중한걸요.
세상에서 말하는 그런 사랑은 님에게 줄 수 없어요.
하늘도 안 버리는 마음의 우러름을
별을 향하는 나방의 소원을
내일로 향하는 밤의 소원을
이 서러운 곳에서 아련히 바치는 그리움을
님은 아니 받아 주시겠나요?

셸리(Percy Bysshe Shelley, 1792-1822)

사랑에 이르는 길

나 어떻게 그대를 사랑하느냐고요?

눈에 안 보이는 존재와 다시없는 아름다움의
그 한계를 알려고 할 때의
나의 마음이 닿을 수 있는
깊이와 넓이와 높이까지
낮이나 밤이나
날마다 아주 소리 없이 아쉬울 만큼
사람들이 권리를 위하여 투쟁하듯
그들이 찬사를 외면하듯
오랜 슬픔 속에 사룬 정열로
어린 시절의 신앙으로
잊었던 나의 聖人들과 함께
잃을 성싶었던 사랑으로
온 생애의 숨결과 미소와 눈물로
그리고 하느님의 뜻이라면
죽은 뒤에 더욱 더
나는 당신을 사랑하겠어요.

엘리자베스 브라우닝(Elizabeth Barrett Browning, 1806-1861)이 브라우닝에게

풀잎(1855) 서문

대지와 태양의 동물들을 사랑하라
부를 경멸하라
모든 이에게 자비를 베풀고
어리석은 일에는 맞서라
당신의 수입과 노동을 다른 사람을 위한 일에 돌려라
폭군들을 미워하고 신에 대해 논쟁하지 마라
당신이 모르는 것, 알 수 없는 것을 공경하고
학교, 교회, 책에서 배운 것들을 의심하라

당신의 영혼을 모독하는 것들을 멀리하고
당신의 몸이 장엄한 시가 되게 하라

휘트먼(Walt Whitman, 1819-1892)

그대는 내 영혼, 그대는 내 심장
그대는 내 기쁨, 오 그대는 내 고통
그대는 내가 살고 있는 세상
그대는 내가 부유하는 하늘

오, 그대는 나의 무덤, 그 속으로
나는 영원히 내 근심을 주었다.
그대는 평온이오, 그대는 평화이니
그대는 하늘로부터 내게 허락했네.

그대가 날 사랑함이 나에게서 날 귀히 여기게 하고
그대의 눈길이 내 앞에서 날 신성하게 했고,
그대가 사랑으로 날 추어올리니
내 선량한 정신, 나의 보다 나은 나!

뤼케르트(Friedrich Rückert, 1788-1866)/클라라와 슈만의 사랑

oo에게

경이로운 순간을 기억하노라
덧없는 환상처럼
순수한 아름다움의 수호신처럼
그대가 내 앞에 나타났던 순간을.
절망적인 우수의 고뇌 속에서
소란한 세상의 불안에 휩싸여 있을 때
그대의 상냥한 목소리가 오랫동안 울렸고

그대의 사랑스런 자태가 꿈속에 보였노라.

세월은 갔고, 폭풍우의 반항적 격정은
옛 시절의 꿈을 와해시켰고 난 그대의 상냥한 목소리를,
그대의 하늘같은 모습을 망각하였네.

나의 나날은 고요히 오지로, 유형의 암흑 속으로
신성(神性)도, 영감도 없이,
눈물과 생과 사랑도 없이 빨려갔노라.

내 영혼에 각성이 찾아들었으니
그대가 또 다시 덧없는 환상처럼
순수한 아름다움의 수호신처럼 나타났노라.

그리하여 내 가슴은 황홀함에 뛰고
거기에 새로이
신성, 영감, 생, 눈물, 사랑이 소생하였노라.

푸슈킨(Alexander Sergeyevich Pushkin, 1799-1837)

내 사랑은

시간은 기다리는 사람에게는 너무나 느리게 옵니다.
용기 없는 사람에게는 너무나 빠르게 옵니다.
슬퍼하는 사람에게는 너무나 길게 옵니다.
기뻐하는 사람에게는 너무나 짧게 옵니다.
그러나 사랑하는 사람에게는 영원히 올 것입니다.

존스 베리(Johns Very, 1813-1880)

호수

이렇듯 항상 새로운 기슭으로 밀려가고
돌아오지 않는 영원한 밤 속으로 실려 가는 우리는

세월의 바다 위에 단 하루도 닻을 내릴 수 없단 말인가

너는 그때도 이렇듯 깊은 바위 아래서 울부짖고 있었지.
그날도 이렇듯 바위 모서리에 부딪쳐 깨지고 있었지.
그날도 이처럼 바람이 너의 파도 거품을 끼얹고 있었지,
너무도 사랑스런 그녀의 발 위에.

어느 날 저녁, 너는 기억하는가?
우리는 말없이 배를 젓고 있었지.
물결 위와 하늘 아래 저 멀리서 들리는 것은 오로지
장단 맞춰 너의 평화스런 수면을 치던
노 젓는 이의 소리뿐이었지.

갑자기 이 세상 소리 같지 않은 미지의 음성이
매혹된 기슭에서 메아리쳤다.
물결도 귀 기울인 채 나에겐 정다운 그 목소리가
이런 말을 내뱉었다.
오, 시간이여, 너의 날개를 멈추어라! 그리고 행복한 순간들이여
그대들의 흐름을 멈추어라!
우리들로 하여금 가장 아름다운 날들의
순간의 환희를 맛보게 하라!

이 세상의 많은 불행한 자들이 그대들에게 애원하노니,
흘러라 시간이여, 저들을 위해 흘러가라.
그들의 날들과 함께 그들을 괴롭히는 근심 걱정도 가져가라.
행복한 자들은 잊어버려라.
사랑하세, 그러니 사랑하세! 달아나는 시간을
서둘러 즐기세!
인간에겐 항구가 없고, 시간에겐 기슭이 없으니

시간은 흐르고, 우리는 지나간다!

시샘 많은 시간이여, 사랑이 우리에게
철철 넘치게 행복을 부어 주는 이 도취의 순간들도
불행한 나날들과 같이 빨리 우리에게서 멀리
날아가 버릴 수 있단 말인가?

영원이여, 허무여, 과거여, 캄캄한 심연이여
너희들이 삼켜버린 그 날들로 무얼 하는가?
말하라, 너희들이 우리에게서 앗아간 그 숭고한 황홀의 순간들을
우리에게 돌려 줄 것인가?

아름다운 호수여, 그대의 휴식 속에 또는 폭풍우 속에,
그대의 웃는 듯한 언덕의 모습 속에,
그리고 이 검은 전나무와 물 위로 뻗어 나온
거친 바위 가운데에!

살랑거리며 지나가는 미풍 속에,
너의 기슭에 부딪치고 반복되는 파도소리 가운데,
은은한 광채로 너의 물위를 하얗게 물들이는
은색 이마의 달님 속에!

울부짖는 바람, 탄식하는 갈대,
너의 향기로운 대기 속의 가벼운 향기,
우리가 듣고, 보고, 숨 쉬는 만물이여, 모두 말하라.
그들은 사랑하였노라고!

라마르틴(Alphonse de Lamartine, 1790-1869)

미라보 다리

미라보 다리 아래 세느강은 흐르고
우리의 사랑도 흐른다

마음속 깊이깊이 아로새길까
기쁨 앞엔 언제나 괴로움이 있음을

손에 손을 잡고 얼굴 마주하며
우리의 팔 밑 다리 아래로
영원의 눈길 지친 물살이
천천히 하염없이 흐른다

사랑이 흘러 세느 강물처럼
우리네 사랑도 흘러만 간다

어찌 삶이란 이다지도 지루하더냐
희망이란 또 왜 격렬하더냐

햇빛도 흐르고 달빛도 흐르고
오는 세월도 흘러만 가니
우리의 사랑은 가서는 오지 않고
미라보 다리 아래 세느강만 흐른다

밤이여 오너라, 종아 울려라
세월은 가고 나만 머문다

아폴리네르(Guillaume Apollinaire, 1880-1919)

사랑이 어떻게 완성되는가

사랑은 무한한 공간입니다
모래사장 없는 해변이며 끝없이 타오르는 불길입니다
꺼지지 않는 빛입니다
봄이면 꽃피우는 나무이며 가을이면 옷을 벗는 나무입니다

오르막 산이면 내리막 골짜기도 있습니다.

비옥한 대지와 메마른 사막의 폭풍을
이 모든 것을 알 때에만
사랑의 완성에 이르게 됩니다

이 모든 것을 느낄 때에만 우리는 사랑을 시작하게 됩니다
이 모든 것을 보고 이해를 해야 자기만의 사랑을 이룰 수 있습니다
사랑의 그림자를 가질 수 있습니다

칼릴 지브란(Kahlil Gibran, 1883-1931)

사랑하라, 그러나 간격을 두라

너희 함께 태어나 영원히 함께 하리라
죽음의 천사가 너희를 갈라놓을 때까지
신의 계율 속에서도 너희는 늘 함께 하리라
그러나 함께 있으면서도 간격을 두고
창공의 바람이 너희 사이에서 춤추게 하라
서로 사랑하되 그것으로 구속하지는 마라
너희 영혼의 해안 사이에 물결치는 바다를 놓아두라
서로의 잔을 채워주되 같은 빵을 먹지 마라
현악기의 줄들이 같은 화음을 내면서도 혼자이듯이
함께 노래하고 춤추며 즐기되 서로는 혼자 있게 하라
서로의 가슴을 주되 그 속에 묶어 두지는 마라
신의 손길만이 너희 가슴을 품을 수 있다
함께 서 있되 너무 가까이 서 있지는 마라
사원의 기둥들은 서로 떨어져 서 있고
참나무와 삼나무도 서로 그늘 속에선 자랄 수 없다

칼릴 지브란/예언자(The Prophet, 1923)

모란이 피기까지는
나는 아직 나의 봄을 기다리고 있을 테요
모란이 뚝뚝 떨어져버린 날
나는 비로소 봄을 여읜 설움에 잠길 테요
5월 어느 날 그 하루 무덥던 날
떨어져 누운 꽃잎마저 시들어버리고는
천지에 모란은 자취도 없어지고
뻗쳐오르던 내 보람 서운케 무너졌느니
모란이 지고 말면 그뿐, 내 한 해는 다 가고 말아
3백 예순 날 하냥 섭섭해 우옵내다
모란이 피기까지는
나는 아직 기다리고 있을 테요, 찬란한 슬픔의 봄을

김영랑(金永郎, 본명 金允植, 1903-1950)

그대의 눈망울이 이 화재를 본다
그대는 나를 보지 못하네. 내가 그댈 위해 불 질렀을지라도
음, 태워지는 것들은 성숙의 연대일 뿐
우리를 마치 산이 가로막고 있는 듯하이

이 자연스러운 변화의 과정 속에
난 잠시 그댈 사랑했었다네
내가 훌쩍거리고 재로 변하여도, 재는 부활한다네
아가씨, 그건 단지 하느님의 장난일 뿐

네 나이 또래의 자그마한 짐승
그것은 봄풀처럼 숨쉬고
그대의 색깔을 지니고 나와, 그윽한 향기를 뿜어내네
다사로운 어둠 속에서 그댈 미치게 하네

그대 대리석으로 된 이지(理智)의 전당을 지나며 나는
그를 위해 묻어둔 생명을 애석해 하네
내 손 네 손이 접촉할 때 푸르른 초원
그곳에 그의 고집이 있고, 나의 기쁨이 있다네

무단(穆旦, 1918-1977)/시 8장(詩 八章)

사랑이란 상대에게 관심을 가지며, 그가 원하는 것을 알아나가고, 그에 대한 책임을 느끼며, 그의 선택과 생각을 존중해가는 과정이다.

에리히 프롬(Erich Seligmann Fromm,1900-1980)
/사랑의 기술(The Art of Loving)

우정에 관하여

머리가 흰데도 서로 낯설고, 길에서 잠깐 만나 사귀었는데도 오랜 친구와 같다.

(白頭而新, 傾蓋而故)

司馬遷/史記

도움이 되는 벗이 셋이요, 해가 되는 벗이 셋이다. 정직한 이를 벗하며, 신실한 이를 벗하며, 견문이 넓은 이를 벗하면 도움이 된다. 행동만 세련된 이를 벗하며, 아첨 잘 하는 이를 벗하며, 말솜씨만 유창한 이를 벗하면 해가 된다. (益者三友 損者三友, 友直 友諒 友多聞 益矣, 友便辟 友善柔 友便佞 損矣)

孔子/논어

소탈하여 규범에 얽매이지 않는 벗은 범상하고 속됨을 터 줄만하고, 사리를 환히 아는 벗은 사물에 얽매임을 깨뜨려 줄 만하며, 널리 배운 벗은 고루함을 열어 줄 만하고, 고상하고 활달한 벗은 무기력하고 쇠약함을 떨치게 해 줄 만하며, 침착하고 차분한 벗은 조급하고 망령됨을 제어해 줄 만하고, 조용하고 담박한 벗은 호사스러움을 없애 줄 만하다.

신흠(申欽,1566-1628)/象村稿

관포지교(管鮑之交)

나는 가난했을 무렵 포숙아(鮑叔牙)와 함께 장사를 한 일이 있었다. 서로 이익을 나눌 때에는 내가 더 많은 몫을 차지했지만 그는 욕심쟁이라고 하지 않았다. 내가 가난한 것을 알고 있었기 때문이다. 또한 그를 위해서 일을 해주리라고 했던 노릇이 그를 궁지에 빠뜨리는 결과를 빚었으나 그는 어리석은 자라고 욕하지 않았다. 세상만사가 잘 되는 경우와 잘 안 되는 경우가 있다는 것을 알고 있었기 때문이다. 나는 세 번이나 사관(仕官)했다가 쫓겨났으나 그는 무능하다고 말하지 않았다. 내가 때를 잘 만나지 못했음을 익히 알고 있었기 때문이다. 나는 싸움터에 나갔을 때 도망쳐 왔으나 그는 겁쟁이라고 말하지 않았다. 내게는 연로하신 어머니가 계시다는 것을 알고 있었기 때문이다. 공자 규(糾)가 후계자 계승 때문에 다투다가 패했을 때 동지였던 소홀(召忽)은 순사(殉死)했음에도 나는 목숨을 부지하여 결박당하는 수치를 받았으나 그는 파렴치하다고 하지 않았다. 내가 목전의 명예에만 급급하고 천하에 공명(功名)을 떨치지 못하는 것이야말로 수치로 여기고 있던 것을 알았기 때문이다.
나를 낳아준 이는 부모이지만 나를 알아 준 이는 포숙아이다.

管夷吾(管仲 BC 725?—BC 645?)

우정만큼 자연스런 것은 그 어떤 것도 없으며, 행복할 때나 불행할 때나 우정만큼 적절한 것은 아무것도 없다.
우정의 힘이 얼마나 막강한지 알 수 있게 해주는 것은, 자연이 인간들 사이에 맺어준 인연은 부지기수인데 반해 우정이란 것은 호감에서 그것들을 모두 능가할뿐더러 선택적이고 한정적이어서 단지 두 사람 이상 사이에서만 맺어지기 때문이다.
우정이란 모든 사물에 관한, 선의와 호감을 곁들인 감정의 완전한 일치라고 할 수 있다. 지혜를 제외하고는 그것은 신들이 인간에게 준 최고의 선물이다. 더러는 부를, 더러는 건강을, 더러는 권세를, 더러는 관직을 우선시한다. 그리고 더 많은 사람들이 쾌락을 최고로 친다. 어떤 사람들은 미덕을 최고선(最高善)으로 여기는데, 바로 이 미덕이 우정을 낳고 지켜주니, 미덕 없이는 우정은 어떤 경우에도 존재할 수 없다.

언젠가 미워할 수 있는 친구는 결코 사귀지 말아야 한다. 그래서 스키피오의 주장인즉, 친구를 잘못 선택했을 경우에는 이를 참고 견뎌야지 적대 관계로 바꿀 기회를 노려서는 안 된다는 것이다. 현명한 사람은 마차를 세우듯 자신의 돌진하는 호의에 제동을 걸어야 한다. 그렇게 하면 우리는 말들의 성질을 시험하듯 친구들의 성품을 어느 정도는 미리 시험해볼 수 있을 것이다.
이해관계를 같이하는 사람을 친구로 선택하는 것이 바람직하다. 이해관계에 무관심하고 성격상 공감하지 못하는 사람도 친구로서 믿음이 가지 않거나 견실하지 못하다.
현인이라고도 부를 수 있는 선한 사람은 우정에서 다음 두 가지 원칙을 지킨다. 첫째, 조금도 가장하거나 꾸며대지 마라. 둘째, 남이 친구를 비난하면

이를 받아들이지 않을 뿐만 아니라, 자신도 친구가 나쁜 짓을 했으리라고 의심하거나 믿지 마라. 이에 덧붙여 대화와 태도에서 상냥해야 한다. 그런 것은 우정의 무시할 수 없는 양념이기 때문이다.

오래될수록 더 좋아지는 포도주처럼 우정도 가장 오래된 것이 가장 유쾌한 것이어야 한다. 그렇다고 새로운 우정을 경원시해야 한다는 뜻은 아니다. 새로운 우정이 추수할 때 우리를 실망시키지 않는 곡식의 새싹처럼 결실의 희망을 보여준다면 말이다. 하지만 옛 우정도 제자리를 지켜야 한다. 오래된 습관에는 큰 힘이 있기 때문이다.

우정에서 가장 중요한 것은 윗사람이 아랫사람과 동등해지는 것이다. 누군가 미덕과 재능과 행운에서 우월하다면 그것들을 친척들에게 나눠주고 가장 가까운 친구들과 공유해야 한다. 재능과 미덕과 온갖 탁월함은 가장 가까운 사람들과 나눌 때 가장 큰 결실을 거둘 수 있기 때문이다. 우정에서 윗사람은 자신을 친구의 수준으로 낮춰야 할 뿐만 아니라 아랫사람인 친구를 어떻게든 자기 수준으로 끌어올려야 한다.

우정에 관해 판단하는 것은 나이 들어 체력이 강건해지고 지적 능력이 성숙한 뒤에야 할 수 있는 일이다. 성숙해지기 전에 맺은 우정은 안정적으로 지속될 수 없다. 성격이 달라지면 취향도 달라지고, 취향이 달라지면 우정은 소멸하는 법이다. 첫째 과제는 되도록 우정에 금이 가지 않게 하는 것이다. 그런 일이 발생하면 우정이 억지로 꺼진 것이 아니라 다 타버린 것 같은 인상을 주어야 한다. 한번 맺었던 옛 우정은 여전히 존경받아 마땅한 것이어서 모욕을 받는 쪽보다는 모욕을 주는 쪽이 잘못하는 것이다.

너무 서둘러 사랑하지도 말고 그럴 가치도 없는 자들을 사랑하지 마라. 자신의 내면에 사랑받을 만한 이유를 갖고 있는 사람들만이 우정에 합당하다. 대부분의 사람들은 부당하게도 자신들로서는 불가능한 그런 종류의 친구를 갖기를 원하며, 자신들이 해줄 수 없는 것을 친구가 해 주기를 바란다. 그러나 먼저 자신이 선한 사람이 되고, 그런 다음 자기와 같은 사람을 구하는 것이 이치에 맞다. 그런 사람들 사이에서만 우정의 안정성이 확보될 수 있다. 우정에서 존경심을 앗아가는 자는 우정에서 최고의 장식을 앗아가는 것이다. 자연이 우리에게 우정을 준 것은 악덕의 동반자가 아니라 미덕의 조력자가 되라는 것이었다.
평가하고 나서 친구들을 사랑해야지 사랑하고 나서 평가해서는 안 된다.
우정의 경험은 변화무쌍하고 복잡다단하여 오해를 사고 불쾌감을 줄 소지도 많은데, 그것들은 때로는 피하는 것이, 때로는 충격을 줄여주는 것이, 또 때로는 참고 견디는 것이 현명하다. 내 친구(테렌티우스(Publius Terentius, BC 195?—BC 159)가 <안드로스의 여인>에서 한 말에도 일리가 있다. '사근사근함은 친구를 낳고, 바른 말은 미움을 낳는다.'

첫째, 충고는 귀에 거슬리지 않게, 둘째, 질책은 모욕적이지 않게 해야 한다. 테렌티우스의 말처럼 사근사근할 경우에도 상냥하게는 대하되 수많은 악덕의 하수인인 맞장구는 멀리하라. 바른 말에 대하여 완전히 귀가 멀어 친구에게도 바른말을 들을 수 없는 자는 절망적인 경우이다.
충고를 할 때는 거리낌은 없되 거칠지 말아야 하며, 충고를 받을 때는 참을성은 있되 대들지 말아야 한다. 우정에는 아첨과 아부와 맞장구보다 더 큰 해악이 없다.

위선은 어떤 경우에도 사악하다. 위선은 진실을 알아볼 수 없게 하고 진실을 변조하기 때문이다. 위선은 우정에 가장 적대적이다. 위선은 신뢰를 소멸시키는데, 신뢰 없이는 우정이란 말은 아무런 의미도 없기 때문이다. 우정은 미덕 없이는 존재할 수 없는 만큼 미덕을 높이 평가하되 미덕 다음에는 우정보다 더 탁월한 것은 아무것도 없다.

키케로/우정에 관하여(Laelius de Amicitia)

남자의 우정과 여자의 우정

여자들 사이의 우정은 성질이 다르다. 첫째, 여자들은 남자들 우정이 발전해 가는 지적인 단계로 접근하려는 생각을 하지 않아. 지성을 따로 분리시켜서 사용하는 데에 남자만큼 즐거움을 느끼지 않는다. 남자는 상호간에 경험을 객관적으로 내려다보면서 의논을 하지만, 여자는 경험, 즉 자기 생활 속에 갇혀서 바깥으로 나올 줄을 몰라서 말하자면, 감정의 세계에서 자기를 분리시키지 못한다는 것이 그들의 위대성이기도 하고 비참이기도 하겠지. 뭐든지 관심을 갖기는 하지만 아무것도 관찰을 하지 않아. 여자들의 모임은 우정의 모임이라기보다 공범자나 희생자의 모임에 지나지 않는다. 어떤 여자들은 쾌락이나 모략을 의논하면서 서로 원조를 하고, 어떤 여자들은 남자의 학대를 호소하면서 서로 위로를 하지만, 그것도 진실한 우정이라기보다는 경련적인 동정의 교환에 지나지 않아.

남자들 사이의 우정에는, 특별한 중요성을 가진 감정, 즉 '존경'이라는 감정이 있는 법인데, 여자들은 이것을 극히 미약하게 밖에는 느끼지를 못하는 모양일세. 여자들이 본능적으로 구하고 있는 것은, 어떤 비약 또는 어떤 전락을 미끼로 해서 그들은 유혹하는 연애감정 뿐이 아닐까. 극난의 경우에는 자기가 추락하는 것을 알면서도 은근히 그런 남자에게 끌리는 경우도 있을 거야. 둘이서 같이 추락해 가는 어둠 속에서 순간적인 사랑을 향락하는 걸세. 물론 찬탄을 바치는 남자에게 마음을 끌리는 경우도 있겠지. 그런 남자는 여자를 갑자기 높은 곳으로 데리고 가는 셈인데, 글쎄, 여자가 그때 현기증을 느끼지 않고 견딜 수 있으면 다행이건만.

우정이라고 생각하고 있는 것에는 '혼자서는 불가능한 만족감'과 '서로 사귀고 있다는 허영심과 그런 관계에서 이익을 얻고자 하는 희망' 등이 포함되어 있다. 진실한 우정은 도움을 주는 쪽도 받는 쪽도 그것을 완전히 잊어버리기를 바라는 것으로, 서로의 이해타산을 넘어선 곳에 있다.

속물들은 사이가 가까워지면 예의를 잃어버린다. 진정한 친구는 다른 사람을 대하기보다 친구를 대할 때 훨씬 예의바르다.
연애의 경우는 믿어주기를 바라고, 우정의 경우는 자신의 속마음을 알아주기를 바란다.
남녀 사이의 우정은 연애감정을 억제하면서 그것을 가볍게 하고 약하게 한 무의식이 나타난 것이다. 남녀가 서로 사랑하고 있으면서 사랑하고 있다는 표시를 서로에게 나타내지 않기로 작정하고 있는 경우가 있지만, 그런 경우에도 이들의 우정은 실제 행위가 없는 연애나 다름없다.
늙은 남자는 젊은 여인과 교제하며 자신의 욕망을 억지로 끌어내고 싶어 한다. 젊은 여자 쪽도 남자가 옆에 있어 주는 것이 여자로서의 자신의 매력을 아직 잃지 않았다는 증거가 되기 때문이다.

보나르(Abel Bonnard, 1883-1963)/우정론(L'Amitié, 1928)

천하에서 가장 지극한 우정은 궁할 때의 사귐이라 하고, 벗의 도리에 대한 지극한 말로는 가난을 논하는 것이라고 말한다. 아아! 청운(靑雲)의 선비가 혹 굽히어 초가집에 수레 타고 찾아오기도 하고, 포의(布衣)의 선비가 혹 권세가의 붉은 대문에 소맷자락을 끌며 오기도 하니, 어이하여 서로 간절히 구하는데도 마음 맞기가 이다지 어렵단 말인가
벗이란 반드시 한잔 술을 마시며 정중히 응대하고 손을 잡고 무릎을 맞대는 것만은 아니다. 말하고 싶은 것을 말하지 않는 것과, 말하고 싶지 않은 것을 절로 말하게 되는 것, 이 두 가지에서 그 사귐의 깊고 얕음을 알 수 있을 뿐이다. 사람은 인색하므로 아끼는 것에 재물보다 심한 것이 없고 사람은 구하는 것이 있기에 혐오하는 바가 재물보다 심한 것이 없다.

박제가(朴齊家)/기린산골로 떠나는 영숙(永叔 白東脩, 1743-1816)을 보내며
(送白永叔麒麟峽序)

천하의 達道 다섯에 그것을 행하게 하는 것은 셋이다. 君臣과 父子와 夫婦와 兄弟와 朋友의 사귐, 이 다섯은 천하의 달도요, 智와 仁과 勇, 이 셋은 천하

의 達德이니 이것을 행하게 하는 것은 하나다.

대학

평생 행복을 누리기 위해 지혜가 갖춰야 할 수단 중에 단연코 가장 중요한 것은 '우정'이다. 자연적 정의는 한 사람이 다른 사람에게 해를 입히거나 다른 이로부터 피해를 입는 것을 막아주는 상호 이익의 약속이다.

에피쿠로스

언젠가 친구가 될 수 있을 것처럼 적을 증오하고, 적이 될 수 있을 것처럼 친구를 사랑하라.

소포클레스(Sophokles, BC 496?-BC 406)

벗을 사귀는 데는 더욱이 선택을 해야 한다. 같은 학우들 사이에서도 절로 친소(親疎)의 차이가 생기는 법인데, 대체로 그 성품이 온후하고 성실하여 내 과실을 경고해 주는 사람은 좋은 벗이다. 행실이 경박하여 남에게 아부를 잘 하거나 오만하고 분별없이 까불거나, 불량한 짓을 유혹하는 사람은 나쁜 벗이다. 그런데 자기가 마음이 어둡고 뜻이 천하여 자기 자신을 극복해서 도리를 따르지 못하는 경우에는, 좋은 벗은 멀리 하려 하지 않아도 날로 멀어지고, 나쁜 벗은 가까이 하지 않으려 해도 날로 가까워지는 법이다. 어물어물하는 바람에 나쁜 버릇이 붙어 못된 무리들 사이에 끼어들어서는 안 된다.

朱熹

세 유형의 친구가 있다. 끼니와도 같아서 매일 거를 수가 없는 친구, 약과 같아서 가끔 있어야만 할 친구, 질병과 같아서 피하지 않으면 안 될 친구다.

탈무드(Talmud)

□ 도와 덕

인간은 만물 가운데서 가장 약한 하나의 갈대에 불과하다. 그러나 그는 생각하는 갈대이다. 그를 멸망시키기 위해서 온 우주가 무장할 필요는 없다. 한 번 쐬는 수증기와 한 방울의 물로도 그를 죽일 수 있다. 그러나 설사 우주가 그를 멸망시킨다 할지라도, 인간은 그를 죽이는 것보다 고귀하다는 사실과 우주가 자기보다 우월하다는 사실을 깨닫고 있으나, 우주는 아무것도 모르고 있다. 그러므로 우리의 존엄성은 생각하는 데 있는 것이다. 우리는 생각에 의해서 자신을 높여야 하지, 우리들이 채울 수 없는 공간이나 시간에 의해 높여서는 안 된다. 그러므로 우리는 잘 생각하도록 노력해야 한다. 이것이 도덕의 근원이다.

파스칼

자기가 원하지 않는 것을 남에게 하지 마라 (己所不欲 勿施於人)

생각하면 생각할수록 항상 새롭게 증대하는 경탄과 외경(畏敬)으로써, 나의 마음을 충만케 하는 두 가지가 있다. 별이 빛나고 있는 내 머리 위의 하늘과 나의 속에 있는 도덕률이 바로 그것이다. 전자는 외적 자연에서 내가 위치하는 장소에서 시작되고, 내가 서 있는 연결점은 세계 위에 있는 세계와, 체계 속의 체계를 가진 무한한 공간으로 연장하고, 또한 그 주기적인 운동의 끝없는 시간 속으로 이 운동의 시작과 지속을 전개한다. 후자는 나의 보이지 않는 자아, 즉 나의 개인성에서 비롯되어 무한성을 유지하지만, 그러나 오성(悟性)에 의해서밖에 인정할 수 없는 세계, 그리고 내가 앞의 경우와 같이 단순히 우연으로가 아니라 안전히, 또한 필연적으로 나 자신과 세계가 결합되어 있는 것을 깨닫는 세계, 그러한 세계에 나를 존재케 한다.

칸트/실천이성비판(Kritik der Praktischen Vernunft)

道란 존재는 보아도 보이지 아니하니 夷[평평하여 아무 것도 안 보이는(形容)]라고 이름할까? 들어(聽)도 들리지 아니하니 稀(희미하다)라고 이름할까? 만져봐도 만져지지 아니하니 微(微少)라고 이름할까? 결국 형용할 수 없는 하나라 말할 밖에 없다. 도라는 것은 있는 듯 없는 듯 황홀난측하다. 그러나 그 가운데 象이 있고 그 중에 物이 있으며 깊고 어둡되 그 가운데 精(精氣)이 있다. 천하의 物은 有에서 났고, 有는 無에서 났다.

물(物)은 모든 것을 꼴지우고
세(勢)는 모든 것을 완성시킨다.
그러기에 모든 것은 도를 존중하고,
덕을 귀하게 여기지 않을 수 없다.

그러므로 도가 모든 것을 낳고,
덕이 모든 것을 기르고, 자라게 하고,
양육하고, 감싸 주고, 실하게 하고, 먹여 주고, 덮어 준다.
낳으나 가지려 하지 않고,
이루나 기대려 하지 않고
기르나 지배하려 하지 않는다.
이를 일컬어 그윽한 덕이라 한다.

老子

老子의 仁義觀

공자가 인의에 대해 말하자 노담(老聃)은 말했다.

"겨를 체로 칠 때 그것이 눈에 들어가면 눈이 캄캄해서 앞뒤 좌우조차 분간하지 못하는 경우가 있고, 모기나 등에에게 물리면 가려워서 밤이 새도록 잠을 못 자는 수도 있고. 그러나 그것들은 그 때만 마음을 뒤흔들어 놓을 뿐인데 인의란 것은 몹시 마음을 흥분시키고 뒤흔들어 놓는 것이요. 또 흰 새는 날마다 목욕을 하지 않아도 새하얗고 까마귀는 날마다 검게 물을 들이지 않아도 새까맣지만, 그것들이 날 때부터 지니고 있는 희고 검은 것은 어느 쪽이 좋고 나쁘다는 표준이 될 수는 없소. 마찬가지로 인이니 의니 하고 세상의 평판을 염두에 둔다는 것은 옹졸한 생각일 것이오. 물고기만 하더라도 물이 모자란 곳으로 한데 몰려들어 서로의 입김과 물거품으로 몸을 축이고 있는 것보다는 강호(江湖)에서 나를 잊고 물과 하나가 되어 유유히 헤엄쳐 다니는 것이 다시 없이 좋을 것이요."

설명할 수 있는 '도(道)'는 영원한 도가 아니요, 부를 수 있는 '이름'은 영원한 이름이 아니다. 무명(無名)은 하늘과 땅의 기원이요, 유명(有名)은 만물을 기르는 어머니에 지나지 않는다.

형체는 없지만 완전한 그 무엇이 있어 하늘과 땅보다 먼저 생겼다. 그것은 소리도 없고 텅 비어 있으며 짝도 없이 홀로 있다. 언제나 변함이 없고 어디든 안 가는 곳이 없건만 지치지 않는다. 우리는 그것의 이름을 알지 못한다. 그래서 임시로 도(道)라고 지어 부른다. 사람은 땅을 규범으로 하고, 땅은 하늘을 규범으로 하며, 하늘은 '도'를 규범으로 하고, '도'는 '자연'을 규범으로 한다.

도는 텅 빈 그릇과 같아서 아무리 써도 채워지는 일이 없는 것 같고, 또 못처럼 깊어서 만물의 근원이기도 한 듯하다. 그것은 만물의 날카롭게 모난 것을 부수며, 그 엉클어진 것을 풀고, 그 빛을 부드럽게 하며, 그 난잡함과 뒤섞여서 고인 물과 같이 우주에 충만하여 영원히 존재하고 있는 모양이다. 나는 그것이 무엇으로부터 생겨났는지는 모르거니와, 만물의 조상인 하늘보다도 더 이전부터 존재하는 것 같다.

老子

지구의 윤리는 두 개의 가장 기본적인 규칙으로 이루어져 있다. 하나는 중국의 전통문화 속 깊이 자리 잡고 있는 孔子의 인(仁)이며 다른 하나는 孔子가 만든 법칙 (己所不欲 勿施於人)이다.

한스 큉(Hans Küng, 1928-)/지구윤리선언 구상(Projekt Welte Hios, 1990)

孔子가 周로 가서 예(禮)를 노자에게 물으려 할 새 노자 가로되

"그대의 말하는 바는 그 사람과 뼈가 모두 이미 썩었고, 홀로 그 말이 남아 있을 뿐이니라. 또한 군자는 때를 얻으면 수레를 타고 때를 얻지 못하면 헐은 옷을 입고 다닌다. 잘하는 장사꾼(商賈)은 깊이 감추어 빈 것같이 하고, 군자는 큰 덕을 지닌 용모가 어리석은 것과 같다 하니 그대는 교만한 기색과 다욕(多欲), 태색(態色)과 음지(淫志)를 버릴지어다.' 孔子가 나와서 제자들에게 말하되 '내 능히 새는 나는 줄 알고, 물고기는 헤엄치는 줄 알고, 짐승은 달음질 하는 줄을 아는지라, 달음질하는 자는 그물로 잡을 것이요, 헤

엄치는 자는 낚시로 잡을 것이요, 나르는 자는 주살로 잡을 것이나, 용에 이르러서는 그것이 어떻게 풍운을 타고 하늘에 오르는지를 알지 못하겠노라. 내 오늘 노자를 보니 그 용과 같은 저!"

司馬遷/史記

어떤 것이 밝은 것입니까? 하는 자장(子張)의 물음에 孔子는 대답했다.
"뱃속 검은 사람은 금방 의심을 살지도 모르는 그런 모략의 말은 하지 않는 법이다. 물이 흙에 배어들 듯이 소리 없이 살며시 접근해 오게 된다. 또 교활한 사람은 이쪽에서 미처 생각할 마음의 여유조차 가질 수 없는 충격적인 거짓말로서 이간질을 하게 된다. 이러한 두 가지 모략이 행해질 수 있다면 속이 밝다고 말할 수 있다."

곡(哭) 대신에 노래를

장자의 부인이 죽었을 때 친구 혜자(惠子)가 조상을 갔는데 장자는 비스듬히 기대고 앉아 분(盆)을 두들기며 노래를 부르고 있었다. "부인이 죽어서 울지 않는 정도라면 또 모르겠는데 분을 두들겨 가며 노래까지 부른다는 건 좀 너무하지 않은가?" 하고 혜자가 나무라자 장자는 대답했다.
"인간이란, 애당초 생명을 가지고 있지는 않았어. 생명은 고사하고 형체도 없었으며 형체는 고사하고 기운조차 없었네. 그저 망막(茫莫)하고 혼돈한 대도(大道) 속에 섞여 있던 것이 변해서 기운을 낳게 되고 기운이 변해서 형체가 생기고 형체가 변해서 생명을 갖게 되고 그것이 지금 또 변해서 죽어간 것 뿐인 거야. 즉 삶과 죽음의 변천이란 것이 사시(四時)의 순환과 마찬가지가 아닌가. 그리고 모처럼 하늘과 땅을 침실삼아 편안히 잠들어 있는 참된 모습 옆에서 소리쳐 운다는 것은 천명(天命)의 자연을 분간 못하는 천박한 짓으로 생각되었기 때문일세."

莊子

화살을 만드는 사람이 갑옷을 만드는 사람보다 어찌 어질지 못하다고 할 수 있으리요. 화살을 만드는 사람은 사람을 상하게 하지 못할까 겁내고 갑옷을 만드는 사람은 사람이 다칠까 두려워한다. 어진 것은 하늘이 준 높은 벼슬이고, 사람이 편히 살 집이다. 맑지 않는데도 어질지 못한 곳에 있음은 어진 것이 아니다. 어진 마음이 없고, 지혜가 모자라고 예를 잊고, 의가 없는 사람은 남에게 부림을 받게 된다. 부림을 받으면서 부림을 받는 것을 부끄럽다고 생각하는 것은, 활을 만드는 사람이 활 만드는 것을 부끄러워하고, 화살 만드는 사람이 화살 만드는 것을 부끄러워하는 것과 같다. 부끄럽다고 생각되면, 어진 일에 뜻을 둠이 제일 좋다. 어진 데 뜻을 둔 사람은 활을 쏘는 것과 같다. 먼저 자기를 바르게 한 다음에야 쏜다. 쏘아서 적중하지 않아도 자기를 이긴 사람을 원망하지 않는다. 그 잘못을 자기에게 돌이켜 구할 뿐이다.

孟子

증자(曾子, BC 505-BC 435)가 병이 위독했을 때, 제작들을 불러들인 다음 말했다. "<시경>에 말하기를 '조심하고 두려워하기를 깊은 못가에 디디른 것 같이 하고, 엷은 얼음을 밟는 것 같이 하라'고 하지 않았느냐. 내 잘못으로 혹시 상처라도 입지 않을까 하고 평생을 주의하며 살아왔다. 이제야 그런 잘못을 범하지 않았다는 것을 알게 되었다."

그리고 문병을 온 맹경자(孟敬子)에게 마지막 충고를 주었다.

"새는 죽을 때가 되면 그 울음소리가 슬프고, 사람은 죽을 때가 되면 그 말이 착하다고 했소. 남의 윗자리에 선 사람이 소홀히 하는 것에 세 가지가 있다 했소. 첫째 몸가짐과 얼굴 표정을 사납고 거만하게 하는 일이 없어야 하며, 둘째 얼굴빛을 가다듬을 때는 진실하게 보이도록 해야 하며, 셋째 말을 입 밖에 낼 때 야비하고 이치에 어긋나는 일이 없어야 하오."

曾子

孔子는 '말을 할 때는 진실함과 신실함으로 하고, 행실은 독실히 하고 삼가며 거처할 때는 공손히 하고, 일을 집행할 때는 삼감에 공력을 쓰라'고 하셨다. 네 가지 절대 해서는 안 되는 것(四勿), 세 가지 경계(三戒), 네 가지를 끊어냄(絶四)은 모두 다 마음을 바르게 하는 데 꼭 필요한 공부다. 孔子는 네 가지를 끊어내셨으니 사사로운 뜻(意), 일을 함에 절대나 반드시라는 다짐(必), 고집스러운 태도(固), 아집(我)은 모두 마음의 병통이요, 어짊을 좋아하고 어질지 못함을 싫어하는 것은 마음의 바름이다.

朱子

인(仁)은 덕의 기반이고, 의(義)는 덕의 절도이고, 예(禮)는 덕의 문식이며, 신(信)은 덕의 견고함이고, 지(智)는 덕을 이끄는 장수이다. 지(智)는 명철함에서 나오는데, 명철함이란 사람이 낮에는 밝은 해에 의지하고 밤에는 촛불에 의지하는 것과 같다. 그 명철함이 더할수록 시야가 더욱 원대해지지만 멀리까지 볼 수 있는 명철함이란 매우 어려운 것이다.

劉劭/人物志

하늘에 해와 달보다 밝은 것은 없고, 땅에 물과 불보다 밝은 것은 없고, 물질 가운데 주옥보다 밝은 것은 없고, 사람에게 예의보다 밝은 것은 없다. 따라서 해와 달이 높은 데 있지 않으면 광채가 빛나지 못하고 물과 불이 모여 있지 않으면 광택이 넓지 못하고, 주옥이 겉으로 드러나 보이지 않으면 왕과 공들이 보배로 여기지 않을 것이고, 예의가 시행되지 않으면 공과 명예가 드러나지 못할 것이다. 그래서 사람의 운명은 하늘에 달려 있고, 나라의 운명은 예에 달려 있다. 예의란 성인의 후천적 인위에서 생겨난 것이지 사람의 자연적 본성에서 본래부터 생겨난 것이 아니다.

荀子

도의 근본을 논함(原道)

널리 사랑하는 것을 인, 행하여 이치에 부합되는 것을 의, 이를 따라가야만 하는 것을 도, 자기에게 충족되어 있어 외부에 기대함이 없는 것을 덕이라 한다.

인과 의는 고정된 이름이요, 도와 덕은 공허한 자리이다.

그러므로 도에는 군자가 있고 소인이 있고

덕에는 길함이 있는가 하면 흉함이 있다.

노자가 인의를 작게 여긴 것도 그것을 흠집 낼 수 없었음이니,

그의 견해가 좁았기 때문이니라.

천하에 밝은 덕을 밝히려고 하는 사람은 먼저 그 나라를 다스리고,

그 나라를 다스리려는 자는 먼저 그 집을 다스리고,

그 집을 다스리려는 자는 먼저 그 자신을 수양하고,

그 자신을 수양하려는 자는 먼저 그 마음을 바르게 하고,

그 마음을 바르게 하려는 자는 먼저 그 뜻을 성실히 한다.

人學

장자가 혜자(惠子)와 호수(濠水)의 다리 위를 거닐고 있었다. 장자가 말했다. "조어(鯈漁)가 물에 나와 유유히 노닐고 있군. 이것이야말로 고기의 즐거움이렷다." 혜자가 반박했다. "자네는 고기가 아니거니 어찌 고기의 즐거움을 안단 말인가." 장자도 반격했다. "자네는 내가 아니거니 어찌 내가 고기의 즐거움을 모르는 줄 안단 말인가." 혜자도 간단히 굴복하지는 않았다. "물론 나는 자네가 아니니까, 자네를 알 턱이 없지. 마찬가지로 자네는 고기가 아닌 터이니까, 자네가 고기의 즐거움을 모를 것은 확실하지 않은가." 장자가 말했다. "이야기를 시초로 돌려놓고 생각해보세. 자네가 처음에 '네가 어찌 고기의 즐거움을 아느냐'고 말한 것은 자네가 이미 내가 고기의 즐거움에 대해 알고 있는지, 모르고 있는지를 알고 나서 나에게 물은 것일세. 그

렇다면 고기 아닌 내가 고기의 마음을 모를 것도 없지 않은가? 나는 호수 위에 선채로 고기의 마음을 안단 말일세."

莊子

육신에는 감각이, 영혼에는 충동이, 이성에는 원칙이 포함된다.

"흙의 죽음은 물이 되는 것이고, 물의 죽음은 공기가 되는 것이고, 공기의 죽음은 불이 되는 것이며 그 역(逆)도 같다."는 헤라클레이토스의 말을 명심하라. 그리고 그의 '자신의 길이 어디로 나 있는지 잊고 있는 사람'이란 말도 새겨두어라. 교육은 이성과 반복적 습관, 이 둘이 완전한 조화를 이룬 가운데 이루어져야 한다.

야수성이 아니라 아름다움이 교육에서 가장 중요한 역할을 해야 한다. 왜냐하면 늑대와 같은 야수가 전쟁에서 공정한 승리를 쟁취하는 것이 아니라 용감한 사람만이 이런 승리를 얻을 수 있기 때문이다.

세상에는 이중의 미덕, 오성적 미덕과 도덕적 미덕이 있다. 오성적 미덕의 시작과 성장은 교육에 기인한다. 도덕적 미덕은 반복적 습관을 통해서 성장한다.

모든 학문과 기술이 중용을 따르고 이를 그들 작업의 목표점으로 삼을 때 과제를 가장 잘 풀 수 있다. 그러므로 완성된 작업에 대해서는 뺄 것도 더할 것도 없다. 왜냐하면 과다나 과소는 질을 떨어뜨리지만 중용은 질을 유지해 주기 때문이다. 물론 중용이란 도덕적 미덕을 뜻한다. 미덕이란 실체적으로나 개념적으로나 중간의 척도이다. 그러나 중용은 완전과 선의 관점에서 보면 최상의 것이다.

사랑을 일깨우는 특성은 세 가지가 있는데 선과 재미와 유익이다.

귀중하고 고상한 우정이 생겨나기 위해서는 시간이 필요하며 서로 적응이 필요하다. 소금 한 말을 같이 먹기 전에는 상대를 잘 알 수 없기 때문이다.

다른 예술이나 학문에 종사하면서 존경을 받고 보수를 받는 등 격려를 받지만, 철학에 종사하면 격려는커녕 오히려 훼방을 받는다.
철학자란 남이 만든 규정을 따르는 사람이 아니라 스스로 규정을 제정하여 남에게 주는 사람이며, 다른 사람에게 종속하는 것이 아니라 인식력이 떨어진 사람이 철학자에게 복종해야 하는 것이다.
현재의 시간은 만인에게 길이가 같고, 잃는 것은 우리의 것이 아니기 때문이다. 따라서 다음 두 가지를 명심해야 한다. 첫째, 만물은 태초부터 같은 생김새로 순환하고 있고, 둘째, 가장 오래 사는 사람이나 가장 일찍 죽는 사람이나 똑같은 것을 잃는다는 것이다. 가진 것이 현재뿐이라면 현재만을 빼앗기게 될 것이고, 갖고 있지 않는 것은 잃지 않기 때문이다.

인간의 영혼이 가장 자신을 학대하는 것은
첫째, 자기 탓으로 종양(腫瘍)이나 우주의 부스럼이 될 때이다. 둘째, 다른 사람에게 등을 돌리거나 해칠 의도를 지니고 맞설 때이다. 셋째, 쾌락이나 고통에 제압될 때이다. 넷째, 위장을 하고는 거짓으로 꾸며 무엇을 행하거나 말할 때이다. 다섯 째, 어떤 일을 하든 계획이나 뚜렷한 목표 없이 행동할 때이다.
인간이 사는 시간은 한순간이며, 그의 실체는 유동적이고, 그의 지각은 불분명하고, 그의 몸의 성분들은 썩게 되어 있고, 그의 영혼은 소용돌이이고, 그의 운명은 예측할 수 없고, 그의 세평은 불확실하다. 즉 육신의 모든 것은 강이고, 영혼의 모든 것은 꿈이요 연기다. 그리고 삶은 전쟁이자 나그네의 체류이며, 사후의 명성은 망각이다.
우리의 길라잡이가 될 수 있는 것은 오직 한 가지, 철학뿐이다.

마르쿠스 아우렐리우스/명상록

선(좋은 것)을 세 종류로 구분한다. 외부적인 '선', 정신(영혼)과 관련된 '선', 신체와 관련된 '선'이다. 이 중 정신과 관련된 '선'을 가장 뛰어나고 참된 것으로 보며, 이러한 정신이 행위나 활동과 결합해 실제적인 행동으로 나타날 때 진정 '선'이라 할 것이다.
행복을 어떤 이는 '우수함(탁월함, 덕)'으로, 어떤 이는 실천적 지혜로, 어떤 이는 철학적 지혜로 보며, 어떤 이는 이와 같은 것들 혹은 이것들 중의 하나와 쾌락이 결합된 것으로 보기도 하고, 외적인 풍요까지 추가하기도 한다. 그러나 행복을 '덕(우수함, 탁월함)'을 발휘하는 것으로 보는 견해가 옳다. 왜냐하면 덕을 발휘하는 활동을 통해서 선을 실현할 수 있기 때문이다.
'최고의 선'을 간직하고 있는 것과 이를 실천해서 선을 실현한다는 것에는 적지 않은 차이가 있다. 정신의 어떤 부분은 비이성적이고 어떤 부분은 이성적이다. 정신의 비이성적인 부분 중 일부는 식물적인 속성을 가진 것이다.

정신의 덕 또한 여러 종류로 나뉜다. 철학적 지혜나 이해력, 실천적 지혜는 지적인 덕이고 관용이나 절제는 도덕적인 덕이다.
도덕적인 행위의 출발점은 합리적 선택이고, 합리적 선택의 출발점은 올바른 욕구와 진리를 지향하는 이성이다. 이것이 실천적 사유이며 실천적 진리이다. 그러므로 지성과 사유가 없거나 도덕적 품성이 없다면 옳은 선택을 할 수 없고, 좋은 행위를 할 수 없다.
정신(영혼)으로 하여금 진리에 이르게 하는 상태에는 기예, 학문적 인식, 실천적 지혜, 철학적 지혜, 직관적 지성이 있다.
'도덕적인 덕'은 우리가 지향하는 목표를 올곧게 해주고, 실천적 지혜는 이 목표에 도달하는 수단을 올곧게 마련해준다.

우리가 피해야 할 성품에는 세 가지가 있다. 즉 악덕과 자제력 없음, 짐승과 같은 품성 상태(야만성)이다. 악덕의 반대는 덕, 자제력 없음의 반대는 자제, 야만성의 반대는 초인간적이고 영웅적이고 신적인 덕이다.
실천적 지혜와 영리함이 연관되어 있듯이 본성적인 덕과 진정한 의미에서의 덕은 서로 연관되어 있다. 사람은 본성적인 덕에 해당하는 도덕적인 성품을 어느 정도는 가지고 태어난다. 그러나 본성적인 선과는 다른 진정한 의미에서의 선을 갖게 되기를 바란다. 진정한 의미에서의 덕은 실천적 지혜가 없이는 생겨날 수 없는 것이다.

부정의(불의)한 행동과 정의로운 행동의 판단기준은 자발성과 비자발성으로 인간관계에서 발생하는 해악에는 네 가지가 있다. 그 해를 예상할 수 없는 상태에서 일어난 일은 불운(사고)이다. 예상했던 것과 다르게 일어난 것은 아니지만 악덕 때문에 생긴 것이 아니라면 과실(잘못)이다. 알고서 했지만 숙고한 후에 한 것이 아니라면 불의이다. 심사숙고해서 그러한 행동을 선택했다면 부정의한 사람, 즉 악인이다.

쾌락은 어떤 순간에 느끼는 것이기 때문에 운동(활동)처럼 지속된 다음에 완결되는 것이 아니다. 쾌락을 느끼는 그 순간의 느낌이 그 쾌락의 전체이다. 에우독소스(Eudoxos)는 쾌락은 곧 선(좋음)이라고 생각했다. 쾌락은 만물에 대해서 좋은 것, 만물이 목적으로 삼는 것이며, 즐거움 그 자체를 목적으로 하기 때문에 쾌락은 그 자체가 바람직한 것이다. 어떤 선에든지 쾌락이 가해지면 그 선은 더욱 바람직한 선이 되기 때문에, 모든 선은 쾌락이라는 선에 의해서 증대된다.

아리스토텔레스/니코마코스 윤리학

부분의 선과 전체의 선

전체의 선은 그 충족을 즐기는 사람이 누구이거나에 관계없이 욕망충족의 전체량이 될 것이다. 여러 부분의 선들끼리 충돌할 수 있다. 욕망의 충돌이란 인생에 있어서 본질적이요 불가피한 사실이다. 법과 도덕의 주요한 목적의 하나는 이 욕망의 충돌을 완화시키는 일이나 이 충돌을 근절시킬 수는 없다.

법은 그것이 공정할 때에 좋은 법이라고 생각된다. '공정'을 '대다수의 사람들이 공정하다고 생각하는 것'이라든지, '일반적으로 인정된 불평의 원인을 최소한으로 줄이는 체계'라고 정의해야 한다.

옳은 행위란 좋음을 위한 수단이 되는 행위이다.
어떤 사물이 그것에서 생기는 결과 때문 뿐이 아니라 그 자체로 말미암아 가치가 인정될 때 사물은 '좋은 것'이다. '좋음'이란 그것을 취택하는 편으로 기울어질 때의 내재적 특질이요, '나쁨'이란 그것을 배척하는 편으로 기울어질 때의 이 내재적 특질이다. '좋음'에 의거하여 '옳음'을 규정하는 것이 '옳음'에 의거하여 '좋음'을 규정하는 것보다 낫다.
'객관적으로 옳은'행위란 윤리적으로 우월하다고 인정되는 집단 전체의 이익에 가장 많이 이바지하는 행위이다. 행위자로 하여금 是認의 정서를 느끼게 하는 행위는 '주관적으로 옳은' 행위요, 비난의 정서를 느끼게 하는 행위는 '주관적으로 그른' 행위이다.
욕망을 자기 자신의 경험 범위 안에만 국한하는 사람은 늙어서 자기 앞날이 점점 한정을 받게 될 때에 인생이 자꾸만 좁아지고 흥미가 없어지며 마침내는 화로 가에 앉아서 불이 쪼이는 것 밖에는 아무 일도 남지 않는다. 자기 자신의 생애 밖에까지 널리 욕망이 뻗치는 사람은 죽는 날까지 소시 적의 열정과 흥미를 지속할 수 있다.
행위의 정당한 목적으로 전체의 선에 일치하여도 좋을 만한 뚜렷한 부분의 선을 아직까지는 발견하지 못했다. '옳은'행위란 전체의 선을 조장할 가능성이 가장 많은 행위라고 말하는 것으로써 만족해 왔다.

러셀(Bertrand Arthur William Russell, 1872-1970)/지구윤리선언 구상
/人間社會秩序論(Human Society in Ethics and Politics, 1954)

자율적 윤리학에는 이성을 근본으로 하는 것, 고락의 감정을 근본으로 하는 것, 의지의 활동을 근본으로 하는 것 세 종류가 있다. 우리는 마음속에, 지식으로는 진리로서, 감정으로는 무한한 미로서, 의지로는 무한한 선으로서, 실재의 무한한 의의를 느낄 수 있다.

선의 사실과 선의 요구가 충돌하는 경우는 두 가지가 있으니 하나는 어떤 행위가 결과로서는 선이지만, 그 동기는 선이 아니라고 하는 것과, 다른 하나는 동기는 선이지만, 결과로서는 선이 아니라는 것이다.
진(眞)과 선(善)은 하나가 있을 따름이다. 즉 참된 자기를 아는 데에 있다. 참된 자기를 알면 인류일반의 선과 합치할 뿐 아니라, 우주의 본체와 융합되고, 신의(神意)와 합일되는 것이다. 종교도 도덕도 여기에 돌아가게 되는 것이다. 참된 자기를 알고 신과 합일되는 방법은, 주·객 합일의 힘을 스스로 깨닫는데 있을 따름이다. 그리고 이 힘을 얻으려면 거짓 자아를 모조리 죽여 일단 이 세상의 욕심으로부터 죽었다가 다시 소생해야 한다. 마호메트의 말처럼 천국은 劍의 그늘에 있다. 이리하여 비로소 참으로 주객합일의 경지에 도달할 수 있다. 이것이 종교, 도덕, 미술의 극의(極意)이다. 기독교에서는 이를 재생(再生), 불교에서는 견성(見性)이라 한다.

사랑이란 두 인격이 합쳐서 하나로 되는 것을 말하며, 존경이란 부분적 인격이 전인격에 대하여 일으키는 감정이다. 존경과 사랑의 근저에는 인격의 통일이 있어야 한다. 신념이란 전설이나 이론으로, 안으로부터 빚어내야 하는 것이다. 히나의 지식이 아니라 직관이며 활력이나.
아우구스티누스의 말처럼 시간은 신에 의하여 만들어지고, 신은 시간을 초월하기 때문에, 신은 영구히 지금에 있다.
어스킨(Abraham Erskine, 1782-1831)은 종교와 도덕은 양심의 배후에 인격을 인정하느냐 여부에 따라 분리된다고 하였다.
위대한 인간에게는 보통사람보다 한층 심원한 심령적 경험이 있어야 한다.

우주는 공간에 의해 나를 포용하고, 하나의 점인 양 나를 삼킨다. 나는 사고에 의해 우주를 포용한다.

인간의 가장 큰 저열성(低劣性)은 영예를 추구하는 데 있다. 이것이야말로 인간이 우월하다는 가장 큰 표징이기도 하다. 왜냐하면 인간은 아무리 많은 소유물을 가지고 있고, 아무리 건강한 생활이나 근본적인 호강을 한다 하더라도 존경을 받지 않는 한 만족할 수 없기 때문이다. 그는 아무리 유리한 지위를 차지하고 있어도 이성 속에서 유리한 지위를 차지하지 않으면 만족하지 않는다.

오만은 일체의 비참성에 균형을 주고, 또한 그 비참성을 앗아간다. 이것이야말로 이상한 괴물이요, 명백한 망상이다.

심술은 자기편에 도리를 가지고 있을 때 코가 높아져서 그 도리를 별의별 광휘로서 꾸며댄다. 고행이나 엄격한 선택이 참된 선을 이루지 못하고 자연에 복종하지 않을 수 없을 때, 심술은 그 자연에 되돌아옴을 자랑삼아 날뛴다.

파스칼/팡세

위에 있는 이들에 충성하고 겸손하고 순종하며 자만심과 무례와 불복종을 피하도록
아래에 있는 이들에게 친절하고, 겸손하고, 용서와 관용을 베풀고, 곤궁하지 않게 하고, 학대와 폭력과 압제를 행하지 않으며, 오만하거나 불합리한 엄격함으로 대하지 않도록
책망과 중상과 비난을 삼가고, 책략과 질투, 기만, 아첨, 미움, 악덕, 거짓말, 배은망덕을 멀리하도록
우정에 충실하고, 믿음에 신실하고, 결단에 공정하며, 자만과 분노를 조심하도록
모든 일에 공정하고, 쾌락을 절제하고, 정직함과 자애와 관대함이 가득하도록
은혜를 베푼 사람에게 감사하고, 벗에게 친절하며, 가난한 자에게 자비와 관대함을, 궁핍한 자에게는 동정을 베풀도록
탐욕과 야망, 질투와 무절제, 거짓과 사치, 음란함을 멀리하도록

청렴하고, 평정을 유지하고, 어려움과 고통에 굴하지 않고, 약속을 지키며, 화평하고 신중하게 행동하도록

약한 자에게 친절하고, 조상을 받들고, 이웃을 도와주고, 벗을 귀하게 여기고, 낯선 이들에게 공손하도록

고자질과 험담, 중상과 욕설, 술책과 속임수를 미워하고, 강탈과 위증과 사악함을 피하도록

정직하고, 솔직하고, 친절하고, 자비롭고, 선하고, 명랑한 마음을 갖게 하시고, 선행을 즐겁게 베풀도록

항상 명예와 성실을 생각하게 하시고, 완전한 순결과 선한 양심을 갖게 하시며, 마침내 덕이 있고 관대한 사람이 되도록

선하신 하느님이여, 나를 도우소서.

필요하고 바람직한 덕목과 계율

· 절제(Temperance)

과식과 과음을 삼가라.

· 침묵(Silence)

타인과 자신에게 이로운 것 외에는 말을 삼가고, 쓸데없는 대화를 피하라.

· 질서(Order)

모든 물건은 제자리에 정돈하고, 모든 일은 정해진 시간을 지켜라.

· 결단(Resolution)

해야 할 일은 하기로 결심하고, 결심한 일은 반드시 행하라.

· 절약(Frugality)

타인과 자신을 이롭게 하는 것 외에는 지출을 삼가고, 낭비하지 마라.

· 근면(Industry)

시간을 헛되이 쓰지 말고, 유익한 일을 행하며, 필요 없는 행동은 하지 마라.

· 진실(Sincerity)

남을 일부러 속이려 하지 말고, 순수하고 정의롭게 생각하라. 말과 행동이 일치하게 하라.

· 정의(Justice)

남에게 피해를 주거나 응당 돌아갈 이익을 주지 않거나 하지 마라.

· 중용(Moderation)

극단을 피하고, 원망할 만한 일을 한 사람조차 원망하지 마라.

· 청결(Cleanness)

몸과 옷차림, 집안을 청결하게 하라.

· 침착(Tranquility)

사소한 일, 일상적인 사고, 불가피한 사고에 불안해하지 마라.

· 순결(Chastity)

건강이나 자녀 때문이 아니면 성 관계를 삼가라. 특히 감각이 둔해지거나 몸이 약해지거나, 자신과 타인의 평화와 평탄에 해가 될 정도까지는 절대 하지 마라.

· 겸손(Humility)

예수와 소크라테스를 본받으라.

프랭클린/덕의 기술

유세(遊說)의 곤란함은 상대편의 심정을 통찰하고, 상대편의 심정에 나의 말하고자 한 것을 잘 맞추어 끼우는 일이 곤란한 것이다.

상대편이 명예욕에 마음이 쏠려 있을 때, 재물의 이익을 가지고 얘기하면 속물(俗物)이라고 깔보이고 경원을 당한다.

상대편이 재물의 이익을 바라고 있을 때, 명예를 가지고 얘기하면 몰상식하고 세상일에 어둡다고 하여 소용없는 것으로 인정을 받기가 첩경이다.

상대편이 내심으로는 이익을 바라면서 겉으로 명예를 바라는 때, 명예를 얘기하면 겉으로는 받아들이는 척하여도 내심으로는 은밀히 성글어지고 이익을 가지고 얘기하면 내심으로는 은근히 그것을 받아들이면서도 겉으로는 그것을 경원한다.

일은 비밀을 지키는 것으로 해서 성취하고 말이 새는 데서 실패한다. 일에 순응하여 솔직하게 의견을 말하면 겁쟁이로서 말을 다 못하는 사람이라 하고, 일의 사정은 간략하게 줄이고 큰 뜻만을 말하면 겁이 많아 말을 하지 못한다고 여길 것이며 일을 충분히 고려하여 거침없이 진술하면 촌스럽고 오만하다 할 것이다.

설득할 때 힘써야 할 점은 상대방이 자랑스러워하는 점은 칭찬해주고 부끄러워하는 부분은 감싸주어야 한다. 스스로 자신의 계획이 훌륭하다고 생각할 때 그가 실패할 경우를 꼬집어서 곤란하게 할 필요가 없다. 설득의 대략적인 의미는 상대의 뜻을 거스르지 않는 것이며 말투도 상대의 감정을 건드리지 않아야 한다.

한훼이지(韓非子, BC 280?-BC 233?)/說難篇

정치가 잘 되는 세상, 즉 태평한 세월을 당해서는 몸가짐을 바르게 해야 한다. 어지러운 세상을 당해서는 몸가짐을 원만하게 해야 한다. 망해가는 세상을 당해서는 바른 것과 원만한 것 두 가지를 다 가져야 한다. 착한 사람을 대할 때는 너그럽게 해야 한다. 악한 사람을 대할 때에는 엄한 몸가짐을 가져야 한다. 보통 사람들을 대할 때에는 너그러움과 엄한 것을 함께 지니고 대해야 한다.

완전한 명예나 아름다운 지조는 누구나 다 갖고 싶어 한다. 그러나 이것을 남에게 나누어줄 줄을 알아야 해를 멀리하고 자기 몸을 온전히 할 수가 있다. 또 욕된 행실이나 더러운 이름은 누구나 다 이것을 갖고 싶어 하지 않는다. 하지만 그것을 조금쯤은 나에게 이끌어 가져서 나의 빛을 숨기고 덕을 길러나가도록 해야 한다.

복사꽃 오얏꽃이 제 아무리 고운들 어찌 푸른 저 소나무 잣나무의 굳고 곧은 것에 비교하랴, 배와 살구가 제아무리 맛이 달다 한들 저 노란 유자나 푸른 귤의 맑은 향기에 당하랴. 너무 곱다가 쉽게 시들어버리느니보다는 담박하여 오래 가는 것이 좋고, 일찍 빼내서 뽐내느니보다는 늦게 가서 이루어지는 것이 낫다.

채근담(菜根譚)

구용(九容)

· 발은 무겁게 놀려야 한다.
· 손은 공손히 놀려야 한다.
· 눈은 단정하게 떠야 한다.
· 입은 다물고 있어야 한다.
· 목소리는 조용하게 내야 한다.
· 머리는 곧게 가져야 한다.
· 기운은 엄숙하게 가져야 한다.
· 서 있는 것은 덕이 있어 보이도록 반듯하게 해야 한다.
· 얼굴빛은 씩씩하게 가져야 한다.

구사(九思)

· 물건을 볼 때는 밝은 것을 생각하라.
· 소리를 들을 때는 귀 밝은 것을 생각하라.
· 얼굴빛은 온화할 것을 생각하라.
· 몸 모양은 공손할 것을 생각하라.
· 말할 때는 충성된 것을 생각하라.
· 일할 때는 공경함을 생각하라.
· 의심나는 일이 있으면 남에게 물을 것을 생각하라.
· 분이 날 때는 어지러울 것을 생각하라.
· 얻는 물건이 있거든 의리를 생각하라.

이이(李珥, 1536-1584)/격몽요결(擊蒙要訣)

상품(上品)의 사람은 가르치지 않아도 착하고, 중품(中品)의 사람은 가르친 뒤에 착해지고, 하품(下品)의 사람은 가르쳐도 착해지지 않는다. 착한 것은 길(吉)한 것을 말함이요, 착하지 못한 것은 흉(兇)한 것을 말함이다. 길한 자는, 눈으로는 예가 아닌 빛을 보지 않으며, 귀로는 예가 아닌 소리를 듣지 않으며, 입으로는 예가 아닌 말을 하지 않고, 발로는 예가 아닌 땅을 밟지 않는다. 그래서 사람이 착하지 않으면 사귀지 않고 물건이 옳은 것이 아니면 취하지 않는다. 어진 사람을 친히 하기를 지초(芝草)나 난초 있는 곳에 나가는 것처럼 좋아하고, 악한 것 피하기를 뱀이나 지네처럼 두려워한다.

소강절(邵康節)/자손을 경계한 글

물질은 모인 물방울 같고, 느낌은 물 위의 거품과 같으며 생각은 봄철의 아지랑이와 같고 행위는 파초나무와 같으며 의식은 꼭두각시와 같음을 관(觀)하라.

잡아함경(雜阿含經)

입과 음식의 관계에 있어서 기호가 같은 것이 있으며
귀가 음악에 있어서 훌륭하다고 여겨 듣는 것이 있으며
눈이 색에 있어서 아름답다고 여기는 바가 있으니
마음에 훌륭하다고 여기는 것은 理와 義다

孟子

지조(志操)란 순일(純一)한 정신을 지키기 위한 불타는 신념이요, 눈물겨운 정성이며, 냉철한 확집(確執)이요, 고귀한 투쟁이기까지 하다. 지조가 얼마나 위의(威儀)를 위하여 값지고, 교화에 미치는 힘이 크며, 지조를 지키기 위한 괴로움이 가혹한가를 헤아리는 사람들은 지도자를 평가하는 기준으로서 그 지조의 강도(强度)를 살피려 한다. 명리(名利)만을 위하여 그 동지와 지지자의 추종자를 일조(一朝)에 함정에 빠뜨리고 달아나는 지조 없는 지도자의 무절제와 배신 앞에 지조를 지킨다는 것이 참으로 어려운 일임을 아는 까닭에.

지조는 선비의 것이요 교양인의 것이다.

지조와 정조는 다 같이 절개에 속한다. 지조는 정신적인 것이고, 정조는 육체적인 것이지만, 지조의 변절도 육체 생활의 이욕(利慾)에 매수된 것이요, 정조의 부정도 정신의 쾌락에 대한 방종에서 비롯된다. 정신의 자존(自尊)·자시(自恃)를 위해서는 자학과도 같은 생활을 견디는 힘이 없이는 자조는 지켜지지 않는다. 그러므로 지조의 매운 향기를 지닌 분들은 심한 고집과 기벽(奇癖)까지도 지녔던 것이다.

변절이란 무엇인가. 절개를 바꾸는 것, 곧 자기가 심신으로 이미 신념하고 표방했던 자리에서 방향을 바꾸는 것이다. 그러므로 사람이 철이 들어서 세워 놓은 주체의 자세를 뒤집는 것은 모두 다 넓은 의미의 변절이다.

조지훈(趙芝薰, 1920-1968)/지조론(志操論)

덕은 재능을 지배하는 주인공이고 재능은 덕에 부림을 당하는 노예가 되지 않으면 안 된다.

채근담(菜根譚)

사람을 해치는 일 중에서 덕을 추구하려는 마음보다 더 큰 것이 없으니 그 마음이 눈썹처럼 움직이기 때문이다. 지혜가 뛰어나면 많은 비난을 받게 되고 용기와 힘이 있으면 많은 원한을 사게 되며 어짊과 의로움을 내세우면 많은 책망을 듣게 된다. 삶의 실정에 통달해 있는 사람은 위대하나 지식에만 통달해 있는 사람은 작은 사람이다.

莊子

도(道), 사(事), 의(義), 정(情)의 이치

이치에는 네 가지가 있고, 이치에 밝음에도 네 가지가 있으며, 성정에는 아홉 가지 치우침이 있고, 그럴 듯한 주장에는 일곱 가지의 사이비가 있으며, 주장을 펴는 데는 세 가지의 실수가 있고, 논박하여 비난하는 데는 여섯 가지의 잘못이 있으며, 통달함에는 여덟 가지의 재능이 있다.

천지간의 기운이 변화하여 가득 찼다 텅 비고, 줄어들었다 보태지는 것은 도(道)의 이치다. 법과 제도로 일을 바르게 하는 것은 사(事)의 이치다. 예의와 교육으로 상황에 적합하게 처신하도록 하는 것은 의(義)의 이치다. 사람의 감정 변화에 따라 그 의미를 헤아리는 것은 정(情)의 이치다.

眞德秀 · 程敏政/心經附註

착한 것을 보고도 실행하기를 게을리 하며, 때가 왔건만 의심하여 머뭇거리며, 잘못인 줄 알면서 짐짓 하는 일, 이 세 가지는 도가 중단되는 이유다. 부드럽고 고요하며, 공손하고 경건(敬虔)하며, 강하면서도 약하고, 참으면서도 강(剛强)한 것, 이 네 가지는 도가 일어나는 까닭이다.
그런 까닭에 의로운 마음이 욕심을 이기면 흥왕(興旺)하고, 욕심이 의로운 마음을 이기면 멸망한다. 경건한 마음이 게으름을 이기면 대길(大吉)하고 게으름이 경건한 마음을 이기면 멸망한다.

姜尙(姜太公, BC 1211-BC 1072)

물이 깊어야 물고기가 모이고, 숲이 무성해야 금수(禽獸)가 모이듯이, 형벌과 정치가 공평해야 민중이 모여들고, 예의가 갖추어져 있어야 군자가 모여든다. 예의로써 몸을 규제하면 행실이 올바르고, 도의로써 국가를 규제하면 정치가 공평하고, 만사에 예의가 따르면 평판이 높아서 천하가 다 흠모하여 따를 것이며, 명령이 잘 시행되고 금지령 또한 어김없이 지켜질 것이다.
위엄(威嚴)에는 세 종류가 있다. 도덕으로 위엄이 있는 것, 폭력으로 위엄이 있는 것, 광포(狂暴)로 위엄이 있는 것이 그것이다.
도의를 먼저 생각하고 이익을 뒤로 하는 사람에게는 영예가 있고, 이익을 먼저 생각하고 도의를 뒤로 하는 사람에게는 치욕이 온다. 영예가 있는 사람은 통달하지만, 치욕을 받는 사람은 곤궁하다. 통달한 사람은 지배하지만, 곤궁한 사람은 지배를 받는다. 성실한 자는 편안하고 이로우며, 방탕하고 난폭한 사람은 근심과 걱정 속에서 지낸다. 편안하고 이로운 사람은 즐겁고 쉽지만, 근심스럽고 걱정스러운 사람은 괴롭고 위험하다. 즐겁고 쉬운 사람은 장수하고, 괴롭고 위태로운 사람은 요절한다.

荀子

마음을 바르게 하고 몸을 닦는 것은 배우고 묻는 것의 큰 실마리이며 집안을 가지런히 하고 나라를 다스리며 천하를 편안케 하는 것의 뿌리다.

황깐(黃幹, 호 勉齋, 1152-1221)

세상 모든 것에는 근본과 말단이 있다.
세상 어떤 일이든 처음과 끝이 있다.
어떤 것을 먼저 하고 어떤 것을 나중에 할 것인가를 안다면
도를 통하는 가까운 길이다.

大學

빠를 때는 바람처럼 빨라야 한다.
느릴 때는 숲처럼 고요해야 한다.
침략할 때는 불처럼 거세야 한다.
움직이지 않을 때는 산처럼 무거워야 한다.

손무(孫武)/손자병법(孫子兵法)

인간에게 가장 좋은 것은 건강, 두 번째는 매력적인 아름다움, 세 번째는 남을 속이지 않고 모은 재산, 네 번째는 친구들 사이에서 젊음을 유지하는 것.

그리스 노래 한 자락

수명을 연장하는 방법은 말을 삼가고, 음식을 절제하며, 탐욕을 줄이고, 수면을 가벼이 하며, 기뻐하고 성냄을 절도에 맞게 하는 것이다.
언어에 법도가 없으면 잘못과 근심이 생기고, 음식에 때를 잃으면 고달프고 수고로우며, 탐욕을 많이 내면 위태롭고 어지러움이 일어나며, 수면을 많이 취하면 몸이 게을러지고, 기쁨과 성냄이 절도에 맞지 않으면 능히 그 성품을 보전하지 못한다.
이 다섯 가지가 절도를 잃으면 진기가 소모되어 날로 죽음에 이를 것이다.

노수신(盧守愼, 1515-1590)

지혜도 덕성도 없는 자유는 가능한 모든 악덕 중에서 가장 나쁜 것이다. 지도와 제한이 없으면 자유는 우매(愚昧)요 악이며 광기(狂氣)이기 때문이다.

버크(Edmund Burke, 1729-1797)

道, 德, 仁, 義, 禮 이 다섯 가지는 사람의 한 몸과 같아서 서로 분리시킬 수 없는 것이다.
道는 이행해야 하는 것
德은 흐뭇하게 하는 것
仁은 친애하는 것
義는 마땅히 지켜야 할 도리
禮는 사람의 규제이다.

張良(?-BC 189)

부귀와 명예가 도덕으로부터 온 것은 수풀속의 꽃과 같으니 저절로 잎이 되고 뿌리가 뻗을 것이요. 공업으로부터 온 것은 화단속의 꽃과 같으니 이리저리 옮기고 흥폐가 있을 것이며 권력으로써 얻은 것이면 화병 속의 꽃과 같으니 그 뿌리를 심지 않은지라. 시듦은 가히 서서 기다릴 수 있으리라.

淸白하면서 너그럽고 어질면서 결단을 잘하며 총명하면서 지나치게 살피지 않고 강직하면서 너무 바른 것에 치우침이 없으면 꿀 발라도 달지 않고 바닷물건이라도 짜지 않음과 같다. 이것이 곧 아름다운 德이 된다.

홍자성(洪自誠)/채근담(菜根譚)

성(誠)은 하늘의 道이고 誠해지려고 하는 것은 사람의 道다. 誠한 者는 애쓰지 않아도 맞아지며 생각치 않아도 얻어져 道에 맞나니 聖人이다. 誠해지려고 하는 者는 善을 가려 굳게 잡는 者이다.

중용(中庸)

4구결(四句訣)

마음의 본체는 본래 선과 악이 없는 것이지만, 선과 악이 나타나는 것은 뜻(意)의 작용 때문이다. 그러므로 이미 나타난 선과 악을 구별하여 아는 것이 양지(良知)이며 선을 행하고 악을 버려 마음의 본체로 돌아가는 것이 격물(格物: 사물의 이치를 깨달아 마음을 바로잡음)이다.

왕양명(王陽明, 1472-1528)

부자사계명(富者四誡命)

지혜는 변화를 살필 수 있어야 한다.
인격은 남에게 가진 것을 줄 수 있어야 한다.
용기는 결단을 내릴 수 있어야 한다.
강단은 가진 걸 지킬 수 있어야 한다.

사기(史記)

위정(爲政)의 요체는 공정과 청백이요, 성가(成家)의 방도는 검약과 근면이다.

경행록(景行錄)

공리(功利)란 이익, 쾌락, 선, 행복을 산출하며 혹은 해(害), 고통, 악, 불행이 일어나는 것을 방해하는 경향을 가지는 속성이다.

벤담/도덕과 입법의 원리입문 서론

· 유가의 학설은 너무 광범하여 요점을 잡아내기가 어려우므로 힘써 연구해 보았자 효과는 적다.
· 묵가는 지나치리 만큼 검소함을 내세워 따르기가 어렵다.
· 법가의 학설은 엄격하여 온정이 적지만 군신과 상하의 본분을 바르게 하자는 것은 고칠 수 없다.
· 명가는 명분(名)에 얽매이게 하고 간략하여 진실을 잃기 쉽게 한다.
· 도가는 정신을 집중하게 하여 행동을 무형(無形)의 도에 들어맞게 하고 만물을 풍족하게 한다. 비움(虛)은 자연의 항구 불변함이며, 순응(因)은 임금의 강령이다.

· 음양가는 사시(四時), 팔위(八位), 십이도(十二度), 이십사절(二十四節)에 해당되는 다양한 규정에 따르는 자는 번창하고 거스르는 자는 죽든지 망한다고 한다.

사마담(司馬談 BC 165?-BC 110?)/논육가요지(論六家要旨)

위로는 조물주와 더불어 노닐고 아래로는 죽음과 삶을 도외시하며 처음도 끝도 없는 자와 벗하고 지낸다. 그의 근본인 도는 광대하고도 탁 트였으며 심원하고도 자유롭다.
그의 사상의 요지는 조화되고 쾌적하여 위로 현묘한 도에 도달해 있다. 그러나 그는 자연의 변화에 순응하여 사물에 대한 집착을 풀어버려서 그 이치는 다 풀이할 수 없다.

莊子

시간에는 현재가 없고, 영원에는 미래가 없으며, 영원에는 과거가 없다.

테니슨(Alfred Tennyson, 1809-1892)/어떻게 그리고 왜

진리는 정의의 시녀요, 자유는 그 자식이고, 평화는 그 반려(伴侶)다.
안전은 그 걸음으로 걷고, 승리는 그 행렬을 따라간다.
진리는 복음(福音)의 찬란한 발산이요, 하느님의 속성(屬性)이다.

미스드/홀런드 여사 회상록

진실의 가장 큰 벗은 세월이고, 가장 큰 적은 편견이며, 변함없는 친구는 겸손이다.

콜튼(Charles Caleb Colton, 1780-1832)/라콘(Lacon)

나약함은 어진 것처럼 보이고, 잔인함은 의로움과 혼동된다. 욕심은 성실함과 헛갈리고, 망령됨은 곧음과 비슷하다.

청렴하되 각박하지 않고 화합하되 휩쓸리지 않는다. 엄격하나 잔인하지 않고, 너그러워도 느슨하지 않는다.

성대중(成大中, 1732-1809)/질언(質言)

오만과 허영심은 다르다. 오만해도 허영심이 없을 수 있다. 오만은 자신이 스스로를 어떻게 생각하는지와 관련되어 있고, 허영심은 타인이 우리를 어떻게 생각하는지와 관련되어 있다.

제인 오스틴

사소한 지혜는 유리잔에 든 물처럼 맑고 투명하고 순수하다. 위대한 지혜는 바다의 물처럼 어둡고 불가사의하며 헤아릴 수 없다.

타고르(Rabindranáth Tagore, 1861-1941)

군자가 예를 가지지 않으면 서인(庶人)이고, 서인이 예를 가지지 않으면 금수(禽獸)이다. 백성을 제어(制御)할 수 있음은 예가 있기 때문이고, 말(馬)을 제어할 수 있음은 고삐가 있기 때문이다.

안자(晏子)

덕(德)의 상승기에 번영하는 것은 군사기술, 덕의 안정기에 번영하는 기술은 학예(學藝), 덕의 하강기에 번영하는 기술은 관능예술이다.

베이컨/학문의 진보(1605)

도덕은 사회적 집단의 강제력의 표현으로서의 의무의 도덕과 강제 없이 유도되는 영웅이나 성자의 도덕이 있고, 종교에도 사회적 생명의 자기 보존력에 뿌리박은 의식이나 신화의 정적 종교와 사랑의 비약으로서의 동적 종교가 있다.

베르그송/創造的 進化(Creative Evolution)

□ 인간을 보는 눈

인물감정(人物鑑定)의 요점은
불우(不遇)할 때, 누구와 친하고 있었는가.
부유할 때 누구에게 베풀었는가.
높은 지위에 있을 때 어떤 사람을 등용했는가.
궁지(窮地)에 빠졌을 때, 부정을 행하지 않았는가.
빈한(貧寒)할 때, 탐취(貪取)하지 않았는가.
이 다섯 가지다.

李克(李悝, BC 455-BC 395)

동물인가 천사인가

인간의 존엄에 대하여

신은 인간을 또렷하게 구분하기가 힘든 특징을 가진 피조물로 창조하신 다음, 그를 세상의 중간에 세우시고, 이렇게 말씀하였다.
"오 아담이여, 나는 너에게 그 어떤 특정한 거주지도, 고유한 얼굴도, 특별한 재능도 부여하지 않았다. 이는 네가 임의의 거주지와 임의의 얼굴, 그리고 네가 원하는 모든 재능을 너의 의지와 너의 고유한 의사에 따라서 가지게 하기 위함이니라.
우리는 너를 천상의 존재로도, 지상의 존재로도 창조하지 않았으며, 유한한 존재로도, 불멸의 존재로도 창조하지 않았다. 이는 네가 완벽하고 자유롭고 명예롭게 행동하는 네 자신의 고유한 조각가이자 시인이 되어 네가 살고 싶어 하는 삶의 형태를 네 스스로 규정할 수 있게 하기 위함이다.

피코 델라 미란돌라(Giovanni Pico della Mirandola, 1463-1494)

사람은 습한 데서 자면 요통 때문에 죽기까지 하지만 미꾸라지도 그러한가. 사람은 높은 나무 위에서 벌벌 떨리지만 원숭이도 그러한가. 사람, 미꾸라지, 원숭이, 이 셋 중에서 어느 쪽이 올바른 거처를 알고 있는 것일까. 사람은 고기를 먹고, 순록은 풀을 먹으며, 지네는 뱀을 먹기 좋아하고, 부엉이와 까마귀는 쥐를 맛있게 먹으니, 이들 중 어느 쪽이 진짜 맛을 알고 있다 해야 하는가. 원숭이는 갈장과 짝이 되고, 고라니는 사슴과 교배하고, 미꾸라지는 물고기와 논다. 모장(毛嬙)과 여희(驪姬)는 미인으로 소문나 있지만, 이들을 보고 물고기는 숨어 들어가고, 새는 날아가 버리며, 순록은 달아나버린다. 이 넷 중 어느 쪽이 진짜 아름다움을 알고 있는가? 인의(仁義)의 발단이나 시비(是非)의 길은 어수선하고 어지럽다.

莊子

언젠가 장주(莊周)가 나비가 된 꿈을 꾸었다. 훨훨 날아다니는 나비가 된 채 노니면서도 자신이 장주라는 것은 깨닫지 못했다. 현실 속의 장주와 나비는 다르다. 이런 경지를 물화(物化)라 한다.

莊子

풍진의 험한 세상 가운데에 서 있어도 흰 구름과 흐르는 물 같은 아취(雅趣)를 지니고, 쓸쓸하고 적막한 경우에 처해도 널리 천하를 구제할 뜻을 품으며, 곤궁하고 처참한 처지에 있어도 한결같이 솔개가 하늘을 날고 고기가 연못에 뛰노는 천진(天眞)한 기운을 간직하며, 위세와 복록이 융성할 때를 살아도 깊은 연못에 다다른 듯, 살얼음을 밟는 듯한 조심성을 지닐 것이다. 마음을 풀어놓되 제멋대로 흐르지 않고, 마음을 다잡되 집착하지 아니할 것이다.

한용운(韓龍雲)

인간의 교양

모든 특별한 활동의 중심부에는 그 어떤 별도의 의도 없이 그저 천성적으로 주어진 힘을 강화 향상시키고, 자신의 존재에 가치와 지속성을 부여하려고 하는 인간이 존재한다. 그러나 순수한 힘은 스스로를 단련시킬 대상을 필요로 하고, 순수한 형태와 사고는 실체를 필요로 한다. 인간이 원래 중요하게 생각하는 것은 자신의 내면을 개선하고 고귀하게 가다듬는 것, 또는 자신을 쇠약하게 만드는 내적 불안을 평정하는 것이다. 인간의 생각은 언제나 무언가를 스스로 이해하기 위한 시도에 다름 아니고, 인간의 행동은 내면적으로 자유롭고 독립적인 존재가 되려는 의지의 실험에 다름 아니다. 인간의 모든 외적활동 그 자체는 할 일 없이 빈둥거리지 않기 위한 노력이다. 앞으로 내딛는 모든 발걸음과 최종적인 목적을 서로 결합시키기 위해 흩어진 지식과 행동을 하나의 완결된 지식과 행동으로, 단순한 박식함을 박식한 교양으로, 그저 불안하기만 한 노력을 현명한 활동으로 변화시키려고 애쓴다.

훔볼트(Wilhelm von Humboldt, 1767-1835)

양심이야말로 인간이라는 무지하고도 제한된, 그러나 총명하고도 자유로운 존재의 믿음직한 지도자다. 선에 대한 착오 없는 심판자며 인간을 신과 동등한 것으로 하는 그것이다. 양심으로부터 인간의 탁월한 천성이 나타나고 인간의 도덕적 행위가 생겨나는 것이다. 양심을 제외하고는 나 자신 속에 있는 것은 질서 없는 판단과 지도자 없는 이성뿐이다. 그리고 그 결과로서 끊임없이 착오 속에 얽매어 있는 슬픈 상태가 있을 뿐이다.

루소

선(善)

자연계, 즉 식물이나 동물에게는 선도 악도 없다. 사색함이 없는 인간에게도 선과 악은 없다. 선과 악의 구별은 인간의 정신 속에서 의식하고 판단하는 능력과 더불어 생겨나는 것이다. 인간의 정신에는 어렸을 때부터 악과의 끊임없는 투쟁이 있다. 이 투쟁의 장소는 곧 자기 자신 속에 있다.

지혜로운 자에게는 폭압이란 자신의 육체, 그리고 자신의 정욕에 국한되어 있는 것이다. 왜냐하면 이 정욕에 대한 폭압 속에 정신의 수양과 그 함양이 성립되기 때문이다.

세상의 악은 한마디로 자기의 의지를 신의 뜻이 있는 곳에 두는 것에 성립되어 있다. 진리는 항상 패배하는 자에게 있다. 패배하는 자에게는 신이 함께 하신다. 그것은 지혜로운 존재의 최초이며 기초적인 이해이다. 이 지상에서의 인간의 사명, 얼핏 생각하기에는 이해할 수 없는 슬퍼해야 할 사명, 즉 악에 저항치 말라고 하는 것이다. 항상 자신을 지는 자로서 인정하는 것, 즉 신의 종이라는 것에 있다. 그리고 이 길은 참된 종교, 인간에 대한 참된 이해 속에 비춰지고 높여지는 것이다.

지적인 존재의 행복은 진리의 승리와 그 왕국에 자리함을 의미한다. 진리의 승리와 그 왕국에 대하여는 무엇보다 먼저 정욕을 억제함이 필요하다. 진리의 왕국은 정욕, 오만, 재판, 권력 또는 폭력의 기초 위에 건설되는 일은 결코 없다. 악에 대한 무저항주의는 인생에서 이 성지(聖智)의 교훈을 실현하는 것이다.

악에 대한 무저항주의의 교훈은 악에 대한 투쟁의 처소를 한정하고 단절과 적의(敵意)의 외부세계와 평화와 사랑의 내부세계와의 모순에 관한 영원의 문제를 해결하는 것이다. 그리하여 그들 두 세계를 하나의 신의 나라에 결합시키는 것이다. 예수는 말하였다.

'이제야 하늘과 땅의 경계는 없어졌다. 그러므로 하늘의 힘은 땅의 힘이 인간에게 봉사하고 있듯이 인간에 대하여 봉사하리라.'

부카

인간에게 동물보다 큰 우월성을 부여한 이성은 그 일면에는 불이익을 주고 있는데 그것은 동물은 빠지지 않는 유혹의 길을 인간에게는 열어 놓았다는 것이다. 그 길로 인하여 동물로서는 인식할 수 없는 새로운 충동이 인간의 의지를 굴복시키는 힘을 얻게 된다.

대중은 모범이나 습관 같은 어릴 때부터 알고 있는 이해에 근거하여 성장한다. 결국 대중들에게 진실된 것, 슬기로운 것을 가장 어리석은 것과 혼합시키는 일을 간단하게 이루어간다. 거기다 대중들에게 신성한 것에 대한 공포심을 불러 일으켜 자기의 육체나 마음까지 먼지와 같은 존재로 생각하게 하고, 자기의 생활이나 재산을 말씀(계율)이나 이름 때문에 스스로 의탁하게 하며, 단순히 어떤 의지에 좌우되어 어떤 사람을 존경하고 혹은 모욕한다. 오류의 편견이 비극임은 그 실제적인 면에서 그러하고 희극임은 논리적인 면에서도 그러하다. 아무리 어리석은 짓이라도 가르쳐지면 대중의 전체적인 신념이 된다. 슬기가 우리들 속에서 생긴 이롭지 못한 측면은 이상 말한 바와 같은 일들이다.

평균적인 수준의 인간이 보여주는 지적 시야는 미래와 과거를 의식하지 않고 모든 전제를 현재에 국한시키는 동물의 시야를 초월하는 데는 성공했지만, 그 무한이라는 거리가 사실은 동물적인 시야로 관찰한 결과는 아닌가.

이 세계가 진지하게 생각하는 생물들로 넘쳐나고 있다면 모든 종류의 소음이 무제한적으로 방임되는 현실은 결코 올 수 없었을 것이다. 현재 우리가 느끼는 두려움은 온갖 종류의 소음에서 시작되었다.
자연의 사색을 인간의 본성이라고 정의한다면, 자연은 소음에 약한 인간에게 결코 귀를 달아주지는 않았을 것이다. 다른 동물들과 마찬가지로 빈약한 동물로서의 삶이 인간의 실상이며, 이를 위해서는 세상의 모든 소음에 귀를 열어두는 수밖에 없다. 그 귀를 통해서만 우리의 존재를 의심하는 추적자로부터 도망칠 수 있기 때문이다.

쇼펜하우어

이성(지혜)은 시각과도 같다. 사색은 통일성이 없는 사색의 법칙의 결과에서가 아니라 지적인 원시, 근시의 정도 여하에 따라 상이한 지혜 그리고 덕성의 한계를 보여 준다.
지혜로운 사람은 인간에게 옛날부터 주어진 사상과 감정을 자연스럽게 발휘하도록 조력한다. 슬기로운 사람의 역할은 망원경과도 같다.

스트라호프(Pyotr Strahov, 1757-1813)

노예가 얼마나 자유롭게 살고 싶어 하는가를 보라.
무엇보다 먼저 쇠사슬에서 풀려나기를 원한다. 그러나 일단 쇠사슬에서 풀려나면 곧 그는 환심을 살 상대를 만나고자 온갖 비열한 행동을 거리낌 없이 할 것이다. 이러한 인간이 부자가 되면 음탕한 여자를 연인이라고 데리고 다닐 것이다. 그리고는 고민하고 울기 시작한다. 이전보다 고통스러운 일이 생기면 그는 노예시절을 생각하면서 이렇게 말한다. '그때는 주인이 한 사람 뿐이었는데 지금은 도대체 몇 사람인가? 부자가 되려면 대체 몇 사람의 환심을 사야 하는가.'
 그러나 이 노예는 완전한 깨달음에 이르지 못한다. 무엇이 참된 인생의 행복인가를 깨달아야 한다. 자기 인생의 한 걸음 한 걸음을 자기 마음속에 흔적을 남길 수 있는 진(眞)과 선(善)의 법칙에 따라서 걸어 나가는 것을 알아야 한다. 그 후에야 그는 참된 자유를 얻을 것이다.

에픽테투스

너에게는 세 가지 관계가 있다. 너를 담고 있는 그릇과의 관계, 거기에서 모두에게 일어나는 것의 원천인 신적인 원인과의 관계, 더불어 살고 있는 사람들과의 관계이다.

명심해야 할 일 셋이 있다. 정의가 용납하지 않거나 제멋대로 행하는 행동은 절대로 하지 말고, 외적인 요인에 따라 발생할지도 모르는 상황에 대해서는 우연을 탓하거나 섭리를 비난하지 말아야 한다. 둘째, 최초의 씨앗으로부터 영혼의 탄생까지, 그리고 영혼을 되돌려줄 때까지 저마다의 존재가 무엇인지를, 무엇으로 이루어졌으며 소멸된 다음에는 무엇으로 돌아가는지를 생각해 보라. 셋째, 그대가 갑자기 공중으로 떠올라서, 인간들의 다양함이 얼마나 대단한지를 살펴보고, 살아가는 존재들의 숫자가 얼마나 많은지를 둘러보고 그렇게 공중으로 올라갈 때마다 똑같은 대상들을, 형태가 단조롭고 짧은 시간만 존재하는 똑같은 광경을 보게 되리라는 생각을 하라.

이성 없는 동물들과 사물들과 대상 일반에게 관대하고 너그럽게 대하라. 너는 이성이 있지만 그것들은 이성이 없기 때문이다. 인간들에게는 우애로써 대하라. 그들은 이성이 있기 때문이다.

행복한 삶을 영위하기 위해서는 세 가지 최상의 재화, 즉 도덕성·이성·의욕이 필요하므로 이에 상응하는 세 가지 삶, 즉 정치적 삶, 철학적 삶, 향락적 삶의 형태가 있다. 철학적 삶은 이성에 봉사하여 진리의 관조적 인식을 얻고자 최대의 노력을 기울인다. 정치적 삶은 명예로운 행위를 전개한다. 향락적 삶은 감각적 욕망을 채우는 데 몰두한다.

소크라테스는 나이가 들어서 도덕성에 인생의 목적이 있다고 믿었다. 소크라테스는 도덕성이 무엇인가는 연구하였지만, 도덕성이 어떻게 무엇으로부터 생겨나는지는 다루지 않았다.

마르쿠스 아우렐리우스/명상록

인간의 위대함과 비참함

인간의 본성을 두 가지 방법으로 파악할 수 있다. 한 가지는 인간이 가지고 있는 목표의 측면을 통해서다. 이 부분에서 인간은 위대하고 어디에도 비길 데 없는 존재다. 다른 한 가지는 일반 표준에 의거하여 판단을 하는 것이다. 이 부분에서 인간은 비천하고도 구제불능의 존재다. 이 두 가지 방법은 우리가 인간에 대해서 너무 상이한 판단을 내리도록 만들고, 철학자들 사이에서 지나치게 많은 논쟁을 불러일으킨다. 한쪽은 그가 하는 모든 행동이 그 목적에 위배된다는 이유를 들어 인간이란 이런 목적을 위해 태어난 존재가 아니라고 주장한다. 다른 한쪽은 그처럼 저급한 행동을 하는 것은 목적에서 멀리 동떨어진 행위라고 말한다. 인간은 사유를 하기 위해 창조된 존재다. 그것이야말로 인간의 존엄성이자 인간의 업적이다. 올바른 사유를 하는 것은 인간의 의무다. 그런데 사고의 질서는 인간에게 자기 자신을 출발점으로 삼기를, 그것도 자신을 창조한 존재와 자신의 종말을 사고의 출발점으로 삼기를 요구한다.

인간은 엄청나게 위대한 존재다. 인간은 자기 자신이 비참한 존재라는 사실을 알고 있기 때문이다. 나무는 자신의 비참함을 전혀 모른다. 요컨대 자신이 비참한 존재라는 사실을 알고 있는 자만이 비참한 것이다. 그러나 자신이 비참한 존재라는 사실을 알고 있는 것만이 위대한 일이다.

진실을 원하지만, 우리 속에서 발견할 수 있는 것이라고는 온통 불확실성뿐이다. 행복을 추구하지만, 우리가 발견할 수 있는 것이라고는 비참함과 죽음뿐이다. 이런 욕구가 우리에게 주어진 것은, 우리를 벌주기 위해서이기도 하지만, 우리가 무엇에 걸려 넘어졌는지 깨닫게 하기 위함이다.

파스칼

죽느냐 사느냐, 그것이 문제로다
어떤 것이 더 고결한 행동일까?
미쳐 날뛰는 운명의 화살과 공격을 묵묵히 견뎌내는 걸까
아니면 무기를 들고 괴로움의 바다에 맞서 싸우고
저항하면서 그것을 끝내버리는 걸까
죽는다는 것, 잠든다는 것, 그 뿐이다. 누가 알겠는가
잠은 가슴속의 고통과 우리의 육체가 물려받은
수천에 달하는 충격을 끝낼 것이다
그것이야말로 진정으로 바라던 목표가 아니던가
현세의 갈망을 떨쳐버리고 잠이 든 우리에게
과연 어떤 꿈이 찾아오게 될 것인가
그것이 우리를 멈추어 서게 한다
이런 망설임, 이런 번민으로
우리는 나이를 먹고 고령에 이르게 된다
그렇지 않다면 도대체 누가 시대의 조롱과 채찍
권력가의 압제와 오만한 자들의 학대
거부당한 사랑의 고통과 정의의 유예
관청의 오만방자함과 치욕을 참아 넘기겠는가
다만 죽음 뒤에 다가올 그 무엇에 대한 두려움이
그 어떤 나그네도 다시 돌아오지 못했던 저 미지의 땅이
그 의지를 혼란에 빠뜨려
미지의 땅으로 도망치느니
차라리 우리가 겪고 있는 불행을 감내하도록 만든다
그리하여 양심은 우리 모두를 겁쟁이로 만들어버린다
결의의 저 자연스러운 색깔이
생각의 창백함에 병약해지고

골수를 가득 채우고 있는 확고한 계획들도
이런 망설임으로 말미암아 궤도를 이탈한 채
결국 실행에 옮겨지지 않는다

셰익스피어/햄릿

악은 용이하고 게다가 무수히 많다. 선은 거의 하나밖에 없다. 그러나 어떤 종류의 악은 선이라고 불리는 것과 마찬가지로 찾아내기 어렵다. 그런 이유 때문에 특수한 악이 선으로서 때때로 통용된다.

자아는 두 성질을 가지고 있다. 그것은 만물의 중심이 되기 때문에 그 자체가 부정하고 남을 종속시키려 하기 때문에 남에게 불쾌하다. 왜냐하면 각자의 '자아'는 서로 상대방에 대해 적이요, 다른 모든 '자아'에 대해서 폭군이 되려 하기 때문이다.

이 세상에 있는 모든 것이 육신의 정욕과 안목의 정욕과 이생의 자랑이니(관능욕, 지배욕). 불행한 것은 이 셋의 불의 강이 물로 적신다기보다는 불로 태우고 있는 저주받은 땅이로다! 다행한 것은 이들 강 위에 있으면서도 가라앉지 않고, 휩쓸려 들지 않고, 태연하게도 움직이지 않고, 서지도 않고, 낮은 안전한 장소에 앉아 있는 자들이로다!

사물에는 세 가지 질서가 있다. 즉 육체, 정신, 의지가 곧 그것이다. 부자나 왕후들은 육체를, 탐구자와 학자들은 정신을, 현자들은 정의를 대상으로 한다.
신은 만물을 지배해야 하고 만물은 신에게 귀의(歸依)해야 한다. 육체에 관한 사물은 탐욕의 지배를 받고, 정신에 관한 사물은 탐구심의 지배를 받으며, 지혜에 관한 사물은 오만의 지배를 받는다.

자기 속에 도사리고 있는 자애심을 미워하지 않고 또 자기를 선동해 신을 만들려는 본능을 미워하지 않는 사람은 눈이 먼 사람이다. 우리가 신에 비등한 값어치를 가지고 있다고 생각함은 미친 노릇이기 때문이다. 그럼에도 어떠한 종교도 자애심이 죄라는 것, 우리가 날 때부터 그 속에 있다는 것, 거기에 반항하지 않으면 안 된다는 것을 지적하지도 않고 그 치료법을 제공하는 것도 생각하지 않았다.
죄의 두 원천은 건방짐과 게으름이기 때문에 신은 두 가지 성질, 즉 긍휼과 정의를 우리에게 밝혀주었다. 정의의 특징은 건방짐을 때려 부수는 데 있다. 긍휼의 특징은 선행을 권해 게으름과 싸우는 데에 있다. 우리의 감성이 참회에 반대하지 않고, 우리의 부패가 신의 깨끗하심에 반대하지 않았더라면 신앙의 세계에 들어가는 데 있어 고통이 되는 것은 아무것도 존재하지 않았을 것이다.

신의 마음에도 들고 인간의 마음에도 드는 것만큼 위험한 것은 없다. 왜냐하면 신과 인간의 마음에 드는 상태는 신의 마음에 드는 것과 인간의 마음에 드는 것을 따로따로 지니고 있기 때문이다. 신의 마음을 기쁘게 한 것은 성 테레사가 계시를 받았을 때의 깊은 겸허요, 인간의 비위를 맞춘 것은 그녀의 지혜다.
선택된 자들을 비추기에는 충분한 빛이 있고, 그들을 겸허하게 하는 데에는 충분한 어둠이 있다. 버림받은 자들을 눈멀게 하는 데에는 충분한 어둠이 있고, 그들을 정죄하고 변명할 수 없도록 하는 데에는 충분한 빛이 있다.
신은 숨어 계시기 때문에, 신이 숨어 계심을 말하지 않는 종교는 모두 참되지 않다. 또 그 이유를 밝히지 않는 종교도 모두 유익하지 않다.
모호함이 없다면 인간은 타락을 깨닫지 못할 것이다. 빛이 없다면 인간은 구원을 바라지 않을 것이다. 따라서 신이 부분적으로 감추어져 있고 또 부분적으로 나타나 있다는 것은 우리에게 정당할뿐더러 또 유익하기도 하다. 왜냐하면 자기의 비참함을 모르고 신을 앎도, 신을 모르고서 자기의 비참함을 앎도 인간에게는 마찬가지로 위험하니 말이다.

파스칼/팡세

이름 없는 것을 천지의 처음,

이름 있는 것을 만물의 어미라 한다.

욕심이 없으면 그 묘함을 보고,

욕심이 있으면 그 가장자리만 본다.

이 둘은 사람의 앎으로 나와 이름만 달리했을 뿐이다.

그 같은 것을 일컬어 가믈타고 한다.

있음과 없음은 서로 생하고

어려움과 쉬움은 서로 이루며

길음과 짧음은 서로 겨루며

높음과 낮음은 서로 기울며

노래와 소리는 서로 어울리며

앞과 뒤는 서로 따른다.

그러므로 성인은 함이 없음의 일에 처하고

말이 없음의 가르침을 행한다.

만물은 스스로 자라나는데

성인은 그를 자라게 한다고 간섭함이 없고,

잘 생성시키면서도 그 열매를 소유함이 없고,

잘 되어가도록 하면서도 그것에 기대지 않는다.

성인의 다스림은

그 마음을 비워 그 배를 채우게 하고

그 뜻을 부드럽게 하여 그 뼈를 강하게 한다.

백성으로 하여금 앎이 없게 하고 욕심이 없게 한다.

대저 지혜롭다 하는 자들로 하여금 감히 무엇을 한다고 하지 못하게 한다.

함이 없음을 실천하면 다스려지지 않음이 없을 것이니.

도는 텅 비어있다. 아무리 퍼내어 써도 고갈되지 않는다.

그윽하도다! 만물의 으뜸 같도다.

날카로움을 무디게 하고 얽힘을 푸는 도다.
그 빛이 튀쳐남이 없게 하고 그 티끌을 고르게 하네.

도덕경

인하지 못한 기질이 우세하면 기교와 권력은 사람을 해치는 도구가 되며, 탐욕으로 어그러진 본성이 우세하면 강인함과 용맹함은 화(禍)를 낳는 원인이 된다. 선한 감정으로 나쁜 사람을 구휼해 주는 경우는 해가 되는 데 이르지는 않는다. 사랑과 은혜의 감정이 돈독하면, 오만하고 무례한 사람이라도 떠나가지 않는다. 좋은 일을 도와서 광명정대하게 한다면, 악을 미워하더라도 해가 되지는 않는다. 남을 구제하는 일에 매우 후하다면, 다른 사람의 재물을 취한다고 해도 탐욕스럽게 여겨지지는 않는다.

말을 솔직하게 하고 정직하게 드러내는 자는 '순수한 사람'이다. 말과 응대를 통해 견해를 드러내지 않는 자는 '속이 컴컴한 사람'이다. 씨줄과 날줄, 검은색과 흰색처럼 시비분별이 명확한 자는 '이치에 통달한 사람'이다. 말을 자주 바꾸고 정론이 없는 자는 '혼란스런 사람'이다.
아직 일어나지 않은 일을 미리 아는 자는 '성인'이다. 지난 일을 검토하여 드러나지 않은 일을 성찰하는 자는 '슬기로운 사람'이다. 일을 식별하는 것이 남보다 뛰어난 자는 '명석한 사람'이다. 뛰어난 재주를 감추고서 어리석은 체하는 자는 '지혜로운 사람'이다. 은미하고 난해한 것을 인식해내는 자는 '신묘한 사람'이다. 언행이 아름다우며 어둡지 않은 자는 '탁 트인 사람'이다. 헤아려 볼수록 속이 깊은 자는 '신실한 사람'이다. 억지로 끌어다 맞춰 놓고 과장하는 자는 '허황된 사람'이다. 자신의 뛰어난 점만 드러내고자 하는 자는 '모자란 사람'이다. 자신의 재능을 자랑하고 '순전히 남의 잘못을 들추어내기만 좋아하는 사람'은 본성이 이그러져서 실은 공정하지 못하고, '남의 잘못을 들추어내는 듯하는 사람'은 정직한 것처럼 보이지만 실은 선량한 사람마저 비판하려고 한다. '순전히 호탕한 사람'은 대범한 듯이 보이지만 실은 도에 통달하지 못하고, '호탕한 듯 하는 사람'은 도에 통한 것처럼 보이지만 실은 행실이 오만하고 절도가 없다.

정직 온화한 자는 덕 있는 사람이다. 정직하지만 남의 잘못을 지적하기를 좋아하는 사람은 편벽된 사람이다. 남의 잘못을 지적하지만 정직하지 못한 자는 사이비적 인물이다. 순리대로 살면서 절도를 지킬 줄 아는 자는 통달한 사람이다. 통달하였지만 때때로 절도가 없는 자는 편벽된 사람이다. 호탕하지만 절도가 없는 사람은 사이비적 인물이다. 편벽된 사람과 사이비적 인물은 지향점은 같지만 재질은 서로 어긋나는데, 이런 사람들이 '그런 것 같지만 그렇지 않은 인물'들이다.

쉽게 응낙하는 자는 의욕에 넘치는 것 같지만, 실제로는 믿음성이 없다. 많은 일을 쉽게 처리하는 자는 능력이 있는 것 같지만, 실제로는 효력이 없다. 일을 재빨리 하는 자는 정성을 쏟는 것처럼 보이지만, 실제로는 그만두는 것도 빠르다. 꾸짖기 좋아하는 사람은 이치를 통찰한 것처럼 보이지만 실제로는 일을 번거롭게 만들어 버린다. 남의 잘못을 잘 지적하는 자는 지혜가 있는 것처럼 보이지만 실제로는 이루는 것이 없다. 면전에서 순종하는 사람은 충성스러운 것처럼 보이지만 물러나서는 태도를 바꾼다. 이러한 자들은 모두 '그런 것 같지만 그렇지 않은 사람'이다.

이와 달리 '그렇지 않은 듯하지만 실제로는 그런 사람'도 있다. 위대한 권력가는 간신처럼 보이지만 실제로는 공이 있는 사람이다. 지혜로운 자는 어리석은 것처럼 보이지만 실제로는 명석한 사람이다. 폭넓은 사랑을 베푸는 사람은 속이 빈 것처럼 보이지만 실제로는 내면이 충실한 사람이다. 바른 소리를 하는 사람은 단점을 지적하는 것처럼 보이지만 실제로는 충정이 가득한 사람이다.

치우친 재질을 가진 사람은 모두 단점이 있다. 정직한 자의 단점은 타인의 결점을 지적하는 것이고, 의지가 굳센 자의 단점은 매몰찬 것이며, 잘 화합하는 자의 단점은 유약한 것이고, 절개 있는 자의 단점은 고집스런 것이다. 정직한 자가 타인의 단점을 지적하지 않는다면 그 정직함을 이룰 수 없다. 그의 정직함을 좋게 여긴다면 타인의 단점을 지적하는 것을 비난해서는 안 된다. 타인의 단점을 지적하는 것은 정직한 자의 특징이다.
의지가 굳센 자가 매몰차지 않다면 그 굳셈을 이룰 수 없다. 그 굳셈을 좋게 여긴다면 그의 매몰참을 비난해서는 안 된다. 매몰찬 것은 굳센 자의 특징이다.
남과 잘 화합하는 자가 유약하지 않다면 그는 잘 화합하는 성향을 유지할 수 없다. 그 화합함을 좋게 여긴다면 유약함을 비난해서는 안 된다. 유약한 것은 화합하는 자의 특징이다.

대개 이치에는 종류가 많으니 통달하기도 어렵고 사람의 재질이 다르니 성정도 각기 다르다. 꾸밈없고 담백하며 생각이 깊고 현묘하여 자연의 도리에 통할 수 있는 사람은 '도의 이치'에 대해, 투철하고 임기응변의 꾀가 민첩하여 번잡하고 시급한 일을 법과 제도로 잘 처리할 수 있는 사람은 '사의 이치'에 대해, 화평하고 예의와 교육을 잘 논할 수 있어서 그 득실을 가려낼 수 있는 사람은 '의의 이치'에 대해, 이해하는 데에 기민하여 감정 변화에 적절히 대처할 수 있는 사람은 '정의 이치'에 대해 각각 일가를 이룬 사람이다.
곧으나 온유하지 못하면 나무토막처럼 고집스럽게 되고, 굳세지만 이치에 밝지 못하면 난폭하게 되며, 견고하나 깊이 살피지 못하면 어리석게 되고, 기가 드세지만 맑지 않으면 경박해지며, 성격은 화창하지만 평정을 유지하지 못하면 들뜨게 된다.
중용의 재질은 오상(五常)을 갖추고 이를 담백한 맛으로 감싸 안았기 때문에 안으로는 다섯 재질이 충만하고 밖으로는 다섯 기운이 빛나게 되어, 눈빛으로는 오색의 광채를 드러내게 되는 것이다.

네 가지 이치의 명철함이 달라서 성정에도 아홉 가지의 치우침이 있다.
첫째, '굳세지만 꼼꼼하지 못한 사람'은 미세한 일을 처리할 줄 모른다.
둘째, '지나치게 엄격한 사람'은 자신을 굽힐 줄 모른다.
셋째, '고집스럽고 강경한 사람'은 사실 따지기를 좋아한다.
넷째, '변론을 잘하고 구변이 좋은 사람'은 말이 번쇄하고 의견이 날카롭다.
다섯째, '성정이 차분하지 못하고 이랬다저랬다 하는 사람'은 깊이 생각할 줄 모른다.
여섯째, '이해력이 얕은 사람'은 어려운 일을 깊이 있게 사고할 줄 모른다.
일곱째, '관대하고 너그러운 사람'은 민첩하지 못하다.
여덟째, '따뜻하고 부드러운 사람'은 기가 세지 못하다.
아홉째, '기발함을 좋아하는 사람'은 제멋대로 하고 특이한 것만을 추구한다.

성품이 정밀하고 맑지 않으면, 일곱 가지의 사이비가 있는 주장을 하게 된다.
첫째, 깊이 생각하지 않고 지껄여서 이야기를 늘어놓는 사람이 있으니, '막힘없이 흐르는 듯' 하는 것이다.
둘째, 알고 있는 이치는 적은데도 제시하는 단서는 많은 사람이 있으니, '박식한 이해가 있는 듯'하는 것이다.
셋째, 빙 둘러 말하여 다른 사람의 뜻과 합치하고자 하는 사람이 있으니, '찬성하여 이해한 듯'하는 것이다.
넷째, 맨 뒤에 말하여 어른인 듯 많은 사람들이 편안히 여기는 바를 따르는 사람이 있으니, '판단을 잘 내리는 듯'하는 것이다.
다섯째, 논란거리를 피하여 응답하지 않고 '여유가 있는 듯'하는 사람이 있는데, 실은 잘 모르는 것이다.
여섯째, 통하기를 원하면서 입으로만 알아듣는다고 하는 사람이 있으니, '사실은 기뻐하지 않는 것'이다.
일곱째, 이기려는 마음 때문에 궁색해지면 묘한 말로 둘러대고 불리해지면 남의 말꼬리를 잡고 늘어지는 사람이 있는데, '이치상으로 굽힐 수 없는 듯'이 하는 것이다.

총명함으로는 다른 사람의 말에 담긴 조리를 알 수 있어야 하고, 생각으로는 타당한 근거를 제시할 수 있어야 하며, 명석함으로는 기미를 볼 수 있어야 하고, 말로서는 자기의 뜻을 변론할 수 있어야 하며, 민첩한 사유로서 잘못을 고칠 수 있어야 하고, 방어력으로서 상대방의 공격을 막을 수 있어야 하고, 공격력으로 상대의 주장을 격파할 수 있어야 하며, 상대방의 주장을 격파하고 나서는 입장을 바꾸어 상대방의 의견도 경청할 수 있어야 한다.

세속을 초월하여 높은 경지에 있는 이는 세 가지 등급을 넘어서서 노닌다. 크게 공이 없으면서 스스로 뽐내는 것이 아래 등급이고, 공이 있어서 자랑하는 것이 중간 등급이며, 큰 공이 있으나 자랑하지 않는 것이 상위 등급이다. 어리석고 이기기를 좋아하는 사람은 아래 등급이고, 현명하지만 자부심을 갖는 것이 중간 등급이며, 현명하면서 겸양할 줄 아는 것이 상위 등급이다. 자신에게는 게을리 하면서 남을 몰아치는 것은 아래 등급이고, 자신과 남에게 모두 엄격한 것은 중간 등급이며, 자신에게는 엄격하되 남에게는 관대한 것은 상위 등급이다.

청절지인(淸節之人)은 정직함을, 법제지인(法制之人)은 법도를 따르는 것을, 술모지인(術謀之人)은 지략과 계책을, 기능지인(器能之人)은 관리·감독 능력을, 지의지인(智意之人)은 남의 뜻을 헤아리는 능력을, 기량지인(伎倆之人)은 공리적 효용을, 장비지인(臧否之人)은 사찰 능력을, 언어지인(言語之人)은 변별력과 분석력을 각각 척도로 삼는다.

사람을 관찰하는 데 범하기 쉬운 일곱 가지 잘못(七繆)

· 인물 평판을 편파적으로 받아들이는 잘못

· 사람들을 대할 때 좋아하고 싫어하는 감정의 치우침

· 타인의 마음을 크고 작음으로만 판단하는 오류
· 사람의 자질을 성취의 빠르고 늦음으로만 평가하는 착오
· 같은 성향의 사람들은 너그럽게 받아들이고, 성향이 다른 이들을 배척하는 경향
· 인재를 이끌어 주거나 억눌러 버리는 극단적 태도
· 기발한 점을 평가할 때, 극찬을 하거나 이상한 사람이라고 일축해 버리는 오류

劉劭/人物志(239)

· 성격이 거친 사람은 정교하지 못해 원대해 보이지만 구체적인 문제를 접하면 조악해진다.
· 자존심이 강해 쉽게 격분하는 사람은 약속과 책임은 중시하지만 변화에 적응하는 능력이 떨어진다.
· 실사구시의 사람은 세밀하고 구체적인 원칙에서는 선명하지만 중대한 도리를 대할 때는 깊이 있는 태도를 취하지 못한다.
· 변론에 능한 사람은 반응이 민첩하지만 본질에 부딪히면 엉성하고 서툰 모습을 보이기 쉽다.
· 남의 말을 잘 듣는 사람은 친밀함과 넉넉함으로 사랑을 받지만 산만한 사고 때문에 조직을 장악하지 못한다.
· 지식이 얕은 사람은 문제의 본질을 파악하지 못하기 때문에 쉽게 만족하고 쉽게 포기한다.
· 부처님 토막 같은 사람은 행동력이 떨어지므로 난세에 적합한 인재가 아니다.
· 무난하게 지내는 사람은 결단력이 없어 큰일을 그르친다.
· 남과 다른 것을 좋아하는 사람은 갈등을 유발하지만 언젠가 꼭 쓸 데가 생긴다.

렁청진((冷成金, 1962-)/변경(辨經)

정의는 이 세상을 떠날 때,
그들 속에 마지막 자국을 남겨 둔다.

베르길리우스(Publius Vergilius Maro, BC 70-BC 19)

소년은 앞을 내다보고, 노년은 뒤를 돌아보라. 이것이 야누스신의 양면의 얼굴(Januskopf)을 뜻함이 아니던가.

지나간 인생을 즐길 수 있음은
두 번 살아 보는 것과 같다

마르티알리스(Marcus Valerius Martialis, 38?-102?)

플라톤은 늙은이들에게, 청년들이 운동하고 춤추며 경기하는 데에 참석해서, 이미 그들이 갖지 않은 아름답고 부드럽던 신체를 남의 것에서 즐겨 보고, 그들의 추억 속에 이 꽃다운 시절의 은총과 우아미를 되살려 보라고 명령하며, 이런 오락에서 젊은이들 중에 가장 많은 사람들을 유쾌하게 즐겨 준 자에게 승리의 영광을 수여하기를 바라고 있다.

가련한 인간아, 그대는 일부러 꾸며 내서 늘이지 않아도 살아가는 데 필요한 재앙을 너무나 많이 가지고 있다. 기술적으로 불행을 만들어 내지 않아도 그대는 인간조건 자체로 너무나 불행하다. 공상으로 그런 것을 꾸며내지 않아도 본질적으로 실지의 추악한 것을 넉넉하게 가지고 있다. 편안한 것이 불쾌하게 되어 주지 않으면 편안이 너무 지나치다고 보는가.

정신의 가장 자연스럽고 효과있는 훈련법은, 논변(論辯)하는 일이다. 이런 이유에서 듣기와 말하기를 버리기보다는 보기를 버리는 편에 동의할 것이다.
서적에 의한 공부는 동작이 느즈러지고 힘없으며 열기를 올리지 못한다. 그런데 토론은 단번에 배워 주고 훈련시킨다.

우리들의 정신은 힘차고 조절된 정신과의 의사소통에서 강화되는 것이기 때문에, 병적인 저속한 정신들과 끊임없이 교섭하고 자주 상종함으로써 얼마나 타락하며 손해를 보는 것인지는 이루 다 말할 수가 없다. 이보다 더 잘 전염하여 퍼지는 것은 없다.
생이여, 그대는 무용하게 사거(死去)의 시간과 죽음이 어느 노순(路順)으로 가까이 오는가를 탐지하려고 한다.

프로페르티우스(Sextus Propertius, BC 50-BC 15)

확실한 파멸을 급격히 당하기는 공포의 고심을 오래 겪기보다 덜 괴롭다.

막시미아누스 헤라큘리우스(Maximianus Herculius, 250-310)

영혼의 본성을 최고선(最高善)으로 앙양하고, 육체의 본성을 악이라고 처단한다면, 그는 확실히 영혼을 육체적으로 총애하고 육체를 육체적으로 도피하는 것이다. 그는 신성한 진리에 의함이 아니고 인간적 허영으로 그들을 판단하고 있기 때문이다.

아우구스티누스(Aurelius Augustinus, 354-430)

인격의 독립과 자유

계몽이란 사람이 자기의 미성년(未成年) 상태를 벗어나는 일이다. 미성년 상태란 남의 지도가 없으면 자기 오성(悟性)을 사용하지 못하는 상태이다. 그러므로 '부디 현명하여라', '자기 자신의 오성을 사용하고 용기를 가져라'. 이것이 계몽의 표어이다.
많은 사람들은, 자연이 그들을 남의 지도에서 해방시킨 뒤에도(신체가 다 성숙한 뒤에도), 일생 동안 미성년 상태에 머물러 있으며, 또한 남이 그들의 보호자 노릇을 하는 것을 용납하고 있는데, 그 원인은 사람들이 게으르고 자기 오성의 독립을 두려워하기 때문이다.
실제로 미성년 상태에 머물러 있는 것은 매우 마음이 편하다. 나를 대신해서 사물을 이해하는 책이 있고, 양심을 가진 목사가 있고, 음식을 가려 주는 의사가 있으면, 나는 전혀 스스로 애쓸 필요가 없다. 또한 어떤 경우에는 스스로 생각을 할 필요도 없다.

사람들은 성년, 즉 오성의 독립과 자유로운 행사에 다다르려고 하는 걸음걸이를 번거롭고 위험한 일로 생각하고 있는데, 그것은 실은 뒤에서 돌보아 주는 듯이, 그들에 대한 감독을 맞고 있는 보호자들의 교활한 술책이다.

제도나 형식은 그것이 유익할 때에는 사람이 타고난 재능을 합리적으로 활동시키는데 도움이 되고, 그것이 해로울 때에는 그 올바른 활동을 그르치는 기계적 도구가 되는데, 이 도구야말로 미성년 상태에서 벗어나는 노력을 속박하는 굴레이다.

역사에 이따금 일어나는 혁명도 전제정치의 압제로부터 벗어나기는 하겠지만 '보고 느끼고 생각하는 방식'의 진정한 혁신은 이루어지지 않고 새로운 선입관이 다시금 시민을 이끌어 가는 것은 전과 다름이 없다(시민들 각 개인이 자기 자신을 계몽시키지 않는 한).

칸트/계몽에 대하여

성숙(成熟) 인간의 특성

· 현실을 주관이나 선입견을 최대한 배제하면서 객관적으로 살피려 노력한다. (현실인식)

· 꾸밈없이 자신을 표현한다. (솔직·자연스러움)

· 자기 일에 헌신적인 정열을 바치고 일에서 돈이나 명성을 구하기보다 더 높은 가치를 발견하려 한다. (일에 대한 성실)

· 스스로 결정하며 사생활을 존중하고 강한 독립심을 갖고 있다. (독립성)

· 자신의 욕구불만이나 결핍, 위기와 같은 외적 환경에 덜 지배당한다. (자율성)

· 일상적이고 평범한 것에도 싫증내거나 지루해하지 않는다. (신선한 감각 유지)

· 이웃과 사회, 인류에 대해 관심이 많고 애정을 느낀다. (사회적 관심)

· 사회계층, 교육수준, 종교, 인종 등에 구애받지 않고 관대하며 수용적이다. (민주적 성향)

· 어떤 상황에서나 자신이 정의한 윤리와 도덕을 지키려 한다. (선과 악의 구별)

· 어떠한 직업을 가졌든 새로운 시각으로 사물을 대하고 혁신적인 태도를 견지한다. (창의력)

· 남에게 상처를 줄 수 있는 것, 음탕한 것, 우월감을 나타내는 유머는 삼간다. (유머감각)

매슬로(Abraham Harold Maslow, 1908-1970)

위대한 역설

사람들은 종종 변덕스럽고 불합리하며
자기중심적이다
그럼에도 그들을 용서하라.

친절을 베풀면
이기적이거나 무슨 저의가 있을 거라고 탓할지 모른다.
그럼에도 친절하라.

정직하고 솔직하면
사람들이 속일지도 모른다.
그럼에도 정직하고 솔직하라.

오랫동안 쌓아올린 것을
누군가 하룻밤 새 무너뜨릴지도 모른다.
그럼에도 그것을 쌓아라.

평온과 행복을 얻으면
그들은 시샘할지 모른다.

그럼에도 행복하라.

오늘 한 선행을
사람들은 내일 잊어버릴 것이다.
그럼에도 선을 행하라.

가진 최고의 것을 세상에 줘도
충분하지 않다고 할 것이다.
그럼에도 네 최고의 것을 세상에 주어라.

키스(Kent M. Keith, 1949-)

결국 자연전체 가운데서 인간은 무엇인가. 무한에 비추어 보면 無와도 같고 무에 비추어 보면 전부라고도 할 수 있으니 필시 무와 전체의 중간일 것이다. 인간은 본래 타고난 성정 때문에 아무런 권태의 이유가 없는데도 권태를 느낄 만큼 불행한 존재이다.

파스칼

인간이란 서로 다른 지각들의 다발이거나 집합에 불과한 것으로, 그것은 생각할 수 없는 빠른 속도로 서로를 결합시키며, 상호운동을 하는 항구적인 유동상태에 있다.
인간은 그들의 본성을 변화시킬 수 없다. 그들이 할 수 있는 것은 상황을 변화시켜서, 정의를 따르는 사람은 직접적 이익을 얻게 하고, 정의를 어기는 사람은 이익을 얻기 어렵게 만드는 일 뿐이다.

흄

가난하게 살면 잡다한 저자거리에 살아도 서로 아는 이가 없을 것이요, 넉넉하게 살면 깊은 산골에 살아도 먼 곳에서 찾아드는 친구가 있다.
(貧居鬧市 無相識 富住深山 有遠親)

明心寶鑑

孔子는 '사색함이 없이 학습함은 혼란된 일이나 학습함이 없이 사색함은 위태로운 일이다.'하였는데, 후기 유학자의 한 사람은 주지적 태도를 '넓게 공부하고 세심히 탐구하고 신중히 사고하고, 명백히 분석하고 열심히 실행하라.'고 하였다.

위태함을 알고 험함을 알면 덫은 없을 것이요, 착한 이를 추어올리고 어진 사람을 천거하면 안신(安身)의 길이 있으리라. 인을 베풀고 덕을 폄은 곧 대대의 영광을 가져옴이요, 질투하고 시기하는 마음을 품고 원한을 보복함은 자손에게까지 환난을 끼쳐줌이다. 남을 해치고 나만을 이롭게 하면 출세하는 자손이 없을 것이요, 뭇사람을 해쳐서 성가(成家)를 한다면 어찌 그 부귀가 장구하겠는가. 이름을 갈고 모습까지 다르게 해야 됨은 다 교언(巧言)으로 말미암아 생겨나고, 앙화가 일어나 몸이 상하게 됨은 모두 어질지 못한 소치이다.

眞宗皇帝(968-1022)

총명, 지혜를 운용하여 진리를 탐구하고 자연을 지배하고 물질을 변화시켜 사용히게 히고 신체가 불필요한 고생, 고통을 받지 않게 하고 역량을 수천, 수만 배로 증가시키고 정신을 우매, 미신에서 해방시키고, 인류의 여러 제도를 혁신 개조함으로써 최대다수의 최대행복을 도모한-이러한 문명이 고도로 이상주의적인 문명이고 진정한 정신문명이다.

후스(胡適, 1891-1962)

기녀(妓女)라도 늘그막에 양인(良人)을 좇으면 한 세상 분 냄새가 거리낌이 없을 것이요, 貞婦라도 머리털 센 다음에 貞操를 잃고 보면 半生의 깨끗한 苦節이 아랑곳없으리라. 사람을 보려면 다만 그 후반을 보라.

사은(私恩)을 파는 것은 공의(公議)를 도우는 것만 못하며 새로이 知友를 만드는 것은 옛 친구의 정을 두터이 하는 것만 못하다. 드날리는 명성을 세우기보다는 숨은 공덕을 심는 것이 더 나으며 어려운 절의를 숭상하느니 보다는 행동에 더러운 허물이 없도록 삼가는 것이 더 낫다.

채근담(菜根譚)

이기기를 좋아하는 사람은 남보다 앞서야 잘했다고 여기고 뒤쳐지면 정체되어 있다고 여긴다. 자신을 낮추는 것을 비굴하다고 여기고, 순서를 무시하고 건너뛰는 것을 걸출하다고 여기며, 양보하는 것을 치욕으로 여기고, 윗사람을 무시하는 일을 높이 뛰어났다고 여긴다.

劉劭

인간적 매력이란 그 행위는 정의에 위배되더라도 그 말은 신의로와야 하고, 그 행동은 이루어져야 하며, 한 번 약속한 일은 지켜져야 하고, 제 몸을 돌보기 전에 '선비'의 곤액(困厄)을 떠맡아 생사를 초월하여 행하되 자기 재능을 자랑하지 말 것이며, 또한 자기의 덕을 과시(은혜를 입히는 것)하기를 부끄러이 여긴다.

司馬遷/사기

아기가 태어날 때 맨주먹을 불끈 쥐고 나오는 것은 인간은 빈손이라는 것을 상기시켜 주기 위한 것이다. 못 가진 자에게 베푸는 것은 가진 자의 의무다. 배움에 대한 사랑 없이 인간이 경건해 질 수가 없다. 이웃과 동료들에게서 사랑받는 자만이 하느님의 사랑을 받는다. 어릴 때부터 의문을 제기하는 버릇을 가르쳐라. '그릇'만 보지 말고 그 속에 담긴 '내용물'을 보도록 하라. 행동은 마음에서 우러나와야 한다. 행동이 따르지 않는 말은 뿌리 없는 나무와 같아 한 가닥 바람에도 쉽게 무너져 내린다. 선행과 덕을 쌓는 것은 그 자체가 좋은 삶이지 무슨 보답을 바라지 마라.

탈무드(Talmud)

인간은 일정한 직업을 통하여 신의 영광을 땅 위에 실현시킬 소명을 받고 있다.

전통적 요소가 강한 지배구조의 밑에서는 행정과 경제가 정체화(停滯化)하여 수시로 목적 합리적인 개혁을 할 수가 없기 때문에 근대화의 과정이 저해(阻害)된다. 다시 말하면, 지상에 있는 모든 피조물(교회, 군주, 제도)을 무가치하다고 보는 프로테스탄트의 철저한 반권위주의, 반전통주의는- 그것만이- 인간행위를 목적 합리적인 방향으로 몰아넣을 수 있는 가장 적합한 정신적 추진력이 될 수가 있다.

베버(Max Weber, 1864-1920)

부자가 되어도 분수를 어기지 않는 자는 어진 자
귀한 지위에 있어도 교만하지 않는 자는 의로운 자
사명을 부여받고 중도에 번절하는 일이 없으면 충성된 자
부려보아서 숨김이 없는 자는 믿음성이 있는 자
위태한 경지에서 두려워하지 않는 자는 용기 있는 자
일을 처리함에 막히는 일이 없는 자는 시혜가 있는 자이다.

姜太公/육도(六韜)

인간은 거대한 진짜 양서류다. 인간은 본성상 다른 생명들처럼 갖가지 환경에 맞춰 살 수 있을 뿐만 아니라 확연히 분리된 양쪽 세계를 동시에 살 수 있다. 인간이 감각할 수 있는 세계는 하나뿐이지만 사유할 수 있는 세계는 둘이기 때문이다. 하나는 눈에 보이고, 다른 하나는 보이지 않는다.

브라운(Thomas Brown, 1605-1682)/종교의학(Religio Medici)

즐거울 때 얼마나 탐닉하는가. 기쁠 때 어느 정도 자제하는가. 괴로움을 당했을 때 어느 정도 참아내는가. 두려움에도 어느 정도 당황하지 않는가. 슬

플 때 얼마나 삭이는가, 성이 날 때 어느 정도 자제하는가에 따라 그 사람의 됨됨이를 판단했다.

류푸웨이(呂不韋, ?-BC 235)/六驗論

천하에 세 가지 위태로운 것이 있다. 덕이 부족한데 총애를 많이 입는 것, 재주는 낮은데 지위가 높은 것, 몸에 큰 공이 없는데 두꺼운 녹을 받는 것.

리우안(劉安)/회남자(淮南子)

남을 아는 자는 현명한 사람이요, 자신을 아는 자는 덕이 있는 사람이다. 남을 이기는 자는 승자요, 자신을 이기는 자는 강자이다. 죽음에 임하여 자기는 소멸하지 아님을 깨닫고 있는 자는 영원에 속한다.

老子

정신이 그 사람의 지혜를 통해서 나오면 천재이고, 그 사람의 의지를 통해서 나타나면 덕성이며, 그의 감정을 통해서 나타나면 사랑이다.
'신은 초인종을 누르지 않고 온다.'
이 뜻은 우리들과 영원과의 사이에는 장벽이 없음을, 인간(결과)과 신(원인)과의 사이에는 담장이 없음을 뜻한다. 벽은 제거되고 우리들은 모두 신의 본성의 깊은 모든 행위 속에서 벌거숭이가 된다.

에머슨

인간은 비참해질 수 있다. 스스로 힘으로는 구원할 수 없을 정도까지. 인간은 환희를 누릴 수 있다. 스스로 힘으로는 도달할 수 없을 정도까지. 이런 비참과 환희를 다 줄 수 있는 존재가 있다면 의지해야 한다.

파스칼

도박놀음, 동물 사냥, 남을 위해서는 한 푼도 쓰지 않고 돈을 모으고 쌓아놓기에만 집착하는 것, 보물이나 보석에 흠뻑 빠져있는 것, 소유지를 자랑으로 땅을 소유하는 일에만 만족하는 것, 귀족 출신임을 좋아하면서 잘난 체하고 신분 행세에만 만족하는 것, 존경받기를 갈망하면서 실속 없는 단순한 의례적인 명예에 집착하는 것, 좋은 옷을 입었다고 더 훌륭한 사람이라고 생각하며 화려한 의복으로 경의를 받으려는 행위들은 거짓 쾌락이다. 유토피아인들이 누리고 싶어 하는 참다운 쾌락은 정신적 쾌락이다.
정신적 쾌락이란 지식과 진리를 탐구하는 즐거움, 올바르게 살아온 삶을 회상하는 만족감, 미래의 행복에 대한 확실한 희망 등이다.
으뜸가는 정신적 쾌락은 덕의 실천과 올바른 삶에 대한 의식에서 우러난다.

토마스 모어/유토피아

육체가 정신의 명령을 수행하도록 하려면 힘과 원기를 유지해줄 수 있는 적절한 보살핌이 필요하다. 다음으로 이성적인 존재의 품위와 우수성에 적합하지 않은 것은 받아들이지 않도록 정신을 똑바로 세우는 것이다.
정신을 똑바로 세우려 할 때 이성적 존재가 필수적으로 갖추어야 할 네 가지 조건은 덕, 지혜, 훈육, 배움이다.
모든 덕과 우수함의 원칙은 이성이 승인하지 않는 욕구충족을 거부하는 능력에 있다.

로크

君子와 小人에 관하여

재능 있는 사람은 지혜가 있고, 관찰 능력이 뛰어나며 일 처리가 과감하고 패기가 있다. 덕목을 갖춘 사람은 처세에 정직하고 말과 행동이 도덕규범에 부합된다. 재능과 덕목을 모두 갖추면 성인(聖人), 재능보다 덕이 많은 사람은 군자(君子), 덕도 재능도 부족하면 우인(愚人), 덕보다는 재능이 뛰어난 사람은 소인(小人)이다.

司馬光(1019-1086)

'자오'(自悟)는 본인이 모르는 것은 솔직하게 인정하고 허심하게 배워야 한다는 것, '자비'(自比)는 다른 사람의 가르침을 통하면 한 단계 더 올라갈 수 있다는 것, '자검'(自儉)은 거울에 비춰진 자신의 모습을 보는 것과 같이 늘 스스로 성찰하고 반성해야 한다는 것이다.

吳兢(670-749)/정관정요(貞觀政要)

성인이란 도의 핵심이다. <시경>은 성인의 뜻, <서경>은 성인의 사업, <예경>은 성인의 행동, <악경>은 성인의 조화, <춘추>는 성인의 은밀한 뜻이다. 그러므로 <시경>의 국풍(國風)이 분방한 데로 흐르지 않는 것은 성인의 도에 따라 조절된 까닭, 소아(小雅)가 소아로 성립되는 것은 성인의 도에 따라 수식된 까닭, 대아(大雅)가 대아로 성립되는 것은 성인의 도에 따라 웅대해진 까닭, 송(頌)이 가장 뛰어난 것은 성인의 도로 일관된 까닭이다.

푸른색은 쪽에서 얻어지나 쪽빛보다 푸르며, 얼음은 물로 만들어지나 물보다 차갑다. 나무에 먹줄을 놓아 '가공하면' 곧아지며 쇠붙이는 '갈면' 날카로워진다.

모든 일이 생겨남에는 시작하는 원인이 있고, 영광과 치욕이 오는 것은 그 사람의 품덕과 일치한다. 고기가 썩으면 벌레가 나오고 물고기가 말라 죽으면 좀이 인다. 게을러 몸을 버릴 때 재앙이 몰려온다. 너무 강하면 부러지게 되고 너무 부드러우면 구부러지게 된다. 제 몸이 사악하면 끝내 원한을 맺게 된다. 같은 장작을 놓아도 불은 마른 쪽부터 타들고, 같이 고른 땅이라도 물은 젖은 쪽으로 흘러든다. 풀과 나무는 같은 종류끼리 더불어 나고, 들짐승과 날짐승은 같은 무리끼리 더불어 산다. 과녁을 펼치면 화살이 날아들게 되며, 수풀이 무성하면 도끼가 몰려들며, 나무가 그늘을 드리우니 뭇 새가 깃들이고, 초가 시어지면 파리가 끓는다.
군자는 눈으로는 옳지 않은 것을 보려고 하지 말며, 입으로는 옳지 않은 것을 말하려 하지 말며, 마음으로는 옳지 않은 것을 생각하려 하지 말아야 한다.

덕이 있으면서 지조를 지킨 뒤에 의지가 확고부동할 수 있고, 확고부동할 수 있는 뒤에 변화에 적응할 수 있다. 안으로 확고부동할 수 있고 밖으로 적응할 수 있는 사람을 가리켜 '완벽한 사람'이라고 한다.

현명함을 받드는 것이 어짊이며, 어리석음을 천시하는 것도 어짊이다. 말이 많아도 예의 통류에 합치하면 성인이고 말이 적어도 예법에 맞으면 군자이다. 말은 많으나 법도가 없고 깊이 빠져 헤어나지 못하면 말을 잘하더라도 소인이다.
천하의 마음을 두루 복종시키려면 높은 곳에 자리해 존귀하더라도 잘난 체하지 않으며, 총명하고 성스런 지혜가 있더라도 몰아세우지 않으며, 빠르고 민첩하더라도 앞서려 다투지 않고, 굳세고 용감하더라도 다치게 하지 않으며, 알지 못하면 물어보고, 할 수 없으면 배우며, 할 수 있더라도 양보한 뒤에라야 덕을 갖추게 된다.

군자는 도덕적으로 존중받을 수는 있으나 존중하도록 할 수는 없다. 신뢰를 받을 수는 있으나 신뢰하도록 할 수는 없다. 쓰이게 될 수는 있으나 쓰도록 할 수는 없다. 따라서 군자는 스스로 수양하지 못함을 부끄러워하지 남이 욕보인다고 부끄러워하지는 않는다. 군자는 스스로 믿지 못함을 부끄러워하지 남이 믿어주지 않는다고 부끄러워하지는 않는다. 군자는 스스로 할 수 없음을 부끄러워하지 남이 써주지 않는다고 부끄러워하지는 않는다. 그리하여 명예에 유혹받지 않고 비방을 두려워하지 않으며, 바른 길을 따라서 움직이고 단정하게 자신을 바로 잡으며, 바깥 사물 때문에 기울지 않는다.

물과 불에는 기(氣)는 있되 생명이 없으며, 초목에는 생명은 있으나 지각이 없으며, 금수에게는 지각은 있되 예의가 없다. 사람은 기도, 생명도, 지각도, 예의도 있다. 그래서 천하에 가장 고귀한 존재이다.

荀子

군자가 이기는 방식은 양보를 날카로운 칼날로 삼고 자신의 수양을 방패로 삼으며, 고요하게 있을 때에는 입과 눈귀를 닫아 버리고 움직일 때는 공순(恭順)의 큰 길로 말미암는다.
드러내놓고 다투려는 자는 스스로 현명한 사람이라고 생각하지만 다른 이들은 험악하고 교활하다 여긴다. 실제로 험악한 악덕이 없다면 비방할 이유도 없을 것이나, 험악한 자와 쟁송하는 것은 맹수를 사로잡으려는 격이니 맹수를 화나게 하면 사람이 다치게 되는 것은 당연한 일이다.
군자는 터럭같이 작은 혐의마저 기꺼이 포용하여 큰 다툼이 일어나지 않게 하지만, 소인은 자그마한 울분을 참지 못하여 마침내 커다란 패배와 보욕을 당한다. 조금 원망스런 일이 있어도 겸손히 자신을 낮추면 겸양의 덕이 되고, 변고가 생기려는 참에 다툰다면 화를 입어 구제할 수 없게 된다.

劉劭/人物志

재물이 집을 윤택하게 해 준다면 덕은 우리 몸과 마음을 윤택하게 해준다. 따라서 신독(愼獨)을 통해 덕을 쌓으면 마음은 넓어지고 몸은 당당하기 때문에 쫙 펴진다.
군자는 실상을 회복함으로써 뜻을 조화롭게 하고, 좋은 무리들과 비교함으로써 그 행실을 이룬다. 간사한 소리와 어지럽히는 색을 귀 밝음과 눈 밝음에 머물러 있게 하지 않으며, 음탕한 음악과 간사한 예를 마음에 접하게 하지 않고, 게으르고 간사한 기운이 몸에 퍼지지 않게 하여 눈과 귀와 입과 코, 그리고 마음의 지각과 온몸으로 하여금 모두 다 고분고분 바름을 따르게 해서 의로움을 행한다.

眞德秀·程敏政/심경부주

이로움이 없는 말을 쓸데없이 지껄이지 말고, 자기에게 관계없는 말을 함부로 하지 말라. 어진 사람과 어리석은 사람을 분별할 줄 알아야 하고 무식한 사람은 모든 일을 용서해야 한다. 무슨 물건이 순리(順理)로 자기에게 오거든 그것을 막지 말고, 물건이 이미 나에게서 가버렸거든 좇으려고 애쓰지 말라. 자기 몸이 남들에게 대우를 받지 못한다 해서 억지로 바라지 말고, 무슨 일이나 이왕 지나가버렸거든 이것을 생각할 것이 없다. 총명한 사람도 때로는 어둡고 실수할 때가 있는 것이고, 또 아무리 올바르게 세운 계획이라도 잘못되는 수가 있게 마련이다. 남에게 손해를 보이려다가 자기 자신이 손해를 보는 수도 있고, 너무 세력에만 의존하다가 화가 내 몸을 따라 오는 수도 있다. 마음으로 모든 것을 경계하고, 자기 기운으로 이것을 지켜야 한다. 언제나 절약하지 않기 때문에 집이 망하는 법이고, 청렴하지 못하기 때문에 자기의 지위를 잃게 되는 것이다.

자허원군(紫虛元君)

방관자의 첫째 유형은 혼돈파(混沌派). 물에 놀던 고기가 잡혀 끓으려하는 솥 속에 있으면서 물의 따스함이 봄철의 강물 같다고 오해하는, 자신이 방관자임을 알지도 못하는 부류. 둘째는 위아파(爲我派). 이가 입술이 망함을 무관하다 여기는 어리석은 부류. 셋째는 오호파(嗚呼派). 남이 물에 빠진 것을 보고도 구할 생각은 않고 물결 사나움만 통탄하는 행동 없는 지식인. 넷째는 소매파(笑罵派). 이루어질 듯한 일은 비웃어 막고 이루어진 일은 비웃어 깨버려야 속이 풀린다. 다섯째는 포기파(暴棄派). 자기를 아무 일도 못할 사람이라 여겨 남에게만 기대고 비루는 사람. 여섯째는 대시파(待時派). 일을 할 때가 되기를 기다린 다음에야 하겠다는 것이니, 위선자의 본색이 이것이다.

량치차오(梁啓超, 1873-1929)/방관자를 꾸짖는 글

장수에게는 갖춰야 할 오재(五才)가 있고 경계해야 할 십과(十過)가 있다. 갖춰야 할 다섯 가지 재질(才質)이란 용(勇), 지(智), 인(仁), 신(信), 충(忠)

이다.

경계해야 할 열 가지 허물(十過)

· 용감함이 지나쳐 죽음을 가볍게 여기는 것,

· 마음이 조급하여 일에 침착하지 못한 것,

· 탐욕한 마음이 있어 이(利)를 좋아하는 것,

· 어질기만 하여 남에게 차마 하지 못하는 마음을 가진 것,

· 지혜는 있으나 마음이 비겁한 것,

· 믿음성이 있으나 남을 믿기를 좋아하는 것,

· 청렴결백이 지나쳐 도량이 좁고 남을 사랑할 줄 모르는 것,

· 지혜는 있으나 마음이 느슨하여 기민하지 아니한 것,

· 강직하고 의젓하나 아집(我執)이 강하여 독선적인 것,

· 나약하여 난국에 대결하려 않고 남에게 맡기기를 좋아하는 것이다.

姜太公

장수에게 다섯 가지의 위험이 있다.

· 필사적인 성격을 가진 자는 살해될 가능성이 있다.

· 기어코 살아야겠다고 집념하는 자는 사로잡힐 가능성이 있다.

· 성질내고 참을성 없는 자는 적의 계략적인 모멸을 당할 가능성이 있다.

· 지나친 결벽을 가진 자는 탐욕하다는 모욕을 당할 가능성이 있다.

· 지나치게 백성을 사랑하는 자는 백성을 괴롭히는 것을 당하여 번거로워질 가능성이 있다.

孫子

이제 의업에 종사할 허락을 받으매 나의 생애를 인류봉사에 바칠 것을 엄숙히 서약하노라

- 은사에 대하여 존경과 감사를 드리겠노라.
- 양심과 위엄으로서 의술을 베풀겠노라.

- 환자의 건강과 생명을 첫째로 생각하겠노라.
- 환자가 알려준 모든 내정의 비밀을 지키겠노라.
- 위업의 고귀한 전통과 명예를 유지하겠노라.
- 동업자를 형제처럼 생각하겠노라.
- 인종, 종교, 국적, 정당정파, 또는 사회적 지위 여하를 초월하여 환자에게 대한 의무를 지키겠노라.
- 인간의 생명을 수태된 때로부터 지상의 것으로 존중히 여기겠노라.
- 위협을 당할지라도 지식을 인도에 어긋나게 쓰지 않겠노라.
- 이상의 서약을 자유의사로 명예를 받들어 하노라.

히포크라테스(Hippocrates, BC 460-BC 371)/
히포크라테스 선서(The Oath of Hippocrates)

침묵보다 권위를 높이는 좋은 방법은 따로 없다. 그러나 그 침묵은 감추어진 신념과 결의가 드러나 보일 때만이 그 효력을 나타내는 것이며, 명실공히 강자의 상징이 된다.
침묵은 정확하게 내적 힘과 외적 자제(自制)가 균형을 이룰 때 주도권을 잡게 된다. 그것은 도박사가 끗발을 올릴 때 범상치 않은 냉정함을 보이는 것과 같은 것이며, 겉으로는 평정을 잃지 않으면서 내면적 감정의 표현을 뛰어나게 하는 배우의 기교와 같은 것이다.

지도자가 신비롭고, 개성이 있으며 위광(威光)을 갖출 때 위신을 세울 수 있으며, 카리스마와 위엄을 결합할 수 있을 때 권위를 확립할 수 있다.
권위란 위엄에서 나오는 것이며, 위엄은 "크게는 감정, 암시, 인상에서 비롯된다. 그것은 기본적으로 타고난 개성에서 연유하는 것으로, 태어날 때부터 라고밖에 할 수 없는 마치 땀과 같이 몸 밖으로 권위가 발산하는 것인데, 이것은 말로는 형언키 어려운 것이다."

드골(Charles André Joseph Marie de Gaulle, 1890-1970)

가장 넓은 집(仁)에서 살며 가장 바른 자리(禮)에 서며, 가장 큰 길(義)을 걸어가되 뜻을 얻으면 함께 걷고, 뜻을 얻지 못하면 홀로 그 길을 걸어서, 부귀도 그 마음을 어지럽히지 못하고(富貴不能淫), 빈천(貧賤)도 그 절개를 바꾸지 못하고(貧賤不能移), 위무(威武)도 그 뜻을 굽히지 못하나니(威武不能屈) 이를 대장부(大丈夫)라 한다.

孟子

최고의 지도자는 있다는 존재만 느끼게 한다.
그 다음은 칭찬받는 지도자다.
그 다음은 두렵게 만드는 지도자다.
그 다음은 뒤돌아서서 욕하는 지도자다.

道德經

풍연심(風憐心)

기(夔)는 지네를 부러워하고,
지네는 뱀을 부러워하고,
뱀은 바람을 부러워하고,
바람은 눈을 부러워하고,
눈은 마음을 부러워하고,
마음은 기(夔)를 부러워한다.

莊子

배우고 때때로 익히면 또한 기쁘지 아니하랴. 벗이 있어 먼 곳으로부터 찾으면 또한 즐겁지 아니하랴. 사람이 알아주지 않아도 원망하지 아니하면 어찌 君子가 아닐까.
(學而時習之 不亦說乎/有朋自遠方來 不亦樂乎/人不知而不慍 不亦君子乎)

군자삼계(君子三戒)

젊었을 때는 혈기가 아직 안정되지 않았기 때문에 색(色)을 삼가야 하고, 장년이 되어서는 혈기가 바야흐로 왕성하기에 경쟁을 삼가야 하고, 나이가 늙음에 이르러서는 혈기가 이미 쇠약하기에 욕심을 삼가야 한다.

군자는 먹음에 배부름을 구하지 아니하고
거처함에 편안함을 구하지 아니하며
일에는 민첩하고 말은 삼갈 줄 알며
도의 깨달음이 있는 스승에게 나아가 자신을 바르게 한다.
이만하면 참으로 배움을 좋아한다고 이를 만하다.

富와 貴는 사람마다 원하나 부정으로 얻은 부귀를 탐하지 아니하며, 빈천(貧賤)은 사람마다 싫어하나 도의적인 빈천이면 기피(忌避)하지 아니할지니라.

옛사람의 광기는 자유분방하였으되 지금사람의 광기는 방탕이오, 옛사람의 긍지는 청렴 강직하더니 지금사람의 긍지는 고집불통이오, 옛사람의 어리석음은 우직한 어리석음이었으나 지금사람의 어리석음은 교활(狡猾)을 감추는 위선일 따름이다.

더불어 말할 사람과 말하지 아니함은 失人이요, 더불어 말하지 못할 사람과 말함은 失言이다. 知者는 失人하지 아니하고 失言하지도 아니한다.

知者는 의혹치 아니하며 仁者는 근심치 아니하며 勇者는 두려워하지 아니한다.

공손함과 너그러움과 믿음성과 민첩함과 은혜를 베푸는 이 다섯 가지의 미덕을 세상에 실행한다면 이것이 곧 仁이니라. 공손하면 업신여김을 면하고 너그러우면 人心을 얻고 믿음성 있으면 사람이 신뢰하고 민첩하면 공을 이루고 은혜를 베풀면 人民은 저절로 협력하느니라.
군자는 세 가지를 갖추고 있어야 하는데 어진 사람은 근심하는 일이 없고, 지혜로운 사람은 의심하는 일이 없고, 용기 있는 사람은 두려워하는 일이 없다.

군자는 남과 친하되 아첨하지 않고 소인은 아첨하되 친하지 않는다. 군자는 남과 화목하게 지나되, 남과 부화뇌동(附和雷同)하지 않는다. 소인은 남과 부화뇌동이나 잘 하고 남과 和할 줄을 모른다. 군자는 여유 있지만 교만하지 않고, 소인은 교만하고 여유가 없다.

군자는 자신이 알지 못하는 것을 대할 때면 조심스럽고 삼가는 태도를 취한다. 명분과 개념이 일치하지 않으면 말이 혼란스러워진다. 말이 혼란스러우면 무질서와 실패가 이어지고, 예의범절과 미풍양속이 무너진다. 예의범절과 미풍양속이 무너지면 타당한 형벌이 더는 존재할 수 없다. 타당한 형벌이 존재하지 않으면 백성은 무엇을 해야 하고 무엇을 하지 말아야 할지 알 수 없게 된다. 따라서 군자는 개념과 명분을 정확하게 사용하고, 그에 따라 올바르게 행동할 수 있어야 한다.

군자는 세 가지 두려워하는 것이 있다.
천명과 대인과 성인의 말씀이 그것이다. 소인은 천명의 엄숙한 것을 모르고 방자한 생각을 품게 되며, 대인에게 어려운 줄을 모르고 버릇없이 대하려 하며, 성인의 말씀이 참된 것을 깨닫지 못하고 이를 업신여긴다.

군자가 염두에 두어야 할 것이 아홉 있다.
보는 것을 밝게 하는 것, 듣기를 똑똑히 하는 것, 표정을 따뜻이 갖는 것, 태도를 공손히 하는 것, 말을 참되게 하는 것, 일을 조심해서 하는 것, 의심나는 점은 자세히 물어서 아는 것, 감정으로 인해 일을 그르치는 일이 없는 것, 이해 관계로 인해 정의를 망각하는 일이 없는 것이다.

利됨을 보고는 정의를 생각하며, 위태함을 보고 身命을 버리며, 오랜 약속을 평생 잊지 아니하면 또한 완전한 有德者가 되리라.

길이 같지 않는 사람과는 더불어 의논하지 말지어다(道不同 不相爲謀).

군자를 모심에 세 가지의 허물이 있기 쉽다. 묻기 전에 먼저 말을 하는 것은 조급함이요, 물어도 듣고만 있음은 은피(隱避)함이요, 안색을 살피지 아니하고 멋대로 말함은 소경에 지나지 않는다.

사람을 관찰함에 있어 먼저 그 행동함을 보며, 다음은 행동의 동기를 보며, 다음은 행동의 목적을 살피면 그 사람됨을 알지니 그 사람됨을 어찌 속일 수 있으랴.

孔子

孔子는 네 가지를 끊었다. 억측(臆測)하지 않고 집착(執着)하지 않고 고루(固陋)하지 않고 사사로운 주장이 없었다.

계급이 균일하면 다스려지지 않고
세력이 균등하면 통일되지 아니하며
대중이 차별이 없으면 부릴 수 없다.

治平을 가져오는 길은
예의와 형벌 두 가지일세
군자가 이걸로 몸을 닦으면
온 백성 이걸로 안녕누리네
덕을 닦고 형벌을 신중히 하면
나라는 잘 다스려져
온 천하는 그리하여 태평하리.

荀子

군자는 은혜를 베풀되 낭비치 아니하며, 인민을 수고롭게 하되 원망을 사지 아니하며, 하고자 원하는 바 있으되 탐하지 아니하며, 편안하되 교만치 아니하며, 엄하되 사납지 아니함이니라.

堯

질(質)이 文보다 승(勝)하면 야(野)하고, 文이 質보다 勝하면 문약(文弱)에 흐르나니 文과 質이 혼연일체 조화를 얻어야 비로소 군자라 할 수 있다.

雍外十六

공교(工巧)한 이는 말을 잘하나 우졸(愚拙)한 이는 말이 없다. 공교한 이는 바둥거려 애쓰나 우졸한 이는 유유히 편안하다. 공교한 이는 패란(悖亂)스러우나 우졸한 이는 덕성스럽다. 공교한 이는 흉하나 우졸한 이는 길하다. 천하가 다 우졸하다면 형정(刑政)이 거두어져 윗사람은 편안하고 아랫사람은 화순하며 풍속은 맑아지고 악폐(惡弊)는 끊어지리라

周敦頤

다스리는 이의 도는 지위가 성취되는 데에서 게을러지고 병은 얼마간 치유되는 데에서 더해진다. 화는 게으른 데서 생겨나는 법이요 효도는 처자를 갖는 데서 흐려지는 법이다. 이 네 가지를 살펴서 나중을 삼가기 처음과 같이 할 일이다.

劉向/說苑

대체로 군자는 도의가 같아서 붕당을 이루며, 소인은 이익이 같아서 붕당을 결성한다.
소인은 이익이 일치할 때엔 잠시 서로 붕당에 끌어들여 벗으로 삼지만, 이익을 보면 서로 먼저 쟁취하고자 하며 이익이 다하면 서로 교류가 소원해져서는 오히려 서로 해치려 하니, 그 형제 친척이라도 서로 보호하려 하지 않는다.

군자가 지키는 것은 도의이며, 행하는 것은 충성과 신의이며, 아끼는 것은 명예와 절조이다.

어우양시우(歐陽脩, 1007-1072)/朋黨論

군자의 마음이란 항상 청천백일(靑天白日)과 같이 한 점의 구름도 끼어 있지 않다. 군자의 재주는 옥(玉)이 돌 속에 싸이고 구슬이 바다 속에 감추어진 것과 같다.

권세나 세력, 명예와 이익 같은 번화한 것은 가까이 하지 않는 자가 깨끗한 것이다. 또 가까이는 하더라도 여기에 물들지 않으면 더욱 깨끗한 사람인 것이다. 지략(智略)이나 술수(術數)의 모든 교묘한 꾀는 이것을 모르는 자가 높은 것이다. 또 알기는 하면서도 이것을 쓰지 않는 자가 더욱 높은 사람인 것이다.

군자는 환난에 처해도 근심하지 않고, 즐거운 때를 당해도 근심하며, 권세 있는 사람을 만나도 두려워하지 않고, 의지 없는 사람을 대하면 안타까워 한다.

푸른 하늘, 빛나는 해와 같은 절의도 컴컴한 방 안에서 자신을 속이지 않는 마음가짐으로부터 배양되어 나오고, 천지를 휘두를 만한 경륜도 깊은 연못에 다다른 듯, 살얼음을 밟는 듯한 조심성에서 다듬어져 나온다.

군자로서 善을 속인다면 소인이 惡을 맘대로 하는 것과 다름이 없을 것이요. 군자로서 절개를 바꾼다면 소인이 잘못을 뉘우치는 것만도 못할 것이다.

열 마디 말에 한 마디만이라도 어긋나면 곧 허물하는 소리가 사방에서 모여든다. 열 가지 계략에서 한 계략만 이루지 못하면 비방하는 소리가 사면에서 일어난다. 이것이 군자가 침묵할지언정 떠들지 않는 까닭이고, 졸렬할지언정 교묘함을 보이지 않는 까닭이다.

홍자성(洪自誠)/채근담(菜根譚)

백옥은 진흙에 던질지라도 그 빛을 더럽힐 수 없고,
군자는 혼탁한 땅에 갈지라도 마음을 어지러움에 물들일 수 없다.
그러므로 소나무와 잣나무는 가히 눈과 서리를 견디어내고,
밝은 지혜는 가히 위태한 어려움을 건널 수 있다.

익지서(益智書)

자공이 孔子에게 물었다.
"스승님도 사람을 미워하는 일이 있습니까?"
"남의 나쁜 점을 말하기 좋아하는 사람, 남의 밑에 있으면서 윗사람을 비방하는 사람, 용감하기만 하고 무례한 사람, 과감하기만 하고 속이 막힌 사람, 나는 이런 사람을 미워한다. 너는 어떤 사람을 미워하느냐."
"남의 비밀을 알아맞히는 것을 지혜인 줄 아는 사람, 덤비는 것을 용감한 것인 줄 아는 사람, 남의 결점을 폭로하는 것을 정직한 것인 줄 아는 사람, 저는 이런 사람을 미워합니다."

군자의 기상과 태도에는 세 가지 변화가 있다.
멀리서 바라보았을 때는 가까이하기 어려운 위엄이 있다. 가까이 대하게 되면 그 인품의 따뜻함을 느끼게 된다. 그의 말을 들으면 움직일 수 없는 날카로움을 느끼게 된다.

子夏(BC 507-BC 420)

반듯해도 남을 해치지 않고, 청렴하되 남에게 상처 입히지 않으며, 곧아도 교만치 아니하고, 빛나되 번쩍거리지 않는다. '순자'에서도 "군자는 너그럽되 느슨하지 않고 청렴하되 상처주지 않는다."고 했다.

도덕경

가장 완전무결한 사람이란 절제, 금주, 정결로 튼튼한 건강을 유지하고, 그

마음은 경험과 고금인사들의 고귀한 사상으로부터 얻은 지혜의 풍부한 창고이며 그 상상력은 순수함과 아름다움의 화랑이며 그의 양심은 자신과 신과 전 세계에 부끄럽지 않으며 그의 영혼은 성령이 안주할 만한 신전이라고 여겨지는 그런 사람이다.

파라

천금의 돈을 주고서도 한때의 즐거운 마음을 살 수는 없고, 밥 한 그릇을 가지고서도 몸을 바치도록 감사하게 할 수가 있다. 대개 사랑이 지나치면 원수가 되는 수도 있고, 지나치게 박하게 한 것이 기쁜 일이 되는 수도 있다. 내가 남에게 공이 있다 해도 그것을 생각하고 있어서는 안 된다. 그러나 자기에게 허물이 있다면 그것만은 잊지 말고 생각해야 한다.

이이/격몽요결

남을 아는 자는 현명한 사람이다. 자신을 아는 자는 덕이 있는 사람이다.
남을 이기는 자는 승자요, 자신을 이기는 자는 강자이다.
가장 큰 고통을 맛본 사람만이 가장 값진 일을 할 수 있다.

밀튼

젠틀맨이란 무엇인가.
자기 힘으로 살고, 자기를 스스로 존중하고, 남에게도 자기를 존중시키는 자유로운 사람이다. 사교계(社交界) 사람들이 그렇지만, 체면을 차리고 예의범절을 지키는 것만으로는 부족하다. 그 위에 독립과 품위가 필요하다. 자기가 공정하다고 인정하는 일에 복종을 한다. 자유로운 사람, 그의 주위에 있는 모든 사물보다 강한 사람, 자기 자신의 법칙을 인식한 사람, 성격을 재산이나 관등 같은 것 보다 더 중요하게 평가하는 사람이다.

아미엘

세 가지 기준으로 지혜를 가릴 수 있다. 그릇과 도량의 깊고 얕음이요, 학술의 닦음이 정(精)하고 거침이며, 논의의 옳고 그름이다.
내 그릇이 얕으면 남의 깊음을 재지 못하고, 내 학술이 거칠면 남의 정함을 가리지 못하며, 내 논의가 옳지 못하면 남의 옳음을 따르지 못한다.

노수신(盧守愼, 1515-1590)

영국의 어떤 작가는 인간을 세 가지로 분류했다. 즉 노동자, 거지, 도둑의 세 가지이다. 인간이 재물을 얻기 위해서는 세 가지 길 밖에는 없다. 즉 노동하든가, 구걸하든가, 훔치든가 이다.

헨리 죠지(Henry George, 1839-1897)

빈곤은 성지(聖智), 인내, 위대한 철리(哲理)를 가르쳐 준다. 재산이나, 명예나, 만족이나, 권력에는 놀라지 않는다. 그러나 빈곤, 억압, 그리고 도덕을 위한 인내에 대하여서는 감탄하는 것이나.

조로아스터(Zoroaster, BC 628?- BC 551?)

한쪽에 치우침으로서 간사한 사람에게 속지 말 것이요, 제 힘을 너무 믿어 객기(客氣) 부리는 바가 되지 말 것이다. 자기 장점(長點)으로 남의 단점(短點)을 드러내지 말 것이요. 나의 졸(拙)함으로 남의 능(能)함을 미워하지 말지어다.

채근담(菜根譚)

명예와 공적을 먼저 앞세우는 사람은 남을 위해서 일을 하는 것이고 명예와 공적을 뒤로 돌리는 사람은 자기를 위하여 일을 하는 것이다.

순우곤(淳于髡, BC 385-BC 305)

자본주의의 탄생은 합리적 사고의 발달을 촉진시켰는데, 합리적 사고는 비판을 진보와 변혁의 원리로 본다. 지성인은 대중을 위해서만 행동해야 한다. 그것은 지성인의 조상이 처음에는 교회의 높은 사람을 위해서, 다음에는 제후나 여러 주인을 위해서, 그 후에는 부르주아적인 복잡한 집단적 주인에게 봉사한 것과 마찬가지이다.

슘페터

대장부는 선(善)을 분명하게 알기 때문에 명분과 절의(節義)를 태산보다 무겁게 여기고, 마음 씀이 엄밀하기 때문에 생사(生死)를 홍보(鴻毛)보다 가볍게 여긴다.

경행록(景行錄)

신사에게 없어서는 안 될 성품은 남의 입장에 서서 생각하려는 의지, 자신은 뒷걸음치는 상황에서 남을 강제로 몰아넣는 행위에 대한 혐오, 남들의 말이나 생각에 신경 쓰지 않고 자신이 옳다고 여겨지는 일을 행할 수 있는 힘이다.

골즈워디(John Galsworthy, 1867-1933)

대개 뜻을 열렬하게 하는 것은 좋음과 나쁨이 갈리는 관문이니 이 관문을 지나야만 군자요, 이 관문을 지나지 못하면 소인이다. '나라의 장(長)이 되어 재용에 힘쓰는 소인'이 곧 '한가로이(홀로) 거처할 때는 좋지 못한 일을 행하는 소인'이다. 뜻이 열렬하지 못한 데 있으면 자신의 마음 씀씀이를 해치게 되니 훗날 그를 쓰게 되면 천하와 국가에 해가 될 것이 틀림없다.

胡炳文(1250-1333)

잡담자는 다른 사람에 관한 이야기를 하는 자이며, 지루하게 하는 자는 자기 이야기를 하는 자이고 훌륭한 대화자는 너에 관한 이야기를 하는 자이다.

커크(C. Kirk)/뉴욕저널 아메리칸지(紙)

검약의 미덕에 너그러움이 따른다면 두 가지가 좋다. 하나는 불필요한 경비를 절약하는 것이고, 또 하나는 그것을 필요로 하는 사람들을 위해 쓰는 것이다. 후자가 없는 전자는 탐욕을 낳고, 전자가 없는 후자는 낭비를 낳는다.

펜(William Penn, 1644-1718)/고독의 열매(Fruits of Solitude)

나쁜 평판은 바다까지 가지만, 좋은 평판은 문지방을 넘지 못한다.

소베(Harold L. F Sauve, 1929-2013)

聖人, 英雄, 天才에 관하여

하늘을 근원으로 삼고 덕을 근본으로 삼고 도를 드나드는 문으로 삼고 모든 변화를 초월하는 사람을 성인(聖人), 어짊을 은혜로운 것으로 삼고 의로움을 원리로 삼고 예의를 행동 기준으로 삼고 음악을 조화의 방법으로 삼고 훈훈하게 자애롭고 어진 사람을 군자라 한다.

莊子

천칭(天秤)의 법칙

인도 히말라야 카필라 성주 정반왕(淨飯王) 수드호다나에게는 두 왕비와 두 자매가 있었다. 오랫동안 아이를 낳지 못하다가 노년에 마야왕비가 싯달다(悉達多)를 순산했으므로 왕의 기쁨은 말로 형언할 수 없었다. 싯달다가 19살 때 조카딸 야수다라와 결혼시켜 궁전에서 살게 했다. 싯달다 부부가 사는 궁전과 정원에는 인간의 감정을 매료하는 온갖 것들로 충만했다. 정반왕은 엄명을 내려 그에게 결코 슬픈 생각이 나게 해서는 안 되며 슬픈 생각에 젖을 수 있는 사연들은 아예 보이지 않도록 했다. 그래서 싯달다는 궁전에서 한 걸음도 밖으로 나가지 못했다. 어느 날 밤, 싯달다 태자는 말구종 찬타카만을 데리고 성을 빠져 나갔다. 새벽녘 한 시냇가에 이르러 말을 내린 태자는, 칼을 뽑아 삭발을 하고, 비단 옷을 벗어 누더기로 갈아입었다. 찬타카로 하여금 칼과 장신구를 가지고 성으로 돌아가게 한 다음, 단독으로 동남쪽으로 향해 걸어갔다.

싯날다는 커다란 바위 위에 결가부좌(結跏趺坐)하여 인간의 숙명에 대해서 깊은 명상에 잠겨 있었다. 그때 어디선지 한 마리의 비둘기가 날아와 싯달다의 품안으로 뛰어들었다. 뒤이어 일진의 바람이 휘몰아치더니, 마귀의 모습이 눈앞에 나타나 '여기 비둘기 한 마리가 날아 왔는데 못 보았느냐'라기에 싯달다가 대답했다.

"내 품으로 뛰어들었는데, 그래, 이걸 어떻게 하자는 거요?"

"내가 몹시 시장하니 비둘기를 잡아먹을 요량이다."

싯달다는 "이 조그마한 생명을 잡아먹은들 당신의 그 큰 체격에 얼마나 만족이 되겠소. 바라건대 구명(求命)을 줄 수가 없느냐?"고 사정을 했다.

마귀는 이렇게 대안을 내놓았다.

"우선 내가 요기를 해야겠으니, 정히 네가 비둘기 목숨이 가여워 살리고 싶은 생각이 있으면, 그 대신 비둘기 고기만큼 그대 살을 베어내라."

싯달다는 응낙을 했다.

자기 살을 도려내어, 비둘기와 함께 천칭에 올려놓았다. 그런데 천칭은 비둘기 쪽으로 기울어져 꼼짝을 하지 않는다. 싯달다는 다시 살 한 덩이를 도려서 보태었다. 그래도 천칭은 움직이지 않는다.

싯달다의 몸에서는 피가 흐르고 뼈가 드러나 보였다. 마침내 싯달다는 자리에서 일어나 온 몸을 한 쪽에 올려놓았다. 그제야 천칭은 수평이 되었다. 한 마리 비둘기와 수도자의 무게가 똑같았던 것이다. 천칭이 수평하게 된 순간, 마귀의 모습은 홀연히 사라지고, 구름 위에서 이 거룩한 천칭의 법칙을 예찬하는 주악소리가 들려왔다.

불교전설

소크라테스에 대한 고발은 국교를 인정하지 않는 것, 국교를 믿어서는 안된다는 설교로 청년을 선동했다는 것 두 가지에 연유한다. 소크라테스는 사람들에게 그의 인식 속에서 깨달은 삶의 이지적인 길을 가르쳤다. 결국 재판관들은 소크라테스에게 유죄를 인정하여 사형을 선고했다.

소크라테스는 재판관석을 향해 말했다.

"원로들이여! 악은 죽음보다 훨씬 재빠르게 사람을 사로잡는 것이다. 나는 이미 노쇠하였다. 그러나 그대들은 힘 좋고 날쌔다. 그런데 그대들보다 훨씬 더 날쌘 것이 있다. 즉 악이 그대들을 사로잡을 것이다. 그대들에게 선고받은 나는 죽음에 이르렀다. 동시에 내게 선고한 그대들은 악과 수치를 얻은 것이다. 그 악과 수치의 선고는 진리가 내리는 판결이다. 이와 같이 나는 나의 선고를 보고 있고 그대들은 그대들의 형벌을 눈앞에 보고 있는 것이다. 그대들은 나를 처형함으로 내가 지금까지 견제해 오던 그대들의 반대자들을 흥분시키는 일이 될 것이다. 또 나를 죽인다 해도 그대들의 악한 생활을 망각할 수는 없을 것이다. 남을 처형함으로 자기의 악에 대한 비난을 피할 수는 없는 것이다. 그것을 피하기 위하여서는 가장 단순한 그리고 참된 방법이 하나 있다. 그것은 선하게 사는 것이다. 죽음이 이 같은 단잠이라면 나는 그것을 행복이라고 생각할 수 있는 것이다. 반대로 죽음이 이 세상에서 다른 세계로 옮아 사는 것이라면 그리고 그 세계에서 나보다 먼저 죽은 성자나 현인들을 만나는 것이 사실이라면 그 세상에서 그러한 사람들과 함께 사는 것보다 더한 행복이 어디 있겠는가? 나는 이제 죽으리라. 그대들은 여전히 살아가리라. 우리들 중에서 누가 착한 인간인가? 그것은 신만이 알고 계신다."

플라톤/소크라테스의 변명(Apologia Sokratous)

노자는 도의 작용을 "소유 없는 생산(生而不有)"(production without possession), "자기주장 없는 행동(爲而不恃)"(action without self assertion), "지배 없는 발전(長而不宰)"(development without domination)이라는 세 마디로 압축해서 묘사하고 있다.
소유, 자기주장, 지배, 이것은 서양인들이 개인적으로나 국가적으로나 열렬히 추구하는 가치의 전범이다. 이 가치의 전범들을 니체는 하나의 철학으로 숭고한 듯이 건립하여 놓았나.

러셀/The Problem of China

최초의 신으로서 영웅은 北歐神話의 신들이고, 예언자로서의 영웅은 마호메트(Mahomet), 시인으로서의 영웅은 단테(Dante Alighieri, 1265-1321)와 셰익스피어, 성직자로서의 영웅은 마틴 루터(Martin Luther 1483-1546) 와 존 녹스(John Knox 1513-1572), 문인으로서의 영웅은 사뮤엘 존슨(Samuel Johnson 1709-1784) 과 루소, 로버트 번즈(Robert Burns 1759-1796), 왕으로서의 영웅은 크롬웰(Oliver Cromwell 1599-1658)과 나폴레옹(Napoléon Bonaparte 1769-1821)이다. 영웅 즉, 위대한 사람이란 사물에 스며있는 영원한 진리를 透察하는 직관력과 이것이 그의 덕성에 반영한 순정(純正), 독창력 특히 성실(誠實)이라는 자질을 구비한 사람이다. 영웅은 사물을 바르게 인식할 뿐만 아니라, 세계의 참된 동향에 협력하여 인류의 역사를 전진시킨다. 원시시대의 영웅은 특히 신화성과 영원성을, 중세의 영웅은 계시성을, 근세의 영웅은 독창성과 지배성을 각각 가지고 있다. 영웅은 생명의 일체의 가능성을 실현하는 창조자, 행동가, 혁명자다. 따라서 사정에 따라 시인, 종교가, 군주, 신이 되어 나타나 일반대중의 지도자가 된다. 영웅숭배의 감성은 종교가 발생하는 근원으로 사회를 구축하는 기초가 된다.

칼라일(Thomas Carlyle 1795-1881)
/영웅과 영웅숭배론(Heroes and Hero-Worship, 1841)

성자(聖者)의 특질(特質)은 다음 세 가지로 成立되고 있다.
남에게 하기를 바라는 그 일을 자기도 하는 것,
결코 正義에 反하는 행위는 하지 않는다는 것,
주위에 있는 모든 사람들의 허물을 잘 참고 견딘다는 것이다.

톨스토이

듣지 않는 것은 듣는 것만 못하고, 듣는 것은 보는 것만 못하고, 보는 것은 아는 것만 못하고, 아는 것은 행하는 것만 못하니, 학문이란 실천하는 것이 최종 목표이다. 실천함으로써 만사가 사리에 밝게 통달되고, 사리에 통달되면 성인(聖人)이 된다. 성인이란 인의를 근본으로 하여 시비의 판단을 정확하게 내리고, 언행을 한결같이 하여 티끌만큼도 어긋남이 없는 사람이다.

荀子

天才

자신의 힘을 있는 그대로 느끼고 고귀한 자부심으로 충만한 천재는 수치스러운 족쇄를 저 멀리 던져버리고, 미천하고 유한한 존재가 허덕이는 비좁은 감옥을 조롱하듯 대담하게 부숴버린다. 그러고는 제왕의 독수리처럼 저 좁고 낮은 땅 위를 훌쩍 날아올라 태양 속에서 살아간다. 그대들은 독수리가 궤도에서 이탈했음을, 지혜와 미덕의 울타리를 벗어났음을 질타할 것이다. 곤충들이여, 독수리는 태양을 향해 날아갔다.

아벨(Jacob Friedrich von Abel, 1751-1829)/천재에 대하여

천재란 의지 없는 인식의 최고 형식이다. 생의 최저 형식은 모두 의지로 되어 있으며 그것에 인식은 없다. 일반 사람들의 경우 대부분은 의지이고 인식은 적은 부분이지만, 천재는 대부분이 인식이고 의지는 적은 부분이다. 천재의 근본 조건은 생식력에 대한 지적 감수성이 특이하게 뛰어나다는 데에 있다. 그러므로 천재와 여자와는 적대관계에 있는 것이며, 여자는 생식의 화신으로 살려고 하는, 생명을 낳으려는 의지에 지성을 복종시키기 위해 싸우는 것이다. 여자는 뛰어난 재능을 가질 수는 있으나 천재일 수는 없다. 왜냐하면 여자는 항상 주관적이기 때문이다. 천재란 가장 완전한 객관성, 다시 말해서 정신의 객관적 방향임에 틀림없다. 따라서 천재란 자기의 관심, 의욕, 목적을 전혀 안중에 두지 않고 자기의 몸을 잠시 완전히 포기하고 순수한 인식주관(認識主觀), 청명한 세계의 눈이 되는 능력이다.

천재의 노동은 음악, 철학, 회화, 혹은 시가 될 것이다. 이것은 용도나 이익과는 무관하다. 무용 무익하다는 것이 천재의 노동의 특성 중 하나로서, 이 점이 그것의 고귀함의 징표이다. 다른 모든 인간노동은 우리의 존재의 유지와 위안을 위해서만 존재하나, 여기에서 논하는 노동은 그것 자체를 위해 존재하며, 이런 점에서 존재의 꽃으로 간주될 수 있다. 따라서 우리의 가슴은 이것을 향유하며 기뻐하는데, 왜냐하면 이때 필요와 욕구의 저 둔중한 세속적 분위기에서 벗어나 솟아오르기 때문이다.

쇼펜하우어/의지와 표상으로서의 세계(Die Welt als Wille und Vorstellung)

중간 정도의 유능인은 지위를 자랑삼고, 대단한 재능이 있는 사람은 지위가 방해가 되며, 약간의 재능이 있는 사람은 지위를 더럽힌다.

버나드 쇼(George Bernard Shaw, 1856-1950)

천재는 해야만 할 일을 하고, 재능이 있는 사람은 할 수 있는 일을 한다.

불워 리턴(Edward George Earle Bulwer-Lytton, 1803-1873)

천재란 1퍼센트의 영감(靈感)과 99퍼센트의 땀을 흘린 사람을 일컫는다.

에디슨(Thomas Alva Edison, 1847-1931)

천재성이란 부싯돌에서 일어나는 불꽃과 같아서 어울리는 물체와 부딪쳐야만 빛이 발생한다. 자신의 능력과 욕망이 화합할 수 있는지의 여부를 시험해보는 일은 모든 사람들의 과업이다. 뛰어난 인물 역시 어떤 계기가 있어야 자신의 힘을 알게 되기 때문에, 인간은 동등한 정신력으로 같은 일을 떠맡아야 하며, 그때 비로소 합리적으로 동등한 성공을 기원할 수 있다.

법 못지않게 비평에서도 정의를 내리는 일은 난해하고 불확실하다. 상상력은 방탕하고 변덕스러우며, 한계를 모르고 제약을 싫어하기 때문에 항상 논리학자들을 난처하게 했다. 또 상상력은 구분이라는 한계를 모호하게 만들며 일상적인 틀을 파괴한다. 따라서 무엇이 핵심이고 무엇이 구성 요소인지를 확실히 알 수 있는 종류의 글이란 거의 찾아볼 수 없다. 새롭게 등장한 천재는 일종의 혁신을 창조하는데, 이 혁신이 인정을 받게 되면 이전 작가들이 관례적으로 설정한 규범들을 전복시킨다.

존슨(Samuel Johnson, 1709-1784)/램블러(The Rambler, 1750-1752)

위인은 시대에 선행하고, 총명한 사람은 시대와 같이 가고, 노련한 사람은 시대에서 자기를 만들고, 그리고 등신은 시대에 역행한다.

보링그 부로그

周 문왕 西伯은 유리(羑里)에 갇혀 있으므로 『주역』을 풀이했고, 孔子는 晋과 齊에서 고난을 겪었기 때문에 『춘추』를 지었으며, 屈原은 쫓겨나는 신세가 되어 『이소』를 지었고, 左丘明(BC 556-BC 451)은 눈이 멀어 『국어』를 남겼다. 孫子는 다리를 잘림으로서 『병법』을 논했고, 呂不韋는 촉으로 좌천되어 세상에 『여람(呂覽, 여씨춘추)』을 전했으며, 韓非는 진(秦)에 갇혀 「세난(說難)」과 「고분(孤憤)」 두 편을 남겼다. 『시』 300편은 대체로 현인과

성현이 발분하여 지은 것이다. 이런 사람들은 모두 마음속에 울분이 맺혀 발산시킬 수 없기 때문에 지나간 일을 서술하여 앞으로 다가올 일을 생각한 것이다.

사마천(司馬遷)/史記 太史公自序

屈原이 추방되어 얼굴빛이 핼쑥하고 몸은 마르고 생기가 없었다.
어부가 보고서 그에게 물었다.
"어찌하여 이 지경에 이르렀소?"
屈原이 대답하였다.
"세상이 온통 다 흐렸는데 나 혼자만이 맑고(擧世皆濁 我獨淸)
뭇 사람이 다 취해 있는데 나만 홀로 깨어 있으므로(衆人皆醉 我獨醒)
추방을 당하게 되었소."
어부는 말하였다.
"세상 사람이 다 흐려져 있서늘,
어찌하여 흙탕물 휘저어 그 물결을 날리지 않으며
뭇 사람이 다 취해 있거늘,
어찌하여 그 찌꺼기를 씹고 그 밑술을 들이마시지 않고,
무엇 때문에 깊이 생각하고 고상하게 행동하여,
추방을 당하게 되었소?"
屈原이 대답하였다.
"새로 머리를 감은 사람은 반드시 갓을 털어 쓰고,
새로 몸을 씻은 사람은 반드시 옷을 털어 입는다고 하였소."
어부가 노를 두드리고 떠나가면서 노래하였다.
"창랑의 물이 맑거든 그 물로 갓끈을 씻는 것이 좋고,
창랑의 물이 흐리거든 거기에 발을 씻는 것이 좋으리라."
그리고 어부는 가버려 다시 말할 수 없었다.

츄 유안(屈原, BC 340-BC 278)과 어부와의 대화(漁父辭)

마음에 맺힌 우울은 내처 걱정이 되어 길이 막혔음일네
마음을 달래고 뜻을 밝혀, 허물없는 죄에 굴하여 스스로 참고 견디노라
먹줄을 퉁긴 듯 규칙이 분명하게, 古法을 닦아 의도는 변함이 없다
마음 바르고 성품이 후한 것은 大人의 미풍(美風)
匠人도 생각이 있게 깍지 않으면, 누가 尺度의 바름을 알랴
찬란한 문채도 어둠 속에 있으면, 눈 뜬 장님과 같아 없는 것이나 다름없다
봉황(鳳凰)은 장 속에 갇히고, 뱁새는 大空을 날아 춤춘다
근유(瑾瑜)의 美玉을 품에 가져도 궁하니, 보일 사람이 없고
마을의 개들이 짖는 것은, 괴이한 것을 보아 짖는다
준수(俊秀)한 사람을 비방하고 영웅을 의심함은 본디 凡人들의 짓일 뿐
문채(文采), 실질(實質)이 몸에 통해도 나의 이채(異采)를 남은 모르고
재목이 하고 많이 쌓여 있어도, 나의 재능을 아는 사람 없다
仁과 義를 쌓고 쌓아도, 근후(謹厚)함과 德을 풍부히 가져도
重華(舜임금)를 만나지 못하면 누가 나의 종용한 마음을 알랴
古來로 성군(聖君)과 현신(賢臣)이 함께하지 못하는 것은, 그 까닭을 알지 못할레라
노래 불러 우울한 마음을 달래고, 슬픈 수심을 즐기는 것은, 이것을 한정하기를 죽음으로써 해야 할 것인가
충성한 마음을 가슴에 품고, 진실한 성품을 가져도, 나의 옳고 그름을 바루는 이 없다
분명히 세상 君子들에게 고하노라
내 마땅히 절개에 죽어 본을 보이련다

츄 유안(屈原)/회사(懷沙)의 부(賦)

아무리 재능이 있어도, 자기만 못한 사람에게 의견을 묻고, 아무리 지식이 풍부해도 독단하는 일이 없이 남의 의견을 참고로 하며, 재능이 있는데도 없

는 것 같이 하고, 지식이 꽉 차 있으면서도 텅 빈 것 같이 하며, 시비를 걸어오는 일이 있어도 상대하려 하지 않는다.

내 친구 안회(顔回, BC 521?-BC 491?)는 늘 이렇게 살아가고 있었다.

曾子

만물은 유전(流轉)하여 옮아가고 추진하여 돌고 도나니
形과 氣가 끊임없이 교착하여 변화하기 매미와 같다
심원미묘(深遠微妙)하기는 한이 없으니 어찌 말로써 다하랴
화(禍)는 복(福)을 따라 나는 것, 福은 禍가 숨어 있는 것
근심과 기쁨은 같은 문으로 모이고, 吉과 凶은 자리를 같이한다
그래서 禍와 福은 비비꼬인 새끼와 같다
물은 격(激)하면 빠르고 화살은 激하면 멀리 날아간다
만물은 회전하여 서로 대지르고 진동하여 변화한다
큰 풀무가 만물을 녹여 만들기는 가없고 끝이 없다
하늘과 道는 그 이치가 심원하여 지레 짐작을 할 수가 없으며
더디고 빠른 것은 天命이니 어찌 그 시기를 알랴
천지는 풀무요, 造化는 工人이라, 음양은 숯불이요 만물은 구리에 비할 것이다
작은 지혜는 나를 낸 척하여 만물을 낮추 보고 나를 귀하다 한다
통달한 사람은 크게 보니 만물을 보기를 나와 같이 안다
뭇 凡人들은 생명에만 애착할 뿐
재물에 꾀임받는 무리들, 가난에 쫓기는 무리들, 동서로 분주히 쏘댄다
大人은 사물에 국한하지 않고, 억만의 변화를 당해도 동요하지 않는다
德있는 사람은 만물을 초월하고 道와 함께 행동한다
뭇 사람들은 미(迷)하고 혹(惑)해서 좋고 나쁜 것을 마음속에 쌓는다
참된 사람은 염담(恬淡) 정적(靜寂) 다만 道와 함께 산다

사려(思慮)를 떠나고 형체를 잃어 초연(超然)해서 내 몸을 잊어버린다
그 마음 광대무변하여 道와 함께 하늘을 달린다
몸을 마음대로 하늘에 맡겨 自我에 구애하지 않는다
그 삶이란 뜬 것과 같고, 그 죽음이란 쉬는 것과 같다
염담(恬淡), 정적(靜寂), 심연(深淵)과 같고 道를 따라서 매이지 않음이 배가 흐름을 따라 움직이는 것 같다
사는 까닭을 가지고 스스로 귀중해 하지 않고 공허한 性情을 길러 유유자적(悠悠自適)한다
德있는 사람은 마음의 괴로움이 없고 天命을 알아서 근심하지 않는다
자질구레한 사고는 초목의 가시에 비할 것이니 무엇 의심할 것이 있는가

지아이(賈誼, BC 200-BC 168)

나는 내가 인류에 봉사하기 위해서 태어났다는 것을 믿었다. 그리고 공공의 복리를 배려하는 것이 바다나 공기와 같다고 말할 수 있을 만큼 만인에게 공평하게 주어져 있는 공권(公權)의 성질을 가진 임무의 하나라고 생각했다. 그래서 나는 무엇이 가장 많이 인류를 이롭게 하며, 어떤 일을 실행하는 데 내 천성이 적합한가를 자문했다. 그러나 인간의 생활을 문명으로 이끄는데 도움이 되는 기술이나 발명을 추구하고, 또 그것을 발전시키는 것만큼 가치 있는 일이 없을 것 같았다.
그와 같은 발견자는 인간 왕국을 우주에 확장하는 자, 인간의 자유를 위해 싸우는 전사, 인간을 속박하고 있는 궁핍을 근절하는 자라고 불러 마땅하리라고 생각하였다. 그뿐 아니라 나는 나 자신의 본성이 진리의 관조에 적합하다는 것을 발견했다. 그와 동시에 내게는 가장 중요한 것에 대한 예리한 정신이 있었으며, 그 차이의 미묘한 음영을 알아차릴 만한 견고하고 집중력이 강한 정신이 있었다. 나는 연구에 대한 정열, 판단을 참을성 있게 보류해 두는 힘, 즐겁게 묵상하는 힘, 조심스럽게 긍정하는 힘, 잘못된 인상

을 재빨리 수정하는 힘, 세심하게 마음을 써서 자기 생각을 정리하는 힘 등을 가지고 있었다.

베이컨

내 영혼 속에 가장 깊숙이 흔적을 남겨 놓은 사람들을 지명한다면 나는 호메로스(Homerus), 부처, 니체(Friedrich Wilhelm Nietzsche), 베르그송(Henri Louis Bergson, 1859-1941), 조르바(Zorba)를 지명할 것이다. 조르바는 나에게 삶을 사랑하는 법과 죽음을 두려워하지 않는 법을 가르쳐 주었다. 그에게는 꾸준히 만물을 처음 보는 것처럼 보게 해 주는, 매일 아침 새로워지는 창조적인 천진성, 솜씨의 확고함, 마음의 신선함, 그의 내부에 영혼보다 우세한 어떤 힘을 지닌 것처럼 자신의 영혼을 감히 집적거리는 용기. 인간의 내장보다도 더 깊은, 샘물에서 야만스럽게 터져 나오는 웃음이 있다. 그 웃음은 인간이라는 비참한 겁쟁이가 생활의 비참한 사소한 것들을 통해서 그를 완벽하게 절룩거리게 하기 위해서 그의 주변에 세워 놓은 온갖 울타리들-도덕, 종교, 조국 따위와 같은-을 싹 쓸어버릴 수 있었던(혹은 싹 쓸어버린) 웃음이었다.

청춘과 성인 시절은 공포와 희망이라는 두 축의 주변에서 허공을 맴돌았지만, 이제 노령(老齡)의 나는 막다른 골목에 고요히 직면하기 위해서 그(오디세우스(Odusseús))를 창조해 냈으며, 그를 창조하면서 그를 닮으려고 애썼다. 그는 원형(原型)이었다.

니코스 카잔차키스(Nikos Kazantzakis, 1883-1957)/그레코에게 보내는 보고

천재는 우리에게 맑은 거울을 보여주지만 그 거울 속에는 모든 본질적인 것이나 의의 있는 것이 한데 뭉쳐져서 지극히 밝은 빛에 비치므로 우연적인 것이나 이질적인 것은 제외되어 있다. 사고는 햇빛이 구름을 통하듯 격정을 뚫고서 사물의 핵심을 비쳐 준다. 그것은 개별적인 것이나 특수한 것 속에 <플

라톤적인 이데아> 또는 그것을 형상화시키는 보편적 본질을 포착한다. 천재의 비밀은 객관적인 것, 본질적인 것, 보편적인 것을 똑똑히 공평하게 가려내는 데 있다. 천재를 의욕적, 실제적, 개인적 활동의 세계에 적응하기 어렵게 만들고 있는 것은 이처럼 개인으로서 평범한 데가 없기 때문이다.

쇼펜하우어

왔노라, 보았노라, 살았노라

나는 살 만큼 살았노라.
나를 부축해 줄 그 누구도 없이, 힘겹게 걷고 있으니,
둘러선 아이들에게 겨우 웃어줄 수 있으니,
꽃을 봐도 더 이상 즐겁지 않으니

봄이 되어 하느님께서 자연의 향연을 베푸실 때,
나는 기쁨을 잊은 채 이 찬란한 사랑을 구경하고 있으니
내 나이 청춘을 지나, 아! 나는
모든 것에 깃든 은밀한 슬픔을 느끼고 있으니

내 영혼의 잔잔한 소망은 좌절되었기에
향기와 장미로 가득한 이 계절에,
오, 내 딸아! 네가 잠들어 있는 묘지를 갈망한다
내 심장은 멎었기에, 나는 살 만큼 살았노라

이승에서의 내 임무를, 나는 거부하지 않았다
내가 일군 밭고랑 내가 받은 꽃다발 온 데 다 있노라
나는 미소를 지닌 채, 항상 조금씩 더 온유해지면서
꿋꿋하게, 그러면서도 신비에 이끌리며 살았노라

나는 할 수 있는 것을 했노라. 나는 봉사했고, 밤을 새웠노라
한데, 내 노고가 비웃음거리가 되던 것을 너무도 자주 보았다

내 자신이 증오의 대상이 되고 있음에 경악했노라
그렇게나 고통을 겪었고, 그렇게나 애써왔거늘

천사가 날지 않는, 이 지상의 형장에서,
불평 없이, 피를 흘리며, 두 손 짚어 넘어지며,
침울하고 기진한 채, 죄수들의 야유를 받으며,
나는 영원한 쇠사슬의 고리를 짊어졌노라

이제 내 눈은 겨우 반쯤만 떠질 뿐
누군가 내 이름을 불러도, 나는 이제 돌아보지 못하노라
나는 혼미함과 권태에 짓눌려 있노라.
새벽도 오기 전에 일어난, 잠도 못 이룬 한 남자처럼

입으로 나를 해치는, 시샘하는 자에게,
나는 침침한 무기력에 빠져 더 이상 내꾸소차 않노라
오, 주여! 제게 밤의 문을 열어주소서,
제가 떠나도록, 제가 사라질 수 있도록

빅토르 위고(1848. 4. 11)

□ 생각하는 방법 - 교학(敎學)

교육은 경험의 의미를 깊게 하고 뒤에 오는 경험을 지도할 수 있는 능력을 더 하게 하는 경험의 재건, 재조직이라 할 수 있다.

교양이란 사물의 의의를 인식하는 범위와 정확성을 부단히 확대시키는 능력이라고 할 수 있다.

지도는 동시적이요 순차적이다. 동시적으로는 어떤 일정한 시간에 부분적으로 자극된 모든 경향 중에서 필요한 곳에 정력을 집중시킬 수 있는 경향만을 선택하는 것이고, 순차적으로는 각 행동으로 하여금 그 전후에 오는 행동과 균형을 가지고 행동의 질서를 세우도록 하는 것이다. 중심점을 만드는 일과 질서를 세우는 일은 지도의 두 방면으로서 하나는 공간적이고 하나는 시간적이다.

듀이(John Dewey, 1859-1952)
/민주주의와 교육(Democracy and Education)

교육에 관하여

인간의 교육

사람은 특수한 처분과 일정한 일을 성취시킬 수 있는 특수한 능력을 가지고 태어났다. 그러므로 어린이에 대해서는 특수한 천분을 알아내어, 거기에 따라서 교육을 해야 한다.

전반에 걸친 기초교육도 중요하지만, 그 다음에는 개성(個性)을 발달시키는 교육이 필요하다. 원래 교육활동이라는 것은, 그 어린이 속에 들어 있는 소질을 발전시키는 것을 의미한다. 새로운 특성을 만들어 낸다는 것은 불가능한 일이다.

그러나 모든 어린이에 대해서 똑같이 가르쳐야 하는, 절대로 불가피한 교육이 하나 있다. 그것은 '인생'에 대해서 올바른 관념을 길러 주는 일이다. 거기에 우리의 의무가 있다.

실리(實利)를 존중하는 경향 속에는 큰 위험이 숨어 있다. 처음에는 어떤 '유토피아'가 사람을 이끌어 간다. 젊은 동안에는 그 이상(理想)을 위해 투쟁을 하는 것이다. 그러나 그것이 당장에 실현할 수 없다는 것을 알게 된 다음에는, 관심을 자기 자신에게만 집중하게 된다. 그리하여 이상은 멀리 사라져 버리고, 한갓 이기주의의 노예가 되고 마는 것이다.

인생의 길은, 단순히 행복만을 쫓는 사람에게는 축복을 주지 않는다. 꾸준하게 의무를 다하는 사람에게 축복을 베풀어 준다.

인생의 의무를 가르치는 두 개의 규범이 있다. 하나는 자기 자신을 인식하는 일-양심(良心)이고, 또 하나는 동포(同胞)를 인식하는 일-전통(傳統)이다.

마치니

옛 사람에게는 귀에는 좋은 음악이, 눈에는 예가 있었고, 주변과 생활하는 곳과 그릇과 사발과 안석과 지팡이에는 새겨 넣은 명과 경계하는 말씀이 있어서 움직이거나 쉴 때에 어느 쪽이건 늘 마음을 기르는 바가 있었다. 그러나 지금은 이치와 의로움으로 마음을 기르는 것이 있을 뿐이다. 삼감으로써 안을 곧게 하는 것이 곧 함양하는 뜻이니 말이 엄숙하고 삼가지 않으면 비루하여 속이려는(鄙詐) 마음이 생겨나고, 겉모습이 엄숙하지 못하고 삼가지 않으면 대충대충 함부로 하려는 마음이 생겨나는 것이다.

程子

외모와 말의 기운의 사이(間)가 배우는 자가 잡아 기르면서 힘을 써야 하는 지점이다. 그러나 말을 잘 가려서 하고 얼굴빛을 좋게 하는 데(巧令) 뜻을 두고서 사람들의 눈과 귀를 기쁘게 하려 한다면 마음은 밖으로 내달리게 되어 어진 경우가 드물게 된다. 말을 낼 때에 조급함과 경망스러움을 금하고, 몸을 움직일 때에는 온화하고 공손하여 '삼감으로 안을 곧게 하고 의로움으로 밖을 반듯하게 하는(敬以直內 義以方外)' 실상을 체득한다면 그것이 자신을 위한 공부이자 어짊을 찾아내는 요점이다.

朱子

만물은 신으로부터 탄생해, 이로 말미암아 제약된다. 의식하고 사고하고 이해하는 인간을 의식으로 자기결정에 따라 그 내적 법칙, 즉 신적인 것을 순수하고 완전하게 표현할 수 있도록 격려하고 지도하는 방법과 수단을 나타내는 일, 이것이 인간의 교육이다. 따라서 교육, 교수 및 교훈은 근원적으로 제1의 근본적 특징으로서 수동적, 추종적이어야 하며, 명령적, 규정적, 간섭적이어서는 안 된다. 勞作으로 배우는 것, 생활에 의해 생활을 통해 배우는 것이 무엇보다 알기 쉬운 동시에 오래 발전할 수 있는 학습이 된다.

공동 감정의 발달을 매개로, 인간으로서 최초의 자기인식이 싹튼 것을 보는 어린이의 감정 속에는 인간의 본질에 알맞은 순수한 인간적 생명이 표시되므로 어린이의 환경을 중시해야 한다.

어린이를 둘러싼 시선과 표정은 순수하고 확고한 것으로 어린이의 신뢰를 불러일으키며 그것을 충분히 길러주는 것이어야 한다.

인간은 '유아기의 인간', '소년으로서의 인간', '생도로서의 인간' 각각의 발달단계에서 그 단계가 요구하는 노력이외의 어떠한 것에 대해서도 노력해서는 안 된다.

프뢰벨(Friedrich Wilhelm August Fröbel, 1782-1852)
/인간의 교육(Die Menschenerziehung, 1826)

예의(禮儀)의 의미- 행동의 위생

어린이의 교육은 태어난 즉시 시작되어야 한다. 태어난 첫 날부터 성격이 형성되기 때문이다. 최초의 교육, 그것을 반사(反射)의 교육이라고 한다. 반사만 나타내는 유아기(乳兒期)를 지나 제1소아기(小兒期)로 들어가서 정신운동의 수업을 시작한다.

어린이의 정신은 아무렇게나 발달하는 게 아니고, 여러 가지 법칙을 따라서 나아간다. 어린이는 움직이는 시계와 같다. 부모들은 지금이 몇 시인지 잘 생각해 보지는 않고, 재촉을 하거나 막연하게 기다리고만 있다. 시간의 진행을 구획해 줄 필요가 있다. 조절하고, 가감하고, 선택해 주는 일이다.

어린이의 주위에는 '세계'가 있다. 그것을 다루는 방법을 터득해야 한다. 세계를 다루기 위해서 계통(系統)이 정연한 기술이 필요하다. 어린이 신체의 기능을 활용하고 행위의 위생을 질서 있게 하고, 습관을 정확하게 길러야 한다. 욕망과 필요한 일을 구별해야 한다. 욕망은 그대로 두면 잡다한 경향을 나타내게 되므로, 목적에 적합한 것을 선택해서 질서의 기초를 닦아야 한다. 이것이 예의의 시초이다.

예의라는 것은 생활을 하는 방법, 즉 자기기능을 발휘하는 방법, 또는 세계를 다루는 방법이다. 예의는 행위의 기술, 행위의 위생법이다. 생략할 것은 생략하고, 습관으로 길들이고 그렇게 해서 절도 있는 행동의 체제를 형성한다. 그것은 순결하고 명랑하고 투철하여 목표를 향해서 일직선으로 나아간다. 불필요한 장식을 일체 하지 않는다.

예의는, 어린이의 극히 자동적인 몸짓이나, 태도에 이미 포함되고 있다. 기능과 운동의 지혜이다. 사고를 하기 전에 예의가 갖추어져 있어야 한다. 예의는 지성이 형성하는 게 아니고, 지성이 눈을 뜨기 전부터 형성돼 있어야 하는 것이다.

예의는 훈련으로 터득이 된다. 그 자신의 힘이고, 기술이기 때문에. 예의바른 어린이는 정면을 향해서 가슴을 펴고 머리를 쳐든다.

판단을 마구 선동하는 것 보다, 우선 판단을 절약하는 게 좋다. 예의는 한편으로 무엇을 '받아들이는 방법'을 의미하기 때문에 남의 의견을 존중하고 거기에서 자기의견이 도야(陶冶)되는 것이다.

어린이의 개성은 어른들의 존경을 받을 권리가 있다. 어른 쪽에서 어린이의 정신과 영혼에 복종을 해야 한다. 어린이 쪽에서 어른들의 동결(凍結)된 사상이나 고저(高低)가 정해진 감정을 본받아야 할 이유는 없다. 예의는 어린이 천분(天分)을 낭비로부터 방어하려는 것이다.

예의에 의해서 몸짓이 조직화되고, 그 몸짓은 곧 동작으로 나타난 언어이고, 또는 그것에 의해 정신이 눈을 뜰 준비를 하는 것이다. 예의가 있으면, 빈자(貧者)도 부자를 맞이할 수가 있고, 부자도 빈자를 대접할 수가 있다.

부모는 어린이를 이해하면, 어린이의 신뢰와 애정을 얻을 수 있을 것이다. 절대로 금해야 할 것은 복종을 강요하기 위해서 공포심을 이용하는 일이다. 무슨 일이든지 어린이의 과실은 다 용서해 줘야 한다.

로방(Zirbel Louvain)/괴팍스러운 아이의 교육

어머니와 어린이

어린이를 가르치는 최초의 시간이란 어린이가 탄생하는 때부터이다. 어린이의 감각이 자연에 대한 인상을 느끼는 그 순간부터 자연은 그 어린이를 교육하고 있는 것이다. 생명이 신선하다는 것은 그 같은 인상을 느끼고 받아들이는 능력이 성숙되어 있다는 말과 같다. 또 그것은 온 힘과 모든 충동을

다해 전적으로 자신을 형성시킬 기회가 되는 생리적 맹아를 각성한 것과 같다. 또한 인간이고자 하는 바람과 인간으로 정해진 삶이 지금 성숙되어 각성된 것이다. 그러므로 모든 인간교육은, 자신의 역량을 펼치기를 기다리고 있는 자연에게 도움을 받는 기술일 따름인 것이다.
어머니와 신과 세계의 모든 것에 대한 신뢰의 감정이 서로 분리되려는 이때에 그대는 모든 힘과 여러 방법을 사용해 감사와 사랑과 신뢰와 순종의 감정을 어린이의 마음속에 순수하게 유지시켜야만 한다.

페스탈로치(Johann Heinrich Pestalozzi, 1744-1827)

사람은 누구나 이 세상의 법칙에 대하여 '사랑하는 마음', '믿는 마음', '감사하는 마음', '복종하는 마음'을 가져야 한다. 네 가지 마음은, 그 시초가 어린이와 어머니와의 관계에서 시작한다.
어린이에 있어, 사랑의 마음은 다름 아닌 어머니의 사랑에 대한 반사(反射)로 싹튼다. 어머니가 본능의 힘에 의해서 잠시도 눈을 떼지 않고 어린이를 보호 양육할 때, 절로 감응을 일으키는 것이다.
이와 같이 하여 사랑과 믿음과 감사는 삽시간에 발생한다. 어린이는 어머니의 모습, 소리, 체온을 알고, 나아가서는 어머니를 닮은 사람을 좋아한다. 나아가서는 어머니를 중심으로 차츰 그 주변으로 확대되어 동포애 또는 인간애로 발전을 하게 되는 것이다.
'복종하는 마음'의 기원은 조금 특별하다. 그것은 정한 경과를 거쳐서 터득되는 하나의 교양이다. 어머니의 가슴은 어린이의 육체의 욕망의 폭풍우를 진정시켜 주면서 거기에서 사랑과 믿음과 감사와 복종의 마음을 창조하는 것이다.
어린이는 복종을 터득하면서부터 비약을 한다. 어린이의 불규칙한 욕망의 발동에 대해서 일정한 규칙으로 응한다. 그리하여 어린이의 의식에 희미한 서광(曙光)이 비치기 시작하는 것이다. 그러나 이 서광 속에 나아가서는 자기 자신의 존재조차도 자기만을 위해서 태어난 게 아니라는 각성으로 발전하는 계기가 들어있다. 이와 같이 하여 의무와 정의의 관념이 생긴다. 인간의 도덕적 자기발전 제일원칙은, 어머니와 어린이의 자연적 관계 속에 인간과 조물주(造物主)와의 도덕적 관계가 깃들고 있는 것을 알아야 한다.

즉 객관적 세계를 인식함에 따라, 세계를 사랑하고 신뢰하고, 감사하고, 복종하는 마음, 한 마디로 도리의 의식이 싹트는 과정은, 어린이가 어머니에 의해서 마음을 발전시킨 과정과 똑같은 것이다.

그러므로 어린이가 어머니의 무릎을 떨어지기 시작할 때, 이 공통되는 원리를 확인시킨다는 것이 매우 중요하다. 어머니의 품에서 얻은 사랑과 받음과 감사와 복종을 잊어버리지 않도록 다짐을 해야 한다.

페스탈로치/겔트루드는 어떻게 그 아이를 가르치는가

어린이를 튼튼하게

교육의 출발점-건전한 신체에 깃드는 건전한 정신-이란 행복한 상태를 잘 나타낸 말이다. 열 가운데 여덟아홉은 좋게도 나쁘게도 유용하게도 무용하게도 오직 교육에 의해서 그렇게 된다. 민감한 유년시대에 받은 사소한 자극, 거의 느껴지지 않을 만큼 사소한 인상이, 매우 중대하고도 오래 지속되는 영향을 끼친다. 그것은 시냇물이 그 수원(水源)에서 흐르기 시작하는 것과 같다. 처음에는 조용히 수축을 해서 수로(水路)를 잡을 수가 있으나, 나중에는 그 방향을 조절하기가 대단히 어려워진다.

존 로크/교육에 관한 고찰

아이들의 교육이 훌륭한 것이 되기 위해서는 교육자 스스로가 자기를 끊임없이 교육할 것, 서로 간에 사랑을 실현하고자 도와줄 것, 이에 대한 가장 중요한 실천 방법은 자기마음에 쌓는 수양이다.

다음 학(學)으로서의 교육은 학문이나 교도(教導)는 가장 현명한 사람이 발견한 것을 전해 주는데 지나지 않는다는 것이다. 현명한 사람들은 항상 세 가지 사고방식으로 생각해 왔다. 첫째, 자기인생의 의의를 철학적으로 생각하는 것(철학이나 종교), 둘째, 실험적 또는 관찰에서 연역(演繹)되는 것(자연과학), 셋째, 자기사색의 위치에서 추리하는 것(수학)이다. 법률학, 역사학은 예외적인 학문이다.
세 학문에는 세 지류(支流)가 있는데 이 지식을 전하는 세 가지 방법이 있다. 가장 일반적이고 보편적인 방법은 언어이다. 동포애의 기준을 따르기 위하여 국어라는 과학이 나타난다. 둘째 형상적(形象的) 예술, 즉 회화나 조각이다. 그것은 남의 시각에 호소하여 권하고자 하는 학문이다. 셋째, 음악과 노래이다. 이것은 자기의 기분이나 감정을 전달하는 과학이다. 이 외에도 또 다른 종류를 하나 더 첨가해야 한다. 그것은 기술로서의 전달이다.

톨스토이

내가 지상에서 보는 것은 악이라네. 나는 인간의 본성에 대한 두 가지 확실한 원리를 발견했네. 하나는 진리의 탐구, 정의와 도덕적인 미에 대한 사랑을 통한 지적인 영역으로의 향상이며, 다른 하나는 첫째의 원리에 의한 향상된 인간의 고귀한 상태를 끌어내리는 정념에의 예속이네.

조물주의 손을 떠날 때에는 모든 것이 선하지만, 인간의 손으로 넘어오면 모든 것이 악해진다.
우리는 연약한 존재로 태어난다. 아무것도 갖지 않고 태어난다. 분별을 지니지 않고 태어난다. 우리에게는 판단이 필요하다. 태어날 때 가지고 있지 않은 것 가운데 어른이 되어 필요한 것은 모두 교육을 통해 얻을 수 있다.
교육은 자연, 인간, 사물을 통해 제공되는 것이다. 우리의 능력과 우리가 가진 내부기관이 발전하는 것은 자연이 베풀어 주는 교육에 의해 가능하다. 이러한 발전을 얼마나 잘 이용할 것인가를 가르치는 것이 인간의 교육이다. 우리를 자극하는 사물에 대해 우리의 경험이 얻게 되는 것은 사물에 의한 교육이다. 세 가지 종류의 교육 가운데에서 자연에 의한 교육만은 인간의 손으로 어찌할 수 없는 내용이다. 따라서 다른 두 가지 종류의 교육은 자연에 의한 교육에 맞추도록 해야 한다. 인간은 자연 또는 사회제도와 싸우지 않으면 안 된다. 또 인간을 만들 것인가, 시민을 만들 것인가를 결정해야 한다.

우리는 출생하면서부터 감성을 가지고 태어난다. 또한 출생하자마자 우리를 둘러싸고 있는 사물들로부터 여러 가지 방법으로 영향을 받으며, 감각을 의식하자마자 그 감각을 만들어낸 사물을 추구하거나 피할 생각을 하게 된다. 그러한 과정은 먼저 그 감각이 유쾌한가 불쾌한가, 다음에는 사물과 우리 사이에 적합한 것이 있는가 없는가, 마지막으로 이성이 우리에게 주는 행복 또는 안정성이라는 개념에 비추어 어떠한 판단을 내릴 것인가에 관한 기준이 된다. 이러한 성향은 우리의 감성이 잘 다듬어지고 이성이 발달함에 따라 그 폭이 넓어지고 확고해진다. 그러나 그것들은 우리의 좋지 못한 습관에 묶이고, 우리의 편견에 의해서 어느 정도 변질된다. 그 변질 이전의 성향들을 나는 우리 속에 있는 자연이라고 부르고 있다.

어른 속에서 어른을, 아이들 속에서 아이들을 바라보아야 한다. 자연은 아이들이 어른이 되기 전엔 아이들이기를 원한다. 우리가 이 순서를 뒤바꾸려고 한다면, 성숙미와 미각도 없는, 곧 썩어 버리는 조숙된 과일을 배출할 뿐이다.

자연인을 만들기 위한 격률은 다음과 같다.
제1격률 자연이 부여한 모든 힘을 어린이도 충분히 이용할 수 있도록 할 것.
제2격률 신체적 필요는 물론, 지성과 능력에 관해 어린이를 돕고 보충해 줄 것.
제3격률 실제로 필요한 것에 한해서만 어린이를 도울 것.
제4격률 주의 깊게 연구해 자연에서 직접 생겨난 것과 억측에서 생겨난 것을 구분할 것.

나는 에밀을 이렇게 가르친다

· 속박하지 마라(5세까지)

교육은 우선 인간의 천성을 존중해야 한다. 처음부터 어떤 사회적 지위나 일정한 직업에 적합하도록 가르치는 것도 천성을 해치는 짓이다. 어떤 환경에서나 본연의 모습을 잃지 않는 사람이 가장 잘 교육된 사람이다. 사람들은 어린이를 어른의 척도로 다룬다. 어린이를 그들의 질서에서 복종시키려고 한다. 어린이를 기르는 데 가장 중요한 것은 자유이다. 정신적 육체적 속박이 가장 해롭다. 어린이의 활동력을 충분히 발휘시켜야 한다. 자연스러운 발달에 맡겨 모든 인위적인 영향을 피해야 한다.

· 몸을 튼튼하게(5세-12세)

이 시기의 교육은 체육과 관능(官能)에 대한 교육을 주로 한다. 이 시기에 어린이는 울음을 그치고 말로서 뜻을 표시하기 시작한다. 즉 비로소 한 개인의 자각을 시작하여, 무슨 일에나 '자기'라는 느낌을 일으킨다. 말하자면 도덕적 생활로 들어간 것이다. 특히 생장(生長)을 촉진하는 자연력을 압박해서는 안 된다. 뛰고 싶을 때는 뛰게 하고, 소리를 지르고 싶을 때는 소리를 지르게 하라. 그리고 적당히 고통과 결핍을 경험시키는 게 좋다. 속박은 어디까지나 좋지 않다. 의무를 강요해서는 안 되며, 벌을 줘서는 안 된다. 벌은 죄악을 유발시킬 뿐이다. 이 시기에 교육을 잘못하면 일생동안 화근을 남긴다. 도덕이나 진리를 강압적으로 설명해주는 대신 과오를 범하지 않도록 마음과 행동을 조절해 주는 게 좋다.

이 시기에 어학을 너무 서두르는 것은 생각할 문제이다. 어학교육은 관념과 사물을 연결시킬 수 있는 능력과 병행시켜야 하며 앞서 나가서는 안 된다. 이 시기는 감각의 시대이므로, 책을 이해하는 것보다 사물을 감각하는 게 중요하다. 다시 말하면, 관념에 호소할 게 아니라 인상(印象)에 호소해야 한다. 요컨대 신체와 관능을 발달시키는 게 이 시기의 교육인데 보호와 함께 단련을 잊어서는 안 된다. 에밀은 허위, 공포, 슬픔과 불안을 모른다.

· 知力을 기르는 시기(12세-15세)

근로와 공부를 할 때가 왔다. 지력을 활동시킬 때다. 그러나 지식을 머리에 쑤셔 넣어서는 안 된다. 필요와 순서를 따라야 한다.

이 시기의 어린이는 호기심이 왕성하다. 그것을 이용해서 현실의 세계에 직면시켜라. 세계가 책이고 사실이 교재이다. 즉 모든 학과는 주입식으로 가르칠 게 아니라, 스스로 발견하는 방식을 취할 것이다. 편리한 방법에 의뢰하지 말고 자기가 노력해서 터득해야 한다.

책은 좋지 않지만 상상력은 어지간히 발달되었으므로 조금은 읽혀도 괜찮다. 한편, 마음속에는 조금씩 사회적 관계의 의식이 형성되어 간다.

신체의 연습과 정신의 연습이 조화되어야 하며, 농부처럼 일하고 철학자처럼 사색하지 않으면 안 된다. 여러 가지 물리적인 지식을 가지고 있으며 근면, 절제, 인내, 강인성 같은 덕성이 심신에 가득히 충만 되고 있다. 남의 눈치를 살필 필요는 없고, 사물의 성질을 분석한다.

· 도덕적 감정의 교육(15세-20세)

이 시기는 도덕감정을 교육하는 시기이다. 사람은 두 번 태어난다. 첫 번째는 신체의 탄생이고, 두 번째는 생활의 출발이다. 남성이나 여성으로서의 인생을 시작하려는 이 시기는 생애의 위기이기도 하다. 여태까지는 자기와 사물과의 관계만 배우면 됐었지만 이제부터는 자기와 남과의 관계를 배워야 한다.

춘기발동(春氣發動)의 시기는 기후의 영향을 받지만 문명의 영향이 더 크다. 호기심을 일찍 자극할 필요가 없다. 어린이의 천진(天眞)을 보호하기 위해서는 주위사람들이 천진해야 한다. 청년이 마음에 먼저 떠오르는 감정은 이성(異性)이 아니라 동포에 대한 사랑이라야 한다. 연애감정보다 박애정신이라야 한다. 동포애의 감정을 바른 길로 이끌기 위해 인간과 사회에 대한 연구를 시작하게 된다.

인간에 대한 연구와 사회에 대한 연구는 서로 병행하는데, 처음에는 인간의 성격을 관찰할 필요가 있다. 인간의 성격을 관찰하기 위해서는 역사를 연구하는 게 가장 편리하다. 그러나 미숙한 연령에 역사를 가르치는 데에는 적지 않은 위험을 각오하지 않으면 안 된다. 첫째, 역사는 인생의 선량한 측면보다 악한 측면을 보다 강하게 드러내 보일 염려가 있다. 역사는 혁명이나 난리는 이야깃거리가 많으나, 평화롭게 번영하는 시대는 별로 재료로 삼지를 않는다. 그래서, 역사에서는 자칫하면 불행과 투쟁을 더 많이 목격하게 될 위험성이 있다. 둘째, 역사는 인간을 전면적으로 나타내지 않고 어떤 행위만을 나타낸다. 어떤 특별한 시기, 특별한 무대에 등장된 활동만을 보여준다. 대개 허식적인 면으로 치우쳐 있다. 이 결점을 보충해 주는 것은 전기(傳記)이다. 전기에서 전면적으로 묘사된 인물은 자기를 감추거나 수식하지 않는다.

정숙한 여성

여자는 일찍부터 아름다운 옷을 좋아하며 그 자신 아름답게 보이려고 한다. 특히 인형을 좋아하는데 이건 꼭 줘야 한다. 그 밖에 바느질, 자수, 뜨개질 같은 일을 시켜야 한다. 계집아이에게는 게으르다는 게 가장 곤란한 성질이며, 그게 버릇이 되면 여간해서는 고쳐지지 않는다.

그리고 여자는 어린 시절부터 적당한 속박 밑에 두어야 한다. 속박을 속박으로 느끼지 않도록 일찍부터 훈련이 되어 있어야 하며, 자기 마음을 스스로 억제하는 습관을 길러야 한다. 여자는 무슨 일에나 탐닉하기 쉽지만 여자가 자유를 가지면 남자보다도 더 마구 그것을 남용하는 경향이 있다.

여자로서 가장 불행한 성질은 허식과 허영이다.

남자와 여자는 그 천성에 따라서 다른 사명을 띠고 있는데, 이 점에 대해서 여자가 불평을 한다면 곤란해진다. 남녀의 불평등은 자연의 결과로 그렇게 되었기 때문이다.

여자는 판단을 잘 하지만 거리가 가까운 대상에 한정되어 있다. 목적에 다다르는 수단을 잘 생각해 내지만, 목적 그 자체를 발견하지는 못한다. 여자의 활동은 늘 수동적이며, 그나마 스스로 완결하지는 못한다. 그 활동이 방향을 정하고, 완결에 다다르기 위해서는 남자의 애정이 있어야 한다.

여자의 덕목 가운데 복종의 덕이 가장 중요한 까닭은 여기에 있다. 여자는 남자와 어울려서 비로소 그 능력을 발휘한다.

그러므로 여자가 정숙해야 한다는 것은 남자를 위해서보다 여자 자신을 위해서 그렇다. 여자가 정숙하지 않으면 남자의 사랑을 얻지 못할 것이며, 따라서 그 능력을 발휘할 기회를 얻지 못할 것이니까.

루소(Jean Jacques Rousseau, 1712-1778)
/에밀(Émile, ou De l'éducation, 1762)

빚을 갚지 못한 사람은 감옥에 들어갈 수도 있던 때에, 런던의 한 상인은 고리대금업자로부터 거액의 돈을 빌려 쓰고 갚지 못해 고통을 당하고 있었다. 늙고 흉악한 고리대금업자는 그 상인의 아름다운 딸에게 눈독을 들여 빚 대신 딸을 자기에게 주면 빚을 받은 셈으로 치겠다는 흥정을 해 왔다. 그가 지갑 속에 흰 조약돌 하나와 검은 조약돌 하나를 넣고 상인의 딸이 하나를 집어내되, 검은 돌을 집어낼 때에는 늙은이의 아내가 되는 반면 흰 돌을 집어낼 경우에는 아버지와 함께 살아도 좋으며 빚도 갚은 셈으로 해 주겠다는 것이었다.

상인은 이 제의에 동의할 수밖에 없었다. 그녀는 상인의 집 정원, 조약돌 길에서 늙은이가 검은 조약돌만을 두 개 넣는 것을 얼핏 보게 되었는데 늙은이는 돌을 지갑에 집어넣자마자 돌을 골라내라고 재촉하였다.

수직적 사고를 하는 사람들은 조약돌을 집어내는 것을 거절하거나 두 개의 검은 조약돌을 내보여 속임수를 폭로하거나 검은 조약돌 하나를 집어내어 자신을 희생하는 세 가지 방법을 생각할 수 있다.

소녀는 조약돌 하나를 끄집어내어 보이지도 않고 그것을 오솔길에 떨어뜨려 다른 조약돌에 섞이게 하였다. 그리고는 '어머나! 실수를 했어요. 그렇지만 돈지갑 속에 남아 있는 돌을 보면 제가 떨어뜨린 돌의 색깔을 알 수 있을 테니까요.'라고 하였다. 이와 같이 하여 그 소녀는 아버지와 함께 살게 되고 빚도 갚은 셈이 되었다.

수직적 사고는 물이 낮은 곳을 따라서 흐르는 것처럼 가장 확실한 길을 따라서 흐르는데, 미래의 수로를 위해 더욱더 커져 흐름을 안정시킨다.

수평적 사고는 물의 흐름을 변경시키기 위해 새로운 수로를 의도적으로 만들어 나간다. 확실성이 낮은 사고도 새 아이디어를 창조해 내는 발견의 순간이 있게 되고 확실성이 낮은 방법이 가장 가능성이 높은 것으로 된다.

수직적 사고에서는 논리가 두뇌를 조정하고 수평적 사고에서는 논리가 두뇌의 지배를 받고 있다.

에드워드 드 보노(Edward de Bono)
/수평적 사고(The Use of Lateral Thinking)

판단력에 대하여

우리는 아이들을 생도(生徒)로 만들려고 할 뿐이지, 인간으로 가르치려고 하지 않는다. 그 결과, 아이들은 직접 사물을 이해하기보다 사물에 대한 말을 외우기만 한다. 그것은 언어의 위선이다.

아이들은 처음에 감각으로 이해하는 대상을 원한다.

언어의 교육을 소홀하게 해서는 안 되나 사물의 교육이 보다 더 중요하다.

아이들은 문법의 규칙을 외우는 것보다 무슨 물건의 형태를 만들고 조립하는 유희를 더 좋아한다. 그런 유희는 별로 힘들이지 않고 짧은 시기에 문법보다 더 많은 판단력을 길러준다.

사람의 한평생은 남의 일에 관여하는 데에 소비된다. 우리는 남을 사랑하여 생애의 반을 보내고, 남에 대한 험담을 하면서 나머지 반을 보낸다.

나는 내가 사는 집이 새의 깃처럼 하늘과 땅 중간에 있기를 바란다.

하나의 문장을 다루는 것처럼 자기생애를 다루어야 한다. 즉 서론과 전개와 결론을 일치시키고 조화시켜야 한다. 그러기 위해서 여기저기를 첨삭할 필요가 있다.

진리에 이르는 길! 나는 거기에서 멀리 빙 돌아서 왔기 때문에, 당신들이 지금 방황하고 있는 땅의 지리를 잘 알고 있다.

인생은 노인들이 다 구경하고 살아 온 나라이다. 새로 편력을 시작하는 사람은 우선 노인에게 묻고 출발할 수가 있다.

예절은 노인의 얼굴에서도 주름을 편다.

말쑥한 복장에는 일종의 젊음이 있다. 노인은 그런 옷으로 몸가짐을 단정하게 해야 한다.

인간에 있어 참으로 좋은 것은, 젊은 마음과 늙은 지혜뿐이다.

윌리암 펜(William Penn, 1644-1718)/고독 속에서의 단상(斷想)

우리는 처음에는 할머니에게 들은 의심할 여지가 없는 '진리'를, 그 다음에는 선생님들에게 들은 '진리'를, 더 나이가 들어서는 저명한 사람들에게 들은 '진리'를 반복해서 말하는 어린아이와 같다.

에머슨

어린이는 초,중,고 대학 등 학교생활을 하면서 성장, 사회화하는 과정에서 정치화(Politicization)를 겪게 된다. 이 보편적 경험을 통해 정치가나 정치단체에 대한 가치관을 형성하는 개인화(Personalization) 과정을 거친다. 이어 사회체제에 대한 견해를 정립하게 되고 제도와 규범의 중요성을 습득하게 되는 제도화(Institutionalization) 과정을 밟게 된다. 이러한 경험을 축적해 정치체제와 정당에 대한 개인적 가치관을 확립하게 된다. (이데올로기화(Idealization)). 이 4단계 과정을 통해 사람들은 한 사회의 구성원으로서 정치행태를 형성하게 된다.

이스턴(David Easton, 1917-2014)
/정치행태의 체계적 분석(A Systems Analysis of Political Life, 1965)

삼환사실(三患四失)

배움에는 세 가지 근심과 네 가지 잃음(三患四失)이 있다. 미처 알지 못할 때는 듣지 못함을 근심하고, 듣고 나서는 배우지 못함을 근심하며, 배운 뒤에는 행하지 못함을 근심한다. 혹 너무 많은 데서 잃고, 혹 너무 적은 데서 잃으며, 혹 너무 쉬운 데서 잃고, 혹 중도에 그만두는 바람에 잃는다.
군자는 네 가지 요점(四要)을 붙들어야 한다. 마음은 맹렬히 살펴야 하고, 뜻은 굳게 붙들어야 하고, 몸은 진득이 무거워야 하고, 기운은 떨쳐 펼 수 있어야 한다.

강필효(姜必孝, 1764-1848)

배우는 사람은 반드시 혜(慧), 근(勤), 적(寂) 세 가지를 갖추어야만 성취함이 있다. 지혜롭지 않으면 굳센 것을 뚫지 못한다. 부지런하지 않으면 힘을 쌓을 수가 없다. 고요하지 않으면 정밀하게 하지 못한다.

신헌(申櫶, 1810-1884)

지성과 충동 사이의 갈등으로 말미암아 인간에게는 윤리와 도덕률이 요구된다.
모든 인간존재는 그가 출생한 며칠 뒤부터는 두 가지 요인의 산물이다. 천부의 소질과 교육을 포함한 영향, 이 두 가지 요인 중 어느 것이 더 중요하냐에 관하여 고래로 끝없는 논쟁이 계속되어 왔다.
두 개의 욕망 또는 충동이 둘 다 만족시킬 수 있는 경우에는 이를 상용적(相容的, Compossible)라고 부르고 한 편의 만족이 다른 편의 만족과 양립할 수 없는 경우에는 이를 상충적(相衝的, Conflicting)이라고 부를 수 있다.
교육과 적절한 사회기관을 통하여 상용적인 목적들을 조장하고 상충적인 목적들은 견제하는 것이 현명한 사회조직의 임무가 되어야 한다.

러셀

아이들은 그들의 생활을 배워 간대요.

· 미움받으며 자라면 잘 다투게 된대요.

· 힐난받으며 자라면 남을 헐뜯게 된대요.

· 놀림받으며 자라면 남과 어울리지를 못한대요.

· 모욕받으며 자라면 항상 죄의식과 열등감을 갖는대요.

· 격려받으며 자라면 자신을 갖는대요.

· 칭찬받으며 자라면 감사할 줄 안대요.

· 공정하게 다루어지면 신뢰를 배운대요.

· 용서받으며 자라면 인내를 배운대요.

· 안정된 분위기에서 자라면 신념을 갖게 된대요.

· 주변의 인정을 받으며 화목한 환경에서 자라면 참 삶을 영위하는 지혜를 배운대요.

미국 아동복지회관

학훈(學訓) 16조

· 뜻을 어떻게 세우는가(立志)

· 몸가짐을 어떻게 갖나(檢身)

· 책을 읽는 정신은 어떤가(讀書)

· 말을 어떻게 삼가나(愼言)

· 마음에 새겨둘 일들(存心)

· 어버이를 어떻게 섬기나(事親)

· 스승을 어떻게 섬기나(事師)

· 벗을 어떻게 가리나(擇友)

· 가정생활은 어떻게 하나(居家)

· 사람은 어떻게 접대하나(接人)
· 과거에 응시하는 정신(應擧)
· 의로움을 어떻게 지키나(守義)
· 충성스러움을 숭상하는 일(尙忠)
· 공경을 어떻게 돈독히 하나(篤敬)
· 학교생활은 어떻게 하나(居學)
· 책을 읽는 방법은 어떤가(讀法)

이이(李珥)

지혜를 얻은 자, 총명을 얻은 자 행복할 것이로다.
그것은 銀보다 나으리니
지혜를 얻는 것은 金을 얻는 것보다 나을 것이로다.
그것은 훌륭하고 귀하리니
그대의 모든 재보도 이것과 비교할 수 없으리.
지혜의 오른 손엔 장수(長壽), 왼손엔 부와 명예가 있도다.
지혜의 길은 즐거운 길, 내내 평안하리로다.

솔로몬(Solomon, 在位 BC 971- BC 931)

교육의 다섯 가지

군자가 교육하는 데는 다섯 가지가 있다. 때맞추어 내리는 비처럼 만물을 감화시키는 법, 덕성을 완성하는 법, 재능을 함양하는 법, 의문에 해답을 주는 법, 선인의 덕을 사모하여 스스로 학습하는 법.

孟子

세계 명문가의 자녀교육 10계명

· 식사 시간을 결코 소홀히 하지마라
· 존경받는 부자로 키우려면 애국심부터 가르쳐라

· 단점을 보완해 주고 뜻이 통하는 친구를 사귀어라
· 돈보다 인간관계가 더 소중한 것임을 알게 하라
· 질문을 많이 하는 공부습관을 갖게 하라
· 어머니가 나서서 '품앗이 교실'을 운영하라
· 대대로 헌신할 수 있는 가업을 만들어라
· 부모와 자녀가 함께 모험여행을 떠나라
· 평생 일기 쓰는 아이로 키워라
· 자신을 사로잡는 목표를 찾아 열정을 다 바쳐라

인간과 학문에 대해서 새로운 길을 열어준 그 영감은 다음 세 가지 만남으로부터 모은 것이다. 마르크스와의 만남, 프로이드와의 만남, 지질학과의 만남.

레비스트로스(Claude Lévi-Strauss, 1908-2009)
/構造人間學(Anthropologie Structurale, 1958)

교육은 사람이 보다 높은 정도의 편견을 갖게 되는 한 방법이다.

피터(Laurence Johnston Peter, 1919-1990)

능숙한 화술의 요소는 진실, 분별, 능숙한 유머, 기지이다.

윌리엄 템플(William Temple, 1628-1699)

초(楚)에 방패와 창을 파는 자가 있었다. 「이 방패는 아무리 날카로운 창이라 할지라도 꿰뚫을 수 없다」고 하고, 또 「이 예리한 창은 어떠한 방패라도 반드시 꿰뚫을 수 있다」고 자랑했다. 어떤 사람이 「그렇다면 네 창을 가지고 네 방패를 찌르면 어떻게 되겠느냐」하고 물은즉 대답을 못했다. 모순(矛盾)이란 말은 여기서 나왔다.

한비자(韓非子)/난일난세편(難一難世篇)

독서에 관하여

인류의 모든 활동은, 두 개의 발명에 의해서 움직이고 있다. 공간에서의 활동은 끝없이 회전하는 수레바퀴를 따라서 움직이고, 정신의 활동은 글씨(文字)에 의존하고 있다.

처음으로 수레바퀴를 만든 그 수명의 발명가는 나라와 나라, 민족과 민족 사이에 가로 놓인 거리를 극복하는 수단을 가르쳤다.

책이 나온 덕택으로, 자기 눈으로만 보는 시야의 한계를 벗어나, 과거와 현재, 인류전체의 모든 사유(思惟)와 정감(情感)을 전해 받을 수가 있게 되었다.

츠바이크(Stefan Zweig, 1881-1942)/사람과 책과 도시의 대면

인간이 상용하는 여러 가지 도구들 가운데 가장 놀란 만한 것은 의심할 여지없이 책이다. 다른 것들은 신체의 확장이다. 현미경과 망원경은 시각을 확장한 것이고, 전화는 목소리의 확장이고, 칼과 쟁기는 팔의 확장이다. 그러나 책은 기억의 확장이며 상상력의 확장이다.

보르헤스(Jorge Luis Borges, 1899-1986)/허구들

이 세상 만물은 책이며 그림이며 또 거울이거니, 장미는 우리의 모습을 그리고 우리의 운명을 설명하고, 우리의 삶을 읽어준다. 장미는 아침에 피어 만개했다가 이윽고 시들어가니까.

우주라고 하는 것은 하느님이 손가락으로 쓰신 서책과 같은 것이다. 이 서책에서 만물이 우리에게 창조자의 크신 은혜를 전하고 만물은 삶과 죽음의 다른 얼굴이자 거울이 되며, 한 송이 초라한 장미는 온갖 지상적 순행의 표징이 된다.

서책은 믿음의 대상을 삼기보다는 새로운 탐구의 실마리를 제공하는 것으로 삼는 것이 좋다. 서책을 대할 때는 서책이 하는 말을 받아들일 것이 아니라 그 뜻을 받아들여야 한다. 아무리 그 뜻이 고상하더라도 언어적 관념이라는 것은 논의의 과정을 가져야 하는 법이다.

움베르트토 에코(Umberto Eco, 1932-2016)
/장미의 이름(Il nome della rosa)/창작노트

창(窓)은 우리에게 광명을 가져오는 자이다. 창이란 우리의 태양임을 의미한다.

사람은 눈이 그 창이고 집은 그 창이 눈이다. 모든 물체는 그 통로를 가지고 있음은 두말할 것도 없다. 그 사람의 눈에 매력을 느낌과 같이 집집의 창과 창에 한없는 고혹(蠱惑)을 느낀다. 여기서 볼 수 있는 것은 너무나 많은 것- 즉 그것은 자연과 인생의 무진장한 풍일(豊溢)이다.

우리는 되도록이면 창 옆에 머물러 있으려 한다. 사람으로부터 보려 하는

욕망을 거절하는 것같이 큰 형벌은 없다. 그러나 우리는 창을 통하여 보려는 것이 무엇일까를 알지 못한다. 그럼에도 불구하고 그것 보기를 무서워하면서까지 그것을 보려는 호기심에 드디어 복종하고 만다. 그러므로 창을 한없이 그리워하면서도 이 창에 나타날 터인 것에 대한 가벼운 공포를 갖는 것이다. 문은 어떠한 악마를 우리에게 소개할지 알 수 없는 까닭이다.

김진섭(金晋燮, 1903-?)

글자는 군사요, 사상, 감정(意)은 장수요, 제목은 적국이요, 옛일이나 옛이야기는 전장의 보루다. 글자를 묶어서 구(句)로 만들고 구를 합해서 장(章)을 이루는 것은 대열을 지어 행진하는 것과 같으며, 성운으로 소리를 내고 문채로 빛을 내는 것은 북, 종, 깃발 같은 것이다. 조응(照應)이라는 것은 봉화에 해당하고, 비유라는 것은 유격부대에 해당하고, 억양반복(抑揚反覆)이라는 것은 백병전과 육박전에 해당하고, 제목을 끌어내고 결속을 짓는다는 것은 적진에 뛰어들어 적을 생포하는 데 해당하고, 함축을 귀중히 여긴다는 것은 적의 늙고 쇠한 병사를 사로잡지 않는 데 해당하고, 여운이 있게 한다는 것은 기세를 떨쳐 개선하는 데 해당한다.

글을 짓는 사람은 비루해도 이름은 숨기지 말아야 하고 속되더라도 사실을 파묻어 버려서는 안 된다. 맹자가, "성은 다 같으나 이름은 저마다 다 다르다."고 했는데, 그것은 글자는 다 같으나 글은 저마다 다 다르다는 뜻이다.

글하는 사람의 중요 결함은 방향을 못 잡고 요령을 얻지 못함에 있다. 방향을 옳게 잡고 요령을 움켜쥐었다면, 간단한 문구들로써 밤중에 적진을 돌입하고 외마디 진격 소리에 요새를 탈취하는 것과 같다.

박지원(朴趾源, 1737-1805)/창애(兪漢雋)에게 보낸 답장(答蒼厓之一)

구체적으로 언급하지 않으면서도 페이지 위에서 뭔가를 느끼게 하는 것, 그것이 창조이다. 구체적으로 말하지는 않았지만 그 존재감이 느껴지는 것, 귀로는 듣지 않았지만 어렴풋이 짐작되는 가락, 언어의 분위기, 사실·사물·행위의 정서적 아우라, 이런 것들이 장편 소설, 희곡, 시 등에 높은 작품성을 부여한다.
위대한 스토리는 예민한 독자의 마음에 즐거움과 잘 어울리는 가락, 어떤 독특한 목소리의 여운을 남긴다. 그 여운은 작가 자신의 독특하면서도 창조적인 것이다. 책을 내려놓고 나서도 기억하는 여운, 독자의 마음속에서 거듭 되풀이되는 여운, 하지만 구체적으로 뭐라고 말하기는 어려운 여운.

케더(Willa Cather, 1873-1947)/Death Comes for the Archbishop·A lost lady

타인의 사상이 끊임없이 흘러들어온다는 것은 우리들 자신의 사상을 제한하고 억압할 것임에 틀림없다. 독서벽(讀書癖)은 자기의 머리가 비어 있기 때문에 일종의 진공(眞空)의 흡입력(吸入力)이며 두뇌의 공허는 그만큼 남의 사상을 빨아들여 버린다. 어떤 논제에 대하여 스스로 사색하기 전에 남의 것을 읽는다는 것은 위험하다. 독서한다는 것은 남이 자기를 대신하여 생각하는 것으로서 단순히 남의 정신적 과정을 반복하는 데 불과하다. 자기의 경험은 일종의 본문(本文)이고, 성찰(省察)과 지식은 그 주석(註釋)이다. 경험이 적고 성찰과 지식이 많은 것은 각 페이지에 본문은 두어줄 뿐인데 주석은 마흔 줄이나 되는 책과 같은 것이다.

쇼펜하우어/Counsels and Maxims

우리 안에는 태어날 때부터 위대함이라는 씨앗이 파묻혀 있었다. 그로 인해 놀라운 재능과 능력, 가능성, 특권과 기회들이 주어졌지만, 그 씨앗을 진정 꽃피게 만드는 것은 바로 스스로의 확신과 노력이다. 이 씨앗에 우리가 가진 잠재력과 가능성은 무한하다. 한 사람이 실현할 수 있는 일이 얼마나 큰지 가늠조차 못 할 정도이다.
우리가 가진 것들을 활용하면 활용할수록, 재능과 잠재력은 소진되는 것이 아니라, 오히려 더 늘어나고 발전하게 된다. 당신이 세운 목표를 위해

쉬지 않고 끊임없이 노력할 수 있는 일들은 무엇이 있는가 당신을 특별하게 만들어주는 무언가를 찾아보라. '가장 위대한 나'가 되는 비전을 그려보라! 당신은 이 세상 다른 어떤 사람과 마찬가지로, 특별해질 수 있는 충분한 권리를 부여받았다.

코비(Stephen Richards Covey, 1932-2012)/성공하는 사람들의 7가지 습관

사람 하나를 죽이는 것은 理性을 가진 생물 하나를 죽이는 것과 같으나, 훌륭한 책 하나를 없애는 것은 이성 그 자체를 죽이는 것과 같다.

밀턴(John Milton, 1608-1674)/1664년 영국의회에서

가장 좋은 벗인 책들이 있는 곳은 내게는 영광스러운 궁전과 같도다.
나는 거기서 항상 옛 현인들과 철학자들과 대화를 나눈다.
그리고 변화를 위해 때때로 나는 왕이나 황제들과 이야기를 나누며
그들의 충고를 평가한다.
부정하게 취한 것이면 그들의 승리도 준엄하게 힐난하고
내 공상 속에서 잘못 놓인 그들의 조상(彫像)을 지워버린다.
그렇다면 내가 불확실한 허영을 잡으려고 그런 끊임없는 즐거움을 버릴 수 있겠는가?
너희는 부를 더 쌓기를 원하겠지만 나는 지식을 더 늘리기를 원한다.

플레처(John Fletcher, 1579-1625)

독서는 완성된 사람을 만들고, 담론은 재치 있는 사람을 만들고, 필기는 정확한 사람을 만든다. 그러므로 적게 쓰는 사람에게는 뛰어난 기억력이 필요하고, 적게 협의하는 사람에게는 기지가 필요하며, 적게 읽는 사람에게는 모르는 것을 아는 것처럼 보이기 위한 잔꾀가 필요하다.

베이컨

교묘한 비유를 생각해내는 것이야말로 인간의 가장 위대한 지성이다. 인간은 타인에게 비유를 배울 수 없으며, 비유는 자신이 천재라는 사실을 입증하기 위해 활동할 뿐이다. 왜냐하면 누구도 예상치 못한 비유를 창조해내는 능력이 모든 인간에게 주어진 것은 아니기 때문이다.
상반되는 성질의 사물에서 공통점을 발견하는 것이 철학의 목적이라면, 그 같은 공통점을 발견하는 눈은 바로 비유이다.

아리스토텔레스

교양이란 있는 그대로의 상태를 가능한 한 최상의 것으로 발전시킨 상태 또는 그와 같은 상황으로 끌어올리고 있는 상태이다. 교양인이 되기 위한 필수조건은 관능과 이기주의를 보다 높은 관심으로 극복하는 일, 육체와 정신의 모든 기능을 건전하게 균형 있게 발달시키는 일, 올바른 철학적·종교적 인생관을 갖는 일이다.
가짜 교양과 불충분한 교양의 가장 두드러진 특징은 사치와 낭비, 오만과 비굴, 자만, 침착하지 못함, 장황한 변명, 도를 지나친 겸손함, 호언장담, 험담, 수다, 천박스러운 복장 등이다.

힐티(Carl Hilty, 1833-1909)/행복론(1891-1899)

소설을 읽으며 우리는 우리 자신이 아니게 된다. 우리는 현재 눈앞에 나타난 등장인물 속에, 마술사가 그려 준 장소 속에서 산다.
말하자면 바로 '빌려 온 삶'에서 살아 있음을, 여느 때와는 달리 더욱 화려하게, 더욱 넓으면서도 힘차게 느낄 수 있다. '빌려 온 나'는 본래의 나보다 더욱 풍요로운 삶을 사는데 그 또한 우리 자신이다. 이때 본래의 나는 받침대다. 기꺼이 모든 것을 지지하며, 이를 통해 더욱 확장된다고 느낀다. 달리 말하자면 본래의 나는 무언가를 담는 항아리와도 같다. 기꺼이 받아들이고, 받아들이면서 자신을 키우고 넓혀 가며, 결국 자기 자신을 넘어선다.

파게(Emile Faguet, 1847-1916)/독서술(The Art of Reading)

행복한 독서 10계명

· 잘생긴 나무를 택하라: 능동적으로 찾아 읽어라

· 넓은 숲을 거닐어라: 많이 읽어라

· 뿌리를 짚어라: 깊게 생각하라

· 함께 나눠라: 수다도 힘이다

· 멀리 보라: 트렌드를 읽고 예측력을 길러라

· 가로로 읽고 세로로 생각하라: 아이디어의 교차점을 찾아라

· 메모하고 실행하라: 메모가 인생의 흐름을 바꾼다

· 멘토를 만들어라: 책 속에 삶의 지도가 있다

· 시간을 경영하라: 아침 독서는 하루치의 비타민이다

· 쾌감지수를 높여라: 맛있어야 손이 간다

閔在基(1934-)

악서(惡書)라고 하는 세 가지 이유

· 그 책에서 얻고자 한 것이 없을 때.

· 그 책이 인생의 즐거움을 빼앗았을 때.

· 그 책이 우리들의 정신을 숭고하게 하지 못하고 그와 반대의 경우일 때.

콜리어(Paul Collier, 1949-)

베스트 셀러란

독서의 즐거움은 관능(官能)이 아니고, 지성을 만족시키는 데 있다.

첫째 다수의 사람이 읽는 책이 소수의 사람이 읽는 책보다 수준이 떨어진다고 하는 것은 근거 없는 말이다.

둘째 돈을 벌기 위해서 쓴 작품에 걸작이 없다는 것은, 문학사를 모르고 하는 말이다.

셋째 문학적 가치가 떨어진다는 것도 경솔한 말이다.

나는 세계문학에서 다음 열편의 작품을 최고의 베스트 셀러로 선택한다.
· 헨리 필딩(Henry Fielding): 톰 존스의 모험(The History of Tom Jones)
· 제인 오스틴(Jane Austen): 오만과 편견(Pride and Prejudice)
· 스탕달(Stendhal): 적과 흑(Le Rouge et le Noir)
· 발자크(Honoré de Balzac): 고리오 영감(Le Père Goriot)
· 디킨즈(Charles John Huffam Dickens): 데이비드 커퍼필드(David Copperfield)
· 플로베르(Gustave Flaubert): 보바리 부인(Madame Bovary)
· 멜빌(Herman Melville): 모비 딕(Moby-Dick)
· 에밀리 브론테(Emily Jane Brontë): 폭풍의 언덕(Wuthering Heights)
· 도스토예프스키(Fyodor Mikhailovich Dostoevsky): 카라마조프의 형제(The Brothers Karamazov)
· 톨스토이(Lev Nikolayevich Tolstoy): 전쟁과 평화(War and Peace)

서머싯 몸/十大 소설과 그 작가

대학은 사회라는 토양에 심어진 양파인데 양파의 바깥껍질에 도구적 가치를 갖는 의학, 법학, 공학 등이 있고, 그 안에 사회과학이 있고, 세 번째에 물리학, 생물학이 있고, 제일 중심에 인문과학이 있다. 단기적인 목표달성을 위해서는 직업교육이나 기술교육을 바라게 되나, 대학은 한 나라의 문화적 정신적 기반을 보호해야 할 의무가 있어 인문교육이 경시되는 경향은 위험하다.

햄(James Milton Ham, 1920-1997)

유사 이래 인간정신에 가장 큰 영향을 미친 책은 성서와 자본론과 사회계약론이다. 자본론이 공산주의의 경전이라면 사회계약론은 민주주의의 성전이다.

마틴(Basil Kingsley Martin, 1897-1969)

'육경(六經)'은 나라를 다스리는 데 같은 작용을 한다.
'예기'는 인간의 행동을 절도 있게 하고
'악경'은 인간의 마음을 조화롭게 하며
'서경'은 사실을 말하고
'시경'은 감정을 표현할 수 있게 하며
'역경'은 천지의 기묘한 변화를 알 수 있게 해주고
'춘추'는 간단하지만 심오한 말로 큰 뜻을 이야기하는 것을 알 수 있게 한다.

孔子

하늘에 대하여는 주역보다, 일에 대하여는 서경보다, 몸에 대하여는 예기보다, 뜻에 대하여는 시경보다 더 잘 설명하는 책이 없다. 이치에 대하여는 춘추가 가장 잘 설명하고 있다.

양슝(揚雄, BC 53-18)/양자법언(楊子法言)

孔子학파의 경전을 통해 孔子의 수훈(垂訓)인 修己治人의 사상과 교리를 연구하는 중국의 경학이 크게 세 번 변하였다.
漢學은 훈고(訓詁)의 學으로, 宋學은 성리(性理)의 學으로, 淸學은 고증(考證)의 學으로도 일컬어진다.
먼저 大學을 읽어 그 규모(規模)를 정하고, 다음 논어(論語)를 읽어 그 근본을 정하고, 다음 孟子를 읽어 그 발월(發越)을 보고 다음 中庸을 읽어 古人의 미묘(微妙)를 구한다.

주시(朱熹)/四書集註(1252)

인간이 살아가기 위해서는 햇빛이나 칼슘, 사랑이 필요한 것과 같이 가치체계, 인생철학, 종교 등이 필요하다. 이것을 '이해하고자 하는 욕구'라고 부른다. 가치관이 없을 때 쾌감상실, 아노미, 절망, 냉소 등에 시달리게 된다. 역사적으로 볼 때 정치적 경제적 종교적으로 외부에서 주어진 모든 가치체계는 실패했으며, 그 어떤 가치도 그것을 위해 목숨을 걸 만큼 의미 있지도 않았다. 따라서 우리에게는 믿고 헌신할 수 있는 정당하고도 유용한 가치 체계가 필요하다.

매슬로(Abraham Harold Maslow, 1908-1970)
/존재의 심리학(Towards a Psychology of Being, 1968)

언어의 기능은 가정을 나타내는 정감적(emotive) 기능, 나의 지시를 따르도록 하는 사역적(conative) 기능, 뜻을 드러내는 지시적(referential) 기능, 말 자체의 재미를 누리게 하는 시적(poetic) 기능, 말하는 사람과 말을 듣는 사람과의 유대를 맺게 해 주는 교감적(phatic) 기능, 말을 설명해 주는 상위 언어적(metalinguistic) 기능 등 여섯 가지다.

야콥슨(Roman Jakobson, 1896-1982)

화술에는 여덟 가지 금기 조항이 있다. 첫째 독선을 피할 것. 둘째 어른이 아이 다루듯 하지 마라. 셋째 시비 걸듯 하지 마라. 넷째 풀 죽지 마라. 다섯째 불성실하지 마라. 여섯째 자기 실속만 차리지 마라. 일곱째 혼자서 판을 치지 마라. 끝으로 중얼중얼 하지 마라.

다이제스트/더 좋은 글, 더 좋은 말

내 생각에 책을 읽는다면 사람들을 물어뜯고 콱 찌르는 그런 책만을 읽어야 할 게야. 우리가 읽는 책이 우리의 두개골을 주먹질로 쳐 깨우지 않는다면 도대체 무엇 때문에 책을 읽겠는가?
우리는 아주 고통스럽게 하는 불행처럼 우리에게 영향을 미치는 그런 책을 필요로 하네. 우리 자신보다 더 사랑하는 사람의 죽음처럼, 우리가 모든 사람들로부터 내쫓겨 멀리 숲으로 추방된 것처럼, 자살과 같은 불행 말일세. 책은 우리 내면 안의 얼어붙은 바다를 깨는 도끼여야 한다네.

카프카(Franz Kafka, 1883-1924)/1904년 1월 27일 일기

고향을 감미롭게 생각하는 사람은 허약한 미숙아이다. 모든 것을 고향이라고 느끼는 사람은 상당한 힘을 갖춘 사람이다. 전 세계를 타향이라고 느끼는 사람이야말로 완벽한 인간이다.

위고(Hugo of St. Victor)

어떤 책은 그저 맛만 보면 되고, 또 어떤 책은 통째로 집어삼켜야 하며, 소수의 책 몇 권은 반드시 꼭꼭 씹어 소화시켜야 한다. 즉 일부만 읽어도 상관없는 책이 있고, 그다지 주의 깊게 읽지 않아도 되는 책이 있는가 하면, 정성껏 주의를 기울여 통독해야 하는 책도 있다. 제대로 된 독서법을 따른다면 독서는 충실한 인간을 만들고, 대화는 재치 있는 인간을 만들며, 문필은 정확한 인간을 만든다.

프랜시스 베이컨/수상록(Essays, 1625)

□ 창조하는 삶의 차안(此岸)

자신이 경험했던 감정을 스스로에게 일깨우는 것, 그렇게 자신 안에서 감정을 불러낸 후에는 움직임·선·색채·소리, 또는 언어로 표현된 형식을 통해 그 감정을 다른 사람들에게 전하여 그들이 자신과 동일한 감정을 체험하게 하는 것, 그것이 예술 활동이다.

한 사람이 의식적으로 어떤 외적인 기호를 통해 자신이 살면서 느낀 감정을 다른 사람에게 전하고, 거기에 감염된 사람들은 같은 감정을 체험한다.

톨스토이/예술이란 무엇인가(What is art)

인생은 짧고 예술은 길다 - 탐미(耽美)

예술과 과학은 자연의 여신이 갖고 있는 메달의 안팎 관계가 되는 것이다. 전자는 감각이라는 관점에서, 후자는 사고의 견지에서 사물의 영원한 질서를 표명하는 것이다.
인간이 더 이상 사랑하지도 미워하지도 않게 될 때는 고통이 동정심을 일으키는 일이 없게 되고, 훌륭한 행위의 설화(說話)가 감동시키는 일이 없게 될 때는, 그리고 들의 백합꽃이 영광 속의 솔로몬 왕보다 더 이상 아름답게 성장(盛裝)하는 일이 없게 되고, 눈 덮인 산꼭대기와 깊은 산골짜기에서 그 풍경의 경외가 자취를 감추게 될 때면, 과학이 세계를 독점할 수 있을 것이다. 그것은 인간성의 한 쪽이 죽었기 때문이요, 인류가 고대에서 현재에 이르기까지 지녔던 특성을 절반 잃었기 때문이다.

헉슬리(Thomas Henry Huxley, 1825-1895)
/1883.5.5. 런던 왕립미술원(The Royal Academy) 연례 연회석상에서

모든 사물에는 그 내면과 외면이 있는데, 이 구별이 중요하다. 외면은 내면을 보조하는 것이다. 모든 진정한 예술은 내면의 마음을 표현하는 것이어야 한다. 외형은 거기에 사람의 마음이 나타나 있을 때에만 비로소 가치를 지닐 수 있다.
라마챤드란(Vilayanur Subramanian Ramachandra, 1951-)은 말했다.
"예술의 대가들은 작자의 의도를 언어, 색채, 조형 등으로 나타내는 데에 예술이 있다"
인간의 예술 활동과 자연미의 영원한 상징을 비교하는 것은 적당하지 않다. 예술 활동은 마음을 실현하는 일에 이바지할 적에 비로소 가치를 나타낸다. 나는 진리에 의지하여 진리 속에서 아름다움을 발견도 하고 탐검(探檢)도 한다. 단순한 외적형태만으로는 참다운 아름다움을 만들어 낼 수가 없다.

진리는 외형적으로 전혀 아름답지 않은 형체에서도 표현이 되고 있는 사실을 인정해야 한다. 소크라테스는 가장 진실한 사람이었는데 그 용모는 그리스에서 가장 못생겼다. 그러나 진리에 대해서 꾸준히 노력한 소크라테스의 얼굴에는 커다란 아름다움이 있었을 것이다. 그렇기 때문에 그의 용모에서 진리의 아름다움을 평가할 수 있는 한, 조각가 페이디아스(Pheidias, BC 480?-BC 430)가 소크라테스의 초상을 만드는 데는 아무런 방해가 없었다.

간디(Mohandas Karamchand Gandhi, 1869-1948)/예술에 대하여

미적대상의 존재론

예술은 모방이 아니다. 모든 예술이 표현은 아니다. 그러나 표현예술과 비표현 예술과의 사이에는 일종의 동질성이 있다. 비표현예술은 그 어떤 기존형식과 아무런 유사점도 없는 형식의 자유유희인 장식에까지 연장된다. 모든 예술은 생활의 진리를 표방하는 깃발을 높이 들고 있다. 다시 말하면 예술은 실제생활 속에서 보는 것처럼 보려고 하는, 즉 외면적인 현상을 통하여서 구체적, 직관적으로 보기도 하고, 가식되고 은폐된 것을 보려고도 하는 경향을 가지고 있다. 표현예술은 현상관계를 통해서 표현한다. 미적대상에도 실재적 세계의 구조를 결정하는 物(감성적인)과 生과 心과 정신적 세계라는 네 가지 계층이 있다.

위대하고 순수한 예술은 직관을 통해서 효과를 나타내고 말을 다만 상상력을 환기시키기 위한 수단으로 사용해서 인물이 오고 가는 형상을 알아보며, 말하고 침묵하는 것을 알아듣도록 하는 것이다. 이것이 순수하게 나타내는 예술가의 길이며 문학예술이 조형예술과 근본적으로 다른 점이다. 예술적 능력의 한계는 서로 반대되는 양측면에 있다. (1)내면층이 결여하면 천박하여진다. 거기에는 위대한 것, 숭고에 가까운 것이 없는 것이지 우아한 것, 매력 있는 것, 애교 있는 것, 명랑하고 순수한 것이 없는 것은 아니다. (2)외면층의 형성에 결함이 있거나 많은 부분이 결여하면 비직관적

인 것이 된다. 이것은 예술성의 진정한 거부, 즉 예술이 추상적인 또는 의욕적인 것으로 전락함을 의미하는 것이며 여기서 졸렬한 작품, 사이비 예술이 나온다.

예술은 생활로부터 받은 것을 이자를 쳐서 갚는다. 아무리 위대한 예술의 시대라도 극소수의 작품만이 위대한 것이고 그 나머지의 모든 작품들은 역사의 쓰레기통에 들어가는 것이다. 그러나 이 극소수의 위대한 작품만으로도 예술이 역사적 생활에 진 부채를 갚기에 충분한 것이다.

예술에는 언제든지 재료와 형식 외에 살아서 관조하는 정신이 있다. 이 정신이 특별히 관조하는 조건을 가졌느냐 여부에 따라서 예술작품이 존재하기도 하지 않기도 하는 것이다.

예술이 생활로 돌아갈 때에는 여러 효과를 가져올 수 있다. 즉 과거의 정신적 재산의 결실을 가져올 잠재력을 환기하여 자발적 활동을 고취하거나, 생존하는 정신을 구속, 마비시키기도 하는 것이다. 전자는 진정한 르네상스 시대에 볼 수 있는 일이고, 후자는 나이어린 문화가 고도로 원숙한 낡은 문화에 압도될 때에 흔히 있는 일이다. 언제든지 졸렬한 예술이 최대의 질곡(桎梏)이 될 수는 있어도, 위대한 예술이 질곡이 되는 수는 없다.

예술가는 그가 파악할 이념이 어떠한 것인가를 직관할 수 있도록 객관적으로 표현하여야 한다. 이것이 예술가에게만 있는 가장 독특한 점이다. 예술가는 이념을 혈기 있고 생기 있게 확신하도록 나타내는 능력을 가졌다. 예술가에게 예언자, 윤리적 선구자, 이념의 소유자로서의 일면이 있는 것을 발견한다. 예술가는 관조된 이념이 자기의 작품을 통하여서 살아나오도록만 하면 되는 것이다. 수많은 계층과 다양한 내용을 통하여서 이념이 간파될 때 예술가에 의한 계시가 이루어지는 것이다.

그 밖에 표현능력, 깊은 투시력, 현상의 직관성 등이 요구된다. 이상의 양자를 놀랄 만큼 완전하게 결부시킬 줄 아는 사람이 가장 위대한 예술가다. 그러나 다른 한쪽을 결여한, 따라서 그 이념을 직관적으로 표명할 능력이 없는 예언자적인 예술가도 많이 있다.

역사적 창조와 예술적 창조와의 관계는 목적과 수단과의 관계다. 세계에 있어서 두 가지 종류의 창조적인 것은 서로 비교가 안될 만큼 큰 차이를 가지고 있다.
그 하나는 의식도 없고 목표도 없는 불투명한 충동이기는 하지만 가능한 여러 가지 형식을 취하면서 끊임없이 위로 향하여 진행하는 자연의 창조이다. 이 종류의 창조는 경향도 의지도 없이 생존경쟁과 냉혹한 도태에 끌려가는 것이다.
또 하나는 인간의 창조다. 이 창조는 목적적, 의식적, 유의적 방향의 선택과 목적의 결정에 있어서 극히 한정되어 있는 것이다. 반면에 자연의 창조는 한정 없이 진행한다.
인간적인 목적활동을 자연에까지 확대시켜서 이것을 神이니, 조물주니, 섭리라고 부르며, 자연의 창조를 인간의 창조로 환원시키는 사람들이 있다. 또 인간의 의식적인 목적창조를 자연과정 속으로 끌어들여서 이 자연의 한 부분과정이라고 알고 있는 사람들도 있다. 전자는 강약의 법칙을 위반하고, 후자는 자유의 법칙을 위반함으로서 양자가 다 같이 범주법칙(範疇法則)을 위반한 것을 알고 있다. 이보다도 중요한 것은 창조자로서의 인간은 의식적으로 활동하는 반면에 자연은 무한히 강대하고 독창적인 재간(才幹)이 많기는 하지마는 맹목적인 충동에서 창조하는 것이다.
그가 관조한 것을 실현시키지 않아도 된다는 점에, 예술적인 관조자와 창작자의 위대하고 독특한 자유가 있는 것이다.

미적 가치의 세 종류는 숭고미, 우아미, 희극미다. 숭고미의 경우에는 대상의 전 계층 중에서 특히 내면층이 우세하고, 우아미의 경우에는 외면층이 우세하며, 외면층과 내면층이 어느 정도 균형된 것이 희극미이다.

하르트만(Nicolai Hartmann, 1882-1950)/美學(Aesthetik 1953)

아름다움이 있는 곳

여자는 태양광선에 따라서 계속 변화하는 풍경과 같다. 진정한 젊음의 긴장, 온 몸이 새로운 정열로 충만하여 사랑을 두려워하는 동시에 사랑을 도발하는 젊은, 그 시기는 오래 계속되지 않는다. 처녀가 여성이 되고, 어머니가 되는 변형은 별개의 아름다움이다.

아름다움과 불균형이 서로 혼합이 됐을 때 최후의 승리를 얻는 것은 언제나 아름다움이다. 자연은 침범할 수 없는 법칙에 의해서 언제나 최상을 향해서 나아간다. 요컨대 아름다움은 어디에나 있다. 아름다움이 우리를 배반하는 게 아니고 우리 눈이 그것을 찾아내지 못하는 것이다. 아름다움이란 성격과 표현이다. 자연계를 통해서 사람 신체만큼 성격을 지닌 것은 없다. 신체는 외형의 아름다움 이상으로, 속에서 비쳐 나오는 내면의 불꽃을 가지고 있다.

아름다움의 극치는 모든 여자에게 있다. 그들이 스스로 그것을 모를 뿐이다. 하지만 실제에 있어 누구나 다 거기에 다다른다. 과일이 성숙하는 것처럼.

예술이라고 부르는 것은 자연을 연구하는 일이다. 해부의 정신을 통해서 자연과 더불어 끊임없이 교제하는 일이다. 볼 줄 알고 느낄 줄 아는 사람은 어디에서나 감탄할 만한 대상을 찾아낼 수 있을 것이다. 또한 권태라고 하는 저 근대사회의 괴물에게 사로잡히지도 않을 것이다. 자연은 모든 아름다움의 원천이다. 자연은 하나의 창조자이다. 예술가가 만들어내는 게 아니고, 찾아 낼 뿐이다. 자연에 접근하는 방법으로 예술가는 자연이 그에게 묵시하는 것을 우리에게 보여줄 수 있는 것이다. 이해에는 무수한 계단이 있다. 신성한 사닥다리와 같다. 그 꼭대기에 오른 사람만이 세계의 광경을 내다보게 된다. 감격이 없는 사람은 그 깃발을 머리 위에 높이 치켜들지 않고 땅에 늘어뜨리고 있는 사람과 같다.

로댕(François-Auguste-René Rodin, 1840-1917)/쥬디뜨 크라델 筆錄

교양과 무질서

교양은 종교보다 더 우위의 목표가 있는 것이며, 인간성의 '내적이고 일반적이고 조화로운' 발전과 완성을 지향한다. 교양의 속성이 완성에 있다면 그것은 아름다움과 지성이라는 두 자질을 통합하는 '단맛과 빛(sweetness and light)'이다. 인간 본성의 조화로운 팽창이라는 완성의 이념은 유연성 결여, 사물의 한 측면 이상을 보지 못하는 무능력, 우연히 좇게 된 특정한 추구에 열렬히 몰두하는 경향과 어긋난다. 완성의 추구는 단맛과 빛의 추구다. 단맛과 빛을 위해 일하는 사람은 이성과 신의 뜻을 퍼뜨리기 위해 일한다. 교양은 기계장치 너머를 보고, 증오를 미워한다. 교양은 한 가지 위대한 열정을 가지고 있으니, 단맛과 빛을 향한 열정이다.
국민적인 삶과 사유의 불꽃이 타오를 때, 사회 전체가 아름다움에 민감하고 지혜롭고 살아 있는 사유에 가장 충만하게 젖어들 때, 인류가 행복한 순간이며, 한 민족의 삶의 획기적인 시기며, 문학과 예술과 모든 천재의 창조적인 힘이 꽃피는 시절이다. 다만 진정한 사유이자 진정한 아름다움이어야 하고, 진정한 단맛이자 진정한 빛이어야 한다.
위대한 교양인이란 당대 최상의 지식과 이념을 확산, 보급, 전파하려는 열정을 지닌 사람들이다. 지식에서부터 거칠고 어색하고 난삽하고 추상적이고 전문적이고 부차적인 것을 걸러내려고 애쓰며, 지식을 인간화하여 교양 있고 학식 있는 사람들의 동아리 바깥에서도 그것이 효력을 미치되 여전히 당대 최상의 지식과 사상이며, 따라서 단맛과 빛의 진정한 원천으로 남아 있도록 애쓰는 사람들이다.

헬레니즘과 헤브라이즘 양자는 인간 본성의 요구에서부터 나오며, 그 요구를 충족시키는 일에 종사한다. 그러나 이 둘의 방법은 너무 다르고, 너무 다른 면에 역점을 두고, 각자의 기율에 따라 너무 다른 활동이 생겨난다. 사물을 있는 그대로 봄으로써 그 아름다움을 보는 것은 헬레니즘이 인간 본성 앞에 내놓은 단순하고도 매력적인 이상이다. 그것은 우리가 단맛과 빛이라고 부르는 것으로 가득 차 있다. 최상의 인간은 자신을 완성시키려고 가장 노력하는 사람이며 가장 행복한 인간은 그가 자신을 완성시키고 있다는 것을 가장 잘 느끼는 사람이다.
인간의 지적 충동과 도덕적 충동이 사물을 실제 있는 그대로 보려는 노력과 극기를 통해서 평화를 얻으려는 노력이 번갈아 들어섬으로써, 인간 정신은 앞으로 나아간다. 기독교의 위대한 움직임이 헤브라이즘과 인간의 도덕적 충동의 승리였던 것처럼, 르네상스의 이름으로 진행되는 위대한 움직임은 인간의 지적 충동과 헬레니즘의 흥기요 재천명이었다. 교양을 통해서 사물의 이해 가능한 확고한 법칙에 도달하려는 노력, 고정관념과 습관에서 벗어나는 일, 의식의 좀 더 자유로운 작용, 단맛과 빛을 향한 증가된 욕망 그리고 헬레니즘화하기 라고 부르는 온갖 경향이, 인류의 삶의 주된 충동이고 또 이를 위해서 일하는 사람들이 최고의 교육자다.

아널드(Matthew Arnold, 1822-1888)

시의 종류는 셋으로 나누어진다.
· 멜로포에이아(Melopoeia: 음악시)는 단어를 보통 의미 이외의 음악적 특질로 충전시켜 그 의미의 관계나 경향을 결정짓는 방법이다.
· 파노포에이아(Phanopoeia: 시각시)는 시각적 상상에 심상을 투사하는 방법이다.
· 로고포에이아(Logopoeia: 논리시)는 단어 사이에 전개되는 무용이다. 단어의 직접적 의미만 사용하는 것이 아니라, 실용법과 특정한 단어에 기대되는 문맥, 부수적 의미와 함축, 역설적 방법에 특별히 배려하는 것이다. 언어 표현에만 가능하고 조각이나 음악에는 불가능한 심미적 내용을 담는다. 제일 늦게 나타났으며 가장 다루기 어려운 방법인 것 같다.

파운드(Ezra Weston Loomis Pound, 1885-1972)/이미지스트 선언(1912)

시는 교훈적이어서는 안 되며 짧아야 하며 미의 운율적 창조여야 하며 이상을 미화하고 영혼을 고양시켜야 하며 우울한 미를 가져야 하며 미녀를 최고의 주제로 삼아야 한다. 요컨대 예술의 목적이 美이고, 시의 원리는 이 세상 밖의 미의 열망(Aspiration of Suernal Beauty)이다.
단편소설은 효과의 전체성을 가져야 하며 첫 문장부터 시작해야 하며 진실을 목표로 해야 하며 짧아야 하며 결말이 맞아떨어져야 한다.

포우/作詩의 철학(1846)과 시의 원리(1848)

어떤 시인도 어떤 장르의 예술가도 그의 중요성, 그에 대한 평가는 사망한 시인들과 예술가들에 대한 그의 관계에 대한 평가이며, 대조와 비교를 위해 죽은 자들 사이에 갖다놓아야 한다. 이것은 단순히 역사적 비평의 원칙이 아니라 미적 비평의 원칙이다. 기존의 기념비적 작품들 사이에는 하나의 이상적인 질서가 형성되어 있는데, 작품이 도입되게 되면 이 질서에 변화가 가해진다. 기존 질서는 새로운 작품이 도래하기 전까지만 완벽하게 남아 있으며, 새로운 것의 추가 이후에도 살아남으려면 변화되지 않을 수가 없다. 이렇게 해서 각 작품이 기존 질서 전체에 대해 갖는 관계나 비중이나 가치 등이 재조정되는 것이다.

엘리어트(Thomas Stearns Eliot, 1888-1965)
/전통과 개인의 재능(Tradition and Individual Talent, 1932)

우리나라 문장을 처음 떨쳐 드러나게 한 최치원(崔致遠)은 시를 잘 지었으나 뜻이 정밀하지 않으며, 사륙문(四六文)은 잘 지었으나 용어가 정돈되지 않았다(不整). 김부식(金富軾)은 글이 섬부(贍富: 넉넉함)하지만 화려하지 못하고, 정지상(鄭知常)은 글이 빛나기는 하지만 비양(飛揚: 들날림)하지 못하고, 이규보(李奎報)는 능히 문장을 열고 닫고 했으나(전개하고 수축하고 했으나) 거두어 맺는 데가 없고, 이인로(李仁老)는 세련되었으나 넓음이 없고, 임춘(林椿)은 치밀하나 융통하지 못하고 이곡(李穀)은 적실(的實)하지만 청상(淸爽: 맑고 상쾌함)하지 못하고, 이제현(李齊賢)은 노건(老健: 노련하고 힘참)하지만 문채가 없고, 이숭인(李崇仁)은 온자(醞藉: 너그럽고 온건함)하나 깊지 않고 정몽주(鄭夢周)는 순수하나 긴요하지 않고, 정도전(鄭道傳)은 크게 벌이는 데는 능숙하나 검속(檢束:억제하고 구속함)이 없고, 이색(李穡)은 이 모든 장점들을 집대성하여 시와 문이 다 우수했으나 비속(鄙俗)하고 소방(疏放)한 태도가 많았고, 권근(權近)과 변계량(卞季良)은 문병(文柄: 학문의 권위)을 잡기는 했으나 이색에 미치지는 못했으며, 게다가 변계량은 학문이 더욱 낮고 약했다(卑弱).

성현(成俔, 1439-1504)/학림옥로(鶴林玉露)

하늘이 날짐승과 길짐승에게는 발톱과 뿔을 주고 단단한 발굽과 예리한 이빨을 주었으며 여러 가지 독을 주어서, 각기 하고 싶어 하는 것을 얻게 하고 외부로부터의 습격을 막아 낼 수 있게 하였는데, 사람에게는 벌거숭이로 유약하여 제 생명을 보호하지 못할 듯이 하였으니, 어찌하여 하늘은 금수에게는 후하게 하고 인간에게는 박하게 하였는가. 이는 인간에게는 지혜로운 생각과 교묘한 연구력이 있으므로 기예를 익혀서 제 힘으로 살아가도록 한 것이다.

그러나 지혜로운 생각으로 미루어 아는 것도 한계가 있고, 교묘한 연구력으로 깊이 탐구하는 것도 순서가 있다. 천만 사람이 함께 논의한 것을 당할 수 없으며, 성인(聖人)이라 하더라도 하루아침에 모두 아름답게 하지는 못한다.

정약용(丁若鏞)/기예론(技藝論)

우리가 생활을 안전하게 보전하는 길은 쾌락과 고통을 바로 선택하는 것, 즉 그 많고 적고, 크고 작고, 멀고 가까움을 그르침 없이 평가하고 택하는 데에 있다. 여기서 요구되는 것은 계량하는 기술이다. 계량술이란 기술이며 지식이겠지. 지식보다 강한 것은 아무것도 없고 지식이 있는 곳에서는 어떠한 경우일지라도 쾌락에 대해 항상 지식이 승리를 거두고 있을 것이다.

플라톤/프로타고라스(Protagoras)

부는 사치와 나태의 부모이고 빈곤은 인색과 악습의 부모이다. 결국 그것은 둘 다 불만의 어버이다. 너희의 비애가 아무리 크더라도 세상의 동정을 받지 마라. 동정 속에 경멸의 생각이 들어있기 때문이다.

지상의 아름다움에서 시작해서 저편의 아름다움을 목표삼아 사다리를 오르듯, 끊임없이 한 단계씩 나아가는 것이다. 하나의 아름다운 몸에서 출발하여 두 개의 아름다운 육체로, 나아가 모든 아름다운 육체에까지, 그 다음에는 아름다운 몸에서 아름다운 자기를 가꾸는 노력으로, 여기서 다시 아름다운 깨달음으로, 그리하여 더 높은 단계의 깨달음까지 도달해야 한다. 이는 저 세계의 아름다움을 깨우침이며, 아름다움 자체를 직관적으로 알게 되는 것이다.

플라톤/향연(Symposion)

쾌적하다는 것은 쾌락을 주는 것을 말하며, 아름답다는 것은 만족을 주는 것을 말하고, 선하다는 것은 존중되고 인정되는 것, 다시 말해 어떤 객관적 가치를 부여하는 것을 말한다. 쾌적함은 이성이 없는 동물에게도 적용되지만, 미는 이성적 존재자(예컨대 정신)일 뿐만 아니라 동시에 동물적 존재자이기도 한 인간에게만 적용된다. 선은 모든 이성적 존재자 일반에 적용된다. 세 종류의 만족 중에서 미에 과한 취미의 만족만이 유일하게 무관심한 자유로운 만족이라고 말할 수 있다. 왜냐하면 미에 관한 취미의 만족에는 어떠한 관심도, 즉 감관의 관심도 이성의 관심도 찬성을 강요하는 일이 없기 때문이다. 그러므로 세 가지 경우의 만족을 각각 경향성, 호의, 존경과 관계되는 것이라고 말해도 좋다. 왜냐하면 호의야말로 유일하게 자유로운 만족이기 때문이다. 경향성의 대상도, 또 이성 법칙이 욕구하도록 명령하는 대상도 우리 스스로 그 어떤 것을 쾌락의 대상으로 여길 수 있는 자유를 허용하지 않는다. 모든 관심은 결핍을 전제하고 있거나 결핍을 야기한다. 그리고 관심이 찬성을 규정하는 근거라면, 그것은 더 이상 대상에 대한 자유로운 판단을 허용하지 않는다.

자연이란 하나의 아름다운 사물이며, 예술미는 하나의 사물에 대한 아름다운 표상이다. 하나의 자연미를 자연미로서 판단하기 위해서는, 그 표상이 어떠한 사물이어야만 하는가에 관한 관념을 미리 가지고 있을 필요는 없다. 자연은 이미 예술처럼 보이는 것으로서 판정되는 것이 아니라, 그것이 실제로 예술(비록 초인적인 예술이기는 하지만)인 한에 있어서 판정되는 것이다.

미적 예술은 자연에서는 추하거나 불쾌한 사물들을 아름답게 묘사한다는 데 그 특징이 있다.

칸트/판단력 비판(Kritik der Urteilskraft, 1790)

기계적 예술을 이론적 예술(철학, 물리학)과 실용적 예술(정치학, 윤리학)의 동등한 파트너로 만들었다. 위그(Hugh, 1096-1141)에 따르면, 이론적 예술은 인간의 무지를 치유하기 위해, 실용적 예술은 인간의 악을 치유하기 위해, 기계적 예술은 인간의 신체적 약점을 치유하기 위해 신이 내려 주신 것이었다.

신의 작품은 창조하는 일이고, 자연의 작품은 실재성을 낳으며, 기술자의 작품은 분열된 것들을 함께 모은다. 인간은 무언가를 자연적으로 소유할 때보다 창안해 낼 때, 이성이 훨씬 더 찬란하게 빛난다. 이로부터 그림그리기, 직물 짜기, 조각하기, 설립하기 등의 무한한 다양성이 생겨났다.

위그(Hugh)의 일곱 기계적 예술(직조, 군비, 교역, 농예, 수렵, 의술, 연극술)은 많은 하위분류를 지닌 일반적 범주들이었다.

건축술은 '연장공급'이나 '구축된 덮개'의 하위분류로 언급되었다. 연극술은 레슬링, 경마, 춤을 비롯한 모든 종류의 오락을 포함한다. 위그(Hugh)의 특정 목록이 12세기 말 '기계적 예술'이란 용어로 표준어가 되었다.

창조의 요인은 아홉 가지다. 처음 세 가지는 독창성, 자발성, 생산성이다. 독창성이란 자기를 닮고 다른 아무도 닮지 않는 일이고, 자발성이란 아무도 여태껏 못 보았던 것을 보는 일, 자기의 현실관을 의심해보는 일이다. 생산성은 양적인 것이기 보다 질적인 것이어야 한다. 다음 세 요인은 창조의 근본적이고 불가결의 조건으로 관심과 구상력과 제2차성이다. 구상력은 현실의 것을 변형시킬 수 있는 힘으로서 창조적인 것이어야 한다. 제2차성이란 모든 경험의 지속적이고 질서 있는 반향으로서 의식내용의 엄청난 확대와도 같은 것이다. 수리오(Paul Souriau 1852-1926)의 '발견하기 위해서는 떨어져서 생각해야 한다'와 같다. 끝으로 창조의 세 가지 형태는 갑작스럽고 순간적인 현실화, 무의식적인 혹은 반의식적인 반추(反芻), 의식적 노동 즉 반성적 생산이다.

들라크루아(Henri Delacroix, 1873-1937)

위대한 그림은 예술적, 철학적, 종교적, 심리학적, 사회적, 정치적 충동과 정보의 예외적인 집중과 합주이다. 위대한 예술가일수록, 각각의 색상과 선과 제스처가 사유와 감정의 해류이자 강물이 된다. 위대한 그림은 순간들을 응축하고, 양 극단을 화해시키며, 창조행위의 고갈되지 않는 잠재력에 대한 신뢰를 계속 견지한다. 그 결과 위대한 그림은 필연적으로 가능성과 권력의 상징이 된다.
회화를 사랑하는 관객들에게, 이런 유형의 집중과 일관성이 제공하는 경험은 심원하고 시적이기만 한 게 아니라 황홀하고 신비적이기까지 하다. 물질 속에 정신이 육화(肉化)되는 것이다. 눈에 보이지 않는 정신세계가 존재할 뿐만 아니라 물질 속에 정신이 살아 있다는 것을 인식할 줄 아는 사람이라면 거기에 도달할 수도 있다.

브렌슨(Michael Brenson)/Healing in Time in Mary Jane Jacob

풍경과 육체

고대에는 나무를 그리는 것처럼 나체를 그렸다. 고대 사람의 육체는 짐승인 동시에 신령(神靈)이고, 생명의 모든 의의가 행렬을 짓고 통과하는 형상이었다. 인간은 새로운 존재이고 스스로 자기 모습에 매혹되고 있었으므로 자기를 도외시한다든가 초월한다든가 하는 일이 없었다.
그런데 그리스도교 시대에 들어와서 인간 존재의 모습이 달라졌다. 그리스도교 예술에 있어서는 인간의 육체도 문자와 같은 대우를 받았다. 사람은 옷을 몸에 걸친 게 보통이고 지옥에서만 나체를 드러냈다. 자연 풍경도 이 지상에서는 예찬을 받지 못했다. 아름답고 평화로운 풍경은 천국의 것이라야 했으며, 공포를 일으키는 황량한 풍경은 추방자나 영원히 멸망한 자들의 장소로 정해져 있었다. 천국과 지상과 지옥의 위치를 각각 규정하는 일이 절실하게 필요했다. 그래서 초기 이탈리아 르네상스의 거장들은 그것을 표현하는 동안에, 나중에는 본래의 목적을 넘어서, 풍경 그 자체를 추구하는 방향을 모색하게 되었다. 이 지상에 존재하는 삼라만상(森羅萬象), 종교적 편견(偏見)으로 인하여 혐의를 받고 있는 그 모든 사물을 묘사하는 동안에, 그것에 대한 열렬한 애정이 생기기 시작한 것이다. 그리하여 지상에 있는 것을 가시고 천국을 예찬하는 가운데 지상의 풍경을 이해하는 길이 열린 것이다. 경건은 비와 같다. 땅에서 증발하여 생긴 비는 다시 땅으로 내려와 만물을 은혜로 적시었다.
인간의 기쁨, 인간의 소박한 마음, 인간의 그 무엇에 대한 경건의 비유가 되고 있었다. 말하자면 풍경이 예술이 되고 있었던 것이다. 레오날드가 그린 풍경은 그 자체로서 생성한 자연세계이며, 지금 막 발견한, 아직 답사하기 전인 하나의 섬나라 같은 것이었다. 풍경은 그 내용을 아직 잘 모르는 것, 저만큼 떨어져 있는 것, 그 자체로서 완전히 독립적이고 완결된 것이었다.
레오날드가 예감한 것은, 그 후 여러 세기를 두고 풍경화를 발전시켰다.

릴케(Rainer Maria Rilke, 1875-1926)

아름답게 모방하라

시는 일반적으로 인간 본성에 내재한 두 가지 원인에서 발생하는 것 같다.

첫째로 모방한다는 것은 어렸을 적부터 인간 본성에 내재한 것으로, 인간이 다른 동물과 다른 점도 가장 모방을 잘한다는 점에 있다. 둘째로 모방에 의하여 지식을 획득한다는 것인데, 우리 모두는 모방된 것 속에서 쾌감을 느낀다. 아주 보기 흉한 짐승이나 시체의 형체처럼 실물을 볼 때는 혐오감을 주는 것들도 매우 정확하게 묘사했을 때는 보고 쾌감을 느낀다. 그럴 것이 배움이란 철학자들뿐만 아니라 그 밖의 다른 사람에게도, 비록 그들이 배움의 능력이 적다하더라도, 최상의 즐거움이기 때문이다.

아리스토텔레스/시학

우주의 미

영적으로든 육체적으로든 신의 현실 속에서 보편적인 선 같은 것이 이 세 가지 측면-척도, 형식, 질서-이다.
신은 특정 장소와 특정 시간은 빛을 비추지 않음으로써 어둠이 낮만큼이나 편안한 그런 방식으로 어둠을 창조해 왔다. 그런 점에서, 우리가 떠들썩한 소리를 자제하고, 편안한 침묵으로 우리의 토론을 중단한다면, 모든 것에 완벽한 기술을 가지신 신께서 이런 것들 속에서 편안하게 창조하실 결여는 또 얼마나 더 많겠는가? 그러므로 그 본질에 관한 한, 성격이 악한 것은 아무것도 없다.

아우구스티누스/선의 본질에 관하여

초감각적인 미

우리가 어떤 개인에게서 발견해 내어 사랑하게 되는 지혜보다 더 확실한 미는 없다. 추할 수도 있는 그의 얼굴을 배제하고 그의 외모를 전혀 고려하지 않음으로써 그의 내적 미를 찾아낼 수 있다. 그러나 그러한 미가 당신의 마음을 움직여 어떤 남자를 미남이라고 부를 수 있을 정도가 되지 않았다면 당신의 내면을 들여다보아도 무엇이 아름다운 것인지를 지각할 수 없을 것이다.

색채의 단순미

색채의 단순미는 질료의 어둠을 지배하는 형식에서, 그리고 이성이자 이데아인 영적인 빛의 현전에서 기인한다. 많은 요소들 중 불은 이데아의 수준에 이르러 있다. 홀로 있으면서 다른 요소들을 자기 안에 받아들이지 못하는 반면, 다른 요소들은 그것을 받아들인다. 사실 불은 스스로를 차갑게 할 수 없지만 다른 요소들은 스스로를 불태울 수 있다. 처음에 색채를 가진 것은 불이며 이 불로부터 다른 요소들은 형상과 색채를 가지게 된다. 불은 이데아이기 때문에 선명하게 환히 빛난다. 그보다 하위에 있는 사물들은 그의 빛이 사그라지면 사라져 아름다움도 끝나 버리고 만다. 그것들은 색채의 전체적인 이데아에 관여하지 못하기 때문이다.

플로티노스(Plotinos, 204-270)/엔네아데스(Enneades)

하나의 불꽃 속에 세 개의 덕이 담겨 있듯이 하느님 한 분도 세 분으로 이루어져 있다. 불꽃은 눈부신 빛, 타고난 생명력과 뜨거운 열기로 구성되어 있다. 하지만 다시 빛나기 위해서 눈부신 빛을 소유하고 있는 것이고, 힘을 발휘하기 위해 생명력을, 불태우기 위해 뜨거운 열기를 소유하고 있는 것이다. 불꽃에서 이런 세 가지 힘을 감지할 수 있듯이 유일한 신성 속에서도 세 개의 위격을 이해해야만 한다. 세계의 힘이 하느님의 말씀 혹은 복음을 의미하듯이 유일신의 삼위일체로 간주할 수 있다.

쉬제르(Suger of Saint-Denis, 1081-1151)

최고선의 광휘

최고선 그 자체의 광휘는 개개의 사물들 속에서 찬란하게 빛난다. 그리고 가장 완벽하게 빛나는 그곳에서, 특히 그것을 보는 사람을 자극하는 그곳에서, 그것을 존중하는 사람을 흥분시키고 거기에 다가오는 사람을 끌어당기고 점령하여 다른 그 무엇보다도 그와 같은 광휘를 숭배하도록 그에게 강요한다.

여기서 영혼에 불을 붙이는 것은 거울에 반사되듯 아름다운 인간 속에서 눈부시게 빛나는 광휘라는 게 분명해진다. 또한 그 광휘는 낚싯바늘로 고기를 낚듯 낯선 길에서 영혼을 포착해, 신적인 경지에 이를 정도로 높은 곳으로 옮겨 주게 된다. 그러나 우리가 결코 손에 넣을 수 없는 것들에 도달하려고 애쓰도록 만든다면 하느님은 불공정한 독재자라고 할 수 있을 것이다. 그러므로 인간적인 욕망을 당신의 신적인 불꽃으로 불태우는 행위 속에서 하느님은 우리가 당신을 갈구하도록 만든다.

마르실리오 피치노(Marsilio Ficino, 1433-1499)/플라톤신학(1482)

우아하고 성스러운 미

선과 미는 어떻게 보면 동일한 것이라고도 할 수 있는데, 인간의 신체에서는 특히 그렇다. 신체의 미에서 내가 가장 중요하게 평가하는 것은 영혼의 아름다움이다. 진정한 신적인 미의 요소로서, 영혼의 아름다움은 자신이 손댄 것을 밝게 비추고 아름답게 만들기 때문이다. 특히 영혼의 아름다움이 거주하는 신체는 천박한 물질이 될 수 없으며 미는 그 신체에 자신의 특질을 새겨 놓지 않을 수 없다. 그렇기 때문에 미가 신적인 덕성으로 물질적인 자연을 지배하고 자신의 빛으로 육체의 어둠을 물리쳤을 때, 미는 진정한 영혼 승리의 전리품이 된다.

발다사레 카스틸리오네(Baldassarre Castiglione, 1478-1529)/궁정인

나는 이성의 최고 행위, 이성이 사상 전체를 포괄할 수 있는 그런 행위는 미적 행위라고 믿고 있다. 그리고 진리와 선은 미 속에서만 밀접하게 결합된다고 확신한다.

신화는 철학적이 되어서 대중을 이성적으로 만들어야만 한다. 그리고 철학은 철학자들을 예민하게 만들 수 있을 정도로 신화적이 되어야 한다. 그렇게 해서 마침내 계몽된 사람들과 그렇지 못한 사람들이 서로 결합하게 될 것이다.

헤겔/시에 관한 대화(1821)

신의 삶에서 진정한 전환점은 그가 인간으로서의 자신의 개별적인 존재, 수난, 십자가 위에서의 고통, 영혼의 수난, 죽음의 고통을 벗어났다는 것이다. 지상의 육체와 깨지기 쉬운 인간의 본성은 일반적으로 그들에게 모습을 보이는 신과 같다는 사실에 의해 고양되고 존중받는다. 그러나 바로 이런 인간성과 육체성은 부정적으로 자리하고 고통 속에 모습을 드러낸다. 반면 고전주의적인 이상 속에서 그것은 정신적이고 본질적인 것이 포함된 침착한 조화를 잃지 않는다.

헤겔/미학(1798-1800)

인간의 마음을 읽을 줄 알았던 위대한 사람들은 공포로 가득 찬 악의 나락 속에 깊이 빠져 있었다. 그들은 그 밤에 그들에게 다가온 무시무시한 형상들을 묘사했다. 윤리적이고 도덕적인 지옥뿐만 아니라 미적인 지옥도 있다. 우리는 악과 죄뿐만 아니라 추에도 빠져 있다. 불완전함과 기형, 천박함과 잔인함에 대한 공포가 피그미에서부터 기형적인 괴물들에 이르기까지 수많은 형상들이 되어, 우리를 에워싼다. 지금 우리가 내려가려는 곳은 미의 지옥이다. 그런데 악의 지옥, 실제의 지옥으로 들어가지 않고는 미의 지옥으로 들어간다는 것은 불가능하다.

카를 로젠크란츠(Karl Rosenkranz, 1805-1879)/추(醜)의 미학(1852)

예술의 효과로서의 숭고

최고의 문체는 숭고한 문체로 가장 생산적인 숭고의 원천은 다섯 개다. 제일 중요하고 가장 힘이 있는 것은, 열정이 넘쳐흐르는 사고이다. 두 번째는 매력적이고 영감을 주는 파토스(pathos)이다. 그러나 숭고의 이런 두 가지 경향은 대개 선천적인 성향을 지니고 있다. 다른 세 가지 원천들은 이와는 달리 예술에 의해 획득된다. 즉 형상- 여기에는 사유 형상과 언어 형상 두 가지가 있다-의 적절한 구축, 용어 선택과 은유의 사용, 그리고 섬세한 화법으로 다시 나뉘는 어법의 고결함, 그리고 앞의 네 가지 요인을 모두 포괄하는 품위있는 문장이다.

위(僞)롱기누스(Pseudo Longinus)/숭고에 대하여(On the Sublime)

미와 숭고

자연은 우리에게 일생의 친구와도 같은 수호신 둘을 주었다. 이 두 수호신 중 첫 번째는 미의 감정으로, 두 번째는 숭고의 감정으로 지각된다. 미는 이미 자유를 표현하지만, 그것은 우리를 자연의 힘 위로 끌어올려 주고 모든 물질적 영향으로부터 우리를 해방시켜 주는 자유라기보다는 인간으로서 자연 내에서 즐길 수 있는 자유이다. 우리는 미 속에서 자유를 느낀다. 감각적인 본능이 이성의 법칙과 조화를 이루기 때문이다. 우리는 숭고 속에서 자유를 느낀다. 감각적인 본능이 이성의 합법화에 영향을 미치지 않기 때문이다. 숭고의 감정은 혼합된 감정이다. 그것은 최고의 상태에서는 전율과도 같이 나타나는 고뇌의 느낌과 열광에까지 이를 수 있는 희열의 느낌으로 구성되어 있다. 그래서 숭고의 감정에 의해 우리는 우리의 영혼 상태가 필연적으로 감각의 상태와 합치되는 것은 아님을, 자연의 법칙이 필연적으로 우리의 법칙과 합치되는 것이 아님을, 그리고 모든 감각적 감정과 무관한 원리가 우리 내부에 있음을 발견하게 된다.

숭고의 대상은 두 가지이다. 우리는 그것을 우리의 지적인 힘과 연결시키고 그것을 하나의 이미지, 그리고 그 이미지에 대한 개념으로 형식화하려는 유혹에 무릎을 꿇을 수도 있다. 또는 그것을 생명력과 연결시켜 우리가 잃어 가는 것과 대립되는 하나의 힘으로 간주할 수도 있다.

프리드리히 실러/숭고에 대하여(1801)

세상의 모든 존재 중에서 가장 오래된 것이 신인 이유는 타고났기 때문이다. 가장 아름다운 것이 세상인 이유는 신의 작품이기 때문이다. 가장 거대한 것이 공간인 이유는 만물을 감싸기 때문이다. 가장 빠른 것이 지성인 이유는 전체를 두루 살피기 때문이다. 가장 강한 것이 필연인 이유는 만물을 압도하기 때문이다. 가장 현명한 것이 시간인 이유는 모든 것을 명백히 밝히기 때문이다.

탈레스(Thales, BC 624-BC 545)

욕망, 분노, 두려움, 용기, 시기, 기쁨, 친밀감, 증오, 갈망, 경쟁심, 연민 등 일반적으로 즐거움과 괴로움을 동반하는 모든 감정을 열정이라 부른다. 우리가 화를 내거나 슬퍼하거나 동정하게끔 만드는 이러한 감정들을 느끼도록 해주는 능력을 힘이라 부른다. 우리는 화가 났을 때 그 감정을 격하게 표현하기도 하고 소극적으로 에둘러 표현하기도 한다. 혹은 나쁜 의도로 부러 화를 내거나 목적을 위해 분노를 적절히 조절하기도 한다. 이처럼 열정의 여러 감정을 좋게 혹은 나쁘게 표현하도록 이끄는 성향을 습관이라 부른다.

아리스토텔레스/니코마코스 윤리학

애정의 지도

실제로 그들은 <위대한 재능>에서 출발해 <게으름>으로 옮겨 가게 될 것이고 그릇된 방향을 고집하다가 <불평등>에 도착하게 될 것이며 거기서 <후회>, <가벼움>, <망각>에 이르게 될 것이다. <존경받는 애정>에 도달하는 대신, 바로 여기 지도 위에 위치한 <무관심의 호수>에 빠져 버리고 말 것이다. 한편, <새로운 우정>에서 떠나 가볍게 왼쪽으로 이동해 <무분별>로 가서 <불성실한 행위>, <오만>의 길을 지나 <파렴치함>으로 이어지는 <비방>의 길로 가게 된다. 그리하여 <감사의 애정>을 발견하는 대신 배들이 모두 침몰해 버리고 마는 <증오의 바다>에 빠지고 말 것이다. 성난 이 바다는 격정적인 열정에 의해 요동치는 바닷물로, <새로운 우정>에서 왼쪽으로 이탈한 사람에게 종말을 마련해 주게 된다. 애정의 강은 우정의 경계를 넘어선 여인에게는 너무나 위험하기 때문에 그녀가 <위험한 바다>라고 부른 그 바다로 흘러 들어갔다. 마침내 그녀는 바다의 끝에 <미지의 땅>을 배치했다. 우리가 그 너머에 존재한다는 것을 모르고, <헤라클레스의 기둥> 너머로 항해한 사람이 아무도 없다고 생각했기 때문이다.

스퀴데리 부인(Madeleine de Scudéry, 1607-1701)
/클레리, 로마 이야기(1654)

통찰력

예리한 지성의 신성한 결과물은 그 성질보다는 외형에 의해 더욱 인정을 받았는데, 그것은 어느 세기에나 모든 인간들의 감탄의 대상이 되었다. 그것은 그것을 모르는 사람들에게 생소한 기적으로 읽히고 들리며, 박수갈채로 최고의 환대를 받게 된다. 이것이 바로 예리함으로 모든 독창적인 사고의 대모이다. 그것은 설교와 시적인 연설을 환하게 밝히는 빛이고 죽어있는 페이지를 생명력 넘치게 만드는 재치이자, 교양 있는 대화를 아주 기분 좋게 만들어주는 양념이다. 또한 지성의 마지막 노력이며 인간 정신에 남아 있는 신성의 유물이다.

에마누엘레 테사우로(Emanuele Tesauro, 1592-1675)
/아리스토텔레스의 망원경(1654-1670)

예술의 타락으로 유럽사회에 미쳐진 도덕적 영향의 결과, 예술의 힘이 약화되고 파괴된 실정을 살피지 않을 수 없다. 즉 그 제1의 결과는, 인생의 의미를 탐구한다는 본래의 주제(主題)에서 벗어난 사실이다. 제2의 결과는, 한정된 범위의 사람들만이 감상을 하기 때문에, 그 건강한 형식을 잃어버리고 허식으로 흐르고 내용이 애매해진 사실이다. 제3의 결과는, 자연스럽지도 진지하지도 않게 되어 철두철미 기교적인 유희(遊戲)가 되어버린 사실이다.

현대의 예술은 그 주제의 범위가 인간 감정의 가장 빈약한 구역에 갇혀버린 것이다. 현대예술이 다루는 감정은 지극히 무의미한 다음 세 가지 감정으로 귀착된다. 즉 오만의 감정과 성적욕구의 감정과 피로의 감정이다.
처음에 일반적 예술에서 특수층의 배타적 예술이 분리한 초기에는 '오만의 감정'이 그 주제이었다. 다음에는 성적 욕구의 요소가 예술 속에 침투하였다. 셋째로, 피로의 감정, 즉 삶에 대한 불만의 감정은, 19세기 초 바이런(George Gordon Byron, 1788-1824), 레오팔디(Giacomo Leopardi, 1798-1837) 같은 특이한 사람에 의해서 표시되었는데, 이윽고 시대의 풍조를 이루어 평범하고 내용이 공허한 수많은 사람들 사이에 유행이 되었다. 그 성격은 드미끄가 말한 바와 같이 '생명의 피로이고, 자기가 살고 있는 이 세기에 대한 모멸이고, 기이한 것을 즐기는 악취미이고, 공상에 대한 병적 경향이고, 경이에 대한 유치한 동경이고, 신경이 무질서해진 상태이고, 그 중에서도 특히 육욕의 과도한 요구이다.'
이와 같이 예술의 주제가 빈약해지고 난잡해짐에 따라 그것을 기만(欺瞞)하는 수단으로 기교-허위와 애매(曖昧)가 날뛰기 시작했다.

톨스토이/현대예술의 타락

와일드(Oscar Wilde)의 니체적 초인도덕, 단눈찌오(Gabriele D'Annunzio, 1863-1938)의 자아 중심적 미의식, 야콥센(Jens Peter Jacobsen 1847-1885)의 영원한 인간상, 메테를링크(Maurice Polydore Marie Bernard Maeterlinck, 1862-1949)의 신비적 상징주의, 도스또예프스키의 신비적 종교관등 신문학을 촉진시킨 온상에서 꽃을 피우고 세계의 꽃으로 만들게 한 스승과 원예사가 독일에 둘 있었으니 바그너(Richard Wagner, 1813-1883)와 니체(Friedrich Wilhelm Nietzsche)였다. 바그너는 그의 형이상학적 비관주의와 신비적 디오니소스적인 세계감정으로 하여금 신낭만주의 시인들에게 생의 권태감이나 횔덜린(Friedrich Hölderlin 1770-1843)의 죽음의 찬미, 혹은 신앙에의 동경 같은 페시미스틱한 경향을 띠게 하는 인자(因子)를 던져 주었다. 니체는 모든 가치의 전환과 선악의 피안을 가리키고 귀족과 노예의 도덕과 새 문화 창조를 예시(豫示)한 초인간, 또한 군중에서 격리되어 고독 속에 살며 미래의 창조를 지향하는 초인간을 가르쳤다.

시의 품격

산문에서 기백은 호매하고 장중하며 품격은 굳세고 맑아야 하며 사상-감정(意)은 솔직하고 말은 풍부하고 자유로워야 하며 문체는 소박하고 힘차야 하되 조금이라도 생경하거나 천박하거나 난잡한 것은 탈이다.

시를 두고 말하면 신기(新奇), 절묘, 일월(逸越), 함축, 험준, 고매, 호장(豪壯), 풍부, 웅심(雄深), 고아한 것이 으뜸이며, 정밀, 긴절(緊切), 상쾌, 청신(淸新), 표일(飄逸), 경직(勁直), 굉섬(宏贍), 화유(和柔), 화려, 격렬, 담박, 고상, 우한(優閒), 광대, 청아, 교묘한 것은 그 다음이다. 졸렬, 생소, 건삽(蹇澁), 한고(寒枯), 비속, 조잡, 쇠약, 음란한 것은 탈이다.

시를 평하는 사람은 먼저 시의 품격과 내용을 보고 마음으로 시어와 운율을 보아야 한다. 시격(詩格)에 "구격(句格이 노련하여 어구가 속되지 않고 사리가 깊어 내용이 잡되지 않고 마음대로 재주를 부리되 기상이 사납지 않고 언어가 간결하되 사실이 모호하지 않으면 바로 시로 될 수 있다" 하였는데 이 말은 사표로 삼아 본받을 만하다.

최자(崔滋, 1188-1260)

시에는 색깔이 있다.

시의 글자는 대나무와 부들에 비유할 수 있고, 시의 글월은 엮은 발과 자리에 비유할 수 있다. 글자는 새까맣게 검을 뿐이고, 대나무는 말라서 누렇고, 부들은 부옇게 흴 뿐이다. 그런데 쪼갠 대나무를 엮어 발을 만들고 부들을 엮어 자리를 만들되, 줄을 맞추고 거듭 겹쳐서 짜면, 물결이 출렁이듯 무늬가 생겨나서 잔잔하기도 하고 찬란하기도 하다. 그렇듯이 글자를 엮어 구절을 만들고 구절을 배열하여 글월을 이루었을 때에는 마른 대나무와 죽은 부들이 만들어내는 조화에 그치겠는가?

이서구(李書九, 1754-1825)

육서를 헤아려보면, 첫째는 상형(象形)이고, 둘째는 회의(會意)이고, 셋째는 지사(指事)다. 그림은 상형에 장기가 있고, 시는 회의에 장기가 있으며, 산문은 지사에 장기가 있다. 그러나 시가 없는 그림은 메말라서 운치가 없고, 그림이 없는 시는 깜깜하여 빛이 나지 않는다. 시와 산문, 글씨와 그림은 서로 보완하는 것이 되어야지, 제각각이어서는 바람직하지 않다.

류득공(柳得恭, 1748-1807)

시인은 인생의 단편을 찰나의 완전함으로 아우른다. 시인은 즉각적인 인상의 혼돈을 아름다움의 형태로 끌어들여 아름다운 세계를 구축한다. 시인은 사물의 묵직한 심장에서 뛰는 리듬을 포착하여 미묘하고 만족스러운 패턴으로 엮어낸다. 시인의 언어가 지닌 운율은 창공에 울려 퍼지는 음악의 메아리로 어둑한 영혼을 일깨운다. 그러나 변화하는 천성을 넘어선 것을 알고 인간의 영혼이 기꺼이 믿고자 하는 사랑스러움을 분별하면서 알게 되는 환상은 영원에 휩싸여 있다. 시인은 상상력과 창의적인 시각으로 밝게 빛나는 찰나 동안 인생 전반을 본다. 감정과 통찰력은 완전함이라는 심상을 촉발한다. 그렇기에 모든 위대하고 진실한 시는 영감의 발언이다. 존재하지 않았으며 얻은 것도 없는 세계의 꿈이다. 시는 예지자의 말이다. 시는 인간의 마음과 같이 영원하다.

노이스(Carleton Noyes, 1872-1950)

문장 작법의 네 가지 요점은 풍족한 생각과 문채가 있는 언어, 진실한 감정, 교묘한 표현이다.

문장 창작의 여섯 가지 준칙(體有六義)

· 정이 깊어서 속임이 없을 것
· 풍격이 청순하여 잡스럽지 않을 것
· 사실이 신실하여 거짓이 없을 것
· 뜻이 정직하여 왜곡이 없을 것

· 체가 간결하여 무잡하지 않을 것
· 글이 화려하되 음탕하지 않을 것

문장의 풍격

· 우아함 - 전아(典雅)
· 심원함 - 원오(遠奧)
· 간결함 - 정약(精約)
· 명쾌함 - 현부(顯附)
· 화려함 - 번욕(繁褥)
· 웅장함 - 장려(壯麗)
· 새롭고 기발함 - 신기(新奇)
· 가볍고 자잘함 - 경미(輕靡)

리우시에(劉勰, 466?-538?)/문심조룡(文心雕龍)

문장이 경계해야 할 여덟 가지

· 언어만 있고 사물이 없는 글을 짓지 말 것
· 병 없이 신음하는 글을 짓지 말 것.
· 전고(典故)를 일삼지 말 것.
· 난조투어(爛調套語)를 쓰지 말 것.
· 대구(對句)를 중요시하지 말 것.
· 문법에 맞지 않는 글을 쓰지 말 것.
· 고인(古人)을 모방하지 말 것.
· 속어, 속자를 피하지 말 것.

후스(胡適, 1891-1963)/문학개량추의(文學改良芻議, 1917)

시에는 아홉 가지 마땅치 않은 체(體)가 있다. 이것은 문(文)에도 해당된다.
· 글 한 편 안에 옛 사람의 이름을 많이 쓰는 것은 '수레 가득히 귀신을 실은 체'

· 옛 사람들의 뜻을 훔쳐 쓰는 것도 나쁜데, 그나마 훔쳐 쓴 것도 잘 되지 않은 것은 '어설픈 도둑이 쉽게 잡히는 체'
· 어려운 운을 달았으나 근거가 없는 것은 '활을 당겼으나 힘이 모자란 체'
· 자기 재주는 헤아리지 않고 운을 번드레하게 단 것은 '술을 양에 넘치도록 마신 체'
· 좀처럼 알기 어려운 글자(險字)를 써서 미혹시키기 좋아하는 것은 '함정을 만들어 장님을 이끄는 체'
· 말은 순탄하지 못한데 인용하기를 일삼는 것은 '강제로 나를 따르게 하는 체'
· 속된 말(常語)을 많이 쓰는 것은 '시골 첨지가 모여 이야기하는 체'
· 기피해야 할 말을 함부로 쓰는 것은 '존귀를 침범하는 체'
· 사설이 어수선한데도(詞荒) 다듬지 않는 것은 '잡초가 밭에 우거진 체'

이규보/시 속의 미지약언을 논함(論詩中微旨略言)

그리스의 예술가, 작가, 문필가에게는 이런 질문을 던져 볼 수 있다. 그가 자신에게 부과하고, 그가 동시대인에게 매력적으로 만든(그래서 모방자를 낳은) 새로운 구속은 무엇인가? 왜냐하면 '발명(예컨대 운율상의)'이라고 불리는 것은 언제나 자신을 얽매는 그런 족쇄이기 때문이다. '쇠사슬을 달고 춤추기', 즉 자신을 힘들게 만든 다음 경쾌함의 착각을 불러일으키는 일, 그것이 우리에게 보여 주려고 하는 그들의 곡예이다.

니체/인간적인, 너무나 인간적인

사람들에게 두 가지 탈이 있다. 하나는 나귀를 타고 나귀를 찾는 것이며, 다른 하나는 나귀를 탄 뒤에는 내리려고 하지 않는 것이다. 이미 나귀를 탄 줄 알면서도 내리려고 하지 않는 것은 가장 고치기 어려운 병이다.

글을 완성하기 위해서는 여덟 가지 조건이 필요하다. 곧 정신, 이치, 기백,

맛, 격조, 음률, 소리, 빛이다. 정신, 이치, 기백, 맛은 글의 내용을 이루고 격조, 음률, 소리, 빛은 글의 형식을 이루고 있다.

김정희(金正喜, 1786-1856)

악문의 요소들

· 근으로 달아 팔아버릴 만한 다량의 단어들을 길게 나열하고 있는 문장
· 살이 찌고 영양상태는 좋으나 비계로 변하여 골수와 뼈가 없는 육중한 몸집의 문체
· 접속사들의 끈으로 잘 연결되지 않는 비만한 문장
· 육중한 폭포가 바위에 튕기며 떨어지듯 하는 단음절 다음의 긴 부사들의 음률

위스망스(Joris-Karl Huysmans, 1848-1907/거꾸로(A Rebours, 1884)

아내에게 '바치는 글'

진리와 정의에 대한 높은 식견과 고매한 감정으로 나를 한없이 감화시켰던 사람, 칭찬 한 마디로 나를 무척이나 기쁘게 해주었던 사람, 내가 쓴 글 중에서 가장 뛰어나다고 할 수 있는 것은 모두 그녀의 영감에서 나온 것이었기에 그런 글을 나와 같이 쓴 것이나 마찬가지인 사람. 함께 했던 사랑스럽고 아름다운 추억, 그리고 그 비통했던 순간을 그리며 나의 친구이자 아내였던 바로 그 사람에게 이 책을 바친다.
그녀는 참으로 깊고 그윽한 지혜의 소유자였다, 이제 그와 같은 도움을 받지 못한 채 쓰는 글이란 얼마나 보잘것없을까. 그녀의 무덤 속에 묻혀버리고 만 그 위대한 생각과 고상한 감정의 절반만이라도 건져낼 수 있다면, 거기서 내가 얻는 혜택은 이루 말로 다 할 수 없을 정도이다.

존 스튜어트 밀(John Stuart Mill, 1806-1873)/자유론(On Liberty, 1859)

"친애하는 아가톤이여." 소크라테스는 아가톤 옆에 자리를 잡고 앉으며 대

답했다. "나야말로 지혜란, 사람이 누군가의 옆에 앉음으로 나눌 수 있는 부류의 일이길 원하고 있소. 한 오라기의 털실을 통해 두 컵에 담긴 물이 평형을 유지하듯이, 꽉 찬 사람에게서 텅 빈 사람에게로 지혜가 흘러갈 수 있다면 말이오. 그렇다면 내가 그대 옆에 앉는 일을 영광스럽게 여겨야 할 것이오. 왜냐하면 그대는 곧 나를 가장 정교한 지혜로 가득 넘치게 할 테니까. 내 자신의 이해력은 기껏해야 그림자 같고 꿈처럼 모호한 것이지만, 그대의 이해력은 빛나고 확장되고 있소."

플라톤/향연

운수(雲水)로서 향(鄕)을 삼고 조수(鳥獸)로서 군(群)을 삼는 도세자류(逃世者流)는 좋은 것이 아니나 궁경(躬耕)의 여가에 임간(林間)에서 채약(採藥)도 하고 천변(川邊)에서 수조(垂釣)도 하여 태평세(太平世)의 일 일민(逸民)으로서 청정하게 생활함은 누가 원치 않으랴.

세간에 어느 곳에 산수가 없으리요마는 영욕의 계루(係累)만은 벗어나기 어렵다. 심신의 자유는 염담과욕(恬淡寡慾)과 생활 안정을 전제요건으로 삼는다.

그렇지 않으면 산수 사이에 가 있어도 무영무욕(無榮無辱)의 몸이 되지 못할 것이다. 단사표음(簞食瓢飮)의 청빈철학(淸貧哲學)을 고조(高調)하는 분이라도 안빈낙도(安貧樂道)할 생활상 기초가 없고서는 불가능할 것이 아닌가. 공부는 고요한 곳에서 하고 실행은 분주한 곳에서 하는 것이 좋으나 권태(倦怠)해지면 다시 고요한 곳으로 가는 것이 상례이니 전원생활은 권태자의 위안소이다.

文一平(1888-1939)/영하만필(永夏漫筆)

다른 무언가가 되다

어느 날 아침, 그레고르는 뒤숭숭한 꿈에서 깨어났을 때 자신이 침대 속에서 커다랗고 흉측한 벌레로 변해 있는 것을 발견했다. 그는 철갑처럼 단단해진 등을 대고 누워 있었다. 고개를 살짝 들어보니 불룩한 갈색 배가 보였는데, 활 모양의 각질칸으로 나누어져 있었다. 배 끝에 걸려 있는 이불은 금방이라도 미끄러져 내릴 것만 같았다. 몸뚱이 크기에 비해 한심스러울 만큼 가느다란 수많은 다리가 그의 눈앞에서 애처롭게 꿈틀거렸다. 하지만 그가 몸을 돌리느라 꾸물거리면 아버지가 참지 못할까봐 겁이 났다.
그리고 손에 쥔 지팡이로 아버지가 당장이라도 등이나 머리통을 박살낼 것 같아 등골이 오싹했다 … 참기 어려운 쉿쉿 하는 저 소리만 없어도 좋으련만! 그 소리에 그레고르는 혼이 싹 달아나버렸다 … 그때 아버지가 뒤에서 그를 힘껏 걷어차는 바람에 그는 이제 그야말로 구원을 얻게 되었다. 그리고 그는 피를 심하게 흘리며 방 안 깊숙이 날아가 버렸다.

프란츠 카프카/변신(1915)

수필은 청자 연적(硯滴)이다. 수필은 난(蘭)이요, 학(鶴)이요, 청초(淸楚)하고 몸맵시 날렵한 여인이다. 수필은 그 여인이 걸어가는, 숲 속으로 난 평탄하고 고요한 길이다.
수필은 마음의 산책(散策)이다. 그 속에는 인생의 향취와 여운이 숨어 있는 것이다. 수필의 빛깔은 황홀 찬란하거나 진하지 아니하며, 검거나 희지 않고, 퇴락(頹落)하여 추하지 않고, 언제나 온아우미(溫雅優美)하다. 수필의 빛은 비둘기 빛이거나 진주 빛이다. 수필이 비단이라면, 번쩍거리지 않는 바탕에 약간의 무늬가 있는 것이다. 그 무늬는 사람 얼굴에 미소를 띠게 한다.
수필은 한가하면서도 나태하지 아니하고, 속박을 벗어나고서도 산만하지 않으며, 찬란하지 않고 우아하며, 날카롭지 않으나 산뜻한 문학이다.
필자가 가고 싶은 대로 가는 것이 수필의 행로이다. 그러나 차를 마시는 것과 같은 이 문학은, 그 차가 방향(芳香)을 가지지 아니할 때에는 수돗물같이 무미한 것이 되어 버리는 것이다.
수필은 독백이다. 소설가나 극작가는 때로 여러 가지 성격을 가져 보아야 한다. 셰익스피어는 햄릿도 되고 플로니아스 노릇도 한다. 그러나 수필가 찰스 램(Charles Lamb 1775-1834)은 언제나 찰스 램이면 되는 것이다.

피천득(皮千得, 1910-2007)

눈이 와서 도회가 잠시 문명의 구각(舊殼)을 탈(脫)하고 현란한 백의를 갈아입을 때, 눈과 같이 온, 이 넓고 힘세고 성스러운 나라 때문에 도회는 문득 얼마나 조용해지고 자그마해지고 정숙해지는지.
우리의 온 밤을 행복스럽게 만들어 주기는 하나, 아침이면 흔적도 없이 사라지는 감미한 꿈과 같이 그렇게 민속(敏速)하다고는 할 수 없어도 한번 내린 눈은, 그러나 그다지 오랫동안은 남아 있어 주지는 않는다. 그것은 말하자면 기적같이 와서는 행복같이 달아나 버리는 것이다.
변연(便娟) 백설이 경쾌한 윤무(輪舞)를 가지고 공중에서 편편히 지상에 내려올 때, 이 순치(馴致)할 수 없는 고공(高空) 무용(舞踊)이 원거리에 뻗친 과감한 분란(紛亂)은, 보는 사람으로 하여금 저연(悽然)한 심사를 가지게까지 하는데, 대체 이들 흰 생명들은 이렇게 수많이 모여선 어디로 가려는 것인고. 이는 자유의 도취 속에 부유(浮遊)함을 말함인가, 참여하기 어려운 열락에 탐닉하고 있음을 말함인가 백설이여! 너는 시상의 누가 유혹했기에 이곳에 내려오는 것이며, 공중에서 무질서의 쾌락을 배운 뒤에, 이곳에 와서 무엇을 시작하려는 것이냐.
강설(降雪)의 상태가 정지되면, 눈은 지상에 쌓여 실로 놀랄 만한 통일체를 현출(現出)시키는 것이니, 이와 같은 완전한 질서, 화려한 장식을 백설이 아니면 어디서 발견할 수 있을까 그래서 그 주위에는 하나의 신성한 정밀(靜謐)이 진좌(鎭坐)하여, 그것은 우리의 마음을 엿듣도록 명령하는 것이니, 이때 모든 사람은 긴장한 마음을 가지고 백설의 계시에 깊이 귀를 기울이지 않을 수 없는 것이다.

김진섭(金晋燮, 1903-?)/백설부(白雪賦)

산초야, 자유는 하늘이 인간에게 주신 가장 소중한 선물 중의 하나란다. 땅 속에 묻혀 있거나 바다 속에 숨겨진 보물도 이것에 비할 수는 없단다. 명예와 마찬가지로 자유를 위해서라면 목숨까지도 바쳐야 하지만, 굴레란 인간에게 덮칠 수 있는 최대의 악이란다.
잠을 만든 사람에게 하느님의 축복이 있길! 잠은 생각을 덮어주는 덮개이고, 배고픔을 달래주는 진수성찬이며, 갈증을 쫓아주는 물이고, 추위를 데워주는 불이며, 열기를 식혀주는 추위지요. 간단히 말하자면, 모든 걸 살 수 있는 돈이고, 양치기를 왕과 동등하게 해주고, 어리석은 자도 영리한 사람과 마찬가지로 만들어주는 저울이자 추이다.

세르반테스(Miguel de Cervantes Saavedra, 1547-1616)/돈키호테(Don Quixote)

바오밥(baobab)나무는 교회만큼 큰 나무다. 무나 장미나무의 싹이라면 마음대로 자라게 내버려둔다. 나쁜 풀이라면 그것을 알아내자마자 곧 뽑아버려야 한다. 바오밥나무는 자칫 늦게 손을 대면 뽑아버릴 수 없게 된다. 그것은 별 전체를 덮어버리고 뿌리로 구멍을 뚫어놓는다. 그런데 별이 너무 작고 바오밥나무의 수가 너무 많으면 바오밥나무는 별을 터뜨려놓고 만다. 그것은 규율의 문제다. 장미나무와 분간할 수 있게 되면 바오밥나무를 뽑아버리는데 규칙적으로 애써야 한다. 아주 어릴 때는 장미나무와 많이 닮았기 때문이다.

생텍쥐페리(Saint-Exupéry)/어린왕자(The Little Prince, 1943)

아깝다 바늘이여, 어여쁘다 바늘이여. 네 미묘한 품질과 특별한 재질을 가졌으니 물중(物中)의 영물(靈物)이요 철중(鐵中)의 쟁쟁(錚錚)이라, 민첩하고 날래기는 백대(百代)의 협객이요, 굳세고 곧기는 만고의 충절이라, 추호 같은 부리는 말하려는 듯하고, 두렷한 귀는 소리 듣는 듯하는지라. 능라와 비단에 난봉공작(鸞鳳孔雀)을 수놓을 제, 그 민첩하고 신기함은 귀신이 돕는 듯하니, 어찌 인력이 미칠 바리오. 오호통재라. 자식이 귀하나 손에 놓을 때도 있고, 비복이 순하나 명을 거스를 때도 있나니 너의 미묘한 기질이 나의 전후(前後)에 수응(酬應)함을 생각하면 자식보다 낫고 비복보다 나은지라. 천은(天銀)으로 집을 하고, 오색(五色)으로 파란(波瀾)을 놓아, 곁고름에 채었으니 부녀의 노리개라, 밥 먹을 적 만져보고 잠잘 적 만져보고, 더불어 너와 벗이 되어 하지일(夏至日)과 동지야(冬至夜)에 등잔을 상대하여 누비며 호며 감치며 박으며 공그를 때에, 겹실을 꾀었으니 봉미(鳳尾)를 두르는 듯 땀땀이 떠갈 적에 수미(首尾)가 상응하고 솔솔이 붙여 내매 조화가 무궁하다.

兪氏夫人(조선 순조 때)/弔針文

벼루와 붓과 먹은, 뜻을 같이하는 기물들이다.
나아가는 곳이 비슷하고, 쓰이는 바와 사랑받고 대우받는 것도 유사하나,
다만 오래 살고 일찍 죽는 것이 서로 비슷하지 않으니,
붓의 수명은 날로 계산하고, 먹의 수명은 달로 계산하고,
벼루의 수명은 세대로 헤아린다.
그 몸체는 붓은 뾰족하고 먹이 그 다음이요 벼루는 둔하다.
어찌하여 둔한 것은 명이 길고 예리한 것은 요절(夭折)하는가?
그 쓰임은 다만 그렇게 함으로써 수명을 영원히 할 수 있다.

당경(唐庚, 1071-1121)/집안 옛 벼루에 새긴 글(家藏古硯銘)

인생은 짧고 예술은 길다. 기회는 사라지기 쉽고, 경험은 의심스럽고, 판단은 어렵다. (Life is short, and art long, opportunity fleeting, experimentations perilous and judgement difficult.)

히포크라테스

이 세상은 한 번만 창조된 것이 아니라, 독창적인 예술가가 출현한 것과 똑같은 회수만큼이나 여러 번 다시 창조된 것이다.

마르셀 프루스트(Marcel Proust, 1871-1922)

우화(寓話; fable or apologue)란 그 참다운 형태에 있어서 비합리적인, 그리고 때로는 동물적인 존재가 도덕적 교훈의 목적을 위하여 인간적인 관심이나 정열을 갖고 행동하고 말하도록 위장하는 것이다.

새무얼 존슨(Samuel Johnson, 1709-1784)

유리알 유희(Das Glasperlenspiel)는 문화의 모든 내용과 가치를 가지고 유희하는 한 가지 방식이다. 인류가 창조적인 시기에 만들어낸 모든 통찰력, 고귀한 사상, 예술작품 등과 그 이후 학문적 연구의 시대에 개념화하여 지적 자산으로 삼아 온 모든 것이 인간지성의 가치를 포함하고 있는 거대한 체계 위에서, 유리알 유희 연희자는 오르가니스트가 풍금을 연주하듯이 유희를 한다. 이론상으로는 이 방법은 유희 속에서 전 우주의 지적인 내용을 재생산할 수 있다.

헤세

쇼펜하우어는 문필가를 나누어서 비범한 말로써 평범한 것을 말하는 졸렬한 문필가와 평범한 말로써 비범한 것을 말하는 훌륭한 문필가를 들었다.

사랑하는 벗들이여. 내가 죽거든 슬퍼하지 마라. 슬픈 척만 하라. 사랑하는 벗들이여. 내가 죽거든 눈물을 흘리지 마라. 흘리는 척만 하라. 예술가란 원래 죽을 수가 없는 것, 죽은 척만 할 뿐이다.

장 콕토(Jean Cocteau, 1889-1963)

시각의 회로를 따라 들어와 재현을 통해 모습이 정리된 바 그대로의 사물들의 관계 속에는, 무엇인가 얼핏 미끄러지듯 스며들었다가 스쳐 지나가 버리는 그리고 그 사물들의 관계 속에서 늘 조금씩 생략되면서 한 단계 한 단계 전달되는 무엇인가가 있다. 이것이 이른바 시선이다.

라깡(Jacques Lacan, 1901-1981)

자연을 대하는 시인의 태도에는 자연적(natürlich)으로 느끼는 시인과 자연적인 것(Das Natürlich)을 느끼는 시인 두 가지가 있다. 전자는 자연을 소유하지만 후자는 자연을 탐색한다.

실러/素朴의 시와 感傷의 시

민첩하고 교활한 파발마, 근심의 전달자, 추한 밤의 친구이자 꼴불견인 시간이여.
너는 청춘을 좀먹는 자, 거짓 즐거움의 못된 노예이며,
슬픔을 구경하는 천박한 자, 죄악을 짊어진 말이며, 미덕의 올가미다.
너는 모든 것을 낳고, 또한 모든 존재하는 것을 소멸시킨다.
네가 맡은 일은 원수에 대한 증오심을 없애고,
세평에서 생기는 오해를 종결시키는 것이다.
너의 영광은 다투는 국왕을 화해시키는 것이고,
허위의 가면을 벗기고 진실을 드러내는 것이다.
또한 악을 행한 자가 뉘우칠 때까지 고통을 주는 것이고,
오만한 건축물을 네 힘으로 폐허화하고
빛나는 황금 탑을 먼지로 너럽히는 것이다.

셰익스피어/루크리스의 겁탈(The Rape of Lucrece)

얼룩말의 질문(Zebra Question)

얼룩말에게 물어보았다.
넌 흰줄무늬의 검은 말이냐, 검은 줄의 흰말이냐?
얼룩말이 되물었다.
넌 나쁜 버릇이 있는 착한 애냐, 좋은 버릇이 있는 나쁜 애냐?
얌전한데 시끄럽게 구니? 수다쟁이인데 조용한 시간도 갖니?
행복한데 슬픈 일도 있니? 슬픔 속에 행복을 만나니?
원래 차분한데 서두르니? 덤벙대다가 깔끔하니?

계속 이런 식으로 물어와 다시는 줄무늬에 대해 묻지 않았다.

실버스타인(Shel Silverstein, 1930-1999)

작가의 길은 가시밭길이네. 그것도 아주 굵은 가시들이 박혀 있지. 그런 길을 작가는 맨발로 걸어가야 하네. 상처가 나고 피가 흐르겠지. 해를 거듭할수록 피는 더욱 많이 날 것이고…. 사람들은 자네에게 고통을 주고 마비가 찾아올지도 모르네. 그러다가 자네는 시들게 되겠지. 하지만 진정한 작가이자 혁명가라면 이 길을 걷는 것은 큰 명예일세.

막심 고리키(Maxim Gorky, 1868-1936)

역사를 읽거나 '억고사첨(憶苦思甛)'에 빠지는 것은 부채(負債)에 대한 기억을 되살리고 채무자로서 행동할 준비를 갖추기 위한 것이다. 부채는 충성과 복종이라는 화폐로 청산된다. 그러나 당이 인민들을 위한 봉사를 거듭하고 있기 때문에 부채는 날이 갈수록 늘어만 간다. 따라서 인민들은 그 부채의 일부만이라도 갚을 수 있기를 바랄 뿐이며 나머지 부채는 다음 세대로 넘겨줄 뿐이다.

데이비드 로젠버그(David Rosenberg, 1943-)

아름다움을 아름다움으로 알아보는 자체가 추함이 있다는 것을 뜻하고 착한 것을 착한 것으로 알아보는 자체가 착하지 않음이 있다는 것을 뜻한다.
그러므로 가지고 못 가짐도, 어렵고 쉬움도, 길고 짧음도, 높고 낮음도, 악기 소리와 목소리도, 앞과 뒤도, 서로의 관계에서 이루어지는 것.
따라서 성인(자유인)은 무위(無爲)로서 일을 처리하고, 말로 하지 않는 가르침을 수행한다.
모든 일 생겨나도 마다하지 않고, 모든 것을 이루나 가지려 하지 않고, 할 것 다 이루나 거기에 기대려 하지 않고, 공을 쌓으나 그 공을 주장하지 않는다.
공을 주장하지 않기에 이룬 일이 허사로 돌아가지 않는다.

道德經

太陽의 讚歌

주여, 당신은 마땅히 찬송을 받아야 합니다.
당신이 만들어 낸 모든 조화(造化) 때문에,
특히 우리 형제 태양 때문에.
태양은 우리를 낮에 그 빛으로 조명합니다.
태양은 아름답고 찬란하여, 주여, 당신의 모습을 닮았습니다.
우리들의 자매(姉妹)인 달과 별 때문에,
당신은 그것을 하늘에 만들었으며, 그것들은 밝고 거룩하고 아름답습니다.
우리 형제 바람 때문에,
공기와 구름과 모든 기상(氣象)의 움직임 때문에,
당신은 그것들로써, 당신이 만들어 낸 생명을 기르고 계십니다.
우리 자매 물 때문에,
물은 매우 유익하고, 낮은 곳에 흐르고 갸륵하고 맑습니다.
우리 형제 불 때문에,
당신은 그것으로써 밤을 비추고, 불은 아름답고 즐겁고 강합니다.
우리 자매 대지(大地) 때문에,
땅은 우리를 기르고 다스리며, 여러 가지 열매를 맺게 하고 다채로운 꽃을 피게 합니다.
당신의 사랑을 본받아,
용서를 하고, 병고를 견디고, 마음의 괴로움을 참는 사람들이 있으므로.
모든 고통과 간난을 평화롭게 인종하는 이는 다행입니다.
지고하신 주여, 당신으로부터 관(冠)을 얻을 것입니다.

프란체스코(Saint Francesco of Assisi, 1182-1226)

제 때 배움이 현명하리니(늦지 않게 아는 것이 현명하리니)
가랑잎 나방의 커다란 날개 밑에서 누군가 말하네.
오르라, 그렇지 않으면 떨어지리라고

지배하고 쟁취하라,
그렇지 않으면 종이 되어 다 잃으리라고
고통 속에 살 것인가 승리의 삶을 살 것인가 선택할 나름이니
승리 아니면 패배! 망치가 아니면 모루가 되리라!

괴테

연꽃(Die Lotosblume)

연꽃은 태양을 저어하여
머리를 숙인 채 꿈꾸며 밤을 기다린다.
달은 그녀의 애인
그 빛으로 그녀는 생생해지고 기쁨으로 너울을 벗어 아름다운 화관을 펴다.
그녀는 활짝 피어 빛나고 말없이 하늘을 우러러 한숨짓고 눈물 머금다.
사랑과 사랑일래.

하이네(Heinrich Heine, 1797-1856)

연꽃을 사랑함에 대하여(愛蓮說)

나는 홀로 연꽃을 사랑한다.
진흙 속에서 나와서 물들지 않고,
맑은 물 잔물결에 씻겨도 요염하지 않고,
속은 통해 있고 밖은 쭉 곧아
덩굴지지 않고 가지도 없으며,
향기는 멀수록 더욱 맑고
우뚝 깨끗하게 서 있으니,
멀리서 바라봐도 만만하게 다룰 수 없다.
국화는 꽃 중의 은일자요,
모란은 꽃 중의 부귀자요,
연꽃은 꽃 중의 군자다.

周敦頤

매화는 굽어야 어여쁘지 곧으면 맵시가 없다.
기웃해야 볼만하지 바르면 볼 것이 없다.
성글어야 고우니 빽빽하면 태가 안 난다.

공지젠(龔自珍, 1792-1841)/병매관기(病梅館記)

군자는 가까이 친하지만, 늙어서도 요염(妖艶)을 가까이 하지 않으면 흥하고, 요염한 것과 쉽게 합하면 늙어서는 친함을 이루기 어렵다.
세속에 꽃을 평하여 노래 부르기를 모란화(牧丹花)는 꽃 중의 왕이요, 해바라기(向日花)는 忠臣이다. 연꽃(蓮花)은 君子요, 살구꽃(杏花)은 小人이다. 국화(菊花)는 은일사(隱逸士)요, 매화(梅花)는 한사(寒士)이다. 박꽃(匏花)는 노인이요, 패랭이꽃(石竹花)은 소년이다. 촉규화(蜀葵花)는 무당(巫堂)이요, 해당화(海棠花)는 창녀(娼女)이다. 배꽃(梨花)은 시객(詩客)이며, 홍도(紅桃) ·벽도(碧桃)·삼색도(三色桃)는 풍류랑(風流郎)이다.

이능화(李能和, 1869-1943)/조선해어화사(朝鮮解語花史)

난(蘭)은 잎만 보아도 좋다. 수수하고도 곱고 능청하고도 조촐하고 굳세고도 보드라운 그 잎이 계고(溪菰),창포(菖蒲), 야자고(野茨菰)와는 같은 듯해도 전연 다르다.
한창 찌는 더위에 물이 흐르는 몸으로 옷깃을 벗고 뒷마루에 나앉아 그들을 대하면 문득 화운(火雲)을 헤치고 창공을 보는 것 같아 번쩍 소름이 치기도 하였다.
건란(建蘭)은 줄기 끝에 한두 송이 남고는 죄다 벌어졌다. 약간 붉은 점과 선이 박힌 누르스름한 그 모양이 담박(澹泊)은 할망정 요염치 않고 이따금 그 향은 가는 바람결처럼 일어온다. 서향(瑞香)처럼 쏘지도 않고 수선 매화처럼 상클하지도 않고 정향(丁香) 백합처럼 맵지도 않고 장미처럼 달지도 않고 그저 소리도 않고 들린다.

이병기(李秉岐, 1891-1968)

대나무는 현명한 사람과 비슷하다.

대나무 뿌리는 단단함으로써 덕을 세우고 있다
군자는 그 근본을 보면 곧 잘 서서 뽑히지 않음을 생각한다.

대나무의 성질은 곧아서 자신의 몸을 서게 한다.
군자는 그 성질을 보면 곧 의지하지 않고 중립을 생각한다.

대나무 속은 비어서 도를 체득하고 있다.
군자는 그 속을 보면 곧 마음을 비우고 남을 받아들이는 방법을 생각한다.

대나무 마디는 곧아서 뜻을 세우고 있다.
군자는 그 절개를 보면 곧 행실을 부지런히 갈고 닦아서 고락에서 한결같다.

보주이(白居易)/대나무를 기르는 이야기(養竹記)

수선화

나는 보았네. 호숫가 나무 아래
미풍에 너울거리는 한 떼의 황금빛 수선화를.

물가를 따라 끝없이 줄지어 피어 있는 수선화.
무수한 꽃송이가 흥겹게 고개 설레는 것을.

주위의 물결도 춤추었으나 기쁨의 춤은 수선화를 따르지 못했으니!
이렇게 흥겨운 꽃밭을 벗하여 어찌 시인이 흔쾌치 않으랴

고독의 축복인 저 내면의 눈에 그 수선화들 불현듯 나타나고
내 가슴 즐거움 가득하여 저들과 함께 춤추기에.

워즈워스

그믐달(1925)

그믐달은 요염(妖艶)하여 감히 손을 댈 수도 없고, 말을 붙일 수도 없이 깜찍하게 예쁜 계집 같은 달인 동시에, 가슴이 저리고 쓰리도록 가련한 달이다. 서산 위에 잠깐 나타났다 숨어버리는 초승달은 세상을 후려 삼키려는 독부(毒婦)가 아니면 철모르는 처녀 같은 달이지마는, 그믐달은 세상의 갖은 풍상(風霜)을 다 겪고 애처롭게 쓰러지는 원부(怨婦)와 같이 애절한 맛이 있다.

보름에 둥근 달은 모든 영화와 끝없는 숭배를 받는 여왕과 같은 달이지마는, 그믐달은 애인을 잃고 쫓겨남을 당한 공주와 같은 달이다.

그것은 고요한 꿈나라에서 평화롭게 잠든 세상을 저주하며 홀로 머리를 풀어뜨리고 우는 청상(靑孀)과 같은 달이다 초승달 빛은 따뜻한 황금빛에 날카로운 쇳소리가 나는 듯하고 보름달은 쳐다보면 하얀 얼굴이 언제든지 웃는 듯하지마는 그믐달은 공중에서 번뜩하는 날카로운 비수(匕首)와 같이 푸른빛이 있어 보인다.

나도향(羅稻香, 본명 羅慶孫, 1902-1926)

밤의 찬가(1800)

언젠가 내가 참담한 고통의 눈물을 쏟았던 때, 희망은 녹아 흐르고 어두운 협실 속에 내 삶의 모습을 묻은 그 황량한 언덕에 외로이 섰던 그 때- 누구도 겪지 못한 외로움에 젖어 형언할 수 없는 불안에 쫓기며- 무력하게, 오로지 참담하다는 한 생각만을 붙들고 있던 그때.―전진도 후회도 할 수 없이 구원을 찾아 둘러보며, 도망치고 있는 저 꺼져버린 삶에 무한한 동경을 품고 매달렸던 때- 그때 아득한 저 푸른 곳으로부터- 사라진 내 행복의 절정으로부터 한 줄기 아스라한 전율이 덮쳐왔다.― 그러자 돌연 출생의 탯줄이, 빛의 사슬이 끊어져 버렸다. 속세의 영화와 슬픔도 더불어 사라지고- 비애는 불가사의한 새로운 세계 속으로 흘러들며- 주변은 살며시 들려 떠오르고, 그 위로 속박에서 풀려 거듭난 내 정신이 거닐고 있었다. 언덕이 먼지 구름으로 화하니- 구름 사이로 사랑하는 그녀의 변용된 모습이 보였다. 그녀의 눈에 영원이 깃들어 있었다.— 그 손을 잡자, 눈물은 끊을 수 없는 번득이는 끈으로 화하였다. 수천 년 세월이 폭우처럼 아득히 저 밑으로 떨어져 내렸다. 그녀의 목을 얼싸안고 나는 새로운 삶을 위해 황홀한 눈물을 흘렸다- 이것은 최초의 단 한번 꿈- 그때부터 비로소 나는 밤하늘에 뜬 태양, 사랑하는 그녀에 대한 영원하고 확고한 믿음을 느끼고 있다.

노발리스(Novalis, 본명 Georg Friedrich Freiherr von Hardenberg, 1772-1801)

눈 속의 나그네

밤 자정에 시계 하나 산골에 울립니다.
달이 차디차게 헐벗고 하늘을 헤매입니다.

길가에, 눈과 달빛 속에
나는 나의 그림자와 홀로 걸어갑니다.

얼마나 많은 푸른 봄 길을 걸었던지
얼마나 많은 타오르는 여름 해를 보았던지

발걸음은 피로하고 머리는 희끗희끗해졌습니다.
내가 전에 어떠했는지 아무도 모릅니다.

피곤하고 가냘픈 나의 그림자가 걸음을 멈춥니다.
어느 때 나그네 길도 끝날 것입니다

화려한 세상으로 나를 끌어들인 꿈도 나에게서 사라집니다.
꿈이 나를 속인 것을 이제 나는 압니다.

헤세

가을의 서곡(序曲)

창을 열고 너를 기대한다. 가을
어서 와서 나의 귀밑머리를 날려다오.
어딘지 모를 길가에 핀 장미의 나를 흥분시키는 이 신비한 향기

일찍 찾아 온 시간이 벌써 달그림자에 숨었다.
모두 자신만의 방법으로 끝을 맺는다.
사랑이 저 아득한 길을 따라 천천히 다가오나니 가슴속 긴장한 심장소리

생명은 그렇게 요원하다. 아름다운 풍경
레이스와 거품을 만들어낸다.
저쪽의 조용한 나뭇잎 깊은 곳 즐거운 노랫소리 서로 엉키어 있다.

부드러운 마음이 불안한 듯 서성인다.
흙 속에서 나오는 활기찬 새롭고 신선한 숨결…가을
내가 갈망하나니, 어서 와서 나의 귀밑머리를 쓰다듬어다오

히메네스(Juan Ramón Jiménez, 1881-1958)

神曲이 르네상스 정신의 증언이요, 구교문학(舊教文學)의 정화(精華)라면 밀턴(John Milton, 1608-1674)의 실낙원(失樂園; Paradise Lost)은 근세문화의 결정이요, 신교문학(新教文學)의 정화라 할 수 있다.

한 나라의 백성을 새롭게 하려면 먼저 그 나라의 소설을 새롭게 해야 한다. 인간에게 가장 강한 영향력을 주는 것은 문학이요, 문학 중에서도 특히 소설이다. 소설의 감동력의 원천은 무엇인가. 첫째는 훈(熏), 즉 스며드는 힘이다. 둘째는 침(浸), 즉 젖어드는 힘이다. 셋째는 자(刺), 즉 찌르는 것이다. 끝으로 제(提), 즉 밖으로 드러내는 것이다.

량치차오(梁啓超)/소설과 대중과의 관계를 논한다(1902)

나는 그 허물을 더 과장하여 말하리라.
나를 절름발이라고 하시면 나는 곧 다리를 절리라.
그대의 말에 구태여 변명 아니 하면서.
사랑을 바꾸고 싶어 그대가 구실을 만드는 것은
내가 날 욕되게 하는 것보다 절반도 날 욕되게 할 수 없도다.
그대의 뜻이라면 우리의 친교를 청산하고,
서로 모르는 사람처럼 보이게 하리라.
그대 가는 곳에는 아니 가리라.
내 입에 그대의 이름을 담지 않으리라.
불경한 내가 혹시 구면이라 알은체하여
그대의 이름에 누를 끼치지 않도록
그대를 위해서 나는 나 자신과 대적하여 싸우리라.
그대가 미워하는 사람을 나도 결코 사랑할 수 없으므로.

파도가 조약돌 깔린 해변으로 들이치듯이.
시간은 종말을 향해 달음질치도다.
앞서거니 뒤서거니 자리를 바꾸며
연달아 앞을 다투도다.
한때 맑은 대양(大洋)에 태어나
점점 성숙하여 화관(花冠)을 받고 나면
짓궂은 일식(日食)이 그 영광을 잠식하도다.
이리하여 시간은 갖다 준 선물을 파괴하도다.
세월은 청춘에게 주었던 꽃을 변모시키고,
그 아름다운 이마에 주름을 그어놓고,
자연의 진리로 이룬 진품을 먹이로 하도다.
그의 낫 끝이 베려는 곳에 견디는 것 없어라.
그러나 내 시는 시간의 잔인을 물리치고,

그대를 찬양하려 길이 남으리라.

셰익스피어/소네트 시집

역사가와 시인의 차이점은 운문을 쓰느냐 산문을 쓰느냐에 있는 것이 아니라, 하나는 실제로 일어난 것을 말하고 다른 하나는 일어날지도 모르는 것을 말하는 점에 있다. 따라서 시는 역사보다 철학적이고 더 중요하다. 왜냐하면 시는 보편적인 것을 말하는 경향이 많고 역사는 개별적인 것을 말하기 때문이다.

아리스토텔레스/시학

예술은 그 야심이 클수록 더 심각하게 인간에게 감명주기 위해서 그 운명을 도덕의 운명에 결부시킨다.

뽈랑(Pierre Paulin, 1927-2009)/타르브의 꽃

자연은 질료이고 예술은 작품이다. 어떤 아름다움도 보조 없이는 존속할 수 없고 어떤 완전함도 예술에 의해 고상하게 빛나지 않으면 야만적인 것으로 퇴보한다. 자연은 그 자체가 우리에게 최선의 상태이고, 우리는 예술 속에서 그 완성을 기대한다. 예술 없이는 최고의 재능도 가꿔질 수 없다.

발타자르 그라시안

서양문화는 의욕의 앞으로 향한 요구를, 중국문화는 의욕의 조화와 중용을, 인도문화는 의욕의 억제와 취소를 각각 근본정신으로 삼는다.

량수밍(梁漱溟, 1893-1988)

예술이란 자연에다 인간을 플러스한 것이다.

베이컨

예술이란 작가가 자신의 경험에 양식을 부여한 것이고 우리가 그 양식을 알아봄으로서 미학적으로 즐기는 것이다.

화이트헤드(Alfred North Whitehead, 1861-1947)

신(神)은 작가이고, 인간은 연기자에 지나지 않는다. 지상에서 연기되는 웅대한 작품들은 천상 (天上)에서 저술된 것이다.

발자크(Honoré de Balzac, 1799-1850)/기독교적인 소크라테스

알면 참으로 사랑하게 되고, 사랑하면 참되게 보게 되고, 볼 줄 알게 되면 모으게 되니 그것은 한갓 모으는 게 아니다.

유한준(兪漢雋, 1732-1811)/석농화원(石農畵苑, 1795)의 발문

도덕적 인간과 비도덕적 사회 - 성숙(成熟)

인간은 자유롭게 태어났다. 그리고 도처에 그는 얽매어 있다. 어떻게 사회계약(社會契約)으로써 인간이 그 자신만에 복종하여 시민 사회에서 자유를 가질 수 있을 것인가? 첫째 관점은 인간이 자연적인 자유를 시민적 자유의 획득을 위해서 포기(拋棄)하는 것이다. 제2의 관점은 시민 사회에 있어서 그 자신만에 복종한다는 것이다. 社會契約이란 필경 人民主權의 태동에 의하여 행해지는 협정(協定)이고 主權은 일반의사(一般意思)의 行使에 불과하다. 인간을 자유스럽게 되도록 강제할 수 있다. 이때의 속박은 노예(奴隸)로가 아니고 自由로의 인도이다.

루소/社會契約論(Du contrat social, 1762)

도덕에 있어서의 합리주의는 사람들의 이기심이 사회에 위협이 된다고 말하기도 하고, 전체적인 사회의 조화에 필요불가결한 것으로 묵인하기도 한다.

인간은 개인적으로는 도덕적인 존재가 될 수 있으나 집단 속으로 들어가게 될 경우에 그 집단은 비도덕적인 경향으로 쏠리게 된다. 그러므로 집단과 집단의 관계는 그 집단들이 가지는 힘의 균형에 의해서 유지된다.

사회의 관점에서 최고의 도덕적 이상은 정의이고 개인의 견지에서 최고의 이상은 무사성(無私性 unselfishness)이다. 사회는 불가피적으로 자기주장, 반항, 강제, 원한 같은 방법들을 사용한다 할지라도 궁극적으로는 정의를 추구해야 하고, 개인은 자기 자신보다 우월한 어떤 것에서 자신을 잃기도 하고 발견하기도 하면서 자기의 생명을 실현하도록 노력해야 한다.

이 두 도덕적 입장은 서로 배타적인 것도, 그 둘 사이의 모순은 절대적인 것도 아니다. 그러나 그 둘이 쉽게 조화되는 것도 아니다.

특권계급의 도덕적 태도와 프롤레타리아계급의 도덕적 태도 사이에 차이가 있으므로 이 두 사회계급간의 윤리적 심각성을 해결하는 길이 '혁명을 통한 정의'와 '정치세력을 통한 정의'인 것이다. 정의를 실현하기 위해서 혁명이 요청될 수 있고 폭력이 정당화될 수도 있다.

라인홀트 니부어(Karl Paul Reinhold Niebuhr, 1892-1971)
/도덕적 인간과 비도덕적 사회(Moral Man and Immoral Society
-A Study in Ethics and Politics, 1932)

시궁쥐들

쥐에는 두 부류가 있다. 배부른 쥐들은 만족하며 집에 머물러 있지만 굶주린 쥐들은 두루 떠돌아다닌다. 조금도 쉬지 않고 머무를 기색도 없이 격분하여 거침없이 내달리니 바람도 뇌성벽력도 그들을 멈추지 못한다. 이놈들은 재산도 돈도 없기에 새로이 이 세상을 분할하길 원한다.

우리는 패배하였고 이놈들은 벌써 성문 앞까지 이르렀다! 수호신전과 도덕

국가의 영지가 위협 당한다.

삼단논법으로는 쥐들을 사로잡지 못하나니 이놈들은 아무리 교활한 궤변이라도 훌쩍 뛰어넘는다. 굶주린 위장 속에 들어올 수 있는 것은 만두의 근거가 섞인 스프의 논리일 뿐, 괴팅겐 소시지의 인용을 곁들인 불고기의 논증일 뿐, 버터에 버무려 튀겨낸 말이 없는 마른 고기 한 마리가 과격한 쥐들의 배를 채우리라. 미라보 같은 정치가보다, 키케로 이후의 모든 웅변가들보다 훨씬 더 뛰어나게.

하이네

'열린 사회'란 열린 도덕과 동적종교를 기초로 하는 사회이고, '닫힌 사회'란 닫힌 도덕과 정적종교를 기초로 하는 사회이다.

도덕은 어떤 집단의 구성원 이외의 사람들에게는 본질적으로 폐쇄적이고 배타적인 도덕이며, 특정 집단의 단결과 보존만을 도모하는 도덕이다. 의무가 사회에 의해 그 구성원들에게 가해지는 압력인 한에서, 닫힌 도덕은 사회적 압력으로서 느껴지는 도덕이다.

열린 도덕은 변화를 승인하고 긍정하는 도덕이다. 그것은 어떤 특정한 집단의 생존과 통합만을 노리는 집단적 이기주의의 도덕이 아니라 전 인류를 포용하는 人類愛의 도덕이다. 열린 도덕은 지성 이상의 직관적인 것에 기초하고 있다. 즉 그것은 위대한 도덕적 이상주의자들의 생명자체에 대한 신비적 체험을 통해서만 발생하며, 보편적 사랑으로 자신을 표현하는 신과의 신비적 결합에 의해서만 나타난다.

베르그송(Henri-Louis Bergson, 1859-1941)
/도덕과 종교의 두 원천(Les Deux Sources de la Morale et de la Religion)

마술적 사회나 부족사회, 혹은 집단적 사회는 '닫힌 사회(closed society)'라 부르며, 개개인이 개인적인 결단을 내릴 수 있는 사회는 '열린 사회(Open Society)'라 부르고자 한다. '닫힌 사회'는 그 구성원들이 반 생물학적 유대에 의해 함께 묶여있는 사회이다. 이 사회는 사람들이 노동의 분업이나 상품의 교환과 같은 추상적인 관계에 의해 상호 관계하는 것이 아니라, 만져보고 냄새 맡고 바라보고 하는 구체적인 육체적 관계에 의해 맺어진 사회이다.
'열린 사회'란, 참다운 과학적 방법으로 방법론적 개체주의의 원리에 입각해 있는 사회, 전체주의에 대립되는 개인주의의 사회, 사회 전체의 급진적인 개혁보다는 점진적이고 부분적인 개혁을 시도하는 점진주의의 사회이다.
추상적인 善을 실현하려고 하지 말고, 구체적인 惡을 제거하기 위해 노력하라. 정치적 수단을 사용하여 행복을 이룩하려고 하지 마라. 구체적인 비참함을 없애는 것을 목적으로 삼아야 한다. 즉 직접적인 수단을 사용하여 가난을 없애려고 노력해야 한다. 왜냐하면 행복의 성취는 개인적인 노력에 달린 문제이기 때문이다.
'닫힌 사회'에서 '열린 사회'로의 이행이란 인류가 겪은 가장 심원한 혁명 중의 하나이다. 우리는 금수로 돌아갈 수 있다. 그러나 인간으로 남기를 원한다면 하나의 길이 있을 뿐이다. 그것은 '열린 사회'로의 길이다.

칼 포퍼/열린 사회와 그 적들(The Open Society and Its Enemies)

'성숙사회(Mature Society)'는 수량에 있어서나 물질소비에 있어서의 성장은 그쳤지만 삶의 질적인 면에서 성장을 계속하는, 고도의 물질문명 위에 존재하는 평화로운 세계 그리고 인간의 본성과 모순되지 않는 세계이다.
폭발적이고 통제되지 않은 성장으로부터 성숙사회를 향한 유기적 발전으로 점진적 선회를 유도하는 데 최선을 다하는 것이 지각 있는 사람들의 의무이다.
개혁을 성취하는 데는 두 가지 비폭력적인 방법이 거론되어 오고 있다. 즉 '선한 것이다. 실현하자'라는 토머스 제퍼슨 원칙과 '보상하라!'라는 알렉산더 해밀톤(Alexander Hamilton, 1755-1804)의 원칙이 그것이다.
희망, 놀이, 다양성-성숙사회가 인간에게 주는 세 가지 선물이다.

데니스 가보르(Dennis Gabor, 1900-1979)/성숙사회(The Mature Society, 1974)

집단성원간에 교감이 성립되어 현재 관련(關聯)을 목적으로서 아끼는 집단과 일정 목적 달성을 위하여 임의적으로 관계를 맺는 수단적 집단으로 구분된다. 전자는 공동사회로서 인근, 우정집단이고 후자는 이익사회라고 명명하여 도시국가를 예시할 수 있다.

도덕적 규칙과 이 법칙으로 이루어지는 화합은 공동사회의 특성을 지녔으며, 법률과 관례는 이익사회의 특성을 지닌 것이며, 원규(原規)적 습성인 Sitten은 양자에 같이 해당하는 규범이다.

'게마인샤프트'에서는 성원들이 일시적으로 분열을 겪을지라도 본질적으로 통일되어 있고, '게젤샤프트'에서는 성원들이 일시적으로 결합하고 있더라도 본질적으로는 분열되어 있다.

퇴니스(Ferdinand Tönnies, 1855-1936)
/공동사회와 이익사회(Gemeinschaft und Gesellschaft, 1887)

역사적으로 윤리적 신념은 정치적 확신과 종교적 도덕적 확신이라는 서로 다른 두 근원을 갖고 있다. 아리스토텔레스는 윤리학과 정치학은 행복의 실현을 목적으로 하는 동일한 성격을 가진 학문으로 윤리학은 그 개인적 조건을, 정치학은 그 제도적 조건을 다루는 차이밖에 없다고 했다.

인간의 이성은 바람직한 충동 및 격정과 바람직하지 못한 것을 구별하고 있지만 이성과 충동의 갈등에서 생기는 인간 상호간의 적대관계를 줄이고 협동하기 위해 인간은 윤리와 도덕률을 필요로 한다.

인간은 행복을 가장 소중히 여기는 고립성과 사회를 떠나서는 살 수 없는 사회성의 양면성을 갖고 있다.

인간의 행동을 결정하는 것은 충동과 욕망인데 어떤 충동은 두 개인 사이에서, 또는 두 집단사이에서 투쟁을 불가피하게 하기 때문이다. 그러므로 대다수의 사람들의 양립할 수 있는 욕망을 최대한으로 만족시켜 주는 것이 선이고 그렇지 못한 것이 악이다.

타인이 배분에 참여하지 못하거나 방해를 받는 것은 소유적 충동, 사유될 수 없는 지식, 예술 등 세계에 개방되어 있는 것을 욕구하는 충동은 창조적 충동이다. 최고원리는 창조적인 것을 조장하고 소유에 집중되는 충동과 욕망을 감소시키는 것이어야 한다.

러셀/윤리와 정치에 있어서의 인간사회

사회의 발전은 재산이라는 축에서 본다면 봉건주의, 자본주의, 사회주의로, 기술의 축에서 본다면 전 산업사회, 산업사회, 탈산업사회로 이행해 간다.

탈공업사회는 비인간화의 현상을 극복하고 인간성을 회복하기 위해서 공공의 가치관(이념)이나 공공기관의 통제 아래 인간이 인간답게 살 수 있도록 하는 원리가 생기고 그것이 사회조직에 적용되리라는 것이다.

이와 관련해서 두 가지의 기본적인 과제가 있으니 하나는 사회정의를 이룩하기 위해 모든 사람이 공정하게 대우받도록 하는 문제이고 다른 하나는 분할 소유되어질 수 없는 공공재화(사회적 재화)의 영역을 적절히 조화시키는 것이다.

다니엘 벨(Daniel Bell, 1919-2011
/후기공업사회의 대두(The Coming of Post-Industrial Society, 1973)

마음의 고통이라는 게 전혀 없었던 먼 옛날의 황금시대에는 질병도 없었다. 그 다음 銀시대에도 인류는 그 순결을 잃어버리지 않았다.

청동시대부터 마음의 괴로움이 싹트기 시작했는데, 그 증세가 미약했다. 쇠의 시대로 접어들게 되자, 온갖 불행과 사악과 부패가 모습을 나타내어 수많은 세기를 경과해 오면서 우리를 괴롭혀 왔다.

야심은 심한 열병을 퍼뜨렸다. 선망은 황달과 불면증을 일으켰다. 나태야말로 기면증과 중풍과 쇠약증의 원인이다. 분노는 호흡곤란이나 가슴의 염증을 만들었다. 공포심은 가슴이 울렁거리는 병과 인사불성을 만들었다. 허영심은 정신착란을 일으키고, 인색은 독두병(禿頭病)과 피부염을 발생시켰다. 사랑이라는 감정은, 그 하나가 나머지를 모두 합친 것보다도 더 많은 재액(災厄)을 발생시켰는데, 어떤 사람도 그것을 모조리 열거하지는 못할 것이다.
운명은, 우리가 이성의 노력으로 개선하지 못하는 결점을 교정해 준다.
사람의 마음속에는 상상의 힘으로는 도저히 그렇게 많이 만들어 낼 수 없을 만큼이나 복잡한 모순이 들어있다.

라 로쉬푸꼬

가제트(José Ortega y Gasset, 1883-1955)에 의하면 대중은 얼굴이 없는 군중이고 인격이 없는 집단이다. 베르자예프(N. Berdyaev)는 현대의 대중을 문명화된 야만인으로 인격과 자유를 상실한 노예, 아무도 책임지지 않는 대중적 가치들과 이데올로기의 노예라고 규정했다. 현대의 대중을 지배하고 조종하는 것은 권력·금력·기계·지식 등을 소유하고 있는 사람들이지만, 자기가 지배한다고 믿고 있는 대중의 노예이고 자기가 소유하고 있다고 믿고 있는 비인간적인 힘들의 노예에 불과하다. 그들은 그 힘을 잃을 때 대중의 지지를 잃게 되고 대중의 지지를 잃고 나면 아무것도 아닌 존재로 되어버린다는 공포 때문에 더욱 더 대중적 가치에 영합하고 대중을 지배하는 힘에 매어달릴 수밖에 없다.

세 가지 반응

인간이 시련에 마주쳤을 때 선택할 수 있는 길은 시련에 맞서 싸우는 것, 아무것도 하지 않는 것, 도피하는 것, 세 가지뿐이다.
시련에 맞서 싸우는 것은 가장 자연스럽고 정상적이 태도로 몸은 정신 신체의학적 손상을 입지 않는다. 그가 받은 공격은 반격으로 바뀌고 자기를 때려눕힐 더 강한 사람을 만나게 마련이다.
아무것도 하지 않는 것이란 원한을 꾹꾹 눌러 참고 공격을 받지 않은 것처럼 행동하는 것으로(행동 억제) 자기의 분노를 삼켜 적에게 안기지 못한 주먹을 자기 자신에게 안기게 되고 이런 상황에서 궤양, 건선, 신경통, 류머티즘 같은 정신 신체 의학적 질병이 많이 나타난다.
도피에는 여러 종류가 있다. 술, 담배, 마약, 강장제, 안정제, 수면제 이런 것들을 이용해서 잊어버리거나(화학적 도피), 직장, 친구, 연인, 생활 장소 등을 끊임없이 옮겨 다님으로서 자기 문제들을 이동시키거나(지리적 도피), 자기의 분노와 고통을 영화나 음악, 소설, 그림, 조각 같은 예술 작품으로 변화시켜 카타르시스 효과를 만들어낸다(예술적 도피).

라보리(Henri Laborit, 1914-1995)/도피예찬

인간은 인간 특유의 능력인 <변신>을 통하여 언제나 실제보다 더 많아지고, 더 커지기를 원한다. 군중의 본질적 특성의 하나라고 할 수 있는 한없이 불어나려는 자체증대의 충동과 언제나 더 팽창하려는 권력의 본성, 생산과 소비의 끝없는 성장 충동은 '스스로 증대할 능력을 갖지 못한 옛날 무리의 형태'속에 그 기원이 있고, 또 증식지향적인 인간의 속성으로부터 비롯한다. 이러한 네 유형의 무리는 서로 전화(轉化), 이전(移轉)하는 특성을 지니고 있다.
군중은 생겨나는 그 순간부터 보다 많은 사람들이 거기에 가세하길 바란다. 군중의 내부에는 평등이 지배하고 군중은 밀집상태를 사랑한다. 군중은 하나의 방향을 필요로 한다.

'열린 군중'과 '닫힌 군중'은 군중의 확장을 기준으로 확장에 장애가 없는 한, 그것은 열린 군중이고, 확장에 일정한 제한이 가해져 있으면, 닫힌 군중이다.
'율동적 군중'과 '정체(停滯)적 군중'은 평등성과 밀도 두 가지 속성을 동시에 고려해서 행해진 분류이다. '느린 군중'과 '급한 군중'의 분류는 목표의 본질에 의한 것이다. 급한 군중은 정치적 군중, 스포츠 군중, 호전적 군중 등이고 종교적 군중이나 순례자들로 구성된 군중 따위가 느린 군중이다.

카네티(Elías Canetti, 1905-1994)/군중과 권력(Masse und Macht)

프랜시스 베이컨은 선입견으로 인한 편견으로 생기는 허위를 우상이라고 하여 종족의 우상(집단의 공통된 성질에서 생기는 문제), 동굴의 우상(환경, 습관, 교육, 취미 등의 영향으로 인한 문제), 시장의 우상(사람들의 교제, 특히 언어가 사고를 제한하는 것에서 생기는 문제), 극장의 우상(역사, 종교, 전통, 전설 등의 신봉에서 생기는 문제) 등 네 가지를 지적하였다.

분열된 사회란, 부자는 뇌물을 제공하고 학생은 소동을 일으키고 노동자는 파업을 하고 군중은 데모를 하고 군대는 쿠데타를 하는 사회이다.

헌팅턴(Samuel P. Huntington, 1927-2008)

폭력과 부정은 그것을 가하는 편과 그것을 받게 되는 희생자의 편에 다 같이 폭력과 부정을 낳는 법이다. 패배는 불완전하게 될 때에는 분노와 증오심을 낳게 되며 그것이 철저하게 되면 무관심과 게으름을 낳는다. 무력에 의한 승리는 그 전쟁을 좋다고 본 본래의 동기가 숭고한 것일지라도 패자에 대한 무자비함과 참회의 감정을 낳게 한다.

러셀/Power

권력 안정의 최적조건은,
고도의 정통성,
모든 사회세력의 통합,
권력층에 의한 착취의 극소화,
대중욕구의 적절한 충족,
사회변동과 외부 위협의 억제이다.

듀크(James Duke, 1935-1993)
/사회생활에서의 갈등과 권력(Conflict and Power in Social Life, 1976)

열 명의 범죄자를 놓치더라도 한 명의 무고한 사람이 고통 받는 것보다 낫다. (Better that ten guilty persons escape than that one innocent suffer.)

윌리엄 블랙스톤경(Sir. William Blackstone, 1723-1780)

권리 위에 잠자는 자는 보호받지 못한다. (Those who sleep on the right are not protected.)

예링(Rudolf von Jhering, 1818-1892)

선물 不受戒

· 일불수계(一不受戒): 나의 신분이나 직위가 상승했을 때는 받지 아니한다.

· 이불수계(二不受戒): 방계의 길흉사(吉凶事)에는 받지 아니한다.

· 삼불수계(三不受戒): 상대방의 처지에 이득이나 도움이 되리라고 생각했을 때 받지 아니한다.

· 사불수계(四不受戒): 나의 권한을 의식한 것일 때 받지 아니한다.

· 오불수계(五不受戒): 명예나 명분에 결함을 가져오거나 할 때 받지 아니한다.

· 육불수계(六不受戒): 응분의 정표보다 값비싸고 큰 것일 때 받지 아니한다.

· 칠불수계(七不受戒): 평소에는 오가지 않다가 갑자기 보내온 선물은 받지 아니한다.

墨子(BC 470?-BC 391?)

가족 수칙

· 가족 간의 대화를 위해 노력할 것

· 다른 가족의 능력을 인정하고 서로를 항상 지지할 것

· 타인을 존경할 줄 아는 사람이 되도록 가르칠 것

· 상호 신뢰하는 기풍을 세울 것

· 유머감각을 지니고, 때로는 연극도 할 줄 알아야 한다.

· 가사나 가정 밖의 일을 공동책임으로 돌리는 책임분담의식을 가질 것
· 옳고 그름에 대한 판단력을 명확히 해둘 것
· 가정의례나 집안의 대소사에 참여해서 가족의식을 두터이 할 것
· 가족 간의 유대관계에 형평과 균형을 유지할 것
· 종교적인 자율성을 보장하되 같은 종교관을 갖도록 서로 노력할 것
· 가족 상호간의 사생활을 존중하고 침해하지 않도록 유의할 것
· 다른 가족에 대한 봉사의 정신을 간직할 것
· 하루 한번 가족 모두가 식탁에 머리를 맞대고 앉아 대화시간을 가질 것
· 야외놀이나 집안에서의 오락에 모든 가족이 참여할 것
· 가족에 문제가 생겼을 경우, 함께 걱정하고 해결하는 분위기를 조성할 것.

가정문제 상담전문가, 정신과의사, 심리학자들

결혼생활의 규칙

· 상호간에 괴기의 걸 프렌드나 보이 프렌드를 함부로 비평하지 마라.
· 남편은 아내 친구들 이름을 정확하게 기억하도록 노력하라.
· 남편은 파티에 갔을 때 남들 앞에서 아내를 모욕해서는 안 된다.
· 남편이 책이나 신문을 보다가 갑자기 소리를 내고 읽기 시작할 때, 마침 아내가 옆에 있으면 조심해서 귀담아 듣는 게 좋다.
· 남편은 집안에 물건이 어디 있는지 알고 있어야 한다.
· 남편은 아내가 무슨 말을 할 때 잘 듣고 있지도 않으면서 '그래요 그래요' 라든가 '음, 알았어'라든가 적당히 긍정을 표시해서는 안 된다.
· 남편은 아내의 거울 앞이 신성불가침이라는 것을 명심해야 한다.

서버(James Grover Thurber, 1894-1961)

사회주의는 자유를,
자본주의는 평등을 증가시킨다 - 가치(價値)

시간은 금전이라는 것을 명심하라.

신용은 금전이라는 것을 명심하라.

화폐는 원래 번식력과 결실력을 가지고 있다는 것을 명심하라.

잘 지불하는 자는 만인의 호주머니의 주인이라는 말을 명심하라.

일신상의 신용에 관계되는 일은 사소한 행위일지라도 주의하여야 한다.

네가 가지고 있는 전부가 네 재물이라고 생각하지 말 것이며 그런 생각을 가지고 생활하지 않도록 주의하라.

프랭클린(Benjamin Franklin)·퀴른베르거(Ferdinand Kürnberger, 1821-1879)
/미국문명의 모순

내부로부터 부단히 낡은 것을 파괴하고 새로운 것을 창조하여 산업적 돌연변이의 과정을 예증한다. 이 창조적 파괴 과정이야말로 자본주의의 본질이다.
자본주의 사회는 기술을 혁신하고 경영 방식을 개선하여 새로운 상품과 시장을 개척함에 따라 기업의 생산 활동은 더욱 활발하게 된다. 소비자와 시장이 확대되니 자연히 기업의 확장과 혁신도 따르게 된다. 이에 따라 기업의 소유와 경영이 분리되어 자본주의는 소유 중심의 형태에서 경영 중심의 형태로 바뀌어 간다. 기업은 사회적인 성격을 갖게 되어 무모한 경쟁을 삼가게 된다. 노동조합의 활동이 활발해지고 경제 영역에 대한 국가의 통제와 조정이 강화된다. 사회복지 제도가 확장되고 자본주의 사회 특유의 합리성과 평등의 원칙이 생활화되어 노동자의 생활조건이 향상되어 그 성공적인 발전의 정점에서 자본주의는 마르크스가 말한 폭력적이고 충격적인 계급혁명에 의해서가 아니라 자연스럽고도 점진적인 단계를 거쳐 국민 대중의 복지를 중요시하는 보다 민주적인 사회주의로 이행하게 된다.

사회주의와 민주주의와의 사이에는 필연적인 관계는 없다. 사회주의와 민주주의는 양립하기 어려운 것도 아니다. 적절한 사회 환경하에서는 사회주의 기구는 민주주의 원리에 의거하여 운영될 수 있는 것이다.
민주주의라고 하는 것은 인민이 실제로 지배한다는 것을 의미하는 것이 아니라 인민이 인민의 지배자가 되고자 하는 사람들을 승인하거나 부인할 기회를 가지고 있음을 의미할 따름이다. 민주주의 방식이 성공적인 것이 되려면, 여러 조건들이 충족되어야 할 것이다.
첫째, 정치에 있어서의 인적 소재(人的素材)가 충분히 높은 수준의 자질을 가지고 있어야 한다.
둘째, 정치적 결의의 유효범위를 지나치게 광범하게 확장시켜서는 안 된다.
셋째, 강력한 의무감과 단결심을 구비한, 명망과 전통 있는 훈련된 관료의 서비스를 확보할 수 있어야 한다.

넷째, 무엇보다도 선거민과 대의원들은 협잡꾼과 기벽가(奇癖家)에 의하여 농락되지 않을 정도로 높은 지성적 도덕적 수준에 달하고 있어야 한다. 마지막으로 의견 차이에 대한 너그러운 관용이 필요하다. 현대의 민주주의는 자본주의와 더불어 또한 자본주의와 인과 관계적으로 대두하였다. 민주주의 방식은 사회재건에 있어서의 정치적 도구였다.

자본주의가 충분히 발전하여 사회주의화 하기에 적합한 조건이 조성되어 있을 경우 사회주의로의 이행은 헌법 개정이라는 점진적 평화적 방법을 동원함으로서 달성될 수 있다. 반면 경제발전 수준이 낮은 단계에서 사회주의로 나아가기 위해서는 혁명적 방법을 택하지 않을 수 없다.
국민이 사회조직상의 기본문제에 관해서 커다란 분열을 일으키고 있을 때에는, 민주주의 방식은 결코 가장 양호한 상태로서는 작용하지 않는다. 사회주의 사회에서는, 이 민주주의 방식이 가지는 제약이 훨씬 더 중대한 문제를 야기할 것이다. 민주주의적 절차의 현대적 형태 및 기관은 부르주아사회의 구조와 문제의 소산이다.
사회주의적 민주주의를 기능시킨다는 것은 국가의 성숙에 필요한 모든 조건, 특히 사회주의질서를 민주주의적으로 확립시킬 만한 능력이 있다는 조건과 적절한 신분과 경험을 보유하는 관료가 존재하고 있다는 조건을 충족시키는 사회 이외에 있어서는, 전혀 가망성이 없을 것이다.

슘페터(Joseph Alois Schumpeter, 1883-1950)/자본주의·사회주의·민주주의
(Capitalism, Socialism and Democracy, 1942)

협력을 기본으로 하는 사회주의의 이상이 경쟁을 기본으로 하는 자본주의보다 우수하고 또 자본주의가 부자를 선호하는 반면 사회주의는 빈자에 대해 신경을 쓴다는 교사들의 생각이 잘못된 것임을 깨닫게 됐다.
자본주의가 성공하고 있는 데는 세 가지 핵심적인 이유가 있다.
① 자본주의는 빈곤과 전제를 함께 타파하기 위한 이론이다. 초기의 자본주

의 사상가들은 자유주의자로 정치적 자유, 양심의 자유, 경제적 자유를 갈구했다.
② 민주적 자본주의 신봉자들은 정치경제制度를 훌륭히 건설하도록 개인이나 특정그룹이 지나친 권한을 소유하지 못하도록 정치적 기관들, 도덕 및 문화적 기관들, 경제적 기관들로 사회적 권한을 분할시켰다.
③ 자본주의 시대 이전 대부분의 부는 정복과 착취를 통해서만 얻어지는 것이었으나 오늘날에는 창조되는 것이다.
사회주의가 자본주의에 반대하는 이유는 첫째, 자본주의가 자기이익(Self interest)이라는 열등한 동기에 기초하고 있다는 것이었고 둘째, 이윤동기가 본질적으로 착취적 성격을 갖고 있다는 것이었다.
자본주의의 근본정신은 자발적인 협동 및 팀워크인 것이다.
인간들은 자유롭고 창조적일 때 서로 충돌하는 경향이 있다. 자유로운 사람들은 다투며 경쟁한다. 규모가 큰 일의 경우 그들은 협력하지만 문제에 접근하는 방법을 놓고 잦은 분쟁이 발생한다. 그러나 잦은 충돌과 분쟁이 끝나면 창조성이 발휘된다. 민주자본주의는 인간의 이기성이 발휘되는 영역을 축소하고 인간의 창조력과 미를 드러내려고 힘쓴다.

노박(Michael Novak, 1933-2017)/민주자본주의의 장래

현대자본주의 기업은 그 핵심적인 사상기반으로서 자유주의, 공리주의, 평등주의의 3대 가치체계를 가져야 한다.
자유주의란 강제에 의하지 아니하는 개인의 자유로운 선택이 보장되어 사회정의가 실현되는 상태에 도달하는 것을 그 궁극의 목표로 삼는다.
공리주의란 최대다수에게 최대의 선과 행복을 제공하는 사회가 가장 건전하고 이상적이라는 사상으로 사회적 선을 극대화할 수 있는 수단이 '효율'이다.
평등주의는 만인에게 기회의 평등, 과정의 평등, 결과의 평등을 실현시켜주는 것을 궁극의 목적으로 삼는다.

아담 스미스는 경제활동의 주요동기를 개인이익의 추구에 두었다. 스미스는 보이지 않는 손, 그러니까 시장의 자율적인 수급조절기능은 상인이 아닌 소비자에 의해 달성되며 상인들이 정부와 야합, 독점력을 행사하는 것을 막기 위해 정부가 간섭을 않는 자유방임주의를 주장했다.
마르크스는 금융자본의 집중은 거대기업의 힘을 확대시켜 경쟁을 배제함으로써 불황에도 가격을 인상한다고 했다.
자본주의가 당면하는 심각한 도덕적 문제는 소득과 부의 엄청난 격차다.
민주사회에 있어서 가장 어렵고 장기적인 숙제는 불평등이 어디까지 갈 것인가, 그리고 어느 정도까지 인내될 것인가 하는 것이다. 하이에크(Friedrich Hayek, 1899-1992)는 소득의 불평등이야말로 경제성장을 촉진시키기 위한 창의력을 부여하는 필요악이라고 말했다. 부와 자유를 모두 확실하게 보장하는 제도는 자본주의체제밖에는 없으며 다른 대안은 없다. 자본주의는 일시적인 고민과 취약점에도 불구하고 오랫동안 살아남을 뿐 아니라 확고한 위치를 차지하여 번영과 확장을 계속할 것이다.

타임(Time)지 특집/자본주의의 앞날

나는 두 개의 공리를 제시하고자 한다. 첫째 식량은 인간의 생존에 필요하다. 둘째 남녀성간의 정열은 필요하며 거의 현재와 같은 상태로 남아 있을 것이다.
규제를 받지 않으면 인구는 기하급수적으로 증가한다. 그리고 생존 수단은 산술급수적으로 증가한다. 인구의 강력한 증가력을 억압해서 그것을 생활 자료와 같은 수준으로 머물게 하는 제거작용은 도덕적 억제, 악덕 및 곤궁이다.

맬서스(Thomas Robert Malthus, 1766-1834)
/인구론(An Essay on the Principle of Population, 1798)

채워주었으면 하는 욕구대상이 풍부하게 공급되지 않는 면에서는 빈곤하며, 선전 문구에 의하여 비로소 불러일으키는 욕구의 대상은 풍부하게 공급되는 면에서는 부유한, 그런 모순이 현재 존재한다(사회적 균형의 결여). 부유한 분야를 빈곤한 분야로부터 나누는 경계선은, 대체로 사기업에 의해 생산 판매되는 것과 공공단체에 의하여 주어지는 서비스를 나누는 경계선과 일치된다.

갈브레이스(John Kenneth Galbraith, 1908-2006)

우리들의 투쟁이 주는 희생을 고려하지 않고 결과에 대한 이익만을 생각한다면 우리들은 보다 높은 가지위에 있는 나뭇잎을 따는 것이 좋다. 그러기 위해서는 목이 짧은 기린은 굶어 죽어야 하고 목이 긴 기린만이 살아남아야 한다. 이것이 자본주의의 논리라면 나는 거기에는 단연코 반대한다. 목이 긴 기린이 과식하는 것을 조심해야 될 것과 목이 짧은 기린이 아사(餓死)하는 것, 싸움과정에서 길바닥에 나뒹구는 나뭇잎, 기린사회의 평화를 해치는 그런 투쟁적인 탐욕의 추잡성을 조심해야 한다.

케인즈(John Maynard Keynes, 1883-1946)

경제사는 사회 유기체의 느린 심장박동이며, 부를 집중하고 억지로 재순환시키는 광대한 들숨과 날숨인 셈이다.
자본주의와 사회주의의 싸움은 부의 집중과 분산으로 나타나는 역사 리듬의 일부다. 자본주의에 대한 두려움 때문에 사회주의는 자유를 늘리고, 사회주의에 대한 두려움 때문에 자본주의는 평등을 증가시키고 있다.

'부의 집중'은 '능력의 집중'의 자연스런 결과이며, 집중의 강도는 다른 조건이 같다면, 도덕과 법이 허용하는 경제적 자유에 따라 달라진다. 독재는 일시적으로 '부의 집중'을 지체시킬 수 있지만, 민주주의는 이 집중을 가속시킨다. 진보하는 사회에서 '부의 집중'은 가난한 다수의 '수의 힘'이 부유한 소수의 '능력의 힘'에 필적하는 지점까지 이른다. 그러면 이 불안한 균형은 치명적인 상황을 야기하며, 이때 두 가지 상황전개에 직면하게 된다.

즉 부를 다시 나눠줄 법이 만들어지든가, 가난을 다시 나눠줄 혁명이 오든가 하는 것이다.

듀런트(William James Durant, 1885-1981)/문명이야기(The Story of Civilization)

자본주의 사회에서 중산층은 일반적으로 경제적 측면에서 쁘띠 부르주아지(Petit bourgeoisie), 정치적 측면에서 중간집단, 사회적 측면에서 중간계층을 가리킨다. 중산층은 생산수단의 소유와 통제, 노동력의 매매, 사회적 분업에 따른 노동의 성격, 시장능력의 정보 등에 따라 상하로부터 구획될 수 있다.

마르크스주의를 완성시킨 것은 독점자본주의 이전의 시기였고 프롤레타리아혁명을 준비하는 시기였는데 반하여 레닌주의가 떨친 것은 제국주의가 발전하고 있는 시기이고 프롤레타리아혁명이 전개되는 시기였다.

레닌의 '제국주의론'의 골격은 다섯 가지의 기본적 경제구조의 특질과 세 가지의 특수한 역사적 지위로 구성되어 있다.
기본적 경제구조의 다섯 가지 표지는
· 생산과 자본의 집중으로 독점의 발생
· 은행자본과 산업자본이 혼합되어 금융자본을 기반으로 한 금융 과두제의 발생
· 상품수출과는 다른 자본수출
· 독점자본가들끼리의 연합과 그들의 세계 경제 분할
· 열강간의 세계분할이고
세 가지 특수한 역사적 지위는 독점자본주의, 기생적 또는 부패하고 있는 자본주의, 사멸하고 있는 자본주의다.

해리스(Seymour Harris, 1897-1974)는 케인즈의 위대한 공헌은 경제학으로 하여금 끊임없이 변화하는 근대사회의 제도적 구조에 적응케 하는 데

있었다고 하였다. 이것은 자유 자본주의시대, 말하자면 경쟁과 자본부족·완전고용시대의 경제학 대신, 20세기 즉 독점, 저축과잉, 자본과잉 및 불완전고용시대의 경제학을 수립한데 경제학에 대한 케인즈의 공헌이 있었다는 뜻이다.

모든 사회는 그 경제적 차원에 따라 다음 다섯 가지 범주의 어느 하나에 귀속시킬 수 있다.
전통적 사회란 농업위주, 사회적 비가동성, 부와 권력의 지주에의 집중, 잉여소득의 비생산적 지출, 숙명론적 가치관을 특징으로 한다.
선행조건 충족의 단계는 새로운 생산함수가 전개되어 인구증가율을 능가하는 투자율로 저생산성과 낡은 사회구조· 가치관과 지방분산적인 정치제도를 탈피하지 못한 단계이다.
도약단계는 근대화의 분수령으로서 2-30년간 정치·사회제도적 테두리가 성장의 진진력을 지속시킬 수 있도록 재편되는 단계이다.
성숙에의 전진기는 규칙적 자동적인 성장과 근대기술이 전(全)경제 부문에 확대되어 장기화되고 산업구조는 새 기술·신산업의 발전과 구산업의 쇠퇴기 교호(交互)되이 피동을 그리고 실질임금 사회보장의 증대를 요구하게 되고 지도자의 성격이 모험형에서 관료화된 직업적 경영자로 변질되며 사회전체가 공업화의 기적에 싫증을 느끼게 된다.
고도대중소비시대는 국위를 선양키 위한 군사정책과 대외정책에 자원을 집중하는 길, 사회정책을 통한 복지국가의 건설, 대중의 소비수준을 고도화시키는 길 등 세 가지의 선택의 계기를 품고 있는 과정이다.

로스토(Walt Whitman Rostow, 1916-2003)
/성장의 5단계(The Stages of Economic Growth, 1960)

X이론이란 전통적 인간관으로서 보통의 인간은
· 일하기를 싫어하며 될 수 있으면 일을 하고 싶지 않다고 생각한다.

· 큰 야심이 없으며 책임을 회피하고 명령을 받는 것을 도리어 좋아한다.
· 자기본위이고 기업의 요구에는 무관심하다.
· 무엇인가 변혁하려 하면 저항한다.
· 게으르며, 영리하지도 못하고 사기꾼이나 선동가들의 좋은 밥이다.
라고 한다.

Y이론이란 정반대의 인간관으로서 사람이란
· 놀이나 휴식을 바라는 것 못지않게 노동을 통해 자신을 실현하기를 원한다.
· 강제·명령·처벌 등만이 기업의 목표달성을 위한 유일한 수단이 아니며 자발적으로 일하려는 경우가 그 성과에 있어서 더욱 효과적이다.
· 남의 명령아래 일하기보다는 자기 책임아래 일하기를 원한다.
그럴 때 비로소 기업의 목표달성을 위해 노력한 직접적 대가로서 자기실현이라는 최대의 보상을 받을 수 있기 때문이다.

요컨대 경영자들은 종업원들에 대해 위에서 든 두 부류가운데 한 가지 사고방식을 지니고 있다. 그리고 경영자들의 이러한 이론적 가정들이 경영자와 종업원들의 상호 생각에 영향을 끼친다.

맥그레거(Douglas McGregor, 1906-1964)
/기업의 인간적 측면(The Human Side of Enterprise)

욕구의 단계(Hierarchy of Needs)

인간의 욕구는 저차(低次)의 욕구가 충족됨에 따라서 차츰 고차(高次)의 욕구에로 단계적으로 변화해 간다.
가장 저차의 욕구는 생리적 욕구(Physiological Needs)이다. 인간은 빵만으로 사는 셈은 아니지만 굶주리고 있는 사람에 있어서는 빵이 전부이다. 이 욕구가 충족되면 위험· 위협으로부터 몸을 지킨다고 하는 안전욕구(Safety Needs)가 머리를 치켜든다. 이것도 충족되면 집단을 만들고 싶다, 동료들로부터 받아들여지고 싶다고 하는 귀속욕구(Belongingness and Love

Needs 사회적 욕구)가 동기부여 요인으로 된다. 이것도 충족되면 자존심과 자신을 갖고 싶다, 인정받고 싶다, 올바르게 평가받고 싶다는 존경의 욕구(자아의 욕구 Esteem Needs)가 모습을 나타낸다. 최후에 나타나는 것이 자기 자신의 능력을 발휘하고 싶다, 자기개발을 계속하고 싶다는 자기실현(Self Actualizations)의 욕구이다.
인간은 자기의 모든 가능성을 발휘하고 싶다는 욕구(Self Fulfillment Needs)를 채우려고 하는 기본적 충동을 갖고 있다.

매슬로/인간동기이론(A Theory of Human Motivation, 1943)

우리가 저녁을 잘 먹을 것이라고 기대하는 까닭은 정육업자나 양조업자 또는 제빵업자들의 자비심 때문이 아니라 그들 자신의 이익에 대한 관심 때문이다. 우리는 그들의 인간애에 호소하는 것이 아니라 자기애에 호소하며, 그들에게 우리의 필요를 말하는 것이 아니라 그들의 이익을 말한다.

일반적으로 각 개인은 공공의 이익을 증진시킬 의도도 없고 또 얼마나 증진시키는지도 모른다. 그는 단지 자신의 이익만 의도할 뿐인데, 다른 많은 경우처럼 '보이지 않는 손(Invisible Hand)'에 이끌려 그가 전혀 의도하지 않았던 목적을 달성하게 된다. 자신의 이익을 추구함으로써 그가 진실로 사회의 이익을 증진시키려고 의도한 경우보다 더욱 효과적으로 사회의 이익을 빈번하게 증진시킨다.

모든 물건을 획득하려고 하는 사람이 진실로 치르는 대가는 그것을 획득하는 수고와 번로(煩勞)이다. 가치란 단어는 어떤 때는 특정 물건의 효용을 나타내고 어떤 때는 그 특정 물건을 소유함으로써 갖게 되는 다른 재화에 대한 구매력을 나타낸다. 전자는 사용가치(Value in Use), 후자는 교환가치(Value in Exchange)라 불릴 수 있다.
물과 같이 사용가치가 가장 큰 물건이 때때로 교환가치가 아주 작거나 없는 경우가 있고, 다이아몬드같이 교환가치가 가장 큰 물건이 사용가치가 미미하거나 없는 경우도 있다.

애덤 스미스/국부론(The Wealth of Nations)

교사는 장래에 있어서 사람들의 생산능력을 길러주므로, 승려는 사람들의 도덕심과 종교심을 높여주므로, 예술가는 인간의 정신을 고상하게 하므로 의사는 환자의 생산력을 구제하므로, 재판관은 법률을 보호하므로, 관리는 공적 질서를 유지하니까 생산적 노동자이다.

리스트(Georg Friedrich List, 1789-1846)

자본주의 국가란 풍부한 자원을 불공평하게 분배하는 나라이고,
사회주의 국가란 빈곤을 공평하게 분배하는 나라이다.

처칠

세 가지 법칙

· 여가를 메우기 위해 일거리는 늘어난다.
· 수입에 따르기 위하여 지출은 늘어난다.
· 팽창은 복잡을 뜻하고 복잡은 쇠퇴를 결과한다.

파킨슨(Cyril Northcote Parkinson, 1909-1993)/Parkinson's Law(1957)

빈약한 능력과 제한된 힘으로 최선의 노력을 다하여 차가운 머리 그러나 뜨거운 가슴을 가진 졸업생들을 세상에 더 많이 내보내는 것이 나의 가장 소중한 야망이다.

알프레드 마샬(Alfred Marshall, 1842- 1924)/캠브리지대 석좌교수 취임사

물은 배를 띄울 수도, 엎을 수도 있다 - 이국(理國)

사회의 보다 약한 분자들이 수많은 독수리에 물어뜯기는 것을 막기 위해서는, 그들 독수리를 억누를 임무를 띠고 있는 월등하게 강한 맹금중의 맹금이 존재할 필요가 있었다. 그러나 독수리들의 왕 노릇을 하는 이 맹금도 보다 약한 다른 괴조(怪鳥)들에 못지않게 약한 새들에게 덤벼들기도 할 것이므로, 그 맹금의 주둥이와 발톱에 대해서 항상 방어의 자세를 취한다는 것은 불가결한 일이었다.

자유의 영역에 속해야 할 것에는 다음 세 종류가 있다. 첫째, 의식의 내면적 영역으로서 사상의 자유라고 불리어지는 것. 둘째, 자신의 생활계획을 세울 수 있는 자유와 취미를 가지며 일을 할 수 있는 자유. 셋째, 개인과 개인 사이의 단결의 자유이다.

여론에 따라 자유를 구속하는 것은 여론에 반해 자유를 구속하는 것만큼이나, 아니 그 이상으로 더 나쁘다. 전체 인류 가운데 단 한 사람이 다르게 생각한다 해서, 그 사람을 침묵시켜서는 안 된다. 그러나 사상에 대한 억압이 심각한 문제인 가장 주된 이유는, 지금 세대뿐만 아니라 미래의 인류에게까지 강도질을 하는 것과 같은 패악을 끼치는 셈이 되기 때문이다. 억압은 오류를 밝히고 진리를 드러낼 기회를 박탈하는 것이 된다.

밀/자유론

민주파는 절제가 사내답지 못한 일이라고 경멸하고 거부했다. 그들은 양육이라고 부르면서 무례하고, 자유라는 이름으로 무정부 상태를 만들고, 장려한다는 말로 낭비하고, 용기라는 말로 뻔뻔스럽게 행동한다. 아버지는 아들과 같은 수준으로 내려와 아들을 두려워하는 것에 익숙해지고, 아들은 아버지와 같은 수준이 되어 부모를 두려워하거나 그 앞에서 부끄러워할 줄을 모른다. 교사는 학생을 두려워하며 아첨하고, 학생들은 스승이나 양육자를 경멸한다. 나이 든 사람은 뚱하고 권위적이라 여겨지기를 좋아하지 않으니 젊은이들을 흉내 낸다. 남녀 관계에서의 자유도 평등도 물론 잊어선 안 된다. 시민들은 권위가 조금만 스쳐도 참을성 없게 짜증낸다. 그리고 마침내 글로 쓰인 것이든 쓰이지 않은 것이든 법을 상관하지 않는다. 이것이야말로 독재를 만들어 내는 적절하고 찬란한 시작이다. 무엇이든 지나치게 상승하면 반대 방향의 반응을 만들어내게 마련이다. 독재는 민주주의에서 자연스럽게 나오고, 가장 나쁜 형태의 독재와 노예제도는 가장 극단적인 형태의 자유에서 나온다.

플라톤/국가(Republic, BC375?)

공화제에서 덕이, 군주제에서 명예가, 전제정에서는 공포가 필요하다.

각 정체(政體)의 부패는 거의 그리고 반드시 원리의 부패에서 비롯한다.

법이 존재하는 사회에서는 자유란 욕구하지 않으면 안 되는 일을 행할 수 있고, 욕구해서는 안 될 일은 강제되지 않는다는 데 있을 뿐이다. 각 시민에 있어서의 정치적 자유란 각자가 자기의 안전에 대해 지니는 의견에 기초를 둔 정신의 안정이다. 사람들이 자유를 누리기에는 시민이 다른 시민을 두려워해서는 안 됨과 같이 정치가 행해져야 한다. 이에는 입법권, 만민법에 따르는 집행권(행정권)과 시민법에 의한 집행권(사법권)이 서로 독립해 있지 않으면 안 된다.

몽테스키외(Charles Louis de Secondat Montesquieu)
/법의 정신(L'esprit des lois, 1748)

모든 문명과 모든 문명이 추종하는 정부이론(政府理論)은 전형적 시민의 유형상(類型像)을 창조하게 마련이다. 고대 그리스에서는 영웅을, 초기의 그리스도 사회에서는 겸손하고 고통에 찬 내세적 인간, 즉 성도(聖徒)를, 중세의 그리스도 세계에서는 기사와 승려를 전형적 인간으로 만들어냈다. 현대의 영국인은 신사와 상인(商人)사이를, 미국인은 평범인과 商人사이를 방황하고 있다. 나치스는 초인간(超人間)을, 공산주의자들은 정당인(政黨人)을 필요로 하고 또 높이 평가한다.

국가를 해상의 편주(扁舟)로 비유할 때 정치가 폭풍우의 위험을 막아주지는 못할지언정 비상시에 처해서 또한 天災의 위협(威脅)속에서 우리가 무엇을 방어(防禦)해야 하는가를 가르쳐 준다. 정치는 대담한 신중, 다양한 획일성, 전투적 조정(調整), 자유문명의 사활을 결정하는 도박(賭博)이다. 정치는 개혁적 신중파이며 회의적 신도(信徒)이며 다원주의적 도덕가이다. 그리고 생기발랄한 온건성(穩健性), 복잡한 단순성, 소탈한 아취(雅趣), 거친 예절, 항구적 긴박성(緊迫性)을 지닌다.

정치는 기존질서의 최소한의 혜택을 보존한다는 점에서 보수주의적이고 개별적 자유로 구성되고 관용을 요구한다는 점에서 자유주의적이며 사회의 여러 집단으로 하여금 사회의 번영(繁榮)과 존립에 이바지하고 있다는 생각을 갖게 하는 적절한 사회변동의 여러 조건을 제공한다는 점에서 사회주의적이기도 하다.

크릭(Bernard Rowland Crick, 1929-2008)
/정치를 지키기 위해서(In Defence of Politics)

단순히 감정의 조종을 따라서 움직이는 사람은 자기가 모르는 행동을 하고 있는 것이고, 이성의 지도를 따라서 움직이는 사람은 인생에서 중요하다고 인식되는 일, 그리고 그것을 위해서 스스로 원하는 행동을 한다.

그러므로 감정으로 움직이는 사람을 '노예'라 부르고 이성으로 움직이는 사람을 '자유로운 사람'이라 부른다.

이성의 지도를 따라서 움직이는 사람은 자기 자신에게만 복종하는 고독한 상태에서 보다, 일반의 결정에 따라서 생활하는 국가에 있어서 더욱 자유롭다.

스피노자/윤리학

국가의 목적은 인간을 이성적 존재로부터 이성 없는 짐승이나 기계로 타락시키는 일이 아니고, 인간의 몸과 마음의 기능을 안전하게 표현할 수 있도록 돕는 일이다.
모든 사람이 자유롭게 자기 이성을 사용하여, 그들 상호간에 미움과 분노와 위계(僞計)로써 서로 싸우고 서로 부정한 짓을 하지 않게 지도하는 일이다.
그러므로 국가의 목적은 '자유'에 있다.

스피노자 (Baruch Spinoza, 1632-1677)/국가론

왕도정치는 큰 나라 통치에 적합하다.
감독과 관리를 위주로 하는 정치는 번쇄한 상황에 적합하다.
계책과 술수를 사용하는 정치는 혼란스런 상황에 적합하다.
잘못된 것을 바로잡을 수 있는 정치는 지나치게 사치스런 상태에 적합하다.
조화를 중시하는 정치는 혁신적 상황에 적합하다.
공정하고 대쪽 같은 정치는 간특한 일을 바로잡는 데에 적합하다.
위엄과 용맹을 지닌 정치는 변란 토벌에 적합하다.
지모에 능한 정치는 부유한 시대에 적합하다.

劉劭/人物志

군주는 그에게서 권력을 빼앗아가 버릴 수도 있는 저 명백한 악덕의 평판을 피할 수 있을 정도로 영리해야 한다. 그뿐 아니라 권력을 위험에 빠뜨리지 않을 정도의 악덕도 가능한 한 피해야 할 것이다.
미덕으로 간주되는 많은 것들이 몰락을 초래한다는 사실과 악덕으로 간주

되는 많은 것들이 인정과 부유함을 가져온다는 사실을 알 수 있을 것이다. 군주는 짐승처럼 행동하는 법을 잘 알아야 하기 때문에 여우와 사자의 기질을 모방해야 된다. 왜냐하면 사자는 올가미로부터 자신을 지킬 수 없고, 여우는 늑대로부터 자신을 방어할 수 없기 때문이다. 그러므로 올가미를 분간하기 위해서는 여우가 되어야 하고, 늑대를 쫓아버리기 위해서는 사자가 되어야 한다. 사자의 본성만 취하는 자는 자신의 할 일을 하지 못한다.
잔인함이란 처음에 가끔 쓰면 서툴지만, 시간이 가면서 약해지기보다 오히려 가혹해진다. 교활하고 약삭빠르고 속임수를 쓸 줄 아는 군주가 약속을 지키는 군주보다 상대적으로 더 성공한다.

새로운 질서를 도입하는 것보다 더 실행이 어렵고, 성공이 의심스러우며, 다루기 위험한 것은 없다. 왜냐하면 구질서로부터 이익을 얻은 자들은 개혁가의 적이 되는 반면, 새로운 질서로 이익을 얻는 자들은 미온적인 지지자 정도밖에 안 되기 때문이다. 개혁의 반대자들은 기회가 생기면 열성적으로 개혁가들을 공격하지만 지지자들은 미지근하게 옹호하는 데 그치기 때문에, 개혁가는 이 지지자들 사이에서 커다란 위험에 처하게 된다.

마키아벨리/군주론

治理의 아홉 常道

국가를 다스림에 아홉 가지 상도(常道)가 있으니, 「몸을 닦음」과 「현자(賢者)를 존경함」과 「친족을 친애함」과 「대신(大臣)을 공경함」과 「군신(群臣)을 체찰(體察)함」과 「서민(庶民)을 사랑함」과 「백공(百工)을 모이게 함」과 「원방(遠方) 사람에게 관유(寬柔)히 함」과 「제후(諸侯)를 포용(包容)함」이다.

菅子

한 나라엔 근심 걱정을 불러들이는 네 가지 원인이 있다. 첫째, 거짓말(僞)하는 것, 둘째, 자기 잇속(私利)만 차리는 것, 셋째, 무법천지(放), 넷째, 사치스러움(奢).

정치체제의 형태에는 세 가지가 있다. 군주정, 귀족정, 금권정이다. 이들 중 가장 좋은 것은 군주정, 가장 타락한 형태는 참주정이다. 이러한 정치체제의 모형은 가정에도 존재하는데 아버지와 자식의 관계는 군주정, 남편과 아내의 관계는 귀족정, 형제들의 공동체는 금권정, 주인 없는 가정은 민주정과 비슷하다.

아리스토텔레스/니코마코스 윤리학

대신들을 말할 때에 삼공(三公)이니, 삼고(三孤)니, 구경(九卿)이니 하는 그 뜻이야말로 거룩한 것이 아닐 수 없다. 公은 사사됨이 없는 인물임을 말한 것이요, 孤는 불편부당(不偏不黨)을 뜻하는 것이요, 卿은 밝다 빛나다는 뜻이다.

여곤(呂坤, 1536-1618)/신음어(呻吟語)

공직의 六正六邪

<六正>

· 성신(聖臣): 기미, 조짐도 명확치 않은데, 존망의 위기를 보고 주인을 존영(尊榮)의 지위에 서게 한다.

· 양신(良臣): 편협함이 없이 정통하고 주인에게 禮와 義를 닦도록 하며 뛰어난 진언으로 좋은 점을 기르고 결점을 올바르게 잡아준다.

· 충신(忠臣): 아침 일찍 저녁 늦게 맡은 일에 정진하며 현인 등용과 훌륭한 일을 설파하여 주인을 격려한다.

· 지신(智臣): 일의 성패를 예측하여 위험을 방지하고 마찰을 조정하여 주인이 걱정하지 않도록 한다.

· 정신(貞臣): 절도를 지키고 법을 존중하며 절약, 검소를 신조로 삼는다.

· 직신(直臣): 나라가 혼란에 빠질 때 아첨하지 않고 주인의 면전에서 그의 과실을 간한다.

<六邪>

· 견신(見臣): 관직에 안주하여 높은 급료를 탐할 뿐, 세속에 순응하며 주위의 정세를 살핀다.

· 유신(諛臣): 주인의 언행을 훌륭하다고 하며 보는 것, 듣는 것에 영합하여 뒤탈을 생각하지 않는다.

· 간신(姦臣): 음험 사악하나 겉으로는 자상하고 근엄하다. 현명한 사람을 시기하고 장단점을 과장하고 감추어 상벌이 합당치 않다.

· 참신(讒臣): 지혜는 자신의 비행을 속이는데 충분하고 변설은 자신의 주장을 미는데 충분하며 집안 골육을 이간시키고 조정 다툼을 만들어낸다.

· 적신(賊臣): 권세를 자의로 휘두르고 자신에게 좋도록 기준을 정하며 파벌을 만들고 멋대로 주인의 명령을 바꾸어 자신의 지위, 명예를 높인다.

· 망신(亡臣): 주인에게 아첨하고 불의에 빠뜨리며 패거리를 만들어 주인의 눈을 가리고 흑백, 시비의 구별을 없앤다.

웨이칭(魏徵, 580-643)

군주 12계율

· 근학(勤學) - 학문에 근면하고 익힌 학문은 꼭 실천하라.

· 정심(正心) - 바른 마음을 갖고 백성의 모범이 되어라.

· 경천(敬天) - 천리(天理)를 지키고 하늘을 공경하라.

· 휼민(恤民) - 백성의 근심과 상처, 굶주림, 재앙을 나의 것으로 생각하라.

· 납간정(納諫淨) - 간언(諫言)을 무섭게 여기고 언로를 열어놓아라.

· 진기강(振紀綱) - 국가 기강을 세워라.

· 임대신(任大臣) - 인재를 골라 일을 맡겨라.

· 양현(養賢) - 현자(賢者)와 능자(能者)를 길러라.

· 소붕당(消朋黨) - 붕당을 없애라.

· 칙융비(飭戎備) - 평시에도 국방을 늦추지 마라.

· 후풍속(厚風俗) - 좋은 풍속을 잘 지켜 백성을 인도하라.

· 명법제(明法制) - 좋은 법이 없으면 나라를 다스릴 수 없다.

이수광(李睟光, 1563-1628)/만언소(萬言疏)

통치자가 갖추어야 할 아홉 가지 덕목(九德)

· 너그러우면서 엄격함(寬而栗)

· 부드러우면서 주관이 뚜렷함(柔而立)

· 사람과 잘 지내면서 장중함(愿而共)

· 나라를 다스릴 재능이 있으면서 신중함(治而敬)

· 순종하면서 내면은 견고함(확고함)(擾而毅)

· 정직하면서 온화함(直而溫)

· 간결하면서 구차하지 않음(자질구레한 일에 매이지 않음)(簡而廉)

· 굳세면서 착실함(剛而實)

· 강하면서 도의를 지킴(强而義)

고요(皐陶)

공산당 선언

하나의 유령이 지금 유럽을 배회하고 있다- 공산주의라는 유령이.

지금까지 존재했던 모든 사회의 역사는 계급투쟁의 역사다.

봉건사회가 몰락하고 생긴 현대 시민사회는 계급간의 대립을 종식시키지 못했다. 이 사회는 그저 새로운 계급, 새로운 억압 조건, 새로운 형태의 투쟁으로 옛것을 대체했을 뿐이다.

그러나 우리 시대, 즉 부르주아의 시대는 계급 간의 대립을 단순화했다는 두드러진 특징을 가지고 있다. 전체사회가 양대 적대진영, 서로 정면으로 대립하는 계급인 부르주아와 프롤레타리아 계급으로 점점 더 분열되고 있다.

프롤레타리아에게는 안전하게 보호해야 할 소유물이 아무것도 없다. 부르주아가 아무런 의지도, 저항도 없이 추진해 온 산업의 진보는 경쟁으로 인한 노동자들의 고립을 양산하기는커녕 조합을 통한 노동자들의 혁명적인 단결을 불러일으켰다. 부르주아는 자신의 무덤을 파는 인부들을 생산하고 있다. 부르주아의 멸망과 프롤레타리아의 승리는 양쪽 모두 불가피한 일이다. 노동자혁명의 제 일보는 프롤레타리아트를 지배계급으로 높이는 것, 민주주의를 쟁취하는 것이다. 프롤레타리아는 잃을 것이라고는 쇠사슬밖에 없으며 얻을 것은 온 세상이다.

만국의 프롤레타리아여 단결하라!

마르크스(Karl Marx, 1818-1883)·엥겔스(Friedrich Engels, 1820-1895)
/공산당 선언(Manifest der Kommunistischen Partei, 1848)

공산주의 사회의 보다 높은 국면에 있어서는, 개인들의 분업에의 예속, 따라서 정신노동과 육체노동 사이의 대립이 소실된 연후, 노동이 생활의 주요한 필요물로 전화(轉化)된 연후, 협동적 부가 모든 원천으로부터 보다 풍유(豊裕)하게 흘러나오게 된 연후에 부르주아 사회법칙의 좁다란 한계를 완전히 탈피하여 사회는 그 깃발에다 '생산은 각자의 능력에 따라, 분배는 각자의 필요에 따라' 라는 원칙을 새겨놓게 되는 것이다.

마르크스

부르주아체제는 더 이상 사회국가의 현재의 욕구들과 불안들을 조절할 수 없다. 경제적으로는 약탈을 일삼는 개인주의적인 생산조직과 부의 불평등한 분배에 입각해 있다. 사회적으로는 인간관계를 지탱시켜 줄 만한 어떤 도덕도 더 이상 존재하지 않는다. 정치적으로는 지배계층이 국민에게 손해를 끼쳐가면서 그 자체의 이익을 위해서 정치적인 권위를 관리한다. 하나의 단일한 계층이- 시초에는 승려들과 마술사들이었다가, 왕들이었다가, 봉건영주들이었다가, 나중에는 부르주아였다. 그렇다면 어떤 계층이 부르주아체제를 계승하게 될 것인가? 그것이 노동자 계층-노동자들, 농부들, 정신에 있어서 생산적인 사람들-이 될 것이다.

헬렌 카잔차키스(Helen Kazantzakís, 1910-2004)/니코스 카잔차키스

근대국가의 정치제도를 영국의 정치적 관습에서 기원한 의회정치에 관한 그것과 18세기의 자연법사상에서 유출되고 있는 그것으로 대별하여 전자에 속하는 것은 대의제·의회제·내각책임제·양원제 등이며, 후자에 속하는 것은 국민주권의 원리, 권력분립의 원리, 개인의 기본적 권리, 성문헌법 등이다.

에스맹(Jean Paul Hippolyte Emmanuel Adhémar Esmein, 1848-1913)/헌법원론

자유는 부활하는 것이 아니라 결코 사멸하지 않는다. 자유의 죽음은 항상 가사(假死)에 지나지 않는다. 자유는 폭풍을 두려워하지 않고 도리어 그 불어닥치는 데에 맡겨 그 속에서 단련되고 굳세어진다. 자유를 위한 방법은 자유의 적과 싸울 때에는 스스로 자유를 싸움의 규약으로 하고, 반대자의 견해에 관용으로써 듣고 배우고, 끝까지 적을 아는데 게으르지 않고 두려워하지 않고, 자기의 이념과 의도를 숨김없이 상대자에게 보여줌에 두려워하지 않고, 완전한 페어플레이로써 최종적으로 완전히 이기는 방법이다.

크로체(Benedetto Croce, 1866-1952)/19세기 유럽사

정의를 갖추지 못한 제국

도적떼는 통치자의 명령에 의거해 통치가 이루어지고, 사회계약으로 결속된 인간들의 무리다. 그들은 미리 마련해 놓은 합의에 따라 노획물을 분배한다. 이런 기형적인 무리가 어느 타락한 한 인간의 출현으로 크게 성장해 영토를 점령하고, 정착하고, 여러 국가를 정복하고, 여러 민족을 예속시키면, 그 즉시 '제국'이라는 이름을 얻게 된다.

알렉산드로스 대왕이 어느 해적에게 도대체 무슨 생각으로 바다를 그처럼 불안하게 만드느냐고 물었다. 그러자 그는 맞받아쳤다.

"당신은 도대체 무슨 생각을 가지고 세상을 불안의 소용돌이 속으로 빠뜨리는 겁니까? 저는 작은 배를 타고 그런 일을 벌입니다. 그래서 사람들은 저를 강도라고 부르지요. 하지만 당신은 거대한 함대를 이끌고 그런 일을 벌입니다. 그런 까닭에 사람들은 당신을 세계의 통치자라고 부릅니다."

아우구스티누스

지배의 유형으로서 합법적 지배, 전통적 지배, 카리스마적 지배가 있다. 합법적 지배는 명령권의 타당성이 성문법으로 된 합리적인 규칙들의 체계 속에 공시되어 있을 경우에 출현한다. 전통적 지배는 그것의 권위가 전통은 신성한 것이라는 관념에 의거해 있을 경우에 대두한다. 카리스마적 지배는 그 명령권이 타당한 근거가 비범한 것에 대한 헌신에서 연유한다. 경제적 조건에 의해 카리스마적 인물은 필경은 일상화·평범화하기에 이른다.

막스 베버(Max Weber, 1864-1920)

인민은 통치자에 대한 유일한 검열관이다. 신문 없는 정부를 가져야 하느냐, 정부 없는 신문을 가져야 하느냐를 결정해야 한다면, 나는 후자를 택하는데 순간의 주저도 없어야겠다. 정부없이 살고 있는 사회가 정부 하에 살고 있는 사람들보다 그들의 일반 대중에게 큰 행복을 누리게 하고 있다. 전자에 있어 여론이 법의 역할을 맡고 또한 다른 어느 사회에서 법이 규제하는 것보다 강하게 여론이 도덕을 제압하고 있다. 후자의 경우, 통치한다는 구실 아래 그들은 국민을 늑대와 양의 두 계급으로 나누었다. 그러므로 인민의 氣를 북돋우고 그들의 주의를 살려야 한다.

제퍼슨/캐링턴(Edward Carrington, 1748-1810)에게 보낸 편지 (1787)

독립선언서(1919. 3. 1)

吾等(오등)은 玆(자)에 我(아) 朝鮮(조선)의 獨立國(독립국)임과 朝鮮人(조선인)의 自主民(자주민)임을 宣言(선언)하노라. 此(차)로써 世界萬邦(세계만방)에 告(고)하야 人類平等(인류 평등)의 大義(대의)를 克明(극명)하며, 此(차)로써 子孫萬代(자손만대)에 誥(고)하야 民族自存(민족자존)의 正權(정권)을 永有(영유)케 하노라. 半萬年(반만년) 歷史(역사)의 權威(권위)를 仗

(장)하야 此(차)를 宣言(선언)함이며, 二千萬(이천만) 民衆(민중)의 誠忠(성충)을 合(합)하야 此(차)를 佈明(포명)함이며, 民族(민족)의 恒久如一(항구여일)한 自由發展(자유발전)을 爲(위)하야 此(차)를 主張(주장)함이며, 人類的(인류적) 良心(양심)의 發露(발로)에 基因(기인)한 世界改造(세계개조)의 大機運(대기운)에 順應幷進(순응병진)하기 爲(위)하야 此(차)를 提起(제기)함이니, 是(시) 天(천)의 明命(명명)이며, 時代(시대)의 大勢(대세)며, 全人類(전 인류) 共存同生權(공존 동생권)의 正當(정당)한 發動(발동)이라, 天下何物(천하하물)이던지 此(차)를 沮止抑制(저지 억제)치 못할지니라.

조선민족대표 33인

'야누스(Janus)'신의 양면성의 하나는 권력은 집권자 소수에게 지배와 이익을 보장해주기 위하여 존재한다는 투쟁적 정치관이요 다른 하나는 권력은 공익과 공공선을 실천해주기 위하여 존재한다는 정의이 정치관이다. 전자에게서는 소수의 특권이 문제되고 후자에게서는 만인의 통합이 문제된다. 정치는 언제나 어디서나 투쟁과 통합이란 양면성을 함께 지니고 있다.

자유주의철학에서는 정치적 투쟁을 권력에 대한 시민의 투쟁과 개인과 개인 간의 투쟁이란 두 가지 형태에서 고찰되어 왔다.

'권력은 부패한다. 절대적 권력은 절대로 부패한다'는 악톤경(John Dalberg Acton, 1834-1902)의 표현이나 모든 것이 전능하고 구애되지 않는 인간으로서 정의를 희생하여 자기감정에 따르지 않을 사람은 없다는 알랭(Émile Auguste Chartier Alain, 1868-1951)의 설명이 그러한 심리적 분석경향을 시사하고 있다.

뒤베르제(Maurice Duverger, 1917-2014)/정치인간(1964)

우리가 공고히 다지려는 미래에, 네 가지 인간의 기본적 자유(The Four Freedoms)에 입각한 세계가 실현되기를 기대합니다.
첫째 어느 곳에서든 누릴 수 있는 언론과 표현의 자유입니다.

둘째 어느 곳에서든 자기의 방식대로 신을 숭배할 수 있는 자유입니다.
셋째 모든 곳에서 빈곤으로부터의 해방입니다.
넷째 어느 곳에서든 공포로부터의 해방입니다.

루즈벨트(Franklin Delano Roosevelt, 1882-1945)

민주주의 기능은 전제주의에 비하여 다음과 같은 것이다. 즉 될수록 많은 성원(成員)을 국가 의사의 결정, 지도자의 선출, 기관의 창설 과정에 참여시켜, 서로 대립되며 관련성을 갖고 있는 주장과 이해를 전제로 '변증법적 배반적'인 타협의 과정을 통해서 평화적으로 '사회적 통합'을 가능케 하는데 있다. 민주주의는 수단, 형태이지 내용은 아니다. 따라서 '경제적 평등'이라든가 '사회적 정의'라든가를 실현하는 것은 민주주의의 본질과는 반드시 관계가 없다.
민주주의를 그 순수이념이라는 관점에서 보면, 일체적인 국민이 동시에 치자(治者)이며 피치자(被治者)이기도 하다는 것이며, 모든 국가권력이 전체 국민의 직접적인 의견 일치에 의해서 행사되어지는 것이다.
민주주의는 결국 전체 국민이 아니라 그 일부분만이 참여하게 되며, 반드시 정당국가로 되며 반드시 다수결주의를 인정하지 않을 수 없게 되며, 선거에 의한 의회정치, 전문 관리에 의한 행정, 지도자에 의한 지배로 되고, 교육을 중시하지 않을 수 없게 된다.

켈젠(Hans Kelsen, 1881-1973)
/민주주의의 본질과 가치(Vom Wesen und Wert der Demokratie)

다수의 폭정(The Tyranny of the Majority)

민주 대의정부는 그 역사를 통하여 두 가지 주요한 비난을 받아 왔다. 그 하나는 민주주의는 권위를 확립하는데 효과적 방법을 알지 못하며, 권위가 없기 때문에 자유가 방종으로 흐르며, 결국은 폭정으로 나아간다는 것이고, 둘째 비난은 민주정은 너무도 강하다는 것으로 이러한 공포는 '다수의 폭정'이란 말로 표현된다.
과거에는 다수결의 원리를 머리를 때리는 수고를 하지 않고 머리를 헤아리는 훌륭한 원리라고 하였다. 다수에 의한 정치는 설득에 의한 정치이며 인간 개성을 더욱 존중하는데 입각한다.
민주정은 정치에 있어서의 성인의 신분에 해당한다. 다수결 원리는 국민의 상대적 성숙과 개인의 권리 보장을 전제로 한다. 토마스 우드록(Thomas Francis Woodlock 1866-1945)은 '민주주의는 다수결 원리를 통하여 소수파를 보호하는 것이다' 라고 하였다.
다수결이 왕 또는 독재자의 결정보다 안전함에도 불구하고, 다수파는 왕과 같이 옳을 수도 있고 나쁠 수도 있다.

허멘스(Ferdinand Aloys. Hermens, 1906-1998)

미국제도의 정화(精華)는 다수의 권력을 포함한 모든 권력을 제한하는 데 있다. 민주주의결의에 대한 미국이념은 '중요한 소수가 강압되어서는 안 된다'는 것이었다. 강력한 반대가 있을 때는 결정을 강요하는 것보다 결정을 연기하는 것이- 다시 말하면 반대파를 존중하고 설득하는 노력을 아끼지 않는 것이- 필요하며 또 더 선책(善策)이다. 소수파의 합의를 얻지 못한 민주주의결의는 위선과 무법상태를 가져올 따름이었다.

월터 리프만(Walter Lippmann, 1889-1974)/뉴욕 헤럴드 트리뷴 紙(1949, 3, 3)

링컨(Abraham Lincoln, 1809-1865) 대통령이 상원에서 첫 연설을 위해 일어서자, 의원 한 사람이 따라 일어서며 말했다. "각하께서는 각하의 아버지가 저의 가족을 위해 신발을 만드셨다는 사실을 기억해주시기 바랍니다. 지금 저는 각하의 아버지께서 만든 신발을 신고 있습니다. 각하는 구두공의 아들이라는 사실을 잊지 마십시오."
장내는 물을 끼얹은 듯 조용해졌다. 그가 말했다. "여러분 가운데 많은 분들이 그분의 신발을 신고 계실 것입니다. 그분은 완벽한 스승이셨습니다.

저는 풋내기에 불과합니다. 그러나 저는 여러분의 신발을 수선할 수는 있습니다. 그리고 저는 적어도 그분이 구두기술자였던 것만큼 훌륭한 대통령이 되기 위해 잊지 않고 항상 노력할 것입니다."

자유의 생존과 성공을 보장하기 위해서 우리가 어떠한 대가라도 치를 것이며, 어떠한 부담도 짊어질 것이며, 어떠한 고난도 감당할 것이며, 어떠한 친구도 지지할 것이며, 어떠한 적에게도 대항을 할 것이라는 사실을 세계 만방에 알리도록 합시다.
친애하는 미국시민 여러분! 조국이 여러분을 위해 무엇을 할 수 있는가를 묻지 마십시오. 여러분이 조국을 위해 무엇을 할 수 있는가를 물으십시오.
친애하는 세계시민 여러분, 미국이 여러분을 위해 무엇을 할 것인가를 묻지 마십시오. 우리 모두 인간의 자유를 위해 무엇을 할 수 있겠는가를 물으십시오.

케네디(John Fitzgerald. Kennedy, 1917-1963)/대통령 취임사(1961. 1. 20)

나는 어느 날 모든 계곡이 높여지고, 모든 언덕과 산이 낮춰지고, 거친 곳이 평탄해지고, 구부러진 곳이 똑바르게 되며 그리고 주님의 영광이 밝혀져, 일체의 중생이 다함께 그것을 볼 수 있으리라는 꿈을 가지고 있습니다.
이것이 하느님의 모든 아들딸들이 '나의 조국은 그대의 것, 자유의 아름다운 땅, 나는 그대를 노래하노라. 우리 조상들의 죽은 땅, 순례자의 자랑스러운 땅, 모든 산 중턱으로부터 자유의 종이 울리게 하소서.'를 새로운 의미로 노래할 수 있을 날인 것입니다.

마틴 루터 킹 2세(Martin Luther King, Jr, 1929-1968)
/워싱턴 민권행진을 위한 옥외집회에서(1963.8.28)

다섯 가지 美德

· 은혜를 베풀고 재물을 허비 말아야 한다. (惠而不費)
· 때를 가려 노역 동원으로 원망을 사지 않아야 된다. (勞而不怨)

· 덕을 베풀되 탐욕하지 않아야 된다. (欲而不貪)

· 태연하되 교만해 보이지 않아야 된다. (泰而不驕)

· 위엄이 있어도 두렵게 보이면 안 된다. (威而不猛)

네 가지 惡政

· 교화하지도 않고 죄를 지었다고 처형함은 학살(虐殺)이다.

· 주의를 주고 살펴보지도 않고 결과만 따짐은 폭행이다.

· 분명한 지시도 없이 기일을 어겼다고 다그침은 도적과 같다.

· 줄 것을 내주면서 인색함은 국량이 좁은 것이다.

論語

사람의 세 가지 양태

첫째, 행동의 표준을 자신이 세워 놓은 목적에 두고 움직이는 사람

둘째, 행동의 표준을 법 또는 어떤 규범에 두고 움직이는 사람

셋째, 책임에서 행동하는 사람

리처드 니부어(Helmut Richard Niebuhr, 1894-1962)
/책임적 자아(The Responsible Self)

지도자 자질의 체크리스트

· 다양한 유권자의 상충하는 요구에 대응하는 정치술

· 그가 대표하는 조직이나 단위와 더 큰 실체와의 관련을 이해하는 것

· 장기적 안목. 일상사나 눈앞의 문제나 위기 뿐 아니라 앞으로의 역사적 변화에 대한 비전

· 자신의 관할과 국경을 넘어서까지 영향력을 줄 수 있는 능력

· 다중에게 비전과 가치, 동기부여를 할 수 있는 정서적 능력

· 현상에 만족 않고 개혁, 개선하려는 욕구

가드너(John William Gardner, 1912-2002)/On Leadership(1989)

지도자에게 요구되는 세 가지는 비르투(Virtu: 역량, 재능, 기량), 포르투나(Fortuna: 운, 행운), 네체시타(Necessita: 시대의 요구에 합치하는 것)이다.

국민에게 깊은 동정과 관심을 가진 강인한 이해심과 현실적응력(프래그머티즘)이 있는 리더에는 세 가지 조건이 따른다.
첫째 전문적인 재능(Technical Competence)과 고상한 가치관에서 우러나온 자신감을 가진 지도자. 인간의 존엄성, 자유, 권리를 존중하는 신념을 갖고, 타인의 충고에 귀를 기울이는 사람을 말한다.
둘째 개방적 교육(Liberal Education)을 받은 사람. 사람들은 왜 비이성적이고 부패한 권력에 대항해 싸우는가의 그 인간심리를 터득하고 있는 사람을 말한다.
끝으로 완전한 부모상(Perfect Parents)을 가질 것. 국민들은 지도자를 자식들의 귀중한 자산으로 알고 끊임없이 그를 개선시켜주는 노력도 게을리하지 말아야 한다. 국민들도 책임을 분담하라는 뜻이다.

매코비(Michael Maccoby, 1933-)/지도자, 미국을 움직일 새로운 얼굴
(The Leader: A New Face for American Management)

민주주의는 한 단계씩 전진하면서, 이 모양 저 모양으로 움직이면서, 때로는 주저하며 때로는 혼란에 빠지면서, 그러나 끊임없이 변화해 나가는 현재의 맥박을 느끼면서, 그리고 언제나 무엇을 추구하면서 그러나 결코 완전히 목적을 달성시키지는 못하면서, 또한 그 자체의 약점을 결코 잊지 않고 그 잘못을 시정하는데 인색하지 않으며, 항상 큰 뜻을 품으며 그러나 결코 완수하지는 못하면서, 오랜 시일에 걸쳐서 나타나는 방식이다.

맥키버(Robert Morrison Maciver, 1882-1970)
/Democracy and the Economic Challenge (1952)

10 New Directions Transforming Our Lives

· 공업사회로부터 정보사회로.

· 기계의 노예로부터 고도 적응사회로.

· 국민경제에서 세계경제로.

· 단기경영에서 장기전략으로.

· 중앙집권 식에서 분권화시대로.

· 체제 속에서 개성의 회복으로.

· 대의민주주의에서 참여민주주의로.

· 권위주의에서 호혜평등사회로.

· 경제에너지의 이동, 북에서 남으로.

· 단일선택으로부터 다종선택의 시대로.

나이스비트(John Naisbitt, 1929-)/대변혁의 물결(Megatrends)

경성(硬性)국가(Hard Power)란 군사력과 경제력이 중심이 된 부국강병의 국가로, 20세기 후반까지는 이런 국가들이 세계를 지배했다. 연성국가(軟性)국가(Soft Power)란 학문과 사상과 예술이 중심이 된 문화국가이다.

20세기가 구심력의 시대였다면 21세기는 원심력의 시대가 될 것이며 통치의 분산현상이 나타나 국내적으로 지방정부의 역할과 권한이 더욱 커지고 국제적으로 정부 간 조직들의 역할과 권한이 커질 것이다. 사적세계에서는 국내적으로 지방기업들의 역할이 더욱 중요해지고 국제적으로 초국적기업들의 역할이 더욱 중시될 것이다. 제3의 세계에서는 비정부조직(NGO)과 비영리조직(NPO)들의 역할이 커질 것이다.

나이(Josephs Nye, 1937-)

항상 변화는 있는 법이다.

문제는, 그대가 불가피한 그 변화에 대하여 대항하느냐 않느냐에 있는 것이 아니라, 그 변화를 사람들의 습관과 풍습, 법률, 전통을 존중하는 방향으로 이끌어 가느냐 않느냐에 있다.

디즈레일리(Benjamin Disraeli, 1804-1881)

철학자들이 그들이 사는 국가의 왕이 되거나, 현실 세계의 왕과 왕자들이 철학적 정신과 권력을 동시에 가질 때까지 국가는 재앙에서 완전히 벗어날 수 없을 것이다.
지배자는 지배하고, 노동자는 노동하고, 노예가 노예일 수 있다면, 국가는 정의롭다. (The state is just if the ruler rules, if the worker works, and if slave slaves.)

플라톤

재산에 대항하는 투쟁에서 승리하기 위해 빈곤이 민주주의를 이용하든가, 아니면 재산이 빈곤을 두려워하여 민주주의를 파괴할 것이다.

베번(Anourin Bevan, 1897-1960)/공포를 대신하여(In place of Fear)

인간은 완전한 경우에는 동물 중에서 가장 훌륭하지만 법과 정의로부터 이탈하는 경우에는 가장 나쁜 존재이다. 무장(武裝)한 부정(不正)은 더욱 위험하다. 인간은 날 때부터 지혜와 덕을 행사하도록 무장된 것이나, 이것을 가장 악한 목적을 위해서 이용할 수도 있다. 그러므로 덕을 갖추지 못하면 그것은 동물 중에서도 가장 무도하고 야만적이며 성욕과 식욕으로만 충만된 존재로 된다.

아리스토텔레스

강자와 약자 사이에서 탄압하는 것은 자유이고 자유롭게 하는 것은 법이다.

라코르데르(Jean Baptiste Henri Lacordaire, 1802-1861)

자유에는 상호 밀접한 관련성을 가진 세 가지 면이 있으니 사적 자유, 정치적 자유, 경제적 자유이다. 자유의 보장을 위해서는 특권이 존재하여서는 안 되며 한 사람의 권리가 다른 사람의 자의(恣意)에 의해서 좌우되어서는 안 되며, 국가권력 행사가 편파적이어서는 안 된다.

라스키(Harold Joseph Laski, 1893-1950)

자유에는 의무라는 보증인이 필요하다. 그것이 없으면 단순한 방종에 불과하다.

뜨루게네프(Ivan Sergeyevich Turgenev, 1818-1883)

자유를 옹호할 때 과격주의는 악덕이 아니며 정의를 추구할 때의 중용은 미덕이 아니다.

골드워터(Barry Morris Goldwater, 1909-1998)

정치적 시민적 자유는 모든 혜택 중에서도 가장 신성한 것, 모든 노력 중에서 보람찬 것, 모든 문화의 핵심이고 또 계속해서 그럴 것이다. 그러나 이 영광스러운 집을 마침내 건립할 수 있게 된 유일의 확고한 기초는 정신의 고귀함이다. 그렇기 때문에 헌법을 시민에게 부여할 수 있게 되기 이전에 헌법을 지키는 시민을 만드는 일에서부터 시작해야 한다.

실러(Johann Christoph Friedrich von Schiller, 1759-1805)

급진주의자는 새로운 견해를 만들어내고, 그 견해가 그들에게 낡은 것이 될 때쯤 보수주의자들이 그것을 받아들인다.

트웨인(Mark Twain, 본명 Samuel Langhorne Clemens, 1835-1910)
/Notebook

합리적 인간은 자신을 세상에 적응시키지만 비합리적 인간은 세상을 자신에게 적응시키는 데 집착한다. 그러므로 모든 진보는 비합리적 인간에게 달려 있다.

버나드쇼(George Bernard Shaw, 1856-1950)
/凡人과 超人(Man and Superman, 'Maxims for Revolutionists: Reason')

권력은 선인을 악인으로 변하게 하고 악인을 더 한층 악한으로 만든다.

라스웰(Harold Dwight Lasswell, 1902-1978)

신을 대신하여 인간을 지배하는 세 가지 힘인 돈과 명예와 향락과의 관계를 끊었을 때 비로소 사람은 자유를 느낀다.

칼 힐티(Carl Hilty, 1833-1909)

힘없는 정의는 무력하고 정의 없는 힘은 폭정이다.

파스칼

정의는 두 사물 사이에 성립하는 조화의 관계를 말한다. 이 관계는 언제나 성립하며, 신이건 천사건 인간이건 누구의 시각에서 보든 동일하다.

몽테스키외/Persian Letters

법은 사랑처럼 어디 있는지 왜 있는지 모르는 것
사랑처럼 억지로는 못하고 벗어나지도 못하는 것
사랑처럼 우리는 흔히 울지만 사랑처럼 대개는 못 지키는 것

오든(Wyslan Hugh Auden, 1907-1973)

정치가 관대하면 백성이 태만해진다. 정치가 엄하면 백성이 상해를 입게 된다. 관대함으로 백성들이 상처 입는 것을 막고 엄정함으로 백성들의 태만함을 고쳐야, 즉 관정(寬政)과 맹정(猛政)의 조화야말로 지극한 정치라 할 수 있다.

孔子

임금은 배요 백성은 물이다. 물은 배를 뜨게도 하지만, 배를 엎어뜨리기도 한다. (水則載舟 水則覆舟)

荀子

정치를 어지럽히는 임금에는 세 유형이 있다.
안으로는 욕심이 일어나고 밖으로는 유혹을 받아 백성을 짜내어 자신을 받들게 하며, 충신의 말을 물리치고 성군(聖君)인 체하여 멸망의 구렁텅이로 빠지는 자는 폭군(暴君)이다.
정치를 잘하려는 뜻은 있으나 간신을 분간하는 총명이 없어 믿는 신하가 어질지 못하고, 맡기는 자가 무능하여 패란(敗亂)을 자초하는 자는 혼군(昏君)이다.
나약하고 주견(主見)이 없고 우유부단하여 하루하루를 인습(因習)대로 꾸려나가, 날이 갈수록 기울어져 가는 자는 용군(庸君)이다.

임금이 백성을 다스리는 길에는 두 가지가 있다. 몸소 인의의 도를 실천하고 백성을 사랑하는 어진 정치를 베풀어 천리(天理)의 정도(正道)를 다함을 왕도(王道)라 하며, 인의의 이름을 빌려 권모(權謀)의 정치를 베풀어 공리적인 사욕을 채움을 패도(覇道)라 한다.

이이/율곡집(栗谷集)

당신을 모든 사람을 일시적으로 속일 수 있습니다.
그리고 어떤 사람들을 영구히 속일 수도 있습니다.
그러나 모든 사람들을 영구히 속일 수는 없습니다.

링컨/Speech(1858)

사람에게 네 가지 소원이 있으니, 안으로는 신령스러움과 강함을 원하고, 밖으로는 부와 귀를 원한다. 귀함에는 벼슬하지 않음보다 더 귀함이 없고, 부함에는 욕심내지 않음보다 더 부함이 없으며, 강함에는 다투지 않음보다 더 강함이 없고, 신령함에는 알지 못함보다 더 신령함이 없다.

이지함(李之菡, 1517-1578)/토정집(土亭集)

민주주의는 미묘하게 계산된 관용을 필요로 한다.
민주주의는 종교와 인종적 열망을 서로 타협하고 자제할 수 있는 능력을 필요로 한다. 또한 민주주의는 질서, 국가의 존립, 규범 및 긍지를 지키기 위해 이례적인 권위관을 필요로 한다. 마지막으로 민주주의는 권력을 장악한 뒤 이를 포기할 용의를 지닌 엘리트를 필요로 한다.

제퍼슨

성공적인 혁명은 모두 그것이 몰아낸 폭군의 옷을 조만간 입는다.
악정에는 폭정 또는 압정, 지나친 야심, 무능 또는 타락, 독선 또는 아집 네 종류가 있지만, 몇 가지가 결합되어 있는 경우가 많다.

터크먼(Barbara Wertheim Tuchman, 1912-1989)

나라에는 예(禮), 의(義), 염(廉), 치(恥)의 네 줄기가 있어 나라를 받들고 있으니, 한 줄기가 끊어지면 나라가 기울고, 두 줄기가 끊어지면 나라가 위태롭게 되며, 세 줄기가 끊어지면 나라가 엎어지고, 네 줄기가 끊어지면 나라는 멸망한다.
예란 절도를 넘나지 않음이고, 의란 스스로 나서지 않음이며, 염이란 악을 감싸지 않음이고, 치란 사악함을 따르지 않음이다.
그러므로 사람들이 예를 지키면 윗사람이 안존(安存)할 것이며, 의를 지키면 백성들이 교사(巧詐)롭지 않을 것이며, 염직(廉直)하면 행실이 저절로 온전하게 되며, 수치를 알면 간사한 일이 일어나지 않을 것이다.

管子

백성의 간사함을 막는 것은 허세를 금하는 것보다 더 나은 것이 없다.
창고가 가득 차면 예절을 알고, 입을 옷과 먹을 양식이 풍족하면 영광과 치욕을 안다. 윗사람이 법도를 준수하면 육친(六親)끼리 도타워지고, 사유(四維, 예의염치)를 널리 베풀면 군주의 명령이 잘 지켜진다. 형벌을 줄이는 요체는 사치하고 교묘한 것을 금하는 것이고, 나라를 지키는 법도는 사유를 닦는 데 있다.

백성들의 네 가지 소원-일락(佚樂)·부귀(富貴)·존안(存安)·생육(生育)을 충족시켜 주도록 잘 다스리면 먼 곳의 사람들도 친근하게 찾아들 것이며, 백성들이 싫어하는 바 네 가지-우로(憂勞)·빈천(貧賤)·위추(危墜)·멸절(滅絶)을 초래하도록 잘못 다스리면 친근하던 자들까지 반역자가 된다.
그러므로 '주는 것이 취(取)하는 것이 된다.'는 것이 바로 정치의 보배로운 비결이다.

管子

법은 단지 사상이 아니라 살아있는 힘이다. 그러므로 정의의 여신은 한쪽 손에는 권리를 재는 저울을 들고 있고, 다른 손에는 권리를 주장하는 칼을 쥐고 있다. 저울을 갖지 않은 칼은 폭력이고 칼이 없는 저울은 법의 무력함이다. 두 개가 합쳐서 그 효용이 있고, 완전한 법의 상태는 정의의 여신의 칼의 위력이 그 저울을 다루는 숙련과 조화되는데 있다.

예링(Rudolf von Jhering)

일곱 가지 악

원칙없는 정치, 도덕없는 경제, 노동없는 부, 인격없는 지식, 인간성없는 과학, 양심없는 쾌락, 희생없는 신앙

간디

정의를 이해하는 방식에는 최대다수의 최대행복을 추구하는 공리주의, 자유와 개인의 권리존중을 강조하는 자유지상주의, 공동선과 미덕을 중시하는 공동체주의 등이 있는데, 우리가 소중히 여기는 것들(소득과 부, 의무와 권리, 권력과 기회)을 어떻게 분배하는가에 대해 여러 주장으로 들끓게 마련이다.
정의로운 사회는 공리를 극대화하거나 선택의 자유를 확보하는 것만으로는 만들 수 없다. 좋은 삶의 의미를 함께 고민하고, 으레 생기기 마련인 이견을 기꺼이 받아들이는 문화를 가꾸어야 한다.

샌델(Michael J Sandel, 1953-)/정의(Justice, 2009)

민주주의는 국민의, 국민을 위한, 국민에 의한 정부이다. (Democracy is a government of all the people, by all the people, for all the people.)

파커(Theodore Parker, 1810-1860)/국민의 정부(1850)

민주 사회란 다수가 혁명적인 소수를 압박할 각오가 항상 되어있는 사회다.

월터 리프먼

정치가의 조건은 코끼리의 가죽, 나귀의 체력, 잡종 강아지의 상냥함, 불도그의 인내심, 물개의 건강, 타조의 위, 사자의 용기, 까마귀의 유머다.

브래드퍼드(Robert Fiske Bradford, 1902-1983)

사람들은 너무 무른 법은 따르지 않고, 너무 가혹한 법은 집행하지 않는다.

프랭클린

민주주의는 무능한 다수에 의한 선출로 부패한 소수에 의한 임명을 대체한다.

버나드 쇼

민주주의란 치자(治者)와 피치자(被治者)와의 자동성 즉 지배의 주체와 객체의 자동성을 의미하며 국민에 대한 국민의 지배 (Herrschaft des Volkes über dasvolk)를 의미한다.

켈젠(Hans Kelsen)/민주주의의 본질과 가치(Vom Wesen und Wert der Demokratie)

인간에게 정의를 위한 능력이 있기 때문에 민주주의는 가능한 것이고 인간은 부정에 기울어지기 쉬운 존재이기에 민주주의는 필요한 것이다.

니부어

민주주의는 삼중(三重)의 신뢰(faith)에 입각하고 있다. 즉 투표를 위임받은 보통 사람의 능력을 신뢰하는 것, 지성에 호소하면 진리는 스스로 밝혀지게 될 것이라는 것을 신뢰하는 것, 인간우애의 원칙에 기초를 둔 사회질서에 인류는 호의를 갖게 되리라는 것을 신뢰하는 것이 그것이다.

코핀(Henry Sloane Coffin, 1877-1954)/민주주의 종교적 기초 (Religious Basis of Democracy, 1939)

민주주의란, 민중의, 민중에 의한, 민중을 위한 단순한 몽둥이질임을 의미한다. (Democracy means simply the bludgeoning of the people, by the people, for the people.)

와일드/사회주의 하에서의 인간의 영혼(Soul of Man Under Socialism, 1891)

민주주의에 보내는 두 개의 갈채.
첫째는 다양성의 인정, 둘째는 비판의 허용. 이 둘이면 충분하고 더하여 셋을 만들 필요도 없다.

포스터(Edward Morgan Forster, 1879-1970)

인류의 정치적 과제는 경제적 효율, 사회정의, 개인의 자유 세 가지를 결합시키는 것이다.

케인스/Liberalism and Labor

민주정치는 흔히 참여의 정치라고 불린다. 참여를 보는 시각은 대체로 두 갈래로 나뉜다. 하나는 능동적인 지도자와 순응적인 시민의 모형이고, 다른 하나는 능동적인 시민과 지도자의 반응이라는 모형이다. 전자는 민주적 엘리티즘(Democratic elitism)의 입장이고, 후자는 참여적 민주정치이론의 안목이다.

사람은 활력이 많이 떨어지거나 가장 호사스러울 때는 보수주의자가 된다. 저녁식사 후나 휴식을 취하기 전 또는 아프거나 나이가 들어도 보수주의자가 된다. 그러나 아침 혹은 그들의 지성이나 양심이 고무되어 있을 때, 음악을 들을 때, 시를 읽을 때는 급진주의자가 된다.

에머슨/Lecture (1844)

사회주의는 부자를 끌어내리는 데 반해 자유주의는 가난한 자를 끌어올린다. 사회주의는 기업을 죽이지만, 자유주의는 기업을 특권과 보호라는 족쇄에서 구한다. 사회주의는 규정을 중히 여기지만 자유주의는 사람을 중히 여긴다. 사회주의는 자본을 공격하지만, 자유주의는 독점을 공격한다.

처칠

순우곤(淳于髡) : 신하된 사람이 군주에 대한 예의를 다하면 그 몸과 명예가 번창하겠지만 그렇지 않으면 모두 잃을 것입니다.

추기(騶忌) : 절대 그 말씀을 멀리하지 않겠습니다.

순우곤 : 바퀴 축에 돼지기름을 칠하는 것은 바퀴가 잘 돌아가게 하기 위한 것인데, 바퀴 구멍을 각이 지게 뚫으면 기름을 발라도 잘 돌아가지 않지요.

추기 : 측근들로 하여금 잘 받들도록 하겠습니다.

순우곤 : 활을 만들 때 잘 마른 나무에 아교를 칠하는 것은 잘 들어맞게 하게 위한 것인데 공간이 비고 틈이 생기면 메울 수가 없지요.

추기 : 제 스스로 백성들과 거리를 두지 않도록 하겠습니다.
순우곤 : 늑대 가죽으로 만든 옷이 해졌다고 누런 개 가죽으로 기우면 안 되지요.
추기 : 군자를 임명하고 소인배가 끼어들지 않도록 하겠습니다.
순우곤 : 큰 수레라도 균형을 바로잡지 않으면 원래 실을 수 있는 무게만큼 못 싣고, 현악기는 음을 조율하지 않으면 5음을 제대로 낼 수 없지요.
추기 : 법률을 잘 정비하고, 간사한 관리들을 제대로 감독하겠습니다.

司馬遷/史記

가장 훌륭한 지도자는 사람들에게 그 존재 정도만 알려진 지도자
그 다음은 사람들이 가까이하고 칭찬하는 지도자
그 다음은 사람들이 두려워하는 지도자
가장 좋지 못한 것은 사람들의 업신여김을 받는 지도자

老子

다스리는 자가 어떤 사람을 어떤 직무에 임명하는 경우 그 직무에 더 적합한 다른 사람이 있을 때는, 그는 신에 대해서 죄를 범하는 것이고 국가에 대해서도 죄를 범하는 것이다.

밀/자유론

적정(敵情)을 알고 내 力量도 알고 있을 경우에는 싸워서 지는 일이 없다. 敵情은 모르고 자기 편의 실정만 알고 싸울 때는 승패가 반반이다. 敵情도 자기 편의 힘도 모르고 싸우는 자는 싸울 때마다 패망할 위험이 따른다.
(知彼知己 百戰不殆. 不知彼而知己 一勝一負. 不知彼不知己 每戰必殆.)

손무(孫武)/손자병법(孫子兵法)

天下에 군림(君臨)함에 세 가지를 갖추면 과오(過誤)가 적을 것이다.

앞 시대의 것은 훌륭하다 하더라도 증거(證據)할 데가 없으니 믿기지 않고, 믿기지 않기 때문에 백성들이 좇으려 않는다. 아랫 사람은 능하다 하더라도 존위(尊位)에 있지 않으니 믿기지 않고, 믿기지 않기 때문에 백성들이 좇으려 않는다.

그러므로 君子의 道는 자신에게 뿌리하고 나서 민중들에게 증험하고, 三王에 상고(想考)해 보아 그릇됨이 없고, 천지에 세워 보아 배치(背馳)되지 않고, 百世後의 성인을 기다려서도 의혹(疑惑)받지 아니한다.

中庸

□ 성찰하는 삶의 피안(彼岸)

철학은 현실이 그 교양과정을 완료하고 자기완성을 성취한 후에야 비로소 세계의 사상으로서 모습을 나타낸다. 이상적인 것은 현실의 성숙을 기다려 비로소 현실적인 것에 대해서 모습을 나타내고 현실의 세계를 그 실체에 있어서 파악하고, 그것을 지적 왕국의 형태로 구축한다. 철학이 잿빛의 세계를 잿빛으로 묘사할 때에 하나의 생명의 형태는 늙은 모습이 되어버리고 만다. 잿빛에다 잿빛을 칠한다면 그것은 젊음을 되찾을 수가 없고, 다만 인식될 따름인 것이다. 미네르바(Minerva)의 부엉이는 찾아드는 저녁의 어두움과 함께 비로소 날기 시작한다.

헤겔/법철학강요(1821)

미네르바의 부엉이는 저녁의 어두움과 함께 날기 시작한다 - 사유(思惟)

철학은 벌거벗은 본모습을 남김없이 보인다. 모두 눈앞에 드러내고 모두 판단에 맡겨지기 바란다. 모든 것을 두고 전적으로 만족할만한 동기가 있다는 것을 알기 때문이다.
철학은 자기가 사람들에게 온전하고 순수하게 받아들여지기 바란다. 당신이 철학에 무엇을 섞든 간에 당신은 철학을 부패시키고 불순하게 만들고 변질시키는 것이다. 철학이야말로 적확하고 불가분한 개별성 속에서 부상하는 것이다 인간들의 공통된 운명을 간파하려는 탐구 속에서 진리를 비추어 주는 것이 철학의 적나라(赤裸裸)한 순수성이다.

피코(Giovanni Pico della Mirandola, 1463-1494)

동서 철학상의 여섯 성철(聖哲)

소크라테스와 孔子, 플라톤과 맹자, 아리스토텔레스와 순자는 동일한 시대에 동일한 역사적 배경으로 동일한 각색을 연기하였다.
소크라테스의 진리와 孔子의 인은 모두가 두 개의 개념에 불과하지만 역대 철학자들이 애써 찾고 구하는 목표인 것이다.
이 두 동서철학의 시조(始祖)는 가장 유명한 두 제자가 있으니, 소크라테스의 제자는 플라톤과 아리스토텔레스이며, 孔子의 제자는 맹자와 순자이다. 제임스(William James, 1842-1910)는 정신 기질을 비추어서 철학자를 연심(軟心)과 경심(硬心)의 두 파로 나누었는데, 플라톤은 연심파의 대표, 아리스토텔레스는 경심파의 대표다. 또한 맹자는 연심파의 철학자, 순자는 경심파의 철학자이다.
소크라테스와 孔子의 사상은 아리스토텔레스와 순자의 손에 이르러서 객관적이고 과학적인 방향으로 기울어졌고, 또한 그들의 수중에서 하나의 전변이 시작되었다. 서양의 사상은 아리스토텔레스에서부터 논리를 중시하고 자연과학의 연구에 영향을 미치기 시작하였으며, 중국의 사상 또한 순자에서부터 예치(禮治)를 중시하고 법가의 정신에 영향을 미쳤다. 플라톤과 맹자의 저서는 모두가 대화체인데, 아리스토텔레스와 순자에 이르러서는 논문체가 되었다 아리스토텔레스의 학문은 고대 그리스 학술의 집대성, 순자도 선진(先秦)시대 가장 박학한 학자로 이들 두 사람은 동서철학 사상사에서 갑문(閘門)과 같아 그들 이전의 사상적인 유파를 하나로 회통시키고 새로운 유파를 열어 놓았다.

張起鈞·吳怡/중국철학사

사람이 모든 것을 다 소유하고 있다 해도, 이성이 손상을 입거나 병이 들었다면 그의 인생은 더 이상 살 가치가 없을 것이다. 왜냐하면 그 사람은 여타의 어떤 좋은 것도 즐길 수 없기 때문이다.

사람들은 잠을 자면서 제반의 쾌락을 경험하지만, 잠 속의 상념은 단지 허상일 뿐이요, 깨어있을 때의 상념만이 현실인 것이다. 사람들이(잠과 비슷한) 죽음을 꺼려한다는 것은 영혼이 지식을 사랑한다는 증거이다. 왜냐하면 영혼이란 자기가 알지 못하는 어둡고 불확실한 것을 피하며, 밝고 확실하게 알 수 있는 것을 찾는 것이 그 속성이기 때문이다.

아리스토텔레스/비극 헤쿠바(Hecuba)

구별(區別)의 시대는 종말을 고했다.

체계가 그것을 극복해 버린 것이다. 요즘 세상에서 구별 같은 것에 집착하고 있는 사람은, 이미 사라진 지 오래인 것에 마음 끌리고 있는 편벽한 사람이라고 할는지도 모르지만, 소크라테스는 그의 독특한 구별로 인해 그처럼 마음 순박한 현인이 될 수 있었다. 그는 그것을 입으로 말하고 몸으로 나타내었으나 그 구별은 2천 년이나 지난 뒤에야 저 괴짜인 하아만

(Johann Georg Hamann 1730-1788)에 의해 겨우 되찾아져서 이렇게 감탄되었다.
'생각건대 소크라테스의 훌륭함이란 자기가 알고 있는 것과 모르는 것을 구별한 데에 있다'

키에르케고르

알프레드 화이트헤드는 '서양철학의 전통은 플라톤의 저작에 대한 일련의 각주(脚註)이다. 우리는 감각의 사슬에 얽매어 있지만, 플라톤은 우리를 동굴 밖의 세계로 인도하여, 본 모습에로 영적 눈을 뜨게 한다' 하였다.
플라톤은 그의 선생을 '우리들이 만나 본 사람들 가운데서 가장 고상하고 가장 현명하고 가장 정의로운 사람이다'라고 하였다. 그러나 이제 그는 공사(公事)에 종사하려는 욕망을 버리고 그의 스승의 정신을 후세인에게 전하여 정의를 모르는 국가나 개인은 그것으로 이미 생명을 잃어버린 것을 보여주어 재생의 길을 가르치기로 결심했다. 이리하여 플라톤은 소크라테스를 위하여 살았고, 소크라테스는 플라톤에 의하여 살려졌다.

아리스토텔레스의 자연학(후세의 물리학)과 논리학에 대해서 반발과 개혁을 가져 온 16세기에서 17세기로 접어드는 무렵, 자연학 영역에는 관찰과 실험과 수학적 증명을 연구방법으로 채택한 근대 자연과학의 창시자들인 코페르니쿠스, 케플러, 갈릴레오가 나왔고, 논리학 분야에는 우상론(이도라론)과 귀납법을 새로운 방법론으로 제시한 베이컨과 해석기하학을 창안하고 수학적 방법을 철학에 도입한 데카르트가 나왔다. 전자는 근세의 영국 경험론의 주창자, 후자는 대륙 합리론의 창설자가 되었다.

하이네만(Heinemann, 1889-1970)은 현대의 철학사상이 흘러가는 방향을 정신에서 生으로, 生에서 실존으로 나아간다고 하였다.
1차 세계대전 이전의 철학의 중심개념은 존재와 현실을 떠난 이념, 당위, 가치, 이상 등이었다. 인간의 이성에 대한 낙관적 신념이 철학의 지배적 경향이었다. 그러나 대전 후 이성에 대한 신뢰가 무너지고, 로고스적인 것에서 구체적 현실적인 것으로, 아이디얼한 것에서 리얼한 것으로, 객관에서 주체에로 철학적 관심이 옮아갔다.
현대철학의 중심개념은 존재, 현실, 생, 실존, 인간존재, 역사적 사회다. 그것은 관념론의 부정, 합리주의에 대한 반발, 논리주의와 주지주의에 대한 안티테제다. 생을 유리(遊離)한 철학에서 生에 가까운 철학으로 철학적 관심이 옮아갔다.

스피노자가 말했듯이 감각에 의해 지각되는 사물의 세계와 사고에 의해서 추론된 법칙의 세계가 있다.
덕의 표준이 범인(凡人)이 따르지 못하는 것이어서도 안 되고, 교육이 천성이나 그 밖의 조건에 의해 특별한 혜택을 받아 마땅하다고 생각해서도 안 된다.
그리스도는 도덕을 약자에게 친절하게 하는 것이라고 했고, 니체는 강자의 용감함이라고 했고, 플라톤은 전체의 유효한 조화라고 했다.
대부분의 가톨리시즘의 가르침이 플라톤의 '웅대한 허구'에서 나오고 있거나 그 영향을 받고 있다.
이 세상에서 참으로 가치가 있는 것은 정의, 미, 진리이다. 철학자들은 아직도 진리에 대한 확답을 못 내렸고, 미가 무엇이라는 것도 말하지 못하였다. 그러나 정의(正義)에 대해서는 플라톤이 이렇게 정의(定義)를 내리고 있다. '정의란 자기 자신의 것을 소유하고 자기 자신의 일을 하는 것이다.'

듀런트/철학이야기

자연의 해석과 인간의 자연지배에 관하여

자연의 하인이자 규명자인 인간은 정황이나 정신을 통해 관찰할 수 있는 만큼만 자연의 질서를 창출하고 이해할 수 있다. 그 이상은 알 수도 없고 그럴 만한 능력도 없다.

인간의 지식과 힘은 서로 협력해야 한다. 원인을 알지 못하면 효과가 발생하지 않기 때문이다. 자연은 복종을 통해서만 통제될 수 있다. 관찰과정에서 원인으로 파악된 것은 실행할 때 법칙으로 사용된다.
활동의 측면에서 보자면, 인간은 자연적으로 주어진 물체를 서로 가깝게 가져가거나 서로 떼어놓는 일밖에 할 수 없다. 그 나머지 일은 자연이 자체적으로 완성한다.
자연의 섬세함은 감각과 이성의 섬세함을 몇 배나 뛰어넘는다. 그러므로 인간의 저 근사한 상념과 사변, 논증은 그저 불건전한 토대에 지나지 않는다.
현재의 학문이 실질적인 기계장치를 고안하는 데 전혀 도움이 안 되는 것처럼, 현재의 논리학 역시 참된 학문을 발견하는 데 전혀 도움이 되지 않는다.

베이컨/신기관(Novum Organum, 1620)

헛된 상상이나 균형이 잡히지 않는 평가는 혼란의 폭풍을 일게 하는 오류의 구름이다. 그러므로 사물의 혼란을 넘어서 자연의 질서와 인간의 오류를 올바르게 평가할 수 있는 경지로 올라가는 것만큼 인간의 정신에 있어 행복한 일이 있을까. 다만 향수(享受)의 관점만 있을 뿐 발견의 관점은 없는 것일까. 자기만족의 관점만 있을 뿐 공익의 관점은 없는 것일까. 자연의 표면에 있는 미를 발견할 뿐 아니라 자연의 창고에 있는 부를 찾아내야 할 것 아닌가. 진리를 손에 넣음으로써 가치 있는 결과를 낳아 인간의 생활에 무한히 많은 이기(利器)를 부여할 수는 없을까.
진리의 탐구, 이것은 인간의 진리에 구애하는 일, 또는 구혼하는 일이다. 진리의 인식, 이것은 진리의 찬미이다. 진리의 신앙, 이것은 진리의 향수(享受)이고 인간 본성의 최고선이다.

베이컨

철학체계란 한 그루의 나무와 같은 것이다. 그 뿌리는 형이상학이며 그 줄기는 자연과학이고 철학의 효용은 열매를 달고 있는 가지 부분, 곧 기계학과 의학, 도덕을 통해 파악이 가능하다.
'봉 상스(bon sens, 양식)'는 이 세상에서 가장 공평하게 분배되어 있는 것이다. '양식'이란 '올바르게 판단해 진위를 구별하는 능력', 곧 '이성'을 가리키고 있는 것으로, 이는 "모든 사람에게 태어나면서부터 평등한 것"이다.
내 계획은 모든 사람에게 그들의 이성을 올바르게 유도하기 위해 취해야 할 방법을 가르치려는 것이 아니라 다만 어떠한 방식으로 내가 나 자신의 이성을 유도하고자 노력했는가를 제시하고자 하는 것뿐이다.
네 규칙은 이와 같다.
첫째, 스스로 확실하게 알고 있는 것이 아닌 한 어떠한 것도 받아들이지 않는다(명증성의 규칙).
둘째, 타당한 해결책을 발견하기 위해 검토 중인 문제들을 가능한 한 여러 부분으로 분류한다(분배의 규칙).
셋째, 이해하기 가장 단순하고 쉬운 대상부터 시작하여 한발씩 더 복잡한 지식으로 가는 징검다리를 건넌다(합성의 규칙).
넷째, 어떤 경우든 모든 것을 열거하고 총체적인 검토를 하여 빠뜨리는 것이 없도록 하라(열거의 규칙).

데카르트(René Deccartes, 1596-1650)/방법서설(Discours de la méthode, 1637)

데카르트가 '나는 생각한다 그러므로 나는 존재한다'를 그의 철학의 출발점으로 삼은 이래 서양철학은 늘 인간으로부터 출발한다. 불로흐(Ernst Bloch, 1885-1977)는 '인간은 가변적이고 넓은 본능존재(本能存在 Trieb-wesen)이며 늘 변하는 욕구들의 덩어리이다' 라고 말했다.
쇼펜하우어가 인간의 기본적인 충동을 '의지', 마르크스는 '소유에의 의지', 니체는 '권력에의 의지', 프로이드는 '리비도', 블로흐는 '굶주림'이라고 했다.

칸트의 철학이 19세기의 사상을 지배한 것만큼 하나의 사상체계가 시대를 지배한 적은 없었다. 1781년 순수이성비판에 의해 세계를 독단의 미몽에서 깨게 하였다. 이때부터 오늘날까지 비판철학은 유럽의 사상계를 지배하여 왔다. 쇼펜하우어의 철학은 낭만주의의 물결을 타고 잠시 성행하였으나, 1848년에는 잠잠해졌다. 1859년 이후는 진화론이 그 이전의 것을 일소시켜 버렸다. 그리고 니체의 통쾌한 우상 파괴는 세기가 끝나가면서 철학 무대의 중심으로 등장하게 되었다. 그러나 이것들은 모두 2차적인 표면상의 움직임에 불과하고 그 밑에는 칸트주의의 억세고 부단한 조류가 더욱 넓게 또 깊게 흐르고 있었다. 오늘날 칸트주의의 본질적 원리는 성숙한 모든 철학의 공리(公理)가 되어 있다. 니체는 칸트의 학설을 이미 증명된 것으로 보고 앞으로 나간다. 쇼펜하우어는 누구나 칸트를 이해하기 전까지는 어린아이에 불과하다고 했다. 스피노자에 대하여 언급한 헤겔의 말을 인용해 보면 '한 사람의 철학자가 되기 위해서는 먼저 칸트 학도여야 한다'는 것이다.

듀런트/철학이야기

인간의 마음이 형이상학적(形而上學的)인 탐구를 언젠가 아주 포기하기를 기대하는 것은 우리가 더러운 공기를 마시지 않으려고 언젠가 아주 호흡하기를 중단해 버릴 때가 있기를 기다리는 것 같은 어리석은 일이다. 그러므로 형이상학은 이 지상에 항상 존재할 것이다. 그리고 사색하는 모든 사람에게는 더욱 중요하게 될 것이다. 그러나 형이상학이 일반인들에게 너무 어렵기 때문에 자연이 그것을 저버리는 것이다. 오늘까지 형이상학이란 것은 그 어느 하나도 경험 있는 두뇌를 만족시킨 일은 없다. 그러나 아주 형이상학을 포기하는 일은 불가능하다. 즉 지금이야말로 순수이성의 비판을 가지도록 시도해 보는 것이 필요하다.

'형이상학'이 모든 학문의 여왕이라고 일컬어졌던 시대가 있었다. 그러나 이제 형이상학에 대하여 온갖 경멸을 표하는 것이 시대의 풍조처럼 되어 추방되고 버림받은 이 노부(老婦- 형이상학)는 헤쿠바(Hecuba)처럼 탄식하는 것이다.
처음 형이상학 통치는 독단론자의 지배하에 있어서 전제적이었다. 그러나 그 입법이 옛날의 야만성의 흔적을 지니고 있었으므로 내란에 의하여 점차로 완전한 무정부상태에 빠지게 되어 모든 정착적 개간을 싫어하는 유목민인 회의론자들이 시민의 단결을 파괴하였다. 그러나 회의론자의 수가 매우 적었기 때문에 이들은 형이상학을 개척하려는 독단론자들의 기도(企圖)를 방해할 수는 없었다. 근세에 한 때는 로크의 인간의 오성(悟性)에 관한 일종의 생리학에 의하여 형이상학적 요구의 합법성에 관한 문제가 완전히 해결된 듯이 보였다. 이리하여 이 자칭 여왕(형이상학)이란 혈통이 경험이라는 천민에서 유래되었음이 밝혀지고 여왕이라는 참칭(僭稱)은 의심스러운 것으로 되었다. 그러나 천민에서 유래되었다는 이 계보가 사실과는 다른 것이며 잘못 날조되어 형이상학에 뒤집어씌운 것이었기 때문에, 형이상학은 여전히 여왕임을 주장하게 되었고, 따라서 모든 것은 또다시 진부하고 쓸모없는 독단론에로, 즉 거기로부터 학문을 구출해 내려고 하였던 그 경멸 속으로 빠져 들어가게 되었다.

이성의 정당한 요구에 대하여는 이성을 옹호하고 부당한 요구에 대하여서는 이를 이성의 영구불변한 법칙에 따라서 거절할 수가 없는 하나의 법정을 설치하도록 요구하는 것이다. 이 법정이 순수이성비판인 것이다.
비판이란 이성이 경험과는 상관없이 추구할 수 있는 모든 인식에 관한 이성능력 일반을 비판하는 것을 말한다. 따라서 또한 이 비판은 형이상학 일반의 가능 또는 불가능을 결정하고 형이상학의 원천과 범위와 한계를 규정하지만, 그것은 모두 원리에 의거하여 행하여진다는 것을 의미하는 것이다. 따라서 비판이라는 유일한 길을 택하여 이성이 경험을 떠나서 사용된 경우에 이성을 자가당착에 빠지게 하였던 일체의 오류가 이 길에 의해 제거되었다.
'개개의 목적'을 달성하는 완전성과 '모든 목적'을 달성하는 면밀성 양자는 우리의 비판적 연구의 소재로서의 인식 자체의 본성인 것이다.
또한 확실성과 명료성이라는 두 특성이 비판적 연구의 형식으로서 있다.
사유하는 주관은 심리학의 대상이며 모든 현상의 총괄(세계)은 우주론의 대상이며 사유되는 일체의 것을 가능케 하는 최고 조건을 포함하는 것(일체의 존재자의 본질)은 신학의 대상이다.
좁은 의미의 형이상학은 선험적 철학과 순수 이성의 자연학으로 성립된다.
선험적 철학은 주어지는 것으로 가정되는 대상을 상정함이 없이 대상 일반에 관계하는 모든 개념과 원칙의 체계로서 오성과 이성 그 자체만을 고찰하는 것이며, 순수이성의 자연학이라 함은 자연을, 즉 주어진 대상의 총괄을 고찰하는 것으로서, 자연학을 말하는 것이다.

칸트

순수이성의 역사

신학이나 도덕이 추상적인 이성적 연구의 두 개의 동기 또는 두 개의 관계점이었는데 신학이야말로 이성을 형이상학의 이름아래서 그렇게 유명한 과업에로 끌어넣었다.
가장 중요한 혁명을 야기했던 이념의 여러 모습을 개괄적으로 보고 이러한 투쟁의 무대에 가장 유명한 변화를 정립시켰던 세 가지 의도를 찾아 볼 수 있다.
(1) 이성인식의 대상에 관하여 어떤 철학자는 전적으로 감각론자이며, 어떤 철학자는 전적으로 지성론자였다. 에피쿠로스는 가장 유명한 감성의 철학자라고 일컬어지며, 플라톤은 가장 저명한 지성의 철학자라고 일컬어진다. 감각론자는 지적개념을 인정하기는 하였으나, 받아들인 것은 감성적 대상뿐이었다. 지성론자는 전적으로 예지적인 것을 요구하며 순수오성에 의

한 직관을 주장하였다.

(2) 이성 인식의 근원에 관하여 인식이 경험으로부터 도출되는 것인지, 경험과는 독립적으로 이성 속에 그 원천을 가지고 있는 것인지의 대립이 있다. 아리스토텔레스는 경험론자의 거두로 간주되고 플라톤은 지성론자의 1인자로 간주된다. 로크는 근세에 아리스토텔레스에 추종하며 라이프니츠는 플라톤을 계승하였지만, 양자는 이러한 대립에 대하여 어떠한 해결도 할 수는 없었다.

로크는 모든 개념이나 원칙을 경험으로부터 도출한 다음, 그것의 사용에 있어서는 인간은 신의 현실적 존재나 영혼의 불멸을 명증적으로 증명할 수가 있다고 주장하기에 이른 것이다.

(3) 자연 연구의 영역에 사용되고 있는 방법을 자연론적 방법과 과학적 방법으로 나눌 수가 있다. 순수 이성의 자연론자가 원칙으로서 취하는 것은 학문을 결여한 통상적인 이성에 의해서 사변보다 이상의 것을 성취시키는 것이다.

페르시우스(Perseus)는 '나는 자기가 알고 있는 것을 가지고 만족한다. 아르케실라스(Arkesilas)처럼도, 근심 많은 솔로몬(Solomon)처럼도 되기를 바라지 않는다'하였다.

칸트/순수이성비판

너의 행동의 준칙이 너의 의지를 통해 보편적인 자연의 법칙이 되도록 행동하라.

인격성을 언제나 동시에 목적으로서 사용하지 결코 수단으로서 사용해서는 안 된다.

이 세상에서나 이 세상 밖에서나 무조건하고 선이라고 인정할 수 있는 것은 선의(善意)뿐이다. 착한 의지, 성실한 마음, 참된 심정 이것만이 무조건하고 선한 것이다. 건강, 지혜, 용기, 침착을 인간의 가치 또는 덕으로서 소중히 여긴다. 그러나 지혜가 악의지(惡意志)에 이끌리고 용기가 악의와 결합할 때에는 그 지혜와 용기는 인생의 큰 악의 세력이 될 수 있다. 선의지에 이끌릴 때에만 선이 될 수 있다. 인격은 곧 선의지의 주체다.

인간은 이성자(理性者)인 동시에 자연자(自然者)다. 감성적 자아인 동시에 이성적 자아다. 인간은 두 세계 예지계(叡智界)에 속하는 동시에 또한 감성계에 속한다.

'만경창파에 배를 띄웠다. 물결은 뒤설렌다. 암흑이 물결을 덮어 시야는 온전히 캄캄하다. 그럼에도 불구하고 항해사의 눈은 작은 나침반을 들여다보면서 여전히 항해를 계속한다. 그 나침반이 스스로의 존재로서 스스로 자유로운 것이라서 그렇게 믿을 만한 것이었을까? 그의 자기성실은 보이지 않는 북극성의 자극에 응답하는 복종에서 온 것이 아니겠는가? 그리고 물결이 아무리 날뛰어도 그것이 북극성을 어쩌지 못한다는 사실 때문이 아니겠는가? 그 항해사는 지금 두 세계의 사이에 사는 자였다. 하나는 흔들리는 물결의 세계, 그러나 또 하나 불변의 항구한 세계!'

내용이 없는 사고는 공허하고, 개념이 없는 직관은 맹목적이다.

칸트

비판적 판단을 위해 반드시 필요한 세 가지가 있다. 즉 자신의 머리로 판단하고 사유하는 것, 그 다음에는 다른 사람의 머리로도 생각하고 판단하는 것, 마지막으로 이치에 맞고 편견에서 자유롭게 판단하는 것이다.

칸트/판단력 비판

인간의 삶에서는 시간이란 하나의 점이요, 존재하는 실체란 흐름이요, 지각이란 희미한 미광(微光)이요, 육체를 형성하는 모든 요소는 썩어 없어지고, 영혼은 하나의 소용돌이요, 운명은 점치기 힘들며, 명성이란 미덥지 못한 판단의 소산이다. 육체에 속하는 모든 것은 흐르는 물이요. 영혼에 속하는 것은 꿈과 안개요, 삶이란 전쟁이며 나그네의 짤막한 머무름이요, 후세에 남는 명성이란 망각일 따름이다. 그렇다면 인간은 그가 나아갈 길을 이끌고 지켜줄 힘을 어디에서 찾아야 하는가? 오직 하나, 철학의 힘뿐이다. 철학에 이르기 위해서는 인간이 내면에 지닌 신성한 영혼으로 하여금 폭력으로부터 해방되고 상처를 입지 않으며, 고통과 쾌락을 초월하며, 목적이 없이는 어떤 행동도 취하지 않으며, 거짓과 위선을 행하지 않으며, 다른 사람이 행하거나 행하지 않기를 필요로 하지 않도록 이끌어야 하고, 주변에서 벌어지는 모든 상황은 있는 그대로 받아들여야 하며, 마지막으로 기쁜 마음으로 죽음을 기다려야 한다.

감각은 육신에 속하고, 행동의 욕구는 영혼에 속하고, 원칙들은 지성에 속한다.

훌륭한 인간이 지닌 독특성은 따로 존재하니, 운명의 베틀이 짜서 주는 모든 경험을 기꺼이 맞고 만족하면서, 마음속에 존재하는 신성을 더럽히지 않고, 수많은 좋지 못한 관념들로써 어지럽히기를 거부하며, 진리에 어긋나는 말을 하거나 정의를 거역하는 행동을 저지르지 않겠다는 자세로, 신처럼 순종하고 평화로운 마음으로 그 신성을 보존하려는 태도가 그것이다. 소박하고, 겸손하고, 만족스러운 삶을 살아간다는 사실을 온 세상 사람들이 믿으려고 하지 않더라도, 어느 누구에게도 화를 내지 않으며, 삶이 끝날 때까지 조금도 마음이 흔들리지 않고 가던 길을 따라 나아갈 터이며, 운명이 정해 준 바에 완전하게 스스로 순응하여, 순수와 평화 속에서 그 끝에 다다른 다음에는 서슴지 않고 죽음을 맞는다. 죽음을 눈앞에 두었을 때 앞으로 벌어지게 될 일 때문에 기뻐하는 사람이 임종의 자리에 한 명도 없을 만큼 복이 많은 사람은 없다.

그들에게 덜 친절한 태도를 보이며 떠나가서는 안 되며, 다정하고 자비롭고 순결한 그대의 성품을 그대로 간직하여야 하고, 쫓겨나는 듯한 인상도 주지 말고, 조용한 죽음을 맞는 사람의 경우에 불쌍한 영혼이 쉽게 육신과 분리되듯이, 뒤에 남을 사람들로부터 쉽게 떠나야 하니, 그 까닭은 자연의 본성이 그대를 그들과 결합시키고 인연을 맺어 놓았기 때문이다.

소크라테스는 자주 이런 말을 했다. 그대가 원하는 바가 이성적인 인간의 영혼인가 비이성적인 영혼인가? - 이성적인 인간의 영혼이다. 건전한 사람인가 건전하지 못한 사람인가? - 건전한 사람이다. 그렇다면 왜 그대는 그런 영혼을 추구하지 않는가? - 우리들은 이미 그것을 소유했기 때문이다. 그런데 왜 그대는 싸우고 다투는가?

마르쿠스 아우렐리우스/명상록

철학적 난제에 부딪힌 사람은 방안에서 빠져나가려 하지만 그 방법을 모르는 사람과 같다. 창문으로 나가려 하니 그건 너무 높고, 굴뚝으로 나가려 하니 그건 너무 좁다. 그래서 방안을 이리저리 돌다 보면 그는 방문이 항상 열려 있음을 알게 될 것이다.
너의 철학의 목적은 무엇인가? 그것은 파리에게 유리로 만들어진 파리통으로부터 탈출할 출구를 가르쳐 주는 일이다.
철학은 '언어를 가지고 우리의 지성이 걸려든 마술과 싸우는 것이다. 은유(隱喩)를 달리하면 이 투쟁은 철학자들이 지금까지 쌓아온, '위대하고 중요해' 보이는 건축물 가운데 '최소한의 단편들만을 남기고' 대부분을 파괴해 버리는 일을 포함한다. 그러나 파괴된 것은 사상누각이었을 뿐이다. 그것은 그것이 기초하고 있는 '언어의 지반'을 청소하다 보면 부서져 내리고 만다는 것이다.

비트겐슈타인(Ludwig Josef Johann Wittgenstein, 1889-1951)
/철학적 탐구(Philosophische Untersuchungen, 1953)

학문은 선장이고, 실천은 군인이다.

학문을 쌓지 않은 채 실천만을 사랑하는 사람은 조종간도, 나침반도 없는 배에 오른 도선사(導船士)와 같다. 실천은 항상 훌륭한 이론을 바탕으로 해야 하는데, 여기서는 원근법이 군주이자 현관 역할을 한다.

그대들의 주장과 위에 기술된 사항을 본보기로 하여 확고하게 증명하도록 하라. 그대들은 이것을 가리켜 실험이라 부르게 될 것이다. 실험은 정교한 자연과 인간의 본성 사이를 잇는 통역사다. 실험은 결코 오류를 범하지 않는다.

경험은 결코 오류를 범하지 않는다. 오류를 범하는 것은 우리의 판단뿐이다. 우리는 우리의 판단에 능력 밖의 것을 기대한다. 인간은 부당하게 경험에 대해 불평을 늘어놓는다. 그러나 경험은 그냥 가만히 내버려두고, 그대들의 무지를 비난하도록 하라. 무지는 그대들의 허황되고 한심한 소망을 이용해 능력 밖의 것들을 기대하도록 그대들을 성급하게 몰아갔도다. 경험을 일컬어 기만적이라고 말하면서.

원인을 파악하라. 그러면 실험은 필요 없어질 것이다.

자연에 의해서 질서정연하게 인도되고 있는 그 사물들을 안다고 뽐내지 마라. 그대 자신의 정신으로 고안해 낸 사물의 목표와 목적을 깨닫는 데서 기쁨을 느끼도록 하라.

다빈치/학문에 대하여

관자놀이에 날개가 달린 여성이 천구의(天球儀) 위에 서 있다. 천구의는 자연을 의미하며, 여성은 형이상학을 나타낸다. 왼쪽 위의 모서리에 한 개의 눈(응시하고 있는)을 싸안고 빛을 번쩍이는 삼각형은 섭리의 시선을 갖추고 있는 신이다. 이 시선(방사선)을 통해 형이상학은 지금까지 철학자들이 신을 명상하는 매체로 이용한 자연물적 질서를 초월하여 황홀 망아(忘我) 속에서 신을 관조하고 있다.

형이상학 가슴에는 볼록한 보석장식이 달려 있고, 신의 섭리의 빛이 이를 비추고 있다. 이는 형이상학의 마음이 맑고 순수해서 정신의 오만함에도 육욕의 천박함에도 오염되지 않았음을 나타내는 것이다. 신의 인식이 형이상학에 이르러 거기서 끝난 것이 아님을 나타내고 있다. 왜냐하면 형이상학이 자신의 입장에서 지성의 빛을 뿜어 철학자들이 행해 왔던 것처럼 자주적으로 도덕행위를 규제하는 것이라면 이 보석은 평평한 것으로 그렸어야 마땅하다. 그러나 실제 보석은 볼록하며, 섭리의 빛은 거기에 반사되어 더욱 확산되고 있기 때문이다.
인간의 문명화는 신의 섭리에 의해 질서가 부여되고 배치되는 것이다. 이것이 참된 인간의 문명사회적 본성이며 자연에 존재하는 법이기도 하다. 이러한 신의 인도야말로 문명신학이 해명하려는 근본문제의 하나이다.

비코(Giambattista Vico, 1668-1744)/새로운 학문(1725)

이성과 감정은 서로 교대하고 보충하면서 우리에게 충고를 한다. 누구든지, 그 하나에만 의뢰를 하고 다른 한쪽을 돌아다보지 않는 사람은, 자기를 위해서 손을 뻗어 주는 귀중한 원조의 반을 스스로 포기하는 사람이다.

정신에 있어서의 고독은 육체에 있어서의 절식(絶食)과 같다.

분별없는 사람한테 걸리면, 아무리 유익한 진리도 과오를 저지르게 될 것이다.
품성을 향상시키려면, 사람의 마음속에 지혜와 힘이 들어 있다는 것을 깨우쳐 주어야 한다. 인간성의 결점이나 어리석은 부분을 지적하는 일에만 열중하는 파스칼이나 라 로쉬푸코같은 저작자는 공중의 이성이나 판단력을 기르기는커녕 오히려 그 성향을 타락시키고 있는 것이다.

노인의 충고는 겨울 태양과 같다. 비추어주기는 하지만 따뜻하게 해 주지는 않는다.

사람은 운명과 협력을 해서 자기에게 적합한 장소를 갖도록 노력해야 한다.
가난하다고 해서 유덕(有德)한 사람이 될 수는 없을 것이며, 부유하다고 해서 행복한 사람이 될 수도 없을 것이다.

정열이라는 것은, 원래 본성에서 나오는 것임에도 진정한 목적에 대해서 거역을 하는 경향이 있는데, 철학이 그 버릇을 다스려 주는 것이다. 철학이라는 것은, 자기 자신의 어떤 정열에 저항할 필요에서 나오는 것이지만, 또한 정열의 연소를 경험해 보지 않은 사람이 철학의 길에 발을 들여놓는 예는 극히 드문 것이다.

그러므로, 정열을 극복하고 조화시키기 위해서는, 무턱대고 정열을 진압시키는 격투를 벌일 게 아니라, 조용한 반성을 통해서 모든 감정 가운데 가장 자립적 감정인 철학의 안심으로 향해 가야 한다.

보브나르그(Luc de Clapiers Vauvenargues, 1715-1747)/성찰과 잠언(1746)

너희 지고한 인간들이여!

모든 신들은 죽었다. 이제 우리는 초인이 살기를 원한다.

인간이 위대한 이유는 인간이 다리이지 목적은 아니라는 데 있다. 인간이 사랑스러운 까닭은 인간이 과도(過渡)이며 몰락이라는데 있다.

나는 몰락밖에는 살아가는 방법을 모르는 사람들을 사랑한다. 그들은 초극해가는 자들이기 때문이다.

나는 위대한 모멸자(侮蔑者)를 사랑한다. 그들은 위대한 숭경자(崇敬者)이며, 피안(彼岸)을 동경하여 날아가는 화살이기 때문이다.

나는 몰락하여 희생이 되는 이유를 성진(星辰)의 저쪽에서 구하지 않고, 대지를 언젠가는 초인이 태어나는 대지가 되게 하기 위하여, 자신을 대지에 바치는 사람들을 사랑한다. 이제야말로 인간이 스스로 표적(標的)을 세울 때다. 인간이 그 지고한 희망 때문에 집단은 그 자체만으로는 어떤 목적도 될 수 없다. 모든 개인(즉 인류)이 기계의 운전을 중단시키지 않게 하기 위해서만 필요한데 불과하다면 그 기계는 무엇을 위한 것인가. 그 자체가 목적인 기계(사회조직), 그러한 것은 인간희극이다.

니체/권력에의 의지

정신의 세 단계 변화에 대하여

나는 정신의 세 단계 변화를 설명하겠다. 정신이 어떻게 낙타가 되고 낙타가 어떻게 사자가 되고, 마지막으로 사자가 어떻게 어린 아이가 되는지를. 내부에 외경(畏敬)을 간직하고 있는 중력을 견디어내는 정신은 낙타처럼 무릎을 꿇고 앉아 아주 무거운 것이 실리기를 원한다. 무거운 짐을 지고 총총히 사막으로 들어가는 낙타처럼, 정신은 자신의 사막으로 총총히 들어가는 것이다. 사막에서 두 번째 변화가 일어난다. 정신은 사자가 되고 자유를 쟁취하여 사막의 주인이 되려고 한다. 정신이 더 이상 주인이나 신으로 섬기려고 하지 않는 거대한 용의 이름은 어떤 것인가? 모든 사물의 일체의 가치 그것은 내 몸속에서 번쩍이고 있다. 거대한 용은 "너는 해야 한다"를 뜻한다. 하지만 사자의 정신은 "나는 하려고 한다"를 말한다. 어린아이는 순진무구함이자 망각이고 새로운 시작이자 유희이다. 저절로 굴러가는 바퀴이고, 최초의 움직임이며, 신성한 긍정이다

창조라는 유희를 위해서는 신성한 긍정이 필요하다. 이제 정신은 자신의 의지를 욕구하며 세계로부터 격리된 정신은 자신의 세계를 획득한다.

니체/차라투스트라는 이렇게 말했다.

우리는 두 종류의 다른 실재(實在)를 분별한다. 하나는 이질적인 감성적인 성질의 실재요, 다른 하나는 동질적인 실재, 즉 공간이다. 운동 속에는 두 요소가 분별된다. 즉 경과된 공간과 공간을 경과하는 동작과, 계기(繼起)적 위치와 위치 종합이다.

자기 본래의 자태를 실현하면서 창조적으로 진전하는 지속이 생생한 자아요. 앞으로 될 미래가 열려 있는 자아는 자유다.

구체적 자아와 자아가 수행(遂行)하는 동작과의 관계를 자유라고 부르는 것이다.

내적 자아는 내적, 계기적, 시간적이요 외적 자아는 양적, 병렬적, 공간적이

다. 외적 자아는 일상적 자아요, 사회생활을 가능케 하는 것이다. 그러나 참 실재를 구하는 이는 일상적 자아를 내버리지 않으면 아니 된다. 내적인 자아, 자유로운 참 자아를 붙잡으려면 극도의 긴장이 필요하다. 생동하는 자아는 내감(內感)하는 길밖에 없다. 대상과 합일하여, 스스로 대상 그것이 되어, 대상 안에서 보는 것이다. 이것이 직관(直觀)이요, 그리하여 직관은 공감이다.

인간사회는 무엇에 의해서 진전하는가. 그것은 도덕과 종교다 도덕현상이나 종교현상에도 보수적인 면과 진보적인 면이 있다. 전자는 정적인 사회질서를 요구하는데 기인하는 것이며 후자는 사회진화의 운동에로의 요구를 근본으로 하고 있는 것이다. 이 두 개의 요구야말로 도덕과 종교에의 두 원천이다.

지성은 인간을 밖으로 향하게 하여 물질을 지배하게 함으로써 유물적(唯物的) 기계주의로 흐르게 하는 반면 이기주의로 빠져 사회생활을 위태롭게 하고 사멸(死滅)의 불안을 의식시킴으로써 생의 활동을 침체(沈滯)케 한다. 이 같은 위험의 보장(保障)으로서 자연 발생한 것이 위압적인 닫힌 도덕이고 미신적인 정적 종교이다.

창조적인 생명의 근원에 깊이 몰입하여 절대자이며 영원자인 신과 일치함으로써 신비적인 체험을 통하여 열린 도덕을 창조하고 동적 종교를 실현한다. 창조적인 사랑은 집단적 인간의 종적(種的) 정체(停滯)를 넘어서 약진한다. 이와 같은 사랑의 약동이야말로 그리스도교적 신비가들의 본 모습이다.

베르그송/시간과 자유(1889)

이론에 대한 행동의 우위, 이것이 프래그머티즘의 근본태도다.

프래그머티즘의 완성자 존 듀이의 사상은 세 분야로 갈라진다. 첫째는 프래그머티즘에 입각한 인스트루멘탈리즘 즉 기구주의의 철학이요, 둘째는 진보주의 교육사상이요, 셋째는 현실의 사회철학이다.

인간의 생은 경험 이전도 경험 이하도, 경험 이상도 아니다. 철학의 대상은 경험의 세계다. 경험 즉 생(生), 생 즉 경험이다. 인간은 하나의 유기체로서 살아간다.

생명이란 환경에 대해서 작용하는 행동을 통하여 자기를 변신해 나아가는 과정이다.

듀이/Democracy and Education

세계의 자율에 이르는 길은 하나의 거대한 발전이다. 신학에 있어서는 샤베리의 하바드(Herbert von Cherburg, 1583-1648)가 처음으로 종교적 인식에 대한 이성의 충분한 자격을 주장했다. 도덕학에 있어서는 몽테뉴, 보당(Jean Bodin, 1530-1596)이 계명 대신에 생명법칙을 내세웠다. 정치학에 있어서는 마키아벨리가 정치를 일반 도덕에서부터 해방하고 국가 이성의 교설(敎說)을 수립했다. 그 후 내용적으로는 마키아벨리와 아주 다르지만, 인간 사회의 자율이라는 방향에 있어서는 그와 일치하고 있는 그로티우스(Hugo Grotius, 1583-1645) 가 있다. 그는 신이 없다고 해도 타당한 제 국민의 법으로서 자연법을 제시했다. 자율에의 도정의 최후는 철학이다. 즉 한편으로는 데카르트의 이신론(理神論)이 세계는 신의 개입이 없이 스스로 운행되고 있는 장치라고 한다. 다른 한편으로는 스피노자의 범신론이 신은 자연이라고 한다. 칸트는 근본적으로 이신론자이며, 피히테와 헤겔은 범신론자다.

자연과학에 있어서는 사건이 분명히 니콜라우스 쿠자누스(Nicolaus Cusanus, 1401-1464), 지오르다노 브루노(Giordano Bruno, 1548-1600) 및 그들의 세계의 무한성에 관한-이교적인-교설로 시작한다.

본회퍼 (Dietrich Bonhoeffer, 1906-1945)/옥중서간(獄中書簡)

윤리학에 관한 한 줄기의 정의

· 대체로 시인(是認)을 받는 행위는 일정한 부류의 결과를 초래하기 쉽다

고 기대되는 것들이며, 비난을 받는 행위들로부터는 그 반대의 결과가 기대되고 있다.

· 시인의 근본이 되는 결과를 '좋음'이라고 부르고, 비난의 근본이 되는 결과를 '나쁨'이라고 부른다.

· 알 수 있는 증거에 의하여 그 결과가 같은 환경에서 가능한 다른 행위들보다도 나으리라고 생각되는 행위를 '옳다'고 부르고, 그 이외의 행위는 '그르다'고 부른다.

· 옳은 행위에 대해서 시인을 느끼고 나쁜 행위에 대해서 비난을 느끼는 것은 옳다. '옳은 행동'이란 칭찬이 소용 있는 행동이요, '그른'행동이란 비난이 소용 있는 행동이다.

비난을 당할까 두려워하는 마음은 매우 강한 제지력을 갖는다. 비난을 받은 사람은 골이 나고 반항적이 되기 쉬우며, 사회로부터 호평받기를 단념하고 본의 아닌 사회배반자의 입장을 따르기 쉽다.

증오, 선망, 경멸은 사람들로 하여금 자신들만의 이익에 눈멀게 한다. 반대로 동정과 연민은 남에게 유익한 행동을 촉진한다.

법률과 정치는 전체의 선이 개인에게 영향을 미치도록 하기 위한 제도이다. 칭찬과 비난의 형태로서 나타나는 여론도 역시 전체의 선으로 하여금 개인 행위의 원리가 되게 함을 사명으로 삼는다.

러셀/인간사회질서론

세 가지 지식

종교지(宗敎知)는 인류적 구제가치를 실현하는 최고 가치를 갖는 것이고 교양지(敎養知)는 이성적인 인간의 정신가치를 실현하는 고상한 가치를 갖는 것이며 지배지(支配知)는 인간의 생명가치를 실현하는 비교적 낮은 가치에 속한다. 이 세 가지 가치는 서로 합동해서 인간성을 조화적으로 발전시켜야 하는 것이다.

진정한 영원은 시간을 배제(排除)하는 것이 이니요, 시간과 병행해 있는 것도 아니다. 진정한 영원은 무시간적 방식으로 시간의 내용을 포섭해 있고 시간의 각 순간에 스미어 있는 것이다.

막스 셸러(Max Ferdinand Scheler, 1874-1928)

오늘날 주요한 6개의 사상들은 모두 19세기에 생겨나, '교양 있는'사람들의 정신을 지배하고 있다.
첫째 진화 사상으로 고차(高次)의 형태가 저차(低次)의 형태로부터 자연스럽고 자동적인 진행을 통해 끊임없이 발전되어 왔다.
둘째 경쟁, 자연도태, 적자생존의 사상이다.
셋째 유물주의 사상으로 종교나 철학, 예술 따위-마르크스가 "인간의 두뇌 속의 환상"이라고 부른- 와 같은 인간 활동의 고도의 표현 형태는 "물질적인 생명과정에 필요한 부속물"에 지나지 않으며, 경제적 이해를 은폐하거나 밀어내기 위해 만들어진 상부구조이다.
넷째 프로이트의 사상으로 인간 활동을 정신의 무의식 상태 속에서 움직이는 어두운 충동에 의한 것이라고 해석한다.
다섯째 상대주의 사상으로 절대적인 것을 모두 부정하고 모든 규범과 기준을 해체시켜 버리며, 실용주의에 이르러 진리의 관념을 완전히 버리고 만다.
여섯째 실증주의 사상으로 유효한 지식은 자연과학적 방법에 의해서만 얻어지며, 어떤 지식이든 일반적으로 관찰할 수 있는 사실의 뒷받침이 없는 한, 진리라고는 할 수 없다.
분별보다 더욱 큰 이 지혜가 있어야만 비로소 정의와 용기와 절제가 있는 행동을 할 수 있다.
정의는 진(眞), 용기는 선(善), 절제는 미(美)와 결부된다. 지혜는 어떤 의미에서는 이 세 가지 덕을 모두 포함하고 있다.

슈마허(Ernst Friedrich Schumacher, 1911-1977)
/작은 것이 아름답다(Small is Beautiful)

시간과 영원의 관계

첫째, '무시간적 영원'을 찾는 입장에서 시간은 투명한 덮개요, 속이는 막이요, 영원의 움직이는 그림자에 불과하다.

둘째, 니체의 '영원한 회귀'로 시간의 흐름은 원의 둘레와 같이 다시 제 자리로, 시발점으로 돌아온다는 것이다.

셋째, '무한한 시간으로서의 영원'이다. 무한과 영원을 동일시하고, 시간을 무한한 일직선으로 생각하는 입장이다.

넷째, '영원한 회귀'와 '무한한 일직선적인 발전'을 종합한 것으로 비코(Giovani Battista Vico, 1668-1744; New Science)에 의하면 역사는 과정과 순환의 리듬으로서 나선식으로 상승하는 것이다.

다섯째, 시간의 전경과(全經過)는 몇 시기로 나누어 지상의 시간이 끝나는 때 영원이 시작한다는 것이다. 플로리스(Joachim of Floris, 1132-1202)의 성부시대·성자시대·성령시대, 꽁트(A. Conte 1798-1857)의 소년시대·청년시대·성년시대, 칼 마르크스의 봉건시대·자본주의시대·무산자의 집권시대로 제3시대는 곧 영원한 시대라는 것이다.

여섯째, 종말론적 사관에서는 전 역사과정은 시대경륜 혹은 두 영겁(aeon)으로 구별되며, 지나가는 시대 또는 이 시대와 오는 시대로 구분하거나, 사탄이 지배하는 악한 암흑의 시대와 메시아의 도래로서 시작되는 축복의 광명의 시대로 구별한다.

일곱째, 구속사관(救贖史觀) 혹은 교회사관(教會史觀) 입장은 시간과 영원의 두 평행선으로 그릴 수 있을 것이다.

徐南同(1918-1984)

지난날 한때 그녀를 위해 서슴없이 죽은 굳센 사람들이 있었다. 소크라테스는 그녀의 적에게 굴복하는 치욕을 참고 살기보다는 순교자가 되기를 택했다. 플라톤은 그녀의 왕국을 지키기 위해 두 번이나 위험을 무릅썼다. 마르쿠스 아우렐리우스는 자기의 왕관보다 그녀에게 훨씬 열렬한 애정을 바쳤다. 브루노(Giordano Bruno, 1548-1600)는 그녀에 대한 충성을 지키다 화형장의 재가 되었다.

듀런트/철학이야기(The Story of Philosophy, 1926)

과거와 현재와 미래라는 세 가지 시간이 있다고 말하는 것은 옳지 못하다. 과거의 현재, 현재의 현재, 미래의 현재, 이 세 가지의 때가 있다고 말하는 편이 옳다. 이 셋은 마음 안에 있다. 그렇지 않으면 그것을 알 수가 없기 때문이다. 과거의 현재는 기억이고, 현재의 현재는 직관이며, 미래의 현재는 기대이다.

아우구스티누스/고백록

나타난 세계는 의지의 거울이요 사진이다. 이 세계에서는 시간과 공간이라는 옷을 입고 만물은 천차만별이며, 개체로서 서로 짓싸우고 있다. 그러나 근거의 원리를 떠난 세계, 즉 본체계(本體界)에 있어서 만물의 지상의 근원, 물자체(物自體)로서의 실재는 차별이 없으며, 개체로서가 아닌 혼일체(渾一體)의 의지이다. 이 혼일체의 의지는 길가에 피어 있는 잎사귀 하나로부터 인간에 이르기까지 완전히 나타나 있다. 이를테면 그 의지는 환등(幻燈)의 불과도 같은 것이다. 다만 비치는 영상에 따라 짙게도 옅게도 나타나 하얀 포장 위에 갖가지의 모습이 비쳐진다.

쇼펜하우어

소크라테스는 인류에게 철학을 주었고 아리스토텔레스는 인류에게 과학을 주었다. 소크라테스 이전에도 철학은 있었고, 아리스토텔레스 이전에도 과학은 있었다. 소크라테스와 아리스토텔레스 이후 철학과 과학은 측량할 수 없는 진보를 하였다. 그러나 모든 것은 그들이 놓은 기초위에 세워진 것이다.

르낭(Joseph Ernest Renan, 1823-1892)/예수전(The life of Jesus, 1863)

나는 누구인가? 나는 무엇을 해야 하는가? 나는 무엇을 믿고 무엇에 대해 희망을 가져야 하는가? 철학의 모든 것은 이 세 가지 질문이다.

리히텐베르크(Georg Christoph Lichtenberg, 1742-1799)

나에게서 시간을 빼앗아 간 세월들은 나의 것이 아니다.
나에게 오려 하는 세월들도 나의 것이 아니다.
순간이 나의 것이고 나는 순간에 집중한다.
그리하여 세월과 영원을 이루는 그것이 나의 것이다.

그리피우스(Andreas Gryphius, 1616-1664)

한 개념이 다른 개념에 귀속되는 방식과 참이 되는 방식은 범주가 존재하는 것만큼 많다.
범주에는 10개가 있다. 즉 '무엇인가', '얼마나 큰가', '어떤 성질을 갖고 있나', '무엇과 관계하나', '어디에', '언제', '놓여 있다', '갖고 있다', '작용하다', '당(當)하다' 등이다.

마르쿠스 아우렐리우스/명상록

신이 창조의 날에 만드신 것들 중에서 최초의 것은 감각의 빛이고, 최후의 것은 이성의 빛이다.

베이컨/수필집

이성은 억제하는 것이요, 자비는 용서하는 것이다. 이성은 법률이지만, 자비는 특권이다.

드라이든(John Dryden, 1631-1700)
/암사슴과 표범(The Hind and the Panther, 1687)

아리스토텔레스의 사상은 강력한 폭풍우와 같다. 사유방식은 처음과 끝이 몰아쳐서 모든 것을 굽히고, 동요시키며, 앞으로 치닫는다. 플라톤의 사유방식은 폭풍우의 길을 가로질러 나오는, 그리하여 폭풍우에도 전혀 흔들리지 않는 고요한 햇살과 같다.

신체가 그릇이라면 내용물은 의지다. 따라서 자신의 의지를 깨닫지 못한 채 살아왔다는 것은 그릇의 가치로 살아왔다는 것과 동일한 의미다. 내용물이 버려진 인생이 낙담과 절망에 시달리는 것은 어찌 보면 당연한 결과이며 그릇만 남은 인생에 풍요가 찾아오기를 기대한다는 것은 허황된 욕망에 지나지 않는다.

한편의 시가 목동의 지팡이를 푯대삼아 풀밭을 뒹구는 어린 양이라면 체계, 사회, 구조를 뒷받침하는 철학사상은 살아남는 것이 목표인 전갈이다. 상대방의 목덜미에 독물이 끈적거리는 꼬리를 서슴지 않고 꽂아 넣는다.

인간은 삶의 활동반경에서 쉬지 않고 적을 발견하고 적을 상정하고 적이라는 이름을 붙여 대항한다. 마찬가지로 그들에게 적이 되고자 욕망을 분출한다. 인생은 대상과의 휴전 없는 전쟁이다. 이 전쟁에서 최후까지 살아남는 승리자는 죽음뿐이다. 인간은 그저 무기를 든 채 죽어가는 것이 고작이다.

쇼펜하우어/의지와 표상으로서의 세계(Die Welt als Wille und Vorstellung)

공리는 행동의 경향성 즉 행동이 그 목적인 행복으로 향하는 경향성이다. 공리사상이란 행복으로 향하는 경향에 있어서의 유용성이다.

벤담/정부론단편(政府論斷片)

사상이란 현재 있는 것에 대한 비판이며, 있어야 할 것으로서 되어 있지 않은 것에 대한 비판이다. 사상이 실현되어 새로운 상황으로 퍼져서 습관이나 타성이나 마비상태에 빠지게 되면 또다시 비판에의 요구가 높아진다. 그리고 이러한 방법으로 같은 일이 되풀이되어 간다.

드로이센(Johann Gustav Bernhard Droysen, 1808-1884)
/역사학요강(歷史學要綱, 1925)

종교는 철학 없이도 존재할 수 있지만 철학은 종교 없이는 존재할 수 없고 오히려 자신 속에 종교를 포함하고 있다.
감정으로서의 정신은 대상화되지 않는 내용 자체이며 의식의 가장 낮은 단계일 뿐이어서 동물과 공통된 혼의 형태를 지니고 있다.
동물에게도 부여된 혼을 비로소 정신으로 만드는 것은 사유다.

헤겔/철학강요(1817)

요리에 있어서의 소금, 자연에 있어서의 광명처럼 감성에 널리 깊게 스며들어서 감성을 이성적으로 육성하지 않으면 안 되는 것이다. 또 감성도 현실에 있어서는 선을 행하도록 사람들을 재촉하여 감성이나 의지나 마음속을 순결하게 하고 고귀하게 하는 것이 아니면 안 되는 것이었다.

존재하는 것을 파악하는 것이 철학의 과제요, 피안의 꽃에 끌리지 않고, '여기 장미가 있다. 여기서 춤추라'고 하는 태도야말로 철학적이다. 현실적인 것은 이성적이요, 이성적인 것은 현실적이기 때문이다.

헤겔

사상적 관심이 없는 물질은 공허하고,
물질적 관심이 없는 사상은 무력하다.
(Materials without ideal interests are empty,
but ideals without material interests are impotent.)

베버

원리가 없으면 사람은 암흑과 혼돈 속에 두어진다. 그러나 最良의 원리로서 해도 관심이나 경험이나 조화가 없으면 불편하다. 원리는 방향을 제시하는 등대이지만 항구로 들어가는 길을 아는 사람에게만 형용된다.

페이욜(Henri Fayol, 1841-1925)

형이상학은 인간이라는 것이 사실적으로 존재하게 됨으로써 불가피하게 존재자의 영역에 침입하게 될 때에 일어나는 근본적 사건이다.
철학은 형이상학이요 형이상학은 초월이며 초월은 무(無)에서의 자기개입이다.

과학에 있어서는 엄밀(streng)하다는 것이 중요하지만, 철학에 있어서는 엄숙(ernst)하다는 것이 중요하다.

하이데거(Martin Heidegger, 1889-1976)

신은 초인종을 누르지 않고 온다 - 영감(靈感)

신은 성질이 없어 선하며, 양이 없어 크고, 결핍이 없어 창조적이며, 지위가 없어 통치자이며, 외관이 없어 모든 것을 포괄하고, 장소를 갖지 않아 어디든지 있고, 시간을 갖지 않아 영원하며, 변함이 없어 변화하게 하고, 아무 작용을 받지 않아 모든 작용을 한다.

아우구스티누스/삼위일체론

이제 나는 내 자신에게 말한다. '너는 누구냐?' 나는 대답한다. '인간이다.' 내 속에 있는 육신과 영혼이 나의 눈짓을 기다리고 있는 것이 보인다. 한 가지는 바깥에 있고, 또 다른 한 가지는 안에 있다. 이들 중 누구에게 나의 신에 대해서 물어보아야 할까? 나는 땅에서부터 하늘에 이르기까지 내 눈길이 닿을 수 있는 곳이면 어디나 나의 육신을 이끌고 다니면서 신을 찾았다. 그러나 바깥에 있는 것보다는 안에 있는 것이 좀 더 유용할 듯하다. 모든 사랑의 사자들이 그들의 군주이자 심판관인 그것에게 하늘과 땅의 대답, 그리고 우리는 신이 아니다. 그분이 우리를 만드셨다 라고 말했던 그 안에 있는 모든 것의 대답을 보고하였기 때문이다. 내면의 인간은 외부에 있는 인간의 헌신을 통해서 이런 사실을 인식하였다. 내 내면의 자아는 이것을 인식하였다. 나, 영혼은 내 육신의 감각을 통해서 그것을 인식하였다.
나는 전 우주를 향해 나의 신에 대해서 물었다. 그러자 이렇게 대답했다. "나는 신이 아니다. 그러나 바로 그분이 나를 만드셨다."

아우구스티누스

神속이 자연이란 신이 자기를 계시하는 곳이요, 신은 자연을 통해서 스스로를 계시한다. 이는 오성(悟性)이라 불리는데 이 오성에의 동경이 자연이다. 신의 창조적 의지란 이 오성과 오성에의 동경의 합체요, 자연의 질서는 오성에 따라 주어진다. 신의 닮은꼴은 자연의 어두운 최심저(最深底)까지 들어가 그로부터 다시 오성의 밝은 것을 나타내는 한편, 자연의 동경은 자기의 근저에 통일을 보존하려고 한다. 전자는 物의 영(靈)이요, 후자는 物의 육(肉)이다. 자연전개의 제 단계는 물의 영이 흑암에서 빛 가운데로 나오는 과정이라 할 수 있다. 인간의 정신은 이 흑암과 빛의 생명 있는 동일성이요, 最深의 연(淵)과 最高의 天과의 생명 있는 공존이다. 따라서 정신은 자연에 통일을 부여하는 필연성의 힘을 넘어 밖으로 나갈 수도 있다. 이것이 인간적 자유다. 그러나 이 자유는 동시에 신에 의한 질서의 파괴도 의미한다. 인간은 자기의 영을 신과 합체해서 선의 세계를 만드는 것도, 신으로부터 떨어져 자기만으로 자기중심에 가상의 악의 세계를 만드는 것도 자유다. 그러나 사랑으로서 신의 자기계시를 완성하기 위해서는 자연의 근저의 어두운 심연의 반작용이 필요하고, 선의 세계는 악의 세계를 필요로 한다. 이런 어두운 원리로부터만이 신의 변이에 따라 선이 빛으로 형성될 수 있다. 그러나 신의 계시, 신의 사랑이 현현(顯現)하는 데는 이와 같은 반작용과 악의 근거가 극복되지 않으면 안 된다.

셸링(Friedrich Wilhelm Joseph von Schelling, 1775-1854)
/인간적 자유의 본질

구속경륜(oikonomia)의 신비로운 뜻은 하나의 본질이 성부, 성자, 성령이라는 삼위일체로 나타난다는 것이다. 이 셋은 지위가 아니라 정도에서, 본질이 아니라 형식에서, 능력이 아니라 외양에서 나뉜 것이다. 그렇지만 그 분은 한 분 하느님으로서 아버지와 아들과 성령이라는 이름으로 이러한 정도와 형식과 외양으로 생각될 수 있다. 그렇다 해도 여전히 하나의 본질이며 하나의 조건이며 하나의 능력을 갖는다.

테르툴리아누스(Quintus Septimius Florens Tertullianus, 155?-240?)

인간의 완성의 단계는 다음과 같은 것이다.

① 유년 시절의 남으로부터 주입된 신앙으로 권위에 대한 완전한 복종이며 평안이며 주위의 모든 것과의 신뢰에 의한 교제이다.

② 남으로부터 주입되고 의심 없이 받아들인 신앙의 본질에 더 깊이 들어가는 일로 그 신앙과 교훈에 대한 긍정과 선교, 독특한 정열을 가진 의욕이고 주위와 협찬이며 찬양이다.

③ 신앙으로 받아들인 교훈에서 완전히 해방되는 일로 자신의 이성과 양심에 조화되는 것만 인정하고 자신의 고독과 신과의 결합을 아는 일이다. 사람은 그 의식의 정도의 차이는 있으나 다음의 단계를 거쳐서 가는 것이다.

· 완전한 신앙

· 때로는 알까 말까하는 정도의 회의(懷疑)
· 때로는 매우 약하나 자신의 인생에 대한 이해를 가지려고 하는 시도
· 결국 신과 대면을 하는 일. 완전한 인식이며 고독이며 죽음이다.

톨스토이

진실한 복음의 사도

"세상에 나와서, 복음서가 그려 보이는 것과는 전혀 다른 광경을 목격했을 때, 저는 얼마나 놀랐는지, 얼마나 번민을 했는지, 우선 애통하는 자가 어디에서 위로를 받고 있습니까. 온유한 자가 어디에서 땅을 지배하고 있습니까. 이 지상에서는 모든 게 다 시련이고, 문제는 천국에 가서 한꺼번에 해결이 된다는 건 터무니없는 공상입니다. 애통하는 자가 위로를 받는 것도, 의에 주리고 목마른 자가 배부르게 되는 것도, 모두 다 이 지상에서 이루어져야 합니다. 그래야만 율법이 완성되는 거라고 할 것입니다. 그렇지 못하고 언제까지나 허위와 폭력이 날뛰는 사태가 계속되는 경우에는, 어쩔 수 없이 '눈에는 눈을, 이에는 이를' 이라고 하는 것을 인생의 법칙으로 인정할 수밖에 없습니다. 위고 선생님, 저의 번민에 무슨 단안을 내려 주시면 고맙겠습니다."

"나는 복음서가 가르친 말씀을 그 이상 더 명확하게 설명할 능력이 없네. 그리고 당신이 실제 사회에서 목격한, 그 모든 불합리한 사태에 대해서도 아무 변명을 하지 않겠네. 다만 나는 당신의 곧은 마음이 큰 길 위로 걸어가기를 바랄 뿐일세."

그로부터 몇 달이 지나, 어느 날 아침 식탁에서 신문을 펼쳤다. 도버 해협을 건너 프랑스에서 영국으로 가는 배 한 척이 조난을 당한 기사가 나 있었다. 가까스로 목숨을 건진 사람들이 배가 뒤집힌 곳을 돌아다보니 세 명의 부인이 파도 사이에 손을 흔들며 구원을 부르는 모습이 보였다. 그 순간, 한 청년이 뛰어들어 한 사람을 건졌다. 다시 또 뛰어들어 두 번째 사람을 건졌다. 그는 기진맥진해 있었지만, 세 번째로 또 바다에 뛰어들었다. 그리하여

세 번째 여자의 손목을 붙잡고 더불어 물결 속에 숨어버리더니 두 사람 모습은 영영 나타나지 않고 말았다.
선객명부에 지난 날 복음서에 대한 회의를 진술하고 돌아간 바로 그 청년의 이름이 있었다. 바다보다 더 큰 광경이 있다. 그것은 하늘이다. 하늘보다 더 큰 광경이 있다. 그것은 인간의 양심이다. 신은 인간에게 적합한 게 뭔지를 알고 계셨기 때문에, 하늘을 멀리 두고 여자를 가까이 두었다.

위고

바울은 신의 율법을 위반한 자들과 이를 의심한다고 추정되는 사람들과 끊임없이 싸웠다. 바울은 악행을 저지른 이에게 몰인정하고 잔인했다.
그런데 이제, 그는 자신처럼 증오심 때문에 폭력적이고, 세속적이며, 우울하고, 악의적인 사람은 신의 율법을 이행할 수 없음을 스스로 인식하게 되었다. 권력을 향한 끝없는 자신의 갈망이, 이를 깨뜨리려는 무언가에 의해 끊임없이 자극받는다는 사실과 이러한 충동에 굴복할 수밖에 없음을 스스로 알고 있었다. 그의 양심에는 증오, 살인, 마법, 우상숭배, 방탕, 취기, 흥청대는 환락 등 여러 요소가 뒤섞여 있었지만 율법에 대한 숭배와 방어, 극단적인 광신주의로 자신의 양심과 권력에 대한 욕망을 상당히 누그러뜨리려 애썼다. 신의 율법은 바울에게는 자신을 그 위에 못 박히게 한 그리스도의 십자가였다.
내밀한 마음속에서 율법에 지쳐 이를 죽이려 했던 엄격한 율법의 옹호자 바울에게 성스러운 광채로 빛나는 그리스도가 나타났다. 그리고 바울은 그의 목소리를 들었다.
“너는 왜 나를 박해하느냐?”

니체/여명(Morgenrote, 1881)

돌(石)

두 여인이 한 노인에게 가르침을 받으러 왔다. 한 여인은 자신을 큰 죄인으로 생각하고 있었다. 젊었을 때 남편을 바꾸었던 일을 아직도 괴로워하고 있는 것이었다. 또 다른 여인은 현재까지 법칙을 지키면서 살아왔고, 별다른 죄도 저지르지 않았고 스스로 만족하고 있었다.

첫째 여인은 눈물을 흘리며 자기의 죄가 너무도 커서 용서받을 수는 없을 것이라고 생각하고 있었다. 다른 여인은 별로 죄가 없다고 생각한다고 대답했다. 그래서 노인은 첫째 여인에게는 '그대는 울타리 저편에 가서 그대가 들 수 있는 큰 돌을 하나를 가져오라.'하고 다음 여인에게는 '될 수 있으면 작을 돌을 많이 주워 오너라'고 말했다.

여인들은 돌을 주워 넣어서 가져왔다. 노인은 그것을 보고 말했다.

"그러면 이번에는 가져온 돌을 도로 가져다가 반드시 제자리에 놓는 것이다. 다 놓으면 나에게 오라."

첫째 여인은 쉽게 자리를 찾아서 돌을 놓을 수 있었다. 두 번째 여인은 어디서 돌을 주웠는지 생각이 나지 않았으므로 노인이 시키는 대로 하지 못하고 돌 주머니를 들고 왔다. 노인은 첫째 여인에게 말했다.

"죄도 그와 마찬가지다. 그대는 자기 죄를 기억하고 있었기 때문에 겸손하게 남의 비방이나 양심의 가책에 견디어 왔다. 그래서 그대는 죄를 씻고 완전히 자유롭게 된 것이다."

그리고 조약돌을 주워온 여인에게 말했다.

"조그만 죄를 많이 짓고서도 그대는 자기의 죄를 기억하지 못했다. 그리고 참회도 하지 않고, 죄스러운 나날을 보내는데 길들었다. 그대는 남의 죄를 비난하면서 더욱 더 깊이 자신의 죄 속으로 빠져버린 것이다. 우리들은 모두 죄 많은 것이다. 그러므로 회개하지 않는다면 모두 멸망해버릴 것이다."

톨스토이/人生論

석가의 가르침은 고(苦)·집·(集)·멸(滅)·도(道) 4개의 진리에 대한 자의식 속에 성립되어 있는데, 10개의 계율로 설법하고 전해졌다.

· 살생하지 마라.
· 도둑질하지 마라
· 불순한 해독에서 깨끗한 생명을 보존하라.
· 거짓말을 하지 마라
· 나쁜 소문은 마음에 두지 마라.
· 헛된 맹세를 하지 마라.
· 쓸데없는 이야기에 시간을 낭비하지 마라.
· 이욕을 좇지 마라. 시기하지 마라. 이웃의 행복을 기뻐하라.
· 마음에 악을 쓸어내어 청결케 하라. 적에게 증오심을 품지 마라.
· 무신앙에서 벗어나라. 그리고 진리를 깨닫도록 애쓰라.

고타마 싯다르타(Gautama Siddhattha, 석가모니(釋迦牟尼))

몸에 병이 없으면 탐욕이 생기기 쉽나니 병고로써 양약을 삼으라.
세상살이에 곤란이 없으면 업신여기는 마음과 사치한 마음이 생기나니 근심과 곤란으로써 세상을 살아가라.
공부하는데 마음에 장애가 없으면 배우는 것이 넘치게 되나니 장애 속에서 해탈을 얻으라.
수행하는데 마가 없으면 서원이 굳건해지지 못하나니 모든 마군으로써 수행을 도와주는 벗을 삼으라.
일이 쉽게 되면 뜻을 경솔한데 두게 되나니 여러 겁을 겪어서 일을 성취하라.
친구를 사귀게 돼 이롭고자 하면 의리를 상하게 되나니 순결로써 사귐을 길게 하라.
남이 내 뜻대로 순종만 해 주면 마음이 스스로 교만해지나니 내 뜻에 맞지 않는 사람들로써 원림(園林)을 삼으라.
과보를 바라면 도모하는 뜻을 가지게 되나니 덕 베푼 것을 헌신처럼 버리라.
이익이 분에 넘치면 어리석은 마음이 생겨나니 적은 이익으로 부자가 되라.

억울함을 밝히면 원망하는 마음을 돕게 되나니 억울함을 당하는 것으로 수행하는 문을 삼으라.
이와 같이 막히는데서 도리어 통하는 것이요 통함을 구하는 것이 도리어 막히는 것이다.

비석화상(飛錫和尙, 741-778?)/염불삼매보왕론(念佛三昧寶王論)

걸림 없이 살 줄 알라

유리하다고 교만하지 말고 불리하다고 비굴하지 마라
진실만을 말하며 주고받는 말마다 악을 막아
듣는 이에게 편안과 기쁨을 주어라
쉽게 행동하지 말고 깊이 생각하여
이치가 명확한 때 과감히 행동하라
지나치게 인색하지 말고 성내거나 미워하지 마라
위험에 직면하여 두려워 말고, 이익을 위해 남을 모함하지 마라
객기 부려 만용하지 말고 허약하여 비겁하지 말며
사나움과 나약함을 버려 지혜롭게 중도를 지켜라
태산 같은 자부심을 갖고, 누운 풀처럼 자기를 낮추어라.
역경을 참아 이겨내고, 형편이 잘 풀릴 때를 조심하라.
재물을 오물처럼 볼 줄도 알고, 터지는 분노를 잘 다스려라.
때와 처지를 살필 줄 알고, 부귀와 쇠망이 교차함을 알라.

길가야(吉迦夜)·담요(曇曜)공역/잡보장경(雜寶藏經)

천수관음이 멸(滅)해준다는 몸의 세 가지 악이란 살생, 남의 물건을 훔치거나 가로채는 일, 간음하는 일이요, 입의 네 가지란 되지도 않을 일을 말하고 다니는 망언, 한입으로 두말을 하는 양설(兩舌), 남을 괴롭히는 속임수, 꾸며 말하는 허튼 소리요, 뜻의 세 가지란, 일이나 이치에 어두워 깨닫지 못하는 어리석은 것, 남을 증오하고 질투하는 일, 남을 음해하고 해치

는 사견(邪見)이다. 이 십악(十惡)을 저지르면 그 과보(果報)로써 이승에서는 단명(短命), 다병(多病), 빈궁(貧窮), 손재(損財), 패륜(悖倫), 투옥(投獄), 유배(流配)를 당하고 죽어서는 축생(畜生), 아귀(餓鬼)가 되어 영원히 지옥을 방황하게 된다.

법구경(法句經)

무재칠시(無財七施)

화색을 띠고 부드럽고 정다운 얼굴로 대하는 화안시(和顔施). 칭찬이나 위로 등 말로써 베푸는 언시(言施), 마음의 문을 열고 따뜻한 마음을 주는 심시(心施), 호의를 담은 눈으로 상대를 대하는 안시(眼施), 남의 짐을 들어주는 등 몸으로 때우는 신시(身施), 때와 장소에 맞게 자리를 양보하는 좌시(座施). 상대의 마음을 헤아려 알아서 돕는 찰시(察施).

고타마 싯다르타(Gautama Siddhattha, 석가모니(釋迦牟尼))

칠불보시(七不布施)

· 수지시(隨至施): 집요한 요구를 거절할 수 없어 바치는 보시
· 포외시(布畏施): 불이익이 올 것 같아 불안해서 바치는 보시
· 보은시(報恩施): 덕본 것을 갚기 위한 보시
· 구보시(求報施): 대가를 기대하는 보시
· 습선시(習先施): 관례가 돼있고 남들이 하기에 나도 하는 보시
· 희천시(希天施): 그로써 잘 보여 득을 보려는 보시
· 요명시(要名施): 자신의 명성을 과시하고자 하는 보시

세친(世親 320?-400?)/아비달마구사론(阿毘達磨俱舍論)

주는 꿈에 솔로몬에게 나타나 말했다. "당신에게 무엇을 줄까요?" 솔로몬은 말했다. "식별해 들을 수 있는 마음을 주십시오." 주는 그에게 말했다. "당신은 자신의 장수(長壽), 자신의 富, 적의 목숨도 구하지 않고, 다만 소송

을 판가름하는 지혜를 구했기 때문에 당신의 말대로 현명하고 영명한 마음을 주겠소. 당신 앞에는 당신과 견줄 자가 없고, 당신 뒤에도 당신과 견줄 자는 나타나지 않을 것이오. 나는 또 당신이 구하지 않은 것, 즉 부와 명예도 당신에게 주겠소. 당신이 살아 있는 한, 왕들 중에도 당신과 견줄 만 한 자는 없을 것이오."

열왕기(列王記)

선이란 권력의지를 높여주는 모든 것.
악이란 생의 쇠퇴약화에서 나오는 모든 것.
행복이란 권력이 증대하고 있다는 감정.
이리하여 나는 커다란 슬픔이 인간을 휩쓸어 오는 것을 보았노라. 가장 잘난 자도 자기의 일에 싫증이 나노라. 하나의 교의가 나타나고, 하나의 신앙이 그것과 더불어 퍼지도다. 가로되- 모든 것은 공허하고, 유사하고, 지났노라!
그 소리에 모든 언덕으로부터 산울림 하여 오도다.
모든 것은 가고, 모든 것은 돌아오노라. 존재의 수레바퀴는 영원히 구르느니라. 모든 것은 사멸하고, 모든 것은 다시 피어나느니라.

니체/차라투스트라는 이렇게 말했다

나의 세계는 발단도 종말도 없는 힘의 괴물, 증가도 감소도 없이, 사라지지를 않고 다만 변할 뿐인, 전체로서 크기에 변화가 없는 굳은 구리쇠와 같은 힘의 양 … 힘으로서 편재하고, 온갖 힘과 힘의 물결의 출렁거림으로서 하나이면서 여럿이고, 여기에 쌓이는가 하면 저기서는 줄어드는, 그 스스로의 속으로 흘러들고 밖으로 넘쳐나는 힘의 바다, 영원히 변혁하고 귀환하는 회귀의 크나큰 세월을 갖고, 온갖 형태의 만조와 간조를 갖고, 가장 단순한 것에서 가장 복잡한 것을 만들면서, 가장 고요한 것, 가장 딱딱한 것, 가장 차가운 것에서 가장 뜨거운 것, 가장 사나운 것, 가장 자기 모순적인 것으로 나아가고, 다시 풍요한 것에서 단순한 것으로, 모순의 희롱에서 조화의 즐거움으로 돌아오고, 이와 같은 스스로의 궤도와 세월의 동일성에 있어서 자기 자신을 긍정하면서 영겁으로 회귀하지 않을 수 없는 것으로서, 포만도 권태도 피로도 모르는 생성(生成)으로서, 자기 자신을 축복하는 것-영원히 자기 자신을 창조하고 영원히 자기 자신을 파괴하는 것의, 이 나의 디오니소스적 세계, 이중의 정욕을 지닌 이 비밀의 세계, 원환(圓環)의 행복에 목표가 없다고 하면 목표가 없는, 자기에게로 되돌아오는 순환에 착한 의지가 없다고 하면 의지가 없는, 이 나의 선악의 피안- 이 세계는 권력에의 의지이고-그 이외의 아무것도 아니다.

니체/권력에의 의지

건강하고 전적으로 올바른 숙고 끝에 우리는 그 어떤 사람도 기독교인들의 풍습과 제의를 따르고 선택할 자유를 거부당해서는 안 된다는 결론과 자신에게 적합하다고 여기는 종교에 마음을 쏟을 자유가 모든 사람들에게 주어져야 한다는 결론에 도달했다. 모든 것 속에 존재하는 신성이 우리를 보살피고 우리에게 은총을 내려주실 수 있도록 말이다.

모든 사람들이 자신의 의지에 따라 하나의 신을 선택하고 경배할 자유를 갖는 것이 우리 시대의 평안에도 명백하게 걸맞은 일이다. 이 말을 덧붙인 까닭은 어떤 특정한 숭배의식이나 종교가 우리에게 무시를 당하게 될 것이라는 인상을 불러일으키지 않게 하기 위함이다.

콘스탄티누스1세(Flavius Valerius Aurelius Constantinus, 272-337)· 리키니우스(Gaius Valerius Licinianus Licinius, 263-325)/밀라노 칙령(313)

산상수훈(山上垂訓)

마음이 가난한 사람은 행복하다 하늘나라가 그들의 것이다.

슬퍼하는 사람은 행복하다 그들이 위로를 받을 것이다.

온유한 사람은 행복하다 그들은 땅을 차지할 것이다.

옳은 일에 주리고 목마른 사람은 행복하다 그들은 만족할 것이다.

자비를 베푸는 사람은 행복하다 그들을 자비를 입을 것이다.
마음이 깨끗한 사람은 행복하다 그들은 하느님을 뵙게 될 것이다.
평화를 위하여 일하는 사람은 행복하다 그들은 하느님의 아들이 될 것이다.
옳은 일을 하다가 박해를 받는 사람은 행복하다 하늘나라가 그들의 것이다.

나를 인하여 너희를 욕하고 핍박하고 거짓으로 너희를 거스려 모든 악한 말을 할 때에는 너희에게 복이 있나니.
기뻐하고 즐거워하라, 하늘에서 너희의 상이 큼이라.
너희 전에 있던 선지자들이 이같이 핍박받았느니라.
내가 율법이나 선지자를 폐하러 온 것이 아니요 완전케 하려 함이로다.
악한 자를 대적치 말고 누구든지 제 오른 편 뺨을 치거든 왼편도 돌려 대며 또 너를 송사하여 속옷을 가지고자 하는 자에게 겉옷까지도 가지게 하라.
너희 원수를 사랑하며 너희를 핍박하는 자를 위하여 기도하라.
너는 구세할 때에 오른 손의 하는 것을 왼손이 모르게 하며 … 너는 기도할 때에 네 골방에 들어가 문을 닫고 은밀한 중에 네 아버지께 기도하라.
오직 너희를 위하여 보물을 하늘에 쌓아두라, 거기는 좀이나 동록이 해하지 못하며 도적이 구멍을 뚫지도 못하고 도적질도 못하니라.
공중의 새를 보라, 심지도 않고 거두지도 않고 창고에 모아들이지도 아니하니 너희 천부께서 기르시나니 너희는 이것들 보다 귀하지 아니하냐.
또 들의 백합화가 어떻게 자라는가 생각하여 보아라, 수고도 아니하고 길쌈도 아니하느니라.
어찌하여 형제의 눈 속에 있는 티는 보고 네 눈 속에 있는 들보는 깨닫지 못하느냐.
먼저 네 눈 속에서 들보를 빼어라 그 후에야 밝히 보고 네 형제의 눈 속에서 티를 빼리라.
구하라 그러면 너희에게 주실 것이요, 찾으라 그러면 찾을 것이요, 문을 두드리라 그러면 열릴 것이니 좁은 문으로 들어가라, 멸망으로 인도하는 문은 크고 그 길이 넓어 그리로 들어가는 자가 많고 생명으로 인도하는 문은 좁고 길이 협착하여 찾는 이가 적음이니라.

예수(Jesus Christ, BC 4-29)/마태복음

내가 선을 행하려 할 때에 악이 곧 가까이 있는 것을 알았다. 속마음으로서는 하늘의 법을 즐거워하면서도 내가 행하는 바로는 마음의 법을 거스려 죄의 법 아래로 나를 사로잡아 가고 있음을 경험한다. 그래서 나는 나의 행하는 바를 내 이성으로는 이해할 수가 없이 되었다. 법에 의하여 탐욕이 죄인 줄을 밝히 알았으나, 그 죄를 법으로는 퇴치할 수가 없다. 그러나 법이 아니었더면 탐욕이 죄인 줄을 알지조차 못하였겠고 법을 떠나서는 죄가 죄로 밝아질 길도 없었겠다. 법은 선한 것이었으므로 이 선한 법을 가지고 죄를 더욱 죄 되도록 밝히 폭로시키는 것은 법이 아니고 죄 그 자체의 발동인 것이 분명하다. 법은 선한 것이나 내 마음은 분열된 패러독스이어서 내가 죄 아래로 끌리어 가고 있다. 그래서 내 마음으로는 선을 뜻할 수는 있어도 그것을 행할 수가 없다. 내가 원하는 선은 행하지 못하고 내가 원치 않는 악을 행하게 될 뿐이다.

인간의 주체성이 분열되어 그의 근본의욕 속에는 심각한 역리(逆理)가 움직이고 있다. 이것이 도덕적인 선악의 경계를 훨씬 넘어 한걸음 더 나아가 생명적으로 깊이 파괴되어 버린 패러독스의 층면(層面)이다. 생명을 책임적으로 증진시키는 일이 선이요, 그것을 해치고 썩히고 파괴시키는 일이 악이다. 인간이 몸과 마음 두 면을 가진 것, 이 세상에 운명적으로 얽매어 있는 것, 초자연력을 믿게 된 비극적인 운명, 감성적으로 결정되는 행동, 교화되지 못한 야만성, 발달되지 못한 원시소박성이 모순이다.

바울(Saint Paulus BC 4?-64?)/패러독스

종교는 억압받는 피조물의 탄식이요, 냉혹한 세계의 감상(感傷)이며, 영혼 없는 것의 영혼이다. 즉 종교는 인민의 아편이다.

마르크스

종교는 '밑에서부터 위로 향하는' 인간 운동이요, 계시는 '위에서부터 밑으로 향하는' 신의 운동이다. Calvin의 지적과 같이 모든 인류는 유대인들을 제외하고(기독교 이전에 있어서) 계시인 하느님의 말씀 없이 하느님을 찾았으므로, 그들은 필연적으로 허영과 과오 중에서 방황하지 아니하면 아니 되었다.

바우호퍼(Ulrich Bauhofer)/초종교적인 것(1930)

노련한 종교가가 자기의 구원을 확인할 수 있는 방법은, 자기 스스로가 神力의 容器라고 느끼든가 그의 도구라고 느끼든가 양자택일이다. 첫째의 경우에는 그의 종교생활이 신비주의적인 감정생활에로 기우는데 반하여 둘째의 경우에는 금욕적 행위에로 기운다.
루터는 첫째의 유형에 접근했고 캘빈이즘은 둘째의 유형에 속했다.

막스 베버/프로테스탄티즘의 윤리와 자본주의의 정신

절대자는 不可知한 것이나, 可知者는 상대적이요, 인식의 대상이 된다. 다시 말하면, 전자와 후자는 각기 종교와 과학의 대상이다. 가지계(可知界)의 물질의 불멸성, 운동의 계속성, 힘의 항존성등 세 법칙을 결합하는 것이 진화의 법칙으로 이것은 물질의 통합과 운동의 분산과를 행하는 것이다. 진화는 분산적 상태에서 통합적 상태에 이르는 변화가 행해지는 것을 의미한다.

스펜서/제1원리(First Principles, 1860-1862)

불교나 기독교가 다 자비박애를 주장하고 정신생활을 고창하는 것은 동일하나, 기독교는 차별을 본위로 하여 평등을 보는데, 불교는 평등을 본위로 하여 차별을 보는 것이 다른 점이다.

데이비즈(Caroline Augusta Foley Rhys Davids, 1857-1942)

신의 존재를 다섯 가지 방법으로 논증할 수 있다.
첫째 운동에서, 둘째 動因의 본성에서, 셋째 가능성 및 필연성에서, 넷째 사물들이 갖는 완전성의 단계에서, 다섯째 우주의 질서에서.

아퀴나스/신학대전(Summa Theologiae, 1266-1273)

믿음에는 세 근원이 있다. 이성, 습관, 영감이다. 이성을 지닌 유일한 종교인 기독교는 영감 없이 믿는 사람을 참된 자녀로 인정하지 않는다. 그렇다고 이성과 습관을 배제하는 것은 아니다. 오히려 마음을 열어 그 증거로 향하게 하고 습관에 따라 공고히 할 필요가 있다. 그러니 겸손한 자세로 영감에 자신을 맡겨야 한다.

파스칼/팡세

하나는 영혼의 기개 부분에 해당하는 것으로서 태생이 고귀하여 비교적 다루기가 쉽지만 다른 하나는 육체적 욕구로 묘사되는 것으로서 태생이 미천하여 채찍에도 결코 말을 듣지 않는다. 이성은 마부로서 이 둘을 통제할, 특히 육체적 욕구로 묘사된 것을 통제할 막중한 의무를 갖는다.

플라톤/파에드로스(Phaedrus)

인간이든 가정이든 가족이든, 그것이 완전히 계발되었을 때의 그 무엇을 우리는 그것의 본성이라고 부른다. 목적인과 목적은 최선의 상태일 뿐만 아니라 목적과 최선의 상태는 자기 충족적이기도 하다. 따라서 국가는 자연의 산물이며, 또 인간이 본성상 정치적 동물이라는 것은 분명하다.

아리스토텔레스

사람과 천사의 말을 할지라도 사랑이 없으면 시끄러운 놋쇠와 울리는 타악기가 될지어다. 예지자의 능력이 있어 모든 비밀과 지식을 알고, 산을 옮길 만한 믿음이 있을지라도 사랑이 없으면 아무것도 아니요, 가진 모든 것으로 가난한 자를 먹이고 내 몸을 불사르도록 내어줄지언정 사랑이 없다면 무익할 지어다.
사랑은 오래 참고 으뜸이니라. 사랑은 온유하고 시기하지 않으며 자랑하지 아니하며 교만하지 아니하며 온당히 베풀며 자신의 이익을 구하지 아니하며 성내지 아니하며 악한 것을 생각하지 아니하며, 불의가 아닌 진리에 기뻐하며 모든 것을 참고 믿으며 모든 것을 바라고 견디느니라. 사랑은 영구히 끊이지 않으나 예언도 사라지고 방언도 그치고 지식도 없어지리라.
그러므로 믿음과 소망과 사랑, 이 세 가지는 영원하며 그 가운데 제일은 사랑이니라.

바울

미움이 있는 곳에 사랑을
다툼이 있는 곳에 용서를
분열이 있는 곳에 일치를
의혹이 있는 곳에 신앙을, 어두움의 빛을
슬픔이 있는 곳에 기쁨을 가져오는 자 되게 하소서
위로받기보다는 위로하고
이해받기보다는 이해하며
사랑받기보다는 사랑하게 하여 주소서
우리는 줌으로써 받고 용서함으로써 용서받으며
자기를 버리고 죽음으로써 영생을 얻기 때문입니다.

성 프란치스코(Franciscus, 1567-1622)

하느님은 사람 위에 사람을 만들지 않고, 사람 밑에 사람을 만들지 않았다.

후쿠자와 유키치(福澤諭吉, 1834-1901)/학문의 권장

야훼는 나의 목자, 아쉬울 것 없어라.

푸른 풀밭에 누워 놀게 하시고, 물가로 이끌어 쉬게 하시니 지쳤던 이 몸에 생기가 넘친다.

그 이름 목자시니 인도하시는 길, 언제나 곧은 길이요.

나 비록 음산한 죽음의 골짜기를 지날지라도 내 곁에 주님 계시오니 무서울 것 없어라.

막대기와 지팡이로 인도하시니 걱정할 것 없어라.

시편

현재와 과거의 끊임없는 대화를 - 감계(鑑戒)

역사는 대리석 위에 물이 흐르듯 하는 그런 흐름이 아니라 침전물을 남기는 흐름이다. 인류는 이 침전물로 만들어진 것이므로 역사는 침전물이 축적된 그 표면의 땅위에 나타나는 현상이며 시간 자체다. 시간은 침전물의 바닥으로 흐른다. 여기서의 시간은 덧없고 상호 연관된 시간이다. 그런 시간은 기억의 축적, 경험의 축적, 사건과 변화의 축적이다.

케말(Yaşar Kemal, 1923-2015)

인류가 경험해온 3대 통사(痛事)가 있다. 코페르니쿠스에 의하여 지구 중심의 꿈이 여지없이 부서졌다. 인간은 원숭이에서 유래했다는 다윈의 증명은 신의 아들이라는 인간의 자존심에 통상(痛傷)을 주었다. 나는 인간은 자아의 통일이 불가능할 뿐 아니라 무의식에 끌려 다니는 가엾은 동물이라는 점을 밝혀 인간에게 제3의 통사를 일으킨 것이다.

프로이트

역사를 이해하는 데는 세 단계가 있다. 첫째 단계는 역사 속에 빠져 역사를 반성적 의식의 단계로까지 끌어 올리지 못하는 상태이다. 마치 물고기가 흐르는 물속을 따라 흘러가는 단계와 비슷하다. 둘째 단계는 역사적 사건과 그 움직임에 의해 역사의식을 가지며 역사를 관찰하게 된다. 셋째 단계는 '역사적인 것'을 몸소 체험함으로써 '역사적인 어떤 실재'에의 접근과 그 파악이 이루어져야 한다.

베르쟈에프(Nikolai Aleksandrovich Berdyaev, 1874-1948)
/역사의 의미(Der Sinn der Geschichte, 1923)

인류는 지금까지 두 번 대변혁의 파도를 경험했다. 제1의 물결에 의한 농업혁명은 수천 년에 걸쳐 서서히 전개되었다. 산업문명의 번영에 의한 제2의 물결은 겨우 삼백 년 걸렸다. 오늘날은 역사의 진행이 점점 가속화되어, 제3의 물결이 수십 년 내에 역사를 휩쓸고 지나가 변혁을 완결시킬 것으로 보인다.

토플러(Alvin Toffler, 1928-2016)

문명단계에 이르러 제국이 건설되고 도시문명이 성립하면 멀지 않아 성장과 발전은 그 한계에 도달하게 되며 제국과 도시의 건설에 이바지한 단체정신이 해이해지고 정신적 도덕적 정력도 도시문명의 사치와 향락 속에서 마비된다. 이리하여 성장의 한계점에 도달한 문화는 해체와 쇠퇴의 과정으로 접어들게 되며, 결국은 몰락하게 된다. 인간과 사회의 노력 그리고 우연은 성장과 몰락의 속도를 늦출 수는 있을지 몰라도 몰락 그 자체를 방지할 수는 없다. 그리하여 몰락과정에 있는 정착적이고 제국적인 도시문명에 강한 단체정신과 원시적인 정력의 소유자이며 소수자인 유목민의 무리가 침입하여 기존문명을 파괴하는 데 그치거나 스스로의 새로운 문명을 건설하기도 한다.

이븐 할둔(Ibn Khaldun, 1332-1406)/세계사(Universal History, 1375-1378)

이븐할둔은 어느 시대, 어느 지역을 막론하고 아무도 창조한 일이 없는 가장 위대한 역사철학을 구상하고 이를 이론화하였다.

토인비

연구의 이해 가능한 단위는 국가나 시대가 아니라 '사회'다.
발생→성장→몰락→해체의 과정이 문명의 발전법칙으로 문명은 어느 것이나 이 같은 법칙적 경과를 거쳤다.
문명의 발생은 자연이 인간에 도전하고 인간이 그에 유효하게 응답한 데서 일어난다. 뒤에 생긴 문명은 선진문명의 도전에 대한 응전으로서 발생한 것이며, 창조적 개인, 집단의 가르침을 대중이 모방함으로써 문명은 성장하는 것이다.
문명의 성장을 지도해온 창조적 소수세력의 창조력이 감퇴되고 대중의 모방력이 위축하고 사회적 통일에도 균열이 생길 때 문명은 파탄에 직면하게 된다. 말하자면 응전이 도전에 대하여 충분한 대응력을 발휘하지 못하는 파탄의 단계가 지속되면 그 문명사회는 내부적으로 분열하여 붕괴과정으로 들어간다. 즉 성장기의 창조적 소수세력은 지배적 소수세력으로 타락하고 모방력을 상실한 대중은 내부플로레타리아트로 전락하고 문명의 변두리의 새로운 혁명으로 외부프롤레타리아트는 야만화가 되어 문명을 붕괴시키는 가공할 요소가 된다.

旣知의 30개 문명 중 21개의 문명은 저지된 문명(arrested civilization)으로 성숙하기 전에 성장이 정체한 것이었다. 나머지 4개는 유산된 문명(abortive civilization)이다. 완전한 생장을 이룬 문명 중 다음 7개는 아직도 살아 있는 사회로서 존속하고 있다. 인도, 이슬람, 극동, 비잔틴, 동남 유럽의 희랍정교, 그 문명의 러시아에서의 분파, 서구문명이다. 이집트, 안데스, 중국, 미노아, 슈멜, 마야, 유카텍, 멕시코, 히타이트, 시리아, 바빌로니아, 이란, 아라비아, 희랍 등지의 문명은 그들에 선행한 사망한 문명이다.
문명의 탄생이란 인종의 우월성이나 유리한 환경에 인한 것은 아니고 가혹한 환경의 소산이다.

토인비/역사의 연구

이념은 가고 그 자리를 문명이 차지할 것이다. 이념의 갈등이 문명의 갈등으로 부활되고 그 중심에 기독교 서구문명 대 이슬람 및 아시아 유교 문명 간의 충돌이 있을 것이다. 미래의 가장 위험한 충돌은 서구의 오만함, 이슬람의 편협함, 중화의 자존심이 복합적으로 작용하여 발생할 것이다. 특히 탈냉전세계의 중요한 국제관계의 경연장이 있다면 그것은 아시아, 그 중에서도 특히 동아시아이다. 아시아는 문명의 가마솥이다.

새뮤얼 P. 헌팅턴

야스퍼스(Karl Jaspers, 1883-1969)는 동서양을 막론하고 인류가 정신의 기원으로 인정할 수 있는 시대를 설정하고, '축의 시대'라고 이름 붙였다. 축의 시대는 자비, 존중, 보편적 관심이라는 이상을 공유한다. 각각의 전통은 각기 그 나름의 방식으로 '네가 당하고 싶지 않은 일을 남에게 하지 말아라'는 황금률을 정리해 냈다. BC 900년부터 孔子와 맹자, 묵가, 도가, 법가 등 중국철학의 모든 학파가 탄생했다. 인도에서는 고타마 싯다르타와 자이나교의 마하비라가 태어났고, 이란에서는 조로아스터가 나타나고 팔레스타인 지역에서는 아모스, 에스겔, 이사야, 예레미야 등 이스라엘의 예언자들이 출현해 민족과 영성의 개념을 전파했다. 그리스에서는 비극작가들이 고난의 문제를 무대 위에 올려놓았고, 소크라테스, 아리스토텔레스 같은 철학자들이 등장했다. 중국과 인도, 팔레스타인 지역에서는 '인간의 내면 탐구'와 '영성추구'를 위해, 그리스에서는 '로고스'와 '합리주의'를 위해 치열한 인문학적 논의가 진행되었다.

암스트롱(Karen Amstrong, 1944-)/축의 시대(Axial Age)

칸트에 뒤이은 것은 플라톤과 아리스토텔레스에 뒤이은 것에서도 나타났듯이 사변적이지 않고 실용적이며 비종교적이고 윤리-사회적인 철학이었다. 이 철학은 중국문명의 에피쿠로스주의자 양주(楊朱, 양자), 사회주의자 묵적(墨翟, 묵자), 비관주의자 장자(莊子), 실증주의자 맹자(孟子)등의 학파들에 상응하고 고대 그리스· 로마 문명에서는 견유학파, 키레네학파, 스토아학파, 에피쿠로스주의자에 상응하며 서양에서는 쇼펜하우어와 함께 시작되었다. 쇼펜하우어는 '삶아가고자 하는 의지'('창조적인 생명력')를 사상의 중심으로 세웠다. 이 같은 창조적인 생명 의지는 '트리스탄' 속에서 쇼펜하우어적으로 부정되고 '지크프리트' 속에서 다윈적으로 긍정되었으며, '차라투스트라' 속에서 니체에 의해 극적으로 현시화되었고 마르크스를 국민경제로 이끌고 멜서스주의자인 다윈을 동물학적 가설로 이끌었으며 헤벨(Christian Friedrich Hebbel, 1813-1863)의 '유디트(Judith)'에서 입센의 에필로그에 이르기까지 같은 유형의 비극적인 개념들을 불러일으켰다.

슈펭글러/서양의 몰락(Der Untergang des Abendlandes, 1918-1922)

"괴테로부터 방법을, 니체로부터 문제를"얻었다는 슈펭글러는 니체를 모방하여 그리스-로마 문화를 아폴론 문화로 간주하고, 괴테를 따라 유럽문화를 파우스트 문화로 부른다. 파우스트적이란 한결같이 천상을 지향하는 영혼의 상태이다. 하늘로 솟구쳐 오른 고딕 첨탑이 그 상징이 된다. 아폴론 문화가 조각으로 대표된다면 파우스트문화를 대표하는 것은 음악이다. 슈펭글러의 역사상을 계승한 토인비는 그 파우스트와 메피스토펠레스의 조우로부터 도전과 응전이라는 문명의 역학을 이끌어 내어, 슈펭글러의 선험적인 세계사의 이미지를 문명의 장대한 드라마로 그려냈다. 토인비의 '역사의 연구'가 없었다면, 슈펭글러의 코페르니쿠스적 발견은 무시되고 비웃음을 당하며 잊혀 버렸을 것이다.

평화는 문명의 미덕이요, 전쟁은 문명의 죄악입니다. 프랑스의 소리를 듣는 세계를 향하여 '정의의 봉사에는 오직 하나의 힘 즉 양심밖에 없으며, 진리의 봉사에는 오직 하나의 영광 즉 천재밖에 없다.'고 말하기 위하여 이곳에 모인 것입니다.
프랑스혁명 전에는 사회적 구조가 다음과 같았습니다. 즉 밑바닥에 백성이 있었고, 백성의 위에는 성직자들에 의해 표시된 종교가 있었으며, 종교 옆에는 치안관에 의해 표시된 재판이 있었습니다. 그런데 그 시대의 인간 사회에 있어서 백성은 무지였고 종교는 편협이었으며 재판은 불의였습니다.
볼테르는 단독으로 이 모든 사회적 불법과 연합체와 그 엄청나고 혹독한 세계에 대항하여 전쟁을 선포했던 것입니다. 그의 무기는 바람의 경쾌함과 천둥번개의 힘을 가진 것-즉 펜이었습니다
그는 폭력을 미소로 극복했고, 폭정을 풍자로, 교황의 무류설(無謬說)을 아이러니로, 고집불통을 인내력으로, 무지를 진리로 극복했던 것입니다.
복음 전도의 과업을 완성하는 것이 철학의 직무입니다. 자비의 정신이 시작되었고, 관용의 정신이 계속되었습니다.
위대한 인물은 단독으로 나타나는 일이 드뭅니다. 큰 나무들은 숲 위에 군림할 때 더 크게 보입니다. 볼테르의 주변에는 많은 인간 정신의 숲이 있었습니다. 그 숲은 18세기였습니다. 몽테스키외, 뷔퐁((Georges-Louis Leclerc, Comte de Buffon, 1707-1788), 보마르셰(Pierre-Augustin Caron de Beaumarchais Beaumarchais, 1732-1799)등은 정상(頂上)이었고, 볼테르 다음에 가장 높은 두 산봉우리는 루소와 디드로였습니다. 뷔

퐁은 자연주의의 토대를 세웠고, 보마르셰는 몰리에르(Molière)의 업적을 제외한다면 사회 희극을 창시했습니다. 몽테스키외는 법을 아주 깊숙이 파고들어 도덕적 정의를 밝혀내는 데 성공했습니다.

디드로는 참된 사상의 토대로서 백과사전을 만들어 냈습니다. 루소는 유모를 통해서 어머니의 상(像)을 완성했으며 요람시대의 그 두 권위의 존재를 서로 매우 가깝게 해 놓음으로써 여성에게 탄복할 만한 봉사를 했던 것입니다.

역사상의 시대를 명명(命名)하고 인물화(人物化)하는 일은 그리스, 이탈리아, 프랑스의 세 국민에 의해서만 이루어졌습니다. 페리클레스(Pericles, BC 495- BC 429)의 시대와 아우구스투스(Augustus, BC 63-AD 14)의 시대, 레오 5세(1475-1521)의 시대, 루이 14세(1638-1715)의 시대, 볼테르의 시대가 바로 그것입니다.

지난날 문명은 권력에 복종했습니다. 앞으로는 문명이 이상에 복종할 것입니다. 과거에 문명은 광명의 빛과 대체되어져야 할 제왕의 부서진 홀(笏)이었고 검(劍)이었습니다. 다시 말하면, 권력이 변형되어 자유가 되어야 했습니다. 이제부터 민중을 위한 법, 개인을 위한 양심 말고는 여하한 통치권도 존재할 수 없습니다. 우리 각자에게는 진보의 두 국면이 명백히 구별되어 나타납니다. 자기의 권리를 행사하는 것, 즉 인간이 되는 것과, 자기의 의무를 이행하는 것, 즉 시민이 되는 것이 그것입니다.

이것이 바로 볼테르의 시대라는 말의 의미이며, 저 위풍당당했던 프랑스 혁명의 의미입니다. 18세기에 앞서, 잊을 수 없는 두 세기(16,17세기)에 프랑스 혁명은 미리 마련되었던 것입니다. 즉 16세기의 라블레(François Rabelais, 1494?-1553)가 <가르강튀아 (Gargantua)>에서 왕권을 경고했으며, 17세기의 몰리에르(Molière, 1622-1673)는 <타르튀프(Tartuffe)>에서 교회를 경고했던 것입니다. 권력에 대한 증오와 권리의 존중이 이 두 뛰어난 작가에게서 명백히 드러납니다.

군주국들이 전쟁을 꾀하여 숙고하기 전에, 선구자들이 영혼으로 하여금 생명에 대한 인간의 권리, 자유에 대한 양심의 권리, 이성의 주권, 노동의 신성(神聖), 평화의 축복을 부르짖게 합시다. 왕좌에서 어둠이 흘러나오는 까닭에, 현자(賢者)들의 무덤에서 빛이 솟아나게 합시다.

위고/볼테르의 1백주기(週忌)행사에서

현대사회는 과학이 발견해준 부와 힘을 받아들였다. 그러나 과학이 갖다 준 가장 심오한 메시지는 받아들이지 않을 뿐 아니라 귀도 기울이려고 하지 않았다. 그 메시지란 새로운, 그리고 유일한 진리의 원천을 정의하는 일이고, 윤리의 기초의 전면적 재검토와 물활론적(物活論的) 전통으로부터의 완전한 절연(絶緣)을 요구하는 일이며, 구약(舊約)을 결정적으로 폐기하는 일이고 신약(新約)을 다시 만들어내야만 하는 필요를 주장하는 일이었다. 그러나 현대사회는, 과학의 덕택에 얻어진 힘으로 무장하고 모든 부를 향유하면서도, 과학에 의해서 이미 그 뿌리부터 흔들려버린 낡은 가치체계에 따라서 생활을 계속하고 가르치고 있다.

모노(Jacques Lucien Monod, 1910-1976)/우연과 필연(1970)

중세 초기와 중기는 신율(神律)의 시대, 후기의 중세기는 타율(他律)의 시대, 현대 휴머니즘은 자율(自律)의 시대다. 신율은 실존의 궁극적 의미가 사상과 행동의 모든 유한한 형태를 통하여 빛나는 문화를, 타율은 밖으로부터 자율적인 문화적 창조성을 지배하려는 종교의 시도를, 자율은 문명을 그 궁극적 근거와 목적으로부터 끊는 것을 의미한다.

틸리히(Paul Johannes Tillich, 1886-1965)

종교의 원리들은 영원한 것이나, 그 원리의 표현은 항상 새롭게 발전하지 않으면 안 된다. 종교의 사멸은 위험(Adventure)의 높은 희망을 억압하는 데서 온다.

화이트헤드(Alfred North Whitehead, 1861-1947)

허버트 리드(Herbert Read 1893-1968)도 화이트헤드의 '과학과 근대세계(Science and the Modern World 1925)'는 데카르트의 '방법서설' 이래 과학과 철학의 연합 면에서 출간된 저작 중 가장 중요한 것이라고 했다.

르네상스와 종교개혁, 두 문화의 주된 차이점은 다음과 같다. 즉 르네상스 시대는 비교적 고도로 발전된 상업적· 공업적 자본주의를 표방했다. 그것은 재산이 있고 권력을 가진 개인들의 소수집단이, 철학자와 예술가들이 표현한 이 시대의 문화정신에 관한 사회적 기반을 다스리고 형성한 사회였다. 종교개혁은 도시의 중산계급과 하층계급, 농민들의 종교였다. 독일도 역시 푸거가(Fuggers家)와 같이 재산이 있는 사업가들이 있었으나, 그들은 종교적 이론의 호소력을 가진 계급도, 근대 자본주의를 발전시킨 중요한 기반이 되는 계급도 아니었다.

트뢸치(Ernst Troeltsch, 1865-1923)/르네상스와 종교개혁

근대 국민국가의 몰락과 계급사회의 붕괴과정을 통해 어떠한 계급이나 정당 또는 공동체에도 소속되지 않은 잉여집단인 폭민(mob)이 발생했다. 자본주의 체제하에서 자신의 자리를 찾지 못한 채 잉여 혹은 폐물로 전락한 절망과 증오로 가득 찬 폭민의 존재가 전체주의 발생의 비옥한 토양이 되었으며 전체주의 운동은 폭민에게 정체성과 목표를 부여하고 역사적 주체라는 허위의식을 심어줌으로서 자신의 인격과 개성을 희생하도록 만들고 엘리트들과도 동맹을 체결하였다.
반유대주의와 제국주의가 전체주의의 도래를 위한 길을 닦았다. 인간다운 방식으로 정치적, 사회적, 경제적 고통을 완화하는 일이 불가능해 보일 때 전체주의는 강한 유혹의 형태로 다시 나타날 것이다.

아렌트(Hanna Arendt, 1906-1975)/전체주의의 기원(1951)

우리들은 아직 젊어서 유럽 조상의 도움이 없이는 걷지 못한다. 우리들이 자

기 자신을 초월하는 것이 힘들어 우리들의 피상적인 태도, 촌스러운 모습, 편협과 완미(頑迷), 혁신과 실험에 반대하는 유치한 협량(狹量)과, 소심하기 때문에 거칠어지는 것에 때로 낙담하는 일이 있다면- 생각해 보자. 영국이 셰익스피어를 낳을 때까지, 또 프랑스가 몽테뉴를 낳을 때까지 각각 800년이 걸린 것을. 우리들은 유럽으로부터 명상적이고 예술적인 인물보다는 진취의 기상이 풍부한 개인주의자와 획득욕이 왕성한 개척자를 이 나라에 끌어당겨 그런 사람들을 선출하여 우리들 사이에 존속시킨 것이다. 우리들은 급격한 성장과 청춘기의 경험 때문에 일시적으로 동요되어 평형을 잃은 젊은이와도 같다.

듀런트/철학이야기

미국은 두 개의 마음-조상의 신앙 및 규범의 풍습과 젊은 세대의 본능, 행동 및 발견의 현상을 가진 나라이다. 보다 높은 모든 정신적 사항, 즉 종교, 문학, 도덕, 감정 등에 있어서는 유전된 정신이 우세하여, 버나드쇼가 미국은 백 년은 뒤떨어졌다고 인정할 정도이다. 미국적 의지는 마천루에 깃들고, 미국적 지성은 식민지 양식의 대저택에 깃들고 있다.

산타야나(George Santayana, 1863-1952)

'맥루한 교수가 그러셨다는데요. 사람이 만들어내는 환경은 그 자체가 미디어가 돼서 그 사람이 그 환경 속에서 해야 할 역할을 규정한다면서요. 활자의 발명은 선형적(linear) 또는 계기적(sequential)사고를 낳게 했구요. 그래서 사고와 행동은 따로따로가 됐다지 않아요, 그런데 텔레비전과 포크싱잉이 출현해서 사고와 행동은 가까워졌고 사회적 포섭도(social involvement)가 그만큼 커졌다지 뭐예요. 우린 이제 다시 한 촌락에 살게 됐다니까요.'

전자문명시대에 사는 인간은 인류문명의 첫 단계였던 Tribal Encyclopedia 시대에 돌아가 우주촌락(Global Village)속에 살게 됐다.

모든 미디어는 인간의 몇몇 기관- 정신기관이건 신체기관이건-의 연장이다. 차륜이 발의 연장인 것과 같이 의복은 피부의 연장이요, 전자회로는 사람의 중추신경조직의 연장이다.

맥루한(Herbert Marshall McLuhan, 1911-1980)
/미디어의 이해(Understanding Media: The Extensions of Man, 1964)

바야돌리드 논쟁(La controverse de Valladolid)은 최초의 '인권재판'이었다.
스페인 왕이자 신성로마제국 황제인 카를 5세는 1550년 바야돌리드의 산 그레고리오 수도원에서 인간과 비인간에 대한 정의를 내리기 위한 토론을 벌이게 했다. 인디오도 인간이라고 주장한 이는 도미티크회 수사 라스카사스(Bartolome de Lascasas, 1484-1566)였고 맞선 사람은 헬레니즘 전문가인 신학자 세풀베다(Juan Gines de Sepulveda, 1494-1573)였다. 이들 외에도 4명의 성직자와 11명의 법학자로 구성된 15인의 위원회가 둘의 논쟁을 판가름하기 위해 참석하고 있었다.

인디오들을 개종시켜야 한다면, 설득과 강제 중 어떤 방법을 써야 하는가? 이 논쟁은 1550년 9월부터 1551년 5월까지 계속되었는데, 세풀베다는 가치의 보편주의를 내세워 동일한 법이 만인에게 적용되어야 하며 기독교적 윤리가 야만인들에게도 부과되어야 한다는 것이었고, 라스카사스는 상대주의를 제의해 각 민족, 각 문화를 개별적으로 연구해야 한다는 것이었다. 평결은 라스카사스에게 불리한 방향으로 내려져 인디오의 영토에 대한 정복사업이 재개되었다. 한 가지 변화가 있었다면, 앞으로는 정당한 전쟁의 개념에 의해 정당화되지 않는 한 불필요한 약탈과 잔혹행위와 살인행위는 허용되지 않는다는 점이었다.

베르나르 베르베르(Bernard Werber, 1961-)/상상력사전

슐레지엔의 직조공들

메마른 눈에는 눈물이 없다
그들은 베틀가에 앉아 이를 간다
"독일이여, 우리는 너의 수의(壽衣)를 짠다
우리는 세 겹의 저주를 짜 넣는다

한 겹의 저주는 신에게 드리노라
겨울의 혹한과 기아의 고통 속에서도 기도했지만
우리가 바라고 기대한 것은 소용없었다
그는 우리를 놀려대고 우롱하고 바보로 취급하였다

또 한 겹의 저주는 부자들을 위한 국왕에게 드리노라
우리의 비참한 삶으로는 그의 마음을 누그러뜨릴 수 없었다
그는 우리가 가진 마지막 몇 푼 마저 늑탈해가고
우리를 개처럼 총으로 쏘아 죽이라 한다

또 한 겹의 저주는 잘못된 조국에게 드리노라
그곳엔 수치와 오욕만이 번영할 뿐
피어나는 꽃마다 일찍이 목이 꺾인다
그곳엔 타락과 부패가 구더기를 기른다

하이네(Heinrich Heine)

원시사회는 아래에도 위에도 절벽인 산비탈의 바위 턱에서 무감각하게 잠자고 있는 사람들에 비유할 수 있다. 문명은 방금 잠에서 깨어나 일어서서 머리 위의 절벽을 기어 올라가기 시작한 그 잠자는 사람들의 친구들에 비유해도 무방할 것이다. 한편 우리들은 그 시야가 바위 턱과 위의 절벽의 아래쪽 경사면에 한정되어 있으면서 절벽을 기어오르는 일행 중 낯선 자들이 제각기 그런 위치와 자세를 취하고 있는 그 순간에 마침 이 광경을 목

격하게 된 관찰자에 비유될 수 있겠다. 이 순간에 기어오르고 있던 친구들은 같은 바위 턱을 방금 뒤에다 두고 다시 기어오른다. 그런데 다음 바위 턱이 보이지 않기 때문에 다음 누울 자리가 얼마나 높고 얼마나 험준한지 알 수가 없다. 알 수 있는 것은 그곳에 도달하기까지는 멈출 수도 쉴 수도 없다는 것뿐이다.

토인비/역사의 연구(A study of History)

동방의 등불

일찍이 아시아의 황금기에 빛나던 등불의 하나였던 코리아,
그 등불 다시 한 번 켜지는 날에 너는 동방의 밝은 빛이 되리라,
마음에는 두려움이 없고 머리는 높이 치켜든 곳,
지식은 자유스럽고 좁다란 담벽으로 세계가 조각조각 갈라지지 않는 곳,
진실의 깊음 속에서 말씀이 솟아나는 곳,
끊임없는 노력이 완성을 향하여 팔을 벌리는 곳,
지성의 맑은 흐름이 굳어진 습관의 모래벌판에 길을 잃지 않는 곳,
무한히 퍼져 나가는 생각과 행동으로 우리들의 마음이 인도되는 곳,
그러한 자유의 천국으로 내 마음의 조국, 코리아여! 깨어나소서.

타고르

프랑스혁명을 전후하여 당시의 권력·재산·영토의 분배 상태를 비난하면서 권력분배의 측면에서는 귀족계급을, 재산분배의 측면에서는 중산계급을, 영토분배의 측면에서는 통치구조를 공격하는 세 가지 중요한 이론이 나타났다. 평등이론·공산주의이론·민족이론 이 세 가지 이론은 근원을 같이하는 악에 반대한다는 공통의 기원으로부터 발생했다. 루소가 평등이론을, 바뵈프(François-Noël Babeuf, 1760-1797)가 공산주의이론을, 마치니가 민족이론을 선포했으나, 민족이론의 출현이 가장 늦었으면서도 당시에 있어서는 가장 매력적인 이론이었다.

액튼(Lord Acton)/민족주의론(1862)

19세기는 눈에 보이지 않는 세계로부터 눈에 보이는 세계로 완전한 일회전을 한 것이다. 열정있고 젊은 기력을 갖고서 인류는 그 눈에 보이는 세계를 손아귀에 넣었다. 인류는 이 세계를 자기의 조국으로서 건설해가는데 있어서 인간의 생에 대한 그 의미전체와 가치전부를 찾아낼 것이라는 신념을 더욱 굳게 하는데 이르렀다. 날것 같은 기분을 갖고 그들은 일을 하였다. 그들을 태운 큰 배는 대지와 같이 안정한 것으로 생각되었다. 종래의 모든 편견의 그림자, 모든 망신(妄信)의 안개는 쓸린 듯이 걷어졌고 밝은 햇빛이 세계를 비쳐주고 세계는 참된 그 정체를 나타내 주었다.

오이켄(Rudolf Christoph Eucken, 1846-1926)/생의 의미와 가치(1907)

20세기가 부패와 야만으로 몰락할 것이라는 예언은 가장 다채로운 철학적인 견해와 정치적인 견해를 가진 사람들에 의하여 내려졌다. 즉 스위스의 보수주의자 부르크하르트(Jacob Christoph Burckhardt, 1818-1897), 러시아의 종교적 극단주의자 톨스토이, 프랑스의 무정부주의자 프루동(Pierre-Joseph Proudhon, 1809-1965)과 그의 보수적인 동료 보들레르(Charles Pierre Baudelaire, 1821-1867), 미국의 무정부주의자 쏘로(Henry David Thoreau, 1817-1862), 그리고 그보다 더 정치성을 띤 그의 동료 잭 런던(Jack London), 독일의 혁명가 칼 마르크스 등이 그러한 사람들이다.

리스먼(David Riesman, 1909-2002)/건전한 사회

역사발전의 법칙

1. 인간성은 인간 본성의 목적이며, 신은 이 목적과 함께 인간 자신의 운명을 인간에게 위임했다.
2. 자연의 파괴력은 시간이 지남에 따라 보존력에 자리를 내주어야 할 뿐만 아니라 궁극적으로 전체의 형성에 기여해야 한다.
3. 인류는 문명의 다양한 단계를 다양한 형태로 거치도록 운명 지어졌다. 그러나 인류 행복의 영속성은 본질적으로 이성과 정의에 근거한다.

4. 내적인 자연법칙에 따라 이성과 정의는 시간이 지나면서 인류에게서 더 많은 비중을 차지하게 되고 영속적인 인간성을 증진시킨다.
5. 현명한 신이 인간의 운명을 결정한다. 따라서 신의 뜻을 따르는 것보다 더 고귀한 가치나 더 영속적이고 순수한 행복은 없다.

헤르더(Johann Gottfried Herder, 1744-1803)

역사는 정태적인 부족사회에서 농업과 알파벳의 발견, 희랍인들의 재능의 개화와 쇠퇴, 중세의 오랜 퇴보, 창조력의 부활과 르네상스, 인쇄술의 발명(과학이 교회와 국가의 족쇄로부터 해방된 계기), 데카르트에서 프랑스 대혁명에 이르는 시대(진정한 폭발적 진보의 정점인 시대), 합리적 예언에 기초한 인류의 무한한 진보와 완전해질 가능성에 대한 낙관적인 예보 등 10개의 시대로 나눌 수 있다.
인류의 미래에 대한 기대는 여러 국가 사이의 불평등의 파괴, 한 국민 내에서의 평등의 진보, 인간의 현실적 완성이다.

콩도르세(Marie Jean Antoine Nicolas de Caritat, Marquis de Condorcet, 1743-1794)/인간정신의 진보에 관한 역사적 개요

철학의 시대라고 부르지만 올바르게는 비판의 시대라고 불러야 할 그리스 시대에 앞서 유기적 시대가 존재했다. 교회의 법이 유기적 시대를 시작한 15세기는 종교개혁이 비판의 시대가 도래했음을 알리면서 끝났고 이런 비판의 시대가 우리 시대까지 이어지고 있다.
유기적 시대에는 모든 기본 문제들(신학적, 정치적, 경제적, 도덕적)에 대해 일시적인 해결책이라도 주어졌지만 머지않아 이런 해결책의 도움으로 발전이 이루어지고, 또한 그 해결책이 부적절한 것으로 여겨지면서 새로운 것들을 불러낸다. 비판적 시대는 논쟁의 시대이며 항의와 이행(移行)의 시대이다. 유기적 시대에 인간은 부지런히 건설하고, 비판의 시대에는 부지런히 파괴한다.

생시몽(Claude Henri de Rouvroy Saint-Simon, 1760-1825)

종교적 혹은 정치적 혁명의 대격변이 끝나고 새로운 질서가 자리 잡게 될 때면, 변화가 처음에 보였던 것만큼 그렇게 총체적이 아니란 사실이 드러난다. 반란의 열기가 식기 시작하는 지점에서 경제적 이해와 정치적 야심이 그 자리를 이어받는다. 낡은 관습이 되살아나고, 카리스마적 혁명으로 창조된 질서는 혁명이 그처럼 격렬히 타도했던 구체제와 혼란스러울 정도로 유사성을 갖기 시작한다.

피터 버거(Peter Ludwig Berger, 1929-2017)
/사회학에의 초대(Invitation to Sociology, 1963)

역사책을 읽을 때에는 역사가의 머릿속에서 오고가는 사색의 음을 잡아내야 한다. 사실(史實)이란 생선 가게의 판 위에 놓인 생선과 같은 것이 아니라 광대한, 때로는 접근할 수도 없는 대해를 헤엄쳐 다니는 고기와도 같은 것이다. 역사가가 그것을 잡아내려면 바다의 어떤 장소를 골라서, 그리고 어떤 고기잡이 도구를 선택하는가에 달려 있다. 물론 이 두 가지 요인은 무슨 고기를 잡으려고 하는가에 의하여 결정될 문제지만, 일반적으로 역사가란 자기가 원하는 종류의 사실을 손에 넣게 되는 것이다.

역사가는 사실의 천한 노예도 아니요 억압인 주인도 아니다. 역사가와 그의 사실과는 평등의 관계에 있는 것이며 역사가란 자기의 해석에 맞추어서 사실을 형성하고 자기의 사실에 맞추어서 해석을 형성하고 하는 끊임없는 과정에 종사하고 있는 것이다. 사실을 못 가진 역사가는 뿌리를 박지 못한 무능한 존재이고, 역사가가 없는 사실이란 생명 없는 무의미한 존재다.

역사란 역사가와 사실 사이의 상호작용의 부단한 과정이며, 현재와 과거와의 사이의 끊임없는 대화이다.

카(Edward Hallet Carr, 1892-1982)/역사란 무엇인가(What Is History?)

영국은 인류에게 의회 제도를, 프랑스는 혁명의 정신을, 독일은 대학의 이념을 심어주었다.

영국인은 세 가지 중요한 점에서 다른 어떠한 민족도 추종할 수 없는 진보를 이룩하였다. 그것은 신앙, 상업, 자유이다.

몽테스키외/법의 정신

지옥이란 융통성이 전혀 없는 독일인이 경찰관이 되고, 유머를 모르는 스웨덴사람이 희극배우가 되고, 기율을 모르는 이탈리아인이 위병이 되고, 비과학적이며 비합리적인 프랑스인이 도로를 건설하고, 벨기에인이 팝 가수가 되고, 스페인인이 철도를 운영하고, 터키인이 요리를 만들고, 굽실거릴 줄 모르는 아일랜드인이 급사 노릇을 하고, 그리스인이 정부를 움직이고, 공통어는 네덜란드 말이 될 경우를 말한다.

어느 영국인

인간종족이 식량공급에 비해 숫자가 너무 많아지면 자연은 균형을 되찾을 세 가지 힘을 갖고 있으니, 곧 기근, 전염병, 전쟁이다.

윌 듀런트·아리엘 듀런트/역사의 교훈

이탈리아사람은 행동하기 전에, 독일사람은 행동 중에, 프랑스사람은 행동한 뒤에 현명하게 대처한다.

허버트/명궁(名弓, 1651)

부르주아와 보헤미안의 융합

부르주아가 사업과 시장에서 번창했다면, 보헤미안은 예술과 감성의 세계에서 자라났다.

양자의 갈등과 반목은, 디지털 시대가 촉발한 자본주의의 대변혁으로 상호융합 또는 공존이 가능하게 된 것이다. 부르주아는 보헤미안의 '거역의 정신'에서 이윤의 계기를 발견하고, 보헤미안은 창조적 이탈과 모험으로 부르주아의 막힌 출구를 뚫는다. 반항적 정신의 상업화로 '부르주아 보헤미안(bourgeois bohemian, bobo)'으로 불리는 '새롭게 부상하는 계층'이 탄생했다.

보보계층에 대한 사회학적 해석은 미국인의 습속에서 민주주의의 토양을 발견하는 토크빌(Tocqueville)의 예지와 닮았으며 '마음의 습관'에서 중산층의 저력을 찾아내는 로버트 벨라(Robert Neelly Bellah, 1927-2013)의 시선에 버금간다.

데이빗 브룩스(David Brooks, 1961-)
/Bobos In Paradise: The New Upper Class and How they got there

루소(Jean Jaques Rousseau, 1712-1778), 로크(John Locke, 1632-1704), 마르크스(Karl Heinrich Marx, 1818-1883)는 혁명을 일으키는데 有助했고, 클라우제비츠(Carl Phillip Gottlieb von Clausewitz, 1780-1831)와 마핸(Alfred Thayer Mahan, 1840-1914)은 전쟁의 성격을 변경시켰으며, 다윈(Charles Robert Darwin, 1809-1882)과 프로이드(Sigmund Freud, 1856-1939)는 세계를 관찰하는 방법을 변경시켰고, 아담스미스(Adam Smith, 1723-1790)와 케인즈(John Maynard Keynes, 1883-1946)는 경제에 대한 지표를 남겨 놓았다. 스토우(Harriet Beecher Stowe 1811-1896)는 <엉클 톰스캐빈>으로서 노예제의 종말을 최촉시켰는지도 모르며 업턴 싱클레어(Upton Beall Sinclair 1878-1968)는 <정글>로써 사회개혁의 해일(海溢)을 일으켰다.

존 피셔(John Fisher, 1945-)

다윈은 생물체의 본성의 발전법칙을 발견했지만, 마르크스는 인간역사의 발전법칙을 발견했다.

엥겔스(Friedrich Engels, 1820-1895)

현대문명의 위기는 기술문명이 토끼같이 달리는데 비하여 정신문명이 거북이걸음으로 뒤쫓고 있는데 있다.

토인비

역사에서 배워야 할 두 가지가 있다. 하나는 조상들보다 우리가 더 뛰어난 존재가 아니라는 것이며, 다른 하나는 조상들보다 더 뛰어나게 진보시키지 못한다면 우리는 그들보다 더 부끄럽고 끔찍한 존재라는 것이다.

토머스 아널드(Thomas Arnord, 1795-1842)

가려 뽑은 古典과 名句

발 행 일 | 초판 1쇄 2019년 2월 8일 발행
초판 2쇄 2019년 2월 28일 발행

엮 은 이 | 이동춘
발 행 인 | 김성남
발 행 처 | (주)지필미디어

주 소 | 경기도 파주시 문발로 132, 402호(문발동, 조에아울렛)
전 화 | 031-957-4504
팩 스 | 031-957-4503
이 메 일 | book@jiphil.co.kr
홈페이지 | www.jiphil.co.kr
등록번호 | 제 312-1997-00043호(1997년 7월 16일)

ISBN | 979-11-86674-56-7 03800

가 격 | 20,000원